第二部分

经典楼盘案例风水分析

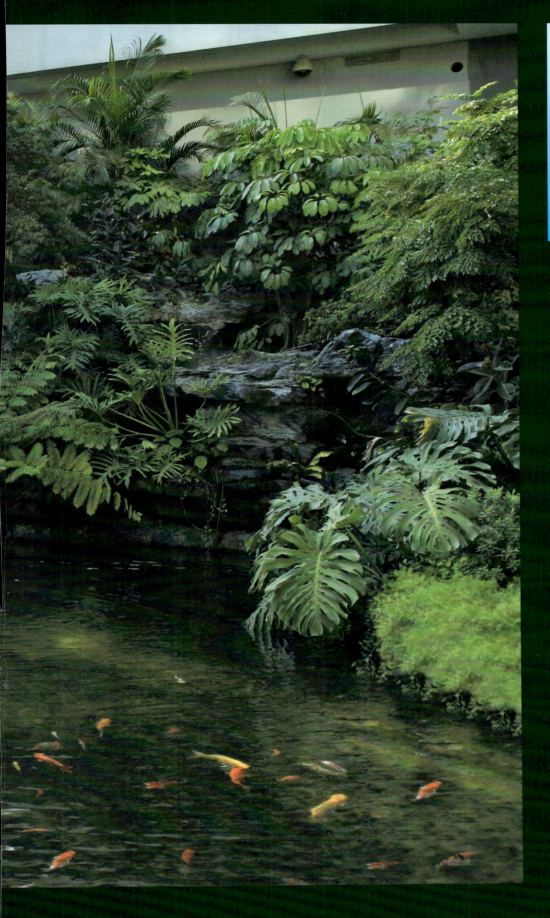

单套8千万，福布斯天价豪宅典范

——香蜜湖1号

ONE HONEYLAKE

项目资料

- **开 发 商：** 中海地产/香港信和置业
- **建筑类别：** 别墅、Townhouse、多层、高层等
- **占地面积：** 93544平方米
- **建筑面积：** 131000平方米
- **住宅面积：** 126440平方米
- **会所面积：** 1540平方米
- **容 积 率：** 1.40
- **绿 化 率：** 约50%
- **总 户 数：** 447户（其中别墅129套、高层318套）
- **户型区间：** 180～450平方米
- **停 车 位：** 共764个（别墅186个、地下车位558个、地面车位20个）
- **住户和车位比例：** 1：2

香蜜湖1号坐拥深圳市中心的香蜜湖自然生态资源，由中海地产和香港信和置业联合开发，传承了深、港两地地产翘楚之豪宅血统，不仅让建筑在品质上有了飞跃，更因系出名门而气质非凡，成为“中国主流豪宅领袖”。

香蜜湖1号所处的位置为深圳市中心区唯一一块自然天成生态区。26公顷的香蜜湖、43万平方米的绿色植物园、136万平方米的高尔夫球场、绵延几千米的深圳湾畔海岸线……香蜜湖1号的景观正因这些天赐之物而成为稀世绝响。宽达30米的翡翠谷是景观的河道，逸然尘外的香蜜湖景观依此流入社会。从闹市转入郊野，从喧闹转入淡静，从市俗转入超然，这种梦幻般的转换对香蜜湖1号来说是如此轻易，可谓是“意境天成”。

“一座城市的珍藏”、“一个城市的荣耀”、“塔尖阶层们的终极梦想”……似乎把所有尊贵美好的词语都用到对香蜜湖1号的形容上也不为过。2005年在代表国际最高水准、首次于中国举办的“2005年全球人居环境论坛”上，香蜜湖1号因社区环境稀缺不凡、规划设计与自然和谐共生，荣获了由联合国颁发的最高奖项——“全球最佳人居环境社区奖”。这是迄今为止我国房地产界第一块真正由联合国颁发的至尊权威大奖，香蜜湖1号由此成为中国唯一一个获得如此殊荣的社区。联合国副秘书长、全球环境界的泰斗莫瑞斯·斯特朗说：“社区不能简单地等同于居住场所，它不仅应满足居住的需要，还应该整合社会、文化、经济等多方面的需要，因此建造一个成功的社区并非易事。而我们今天看到的香蜜湖1号，堪称是社区建设的典范，它将会得到全世界的认同。”联合国环境规划署管理委员会主席戴维·安德森面对雨后刚霁的香蜜湖美景，则感慨道：“香蜜湖1号的环境非常优美，是一个非常棒的生态项目！这里将会成为城市财富的象征！”

Location
地理位置

香蜜湖1号位于深圳市福田区，东临香梅路，北依侨香路，南靠莲花西路。

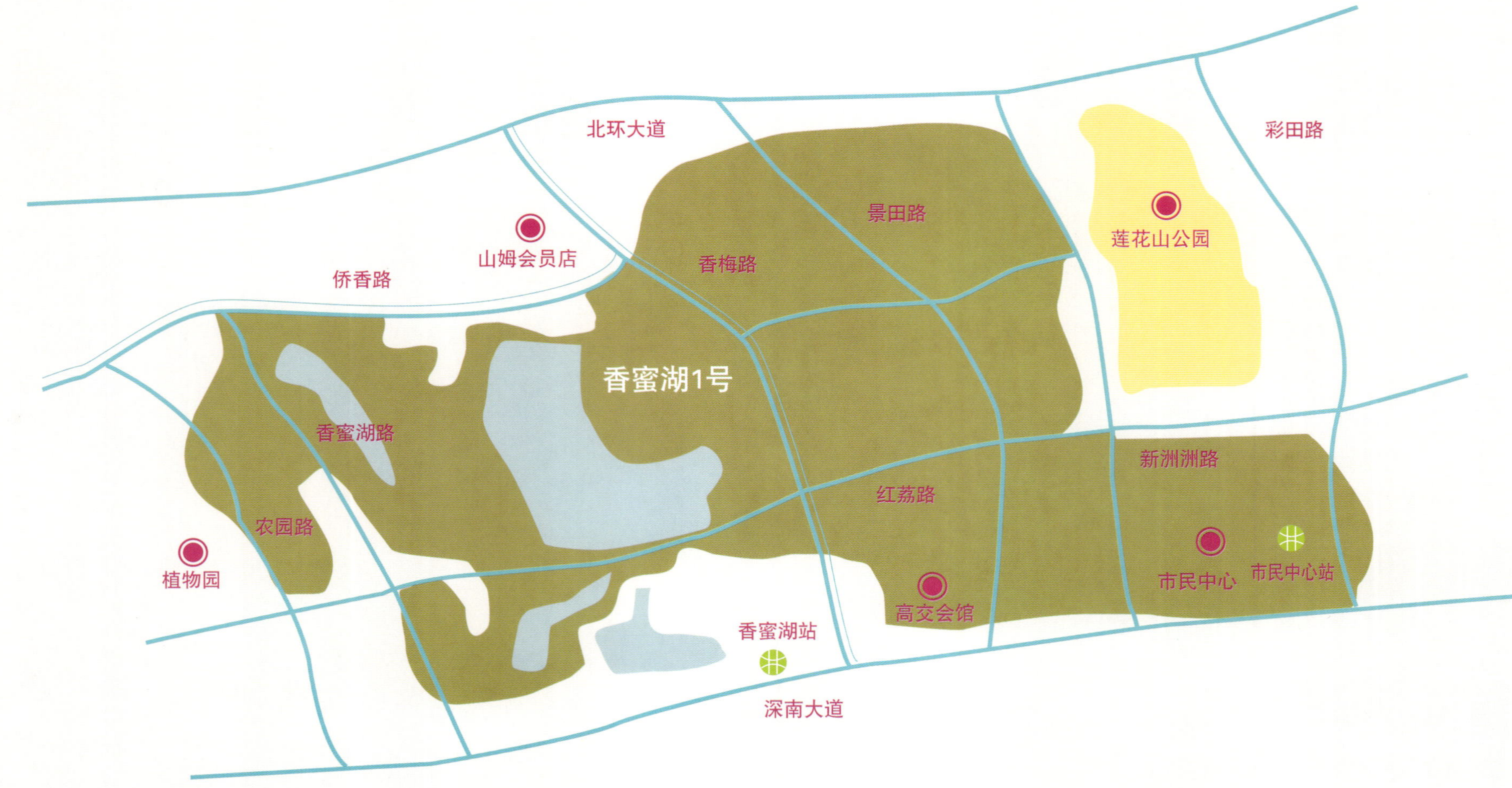

Traffic Conditions
交通状况

交通便捷，公共配套设施极为完善。由地块短时间即可达北环大道、深南大道、滨海大道等城市主干道，至广深、莞深高速也很方便，同时又邻近地铁香蜜湖站，道路宽阔，四通八达。

Supporting Facilities

配套设施

周边生活配套齐全，居家、购物、医疗、教育十分方便，有大型购物广场，如沃尔玛、华润万家等。教育配套方面有红岭中学、高级中学、深圳外国语小学、竹园小学等。

Garden Design
园林设计

庭院

在宁静气氛的烘托中，走进深深的底邸，高大的乔木、林阴中的小径、大片的绿地景观，在悠然自得中平添了些许敬意与庄重。缓缓走近，隐约传来阵阵欢快的水声，仿佛森林中一群快乐的小精灵……入口处，中心的大面积绿岛上静卧着这一区域的标志，标志牌显得自然古朴，与环境融为一体，丝豪不显张扬。

经过短暂的空间过渡，即来到受限的区域，设计精巧的关卡，隐蔽的警卫亭，暗示着即将进入私人领地。向内走，踏着图案典雅的中心大道，在高大榕树的围绕下走近会所，空间豁然开朗，质感、厚重的弧形平台，加强了亲水感。利用地形高差而形成的跌水景观，层次丰富的涌泉穿插，配合前方池中的雕塑，形成了一种仰观的景观效果，这不仅在空间上丰富了层次，在心理感受上也加强了会所建筑的震撼力。

水上会所

整个会所被宽阔的泳池包围，使得会所仿佛漂泊中的绿岛，优美的泳池曲线与实体的放置颇有神话中“一池三

山”的造景趣味。室内的泳池运用玻璃墙体与外泳池半隔离，玻璃的透与植物的实，在视觉上形成雾里看花的效果，在空间上加强了层次感。

在会所一侧进入深院的途中，利用高差极大的挡土墙部分借势建造了自然生态的跌水瀑布，流水时而激流而下，时而涓涓细流，池中的水杉，山石上的花草，以及上部平台种植的高大乔木，使得这一处在不同季节表现出多样的迷人景色。伫立在亲水平台上，呼吸着植物的清香，聆听着潺潺的水声，观赏着池中悠闲自得的仙鹤，仿佛置身于人间仙境。

翡翠谷

翡翠谷，四季如春的地方。蜿蜒的小径、起伏的地势、丰富的水体变化，如同一曲轻快、流畅、充满跳跃性的圆舞曲。整个轴线上由“水之舞”、“烟雨江南”、“镜中花”等几处大的主题景点和若干小景点组成。走在这巧夺天工、浑然天成的翡翠谷，有一种闲云野鹤般的悠然自得，景观的节奏与自然的弦律相结合，使这里宛如人间天堂。

与翡翠谷有着微妙联系的景观轴线从景观节点开始。亭台楼榭，小桥流水，四处景观节点一路跌宕起伏、变化多样。在这里，设计师运用多样的表现方式创造了充满活力的景观，把握共性的节奏与韵律感，营造出目不暇接的人间美景。内部街道运用了曲线符号的表现手法，色彩不一、质地不同的材质使原本单调的行走线路变得活泼而有生气。大量点缀于道路两边的乔灌木掩映在路边，曲径幽深、树影婆娑、诗情画意、虚实相生，勾画出深宅大院的含蓄与尊贵。路的尽头点缀着小型的主题小品，被姹紫嫣红的植物所围绕的小品成为景观亮点，使每一段充满情趣的“探险”在一段峰回路转后达到高潮。

宅前屋后

宅前屋后的花园地段没有过多的硬质铺装，而是运用大量的乔灌木营造出独特的自然景观，体现了返璞归真的本质。在植物的配置上精挑细选，在摆放上深思熟虑。木平台的设置自然、清馨，与环境融为一体，茂密的植物，隐蔽的休憩凳椅，让人融入与自然的沟通中，体味自然生活真谛。

入户的设计利用优美的扶手，厚重的石阶踏板以及品种丰富的乔灌木，在生态自然与人文尊贵之间找出了契合点，将主人高贵的身份与高雅的情趣表现得淋漓尽致。

● 园林景观详细规划图

展示区平面图 1：300

1. 保安亭
2. 主入口水景(具有雾化效果)
3. 观景平台
4. 车道分流(入高层地库)
5. 会所前广场景观池
6. 叠水景
7. 瀑布水景
8. 观景平台
9. 会所前广场
10. 停车场
11. 儿童户外游乐场
12. 迷你高尔夫果岭
13. 泳池休闲木平台
14. 儿童泳池
15. 成人游泳池
16. 叠水景(泳池背景)
17. 种植密林区
18. 主题雕塑
19. 道路节点景观
20. 桉树林带
21. 别墅车入户
22. 别墅入户花园
23. 后花园景观
24. 会所溢水景
25. 主入口雕塑景

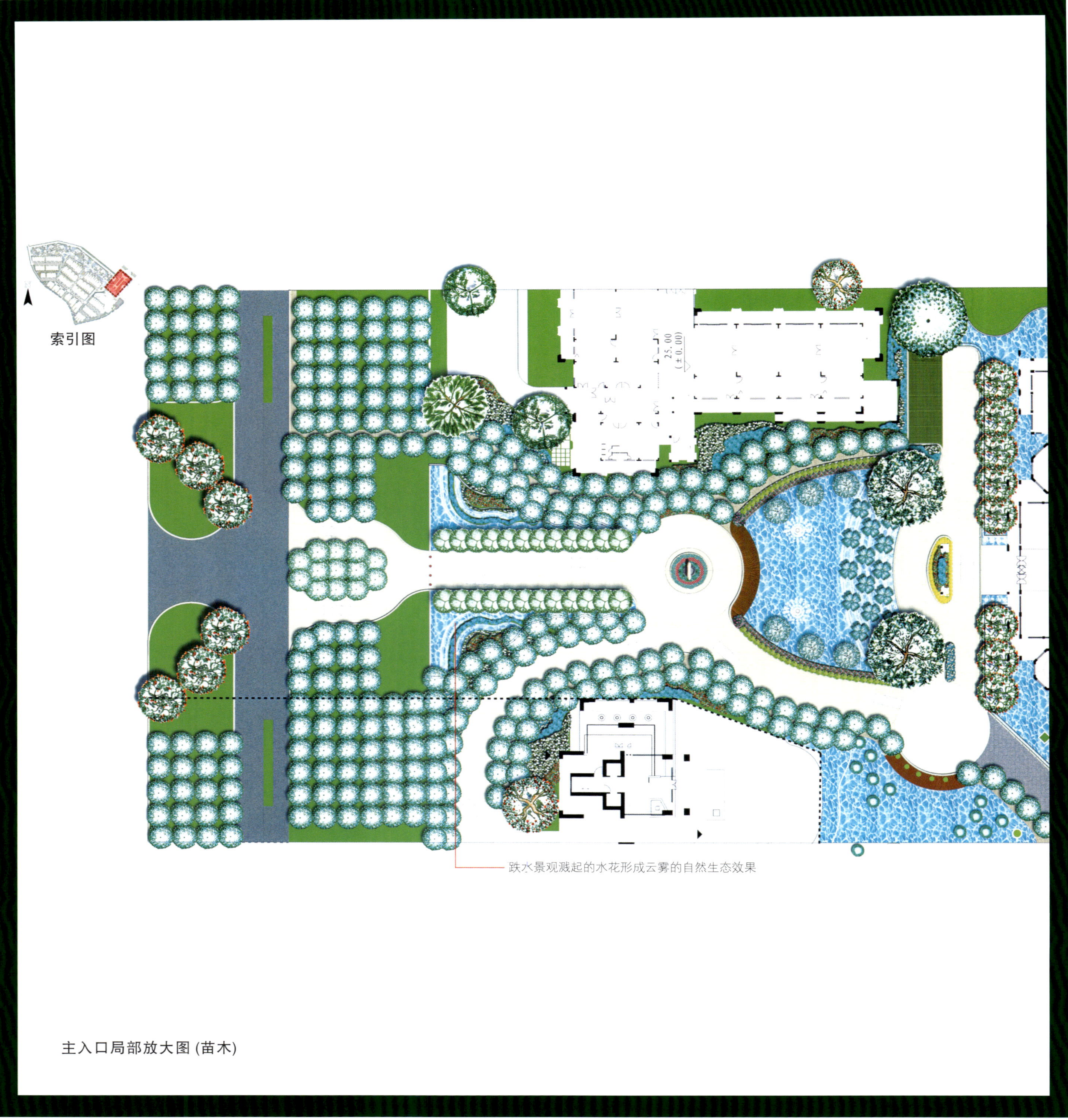
索引图
25.00
(±0.00)
跌水景观溅起的水花形成云雾的自然生态效果

主入口局部放大图(苗木)

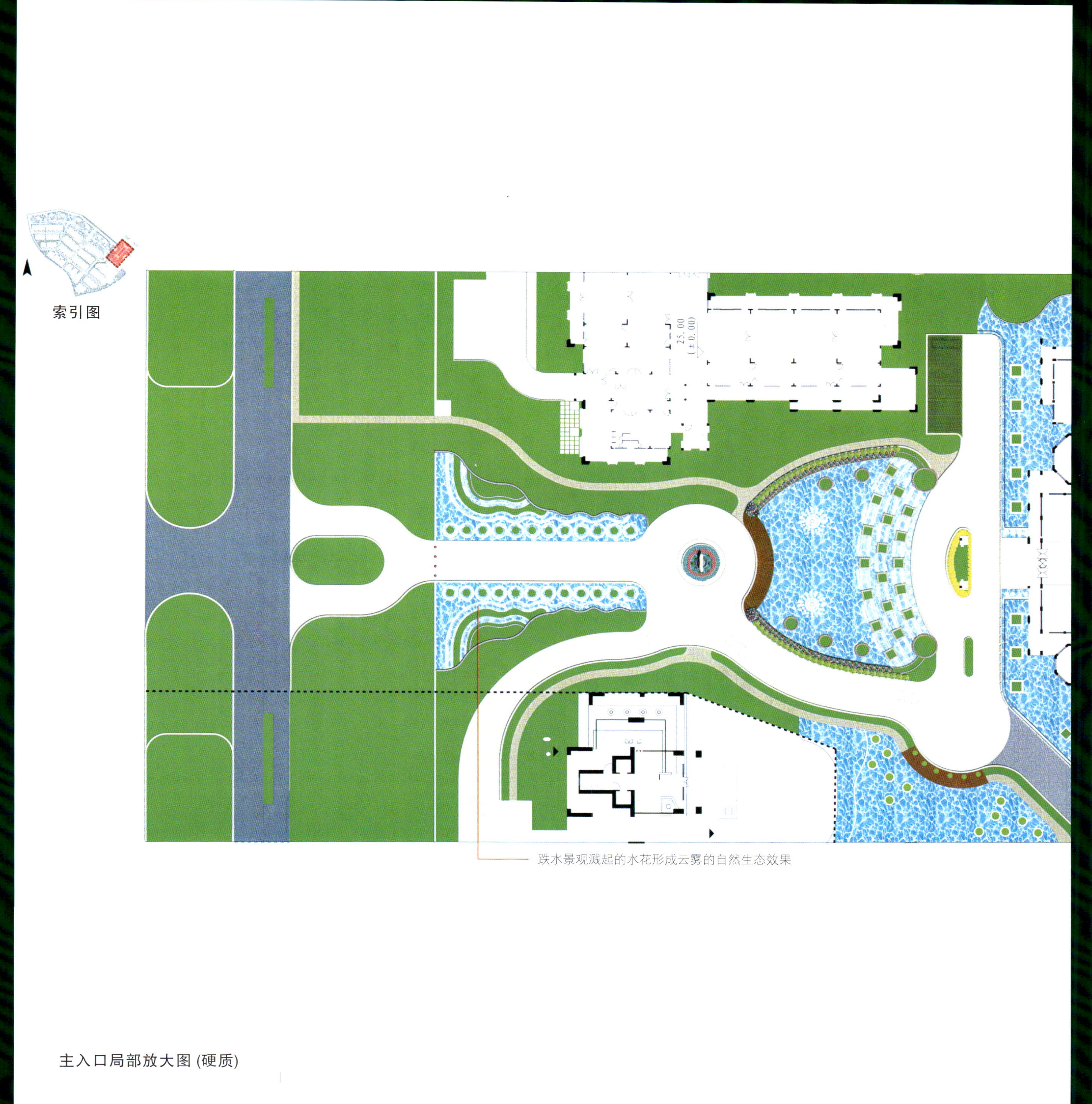
索引图
25.00
(±0.00)
跌水景观溅起的水花形成云雾的自然生态效果

主入口局部放大图(硬质)

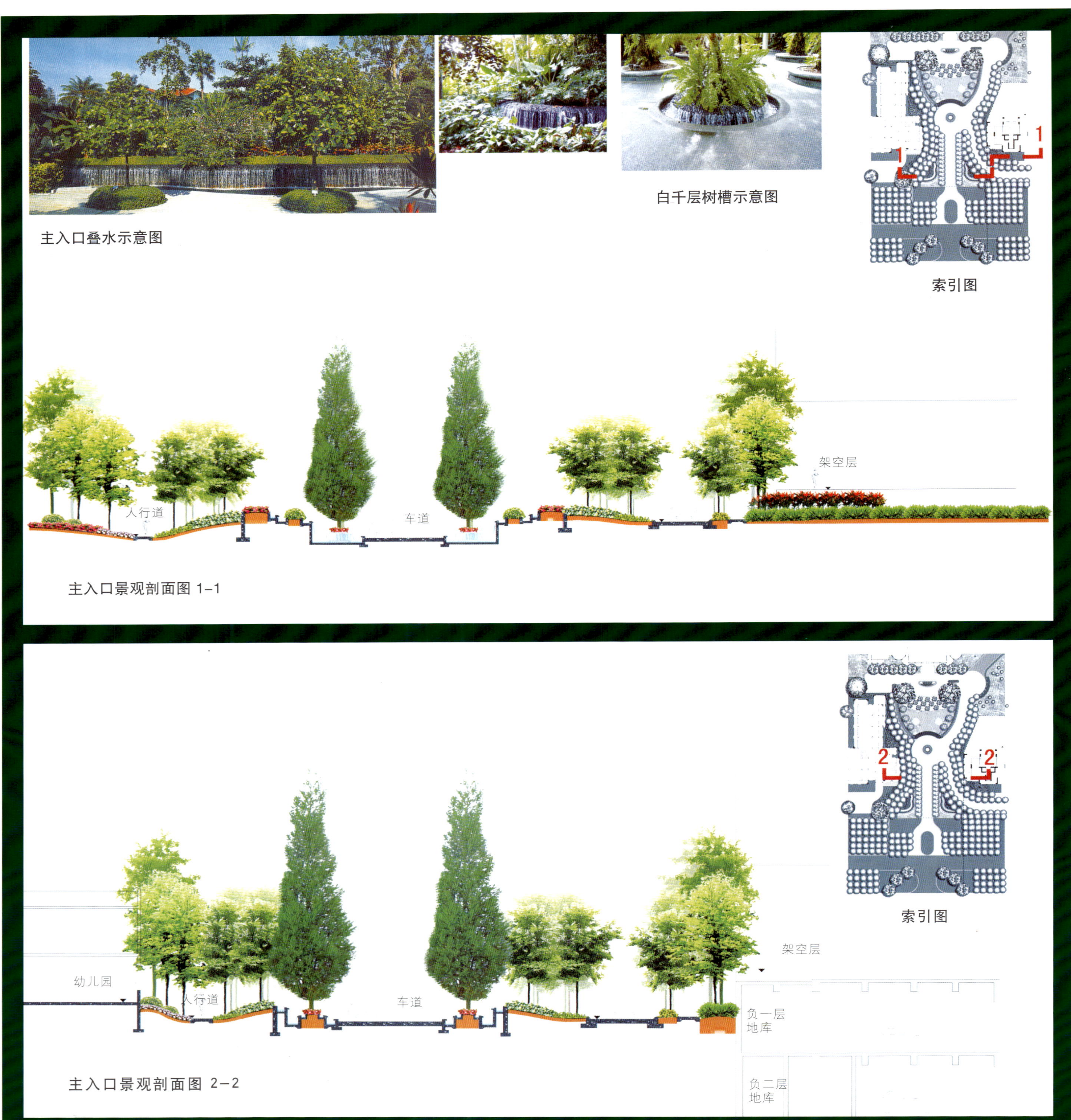

主入口叠水示意图

白千层树槽示意图

主入口景观剖面图 1–1

主入口景观剖面图 2–2

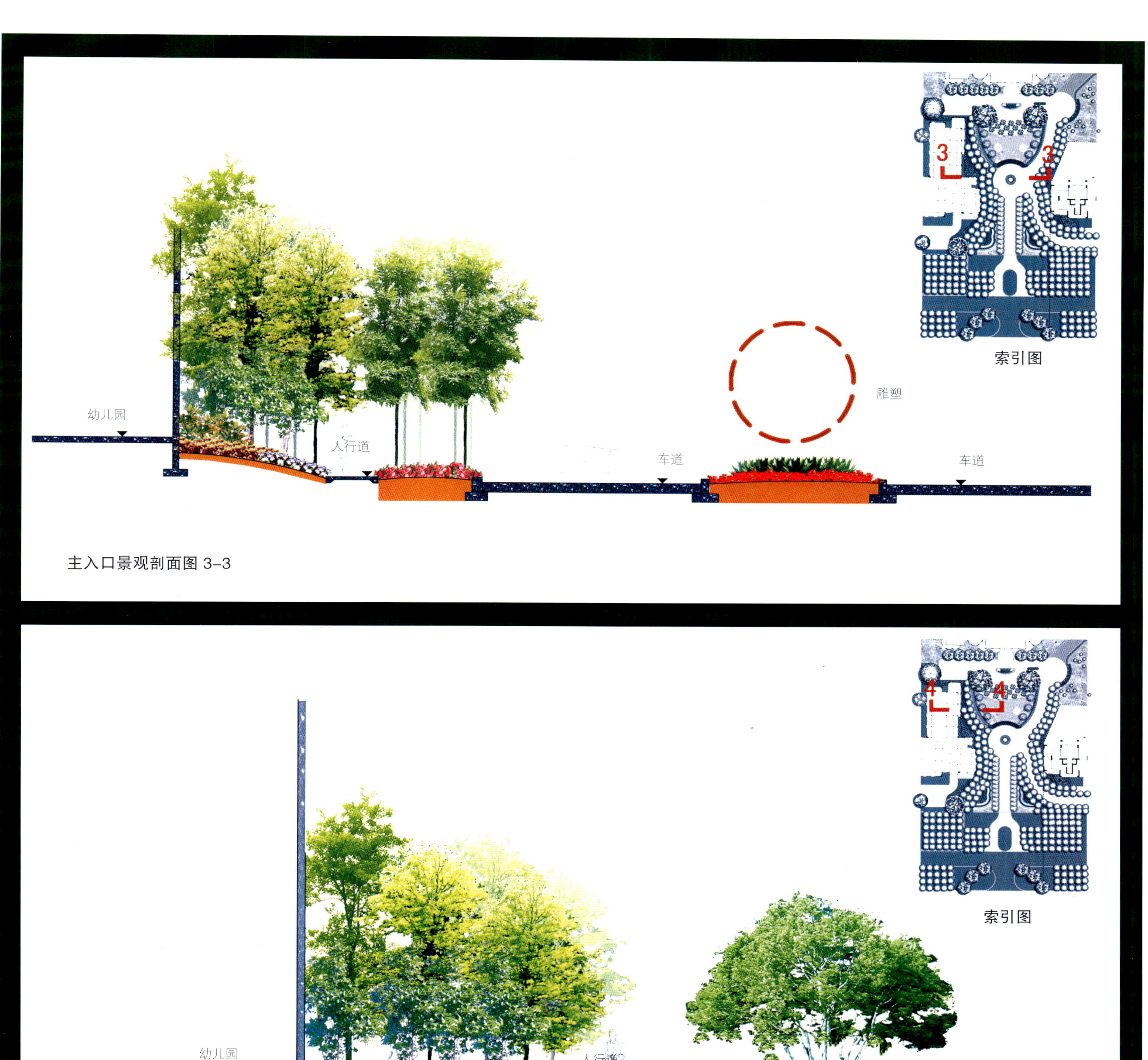
索引图
雕塑
幼儿园
人行道
车道
车道
主入口景观剖面图 3-3
索引图
幼儿园
人行道
树槽
会所前景观水池
主入口景观剖面图 4-4

主入口叠水示意图

白千层树槽示意图

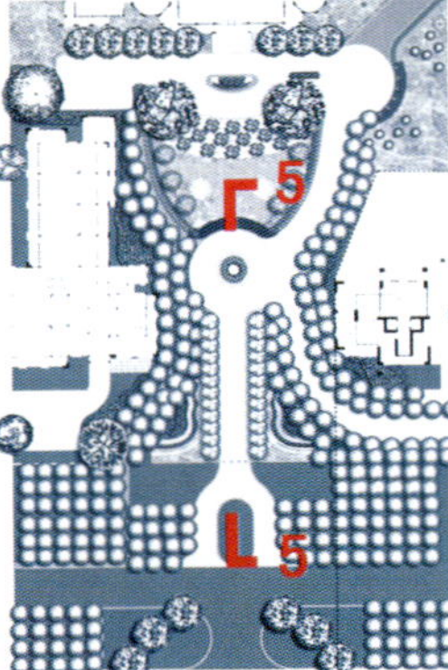

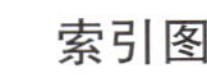

索引图

主入口景观剖面图 5–5

主入口景观剖面图 6–6

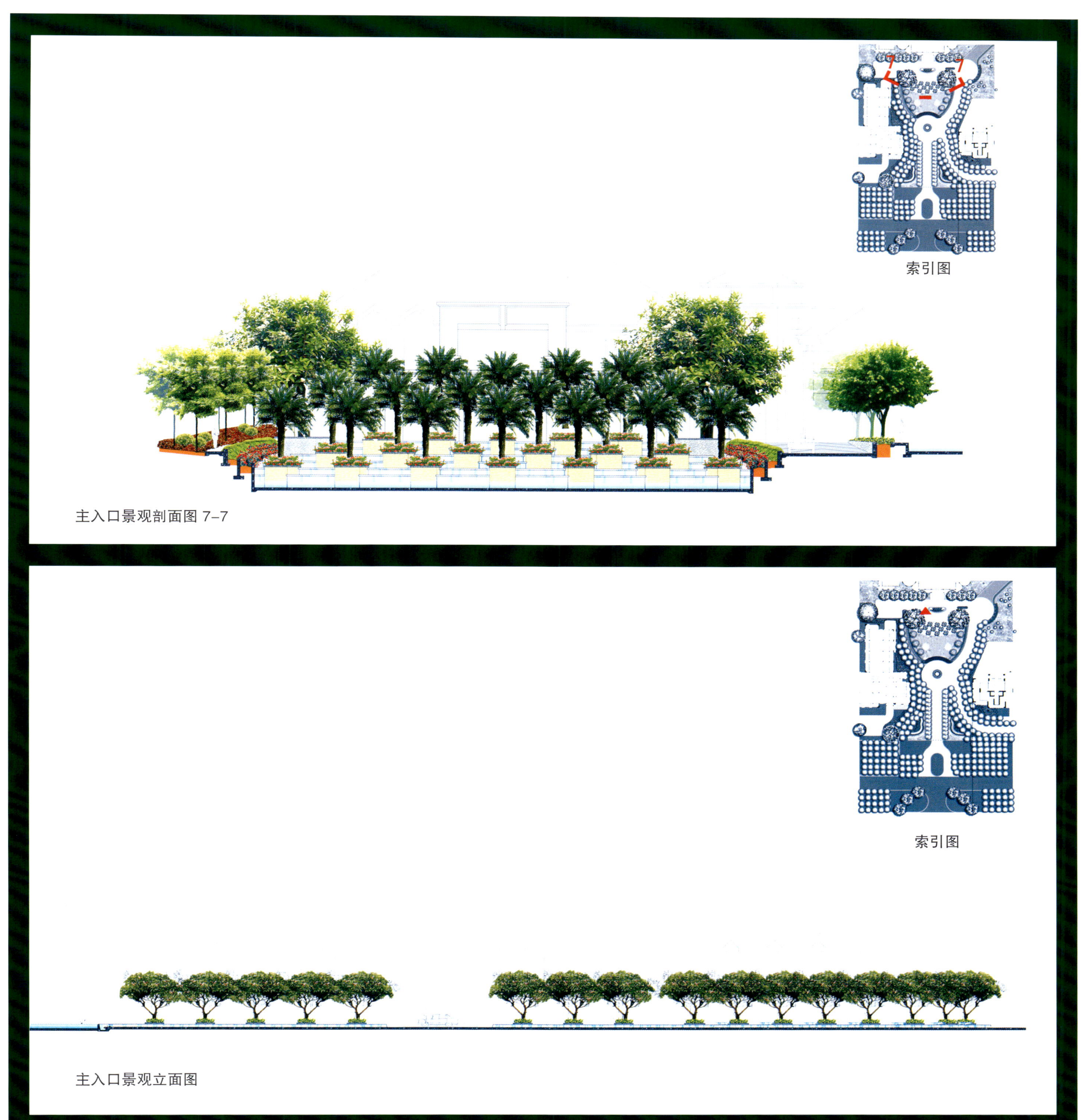
索引图
主入口景观剖面图 7–7
索引图
主入口景观立面图

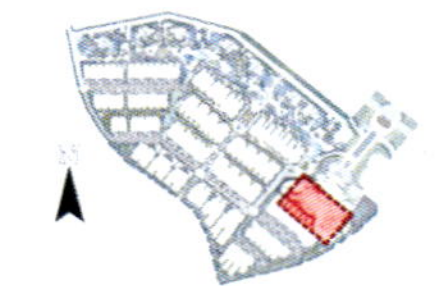

索引图

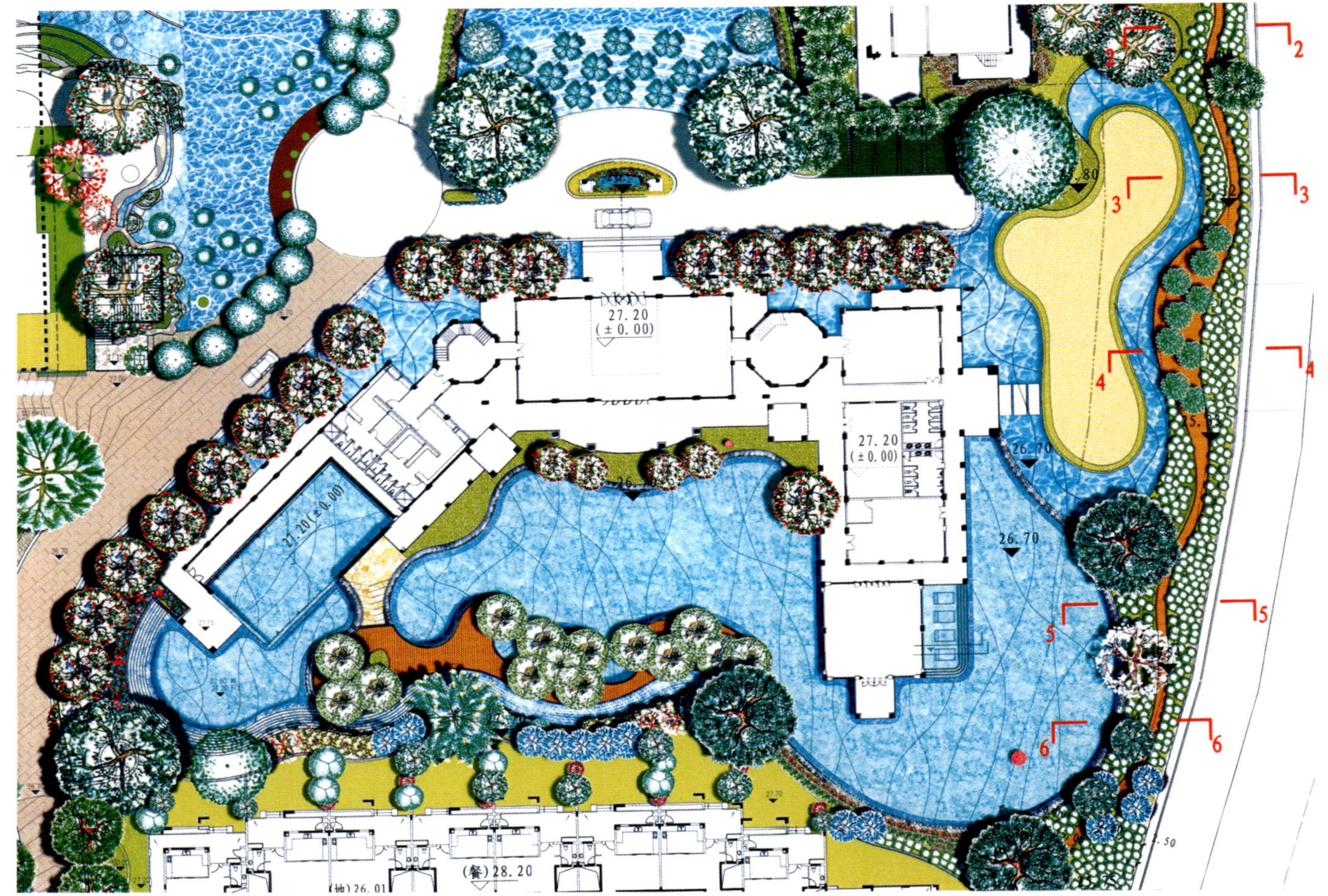

蓝色狂想曲

会馆泳池展现了一首幽幽的蓝色曲调。在会馆两侧分别摆放了一尊寂静、沉思的主题雕塑。泳池设计从平面到竖向都充满了丰富的节奏与变化。潺潺的跌水声、顺畅的泳池构成曲线，仿佛一曲流畅、起伏的乐曲。那些池边植物或池中的音乐主题雕塑就像一个个跳动的音符充满了生气。室内泳池结合功能与审美的多重要求，再运用玻璃墙体与外泳池半隔离，运用玻璃的透与植物的实，在视觉上形成雾里看花的效果，这既在空间上加强了层次，又在功能上丰富了变化。

会所泳池局部放大图（苗木）

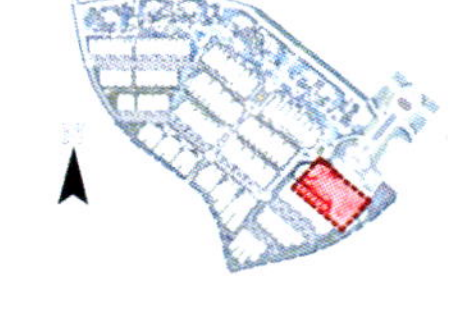

索引图

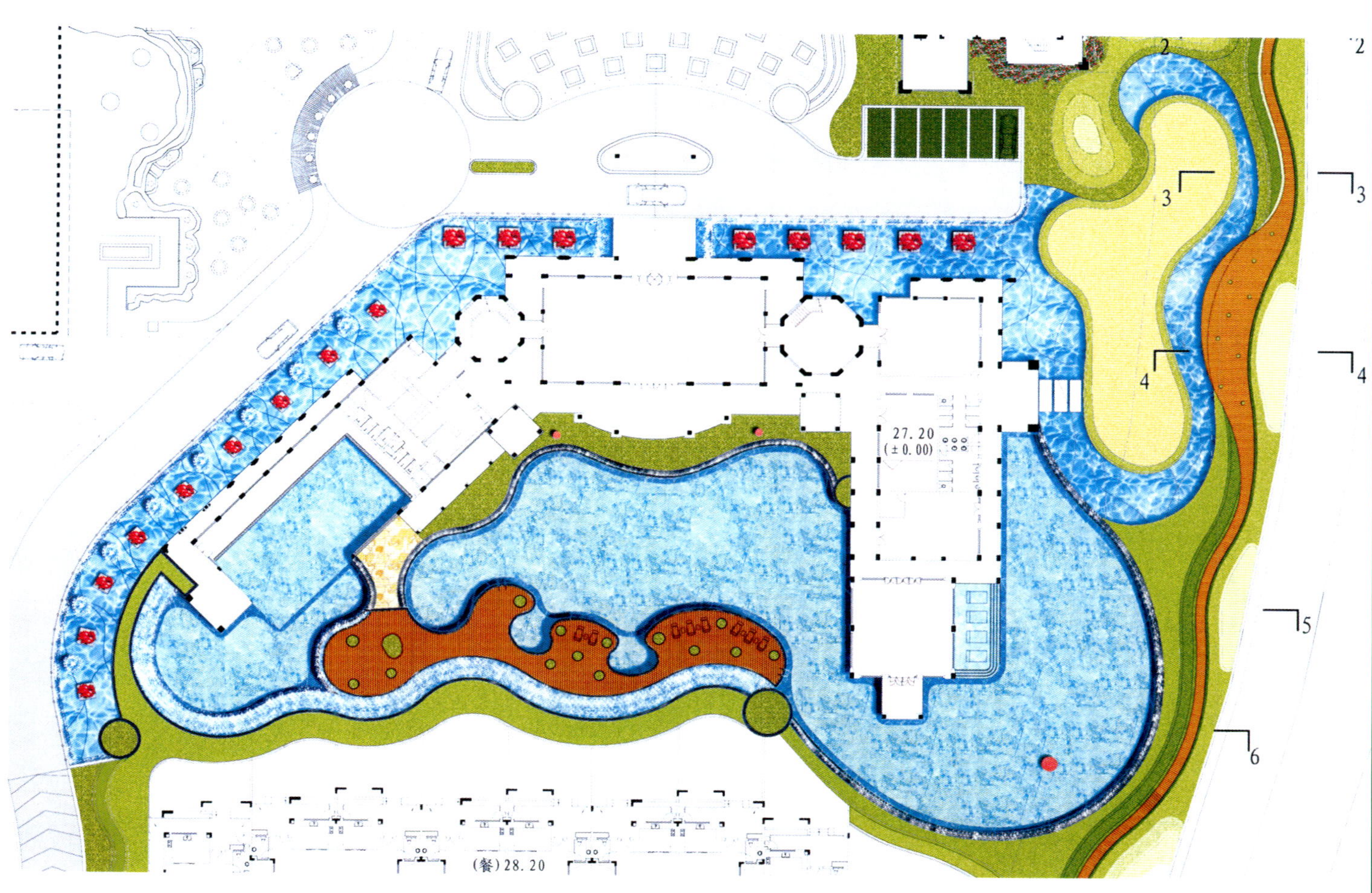

会所泳池局部放大图（硬质）

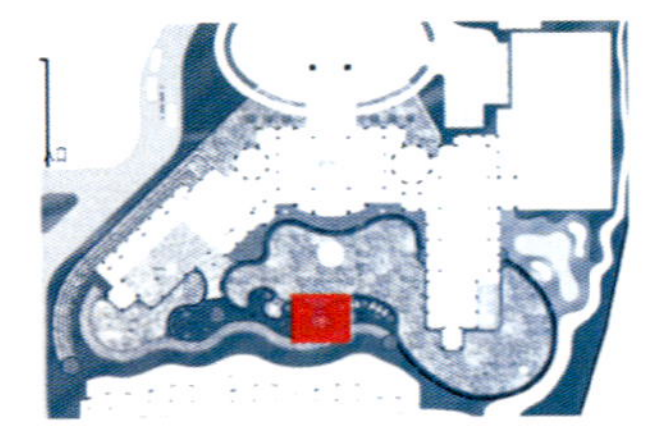

索引图

配合泳池的曲线轮廓而设置的泡泡按摩池从造型上丰富了泳池的变化性，从功能上使之形成了半独立的私密空间。白水晶的曲线座椅环绕在周围，当中间的泡泡起伏出现时，那水花声仿佛北欧水妖SIREN在低声吟唱。考究的施工工艺使得当舞动的水花升起时，欢腾的水花顶部形成水平的顶面。

苗木图

硬质图

泳池按摩池局部放大图　1：30

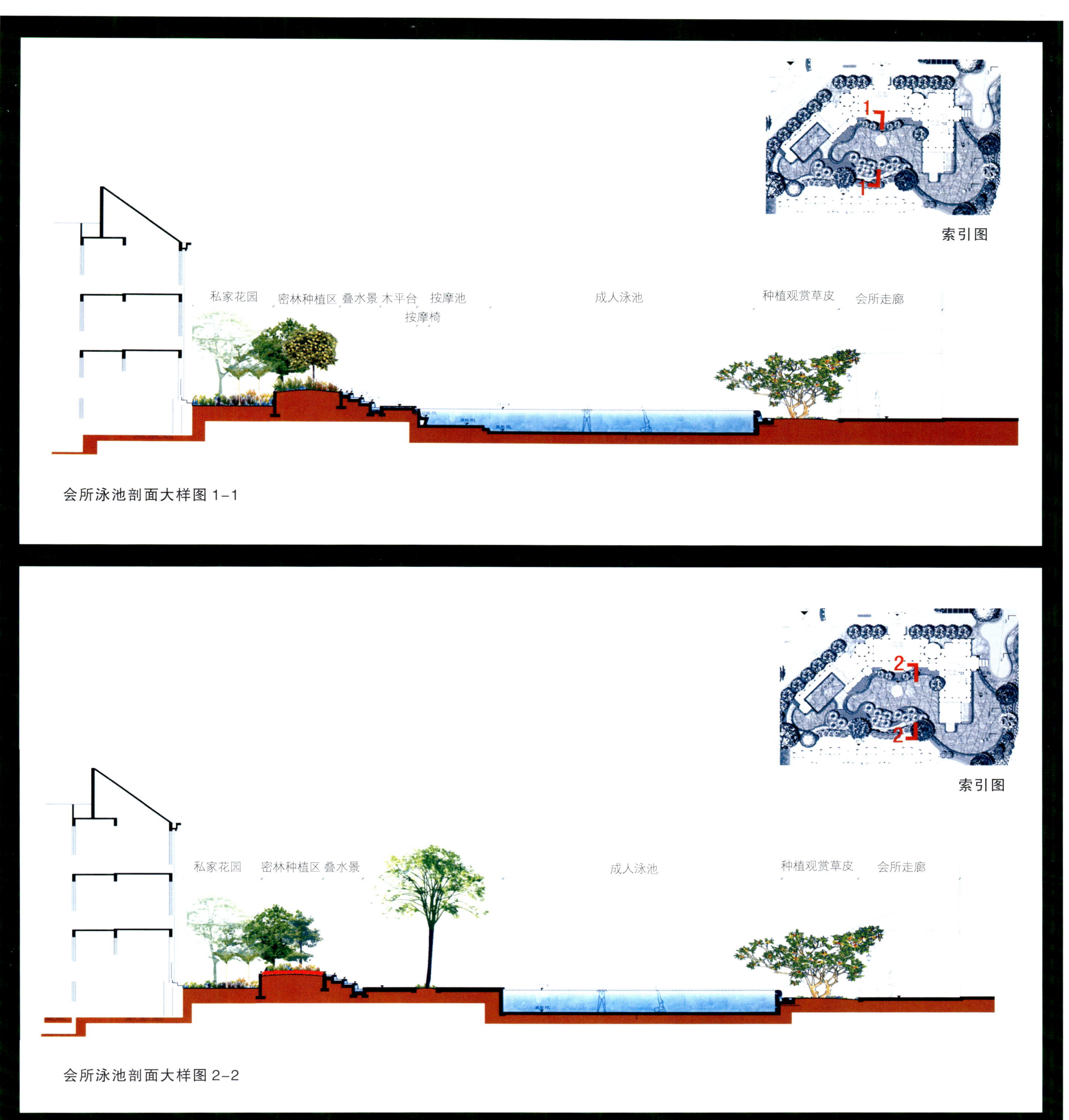
索引图
私家花园
密林种植区
叠水景
木平台
按摩池
按摩椅
成人泳池
种植观赏草皮
会所走廊
会所泳池剖面大样图 1-1
索引图
私家花园
密林种植区
叠水景
成人泳池
种植观赏草皮
会所走廊
会所泳池剖面大样图 2-2

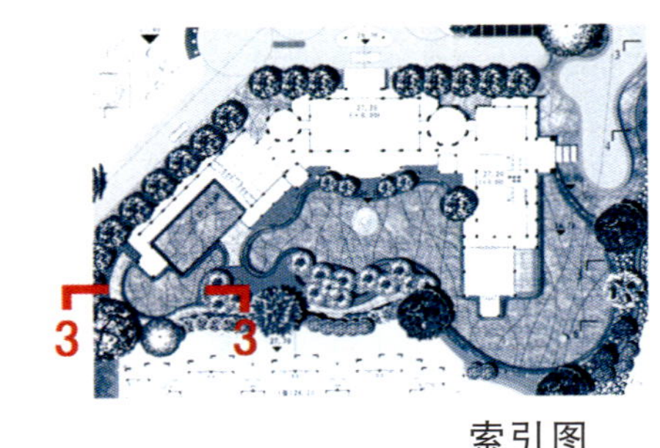

索引图

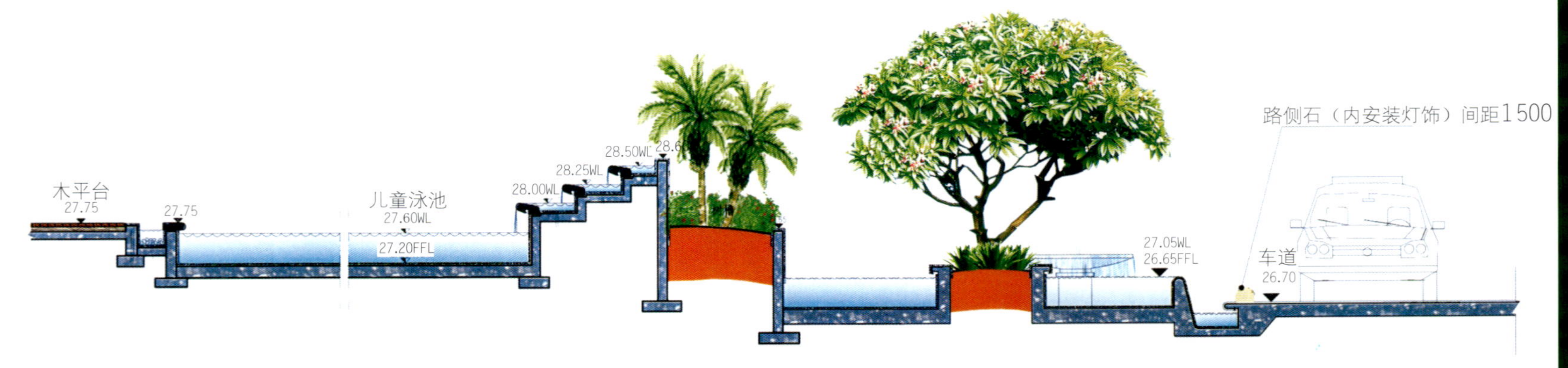

会所泳池剖面大样图 3-3

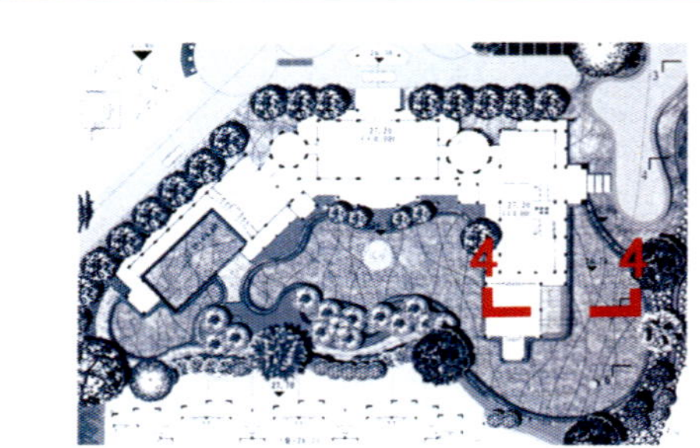

索引图

白水晶花岗岩（按摩床）

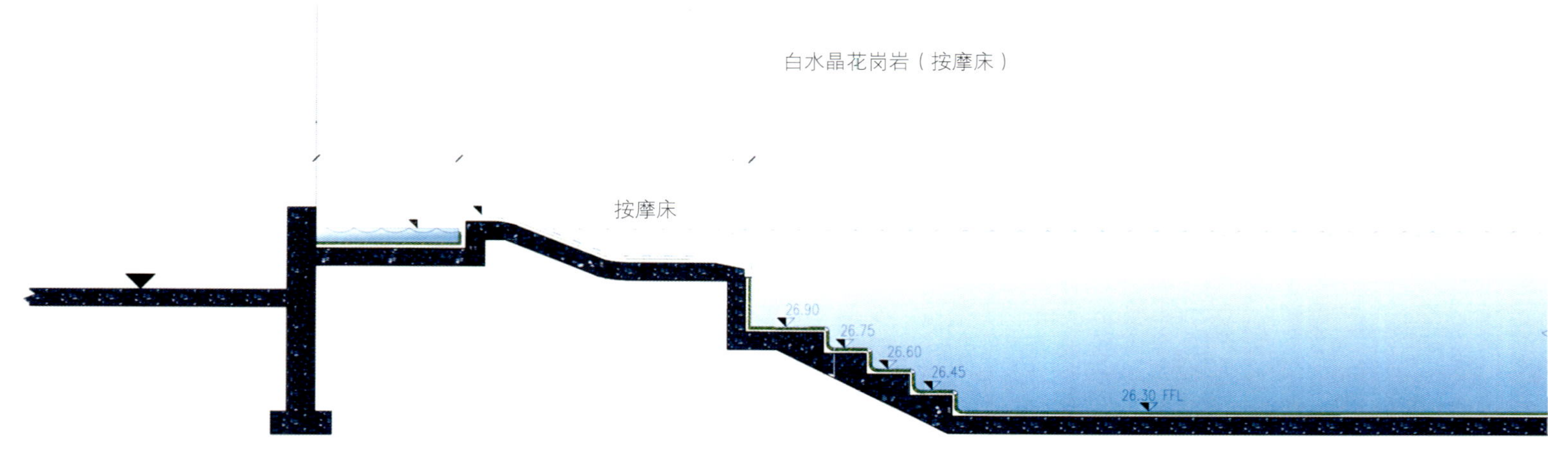

会所泳池按摩床剖面大样图 4-4

大花绿花岗岩（泳池池底）

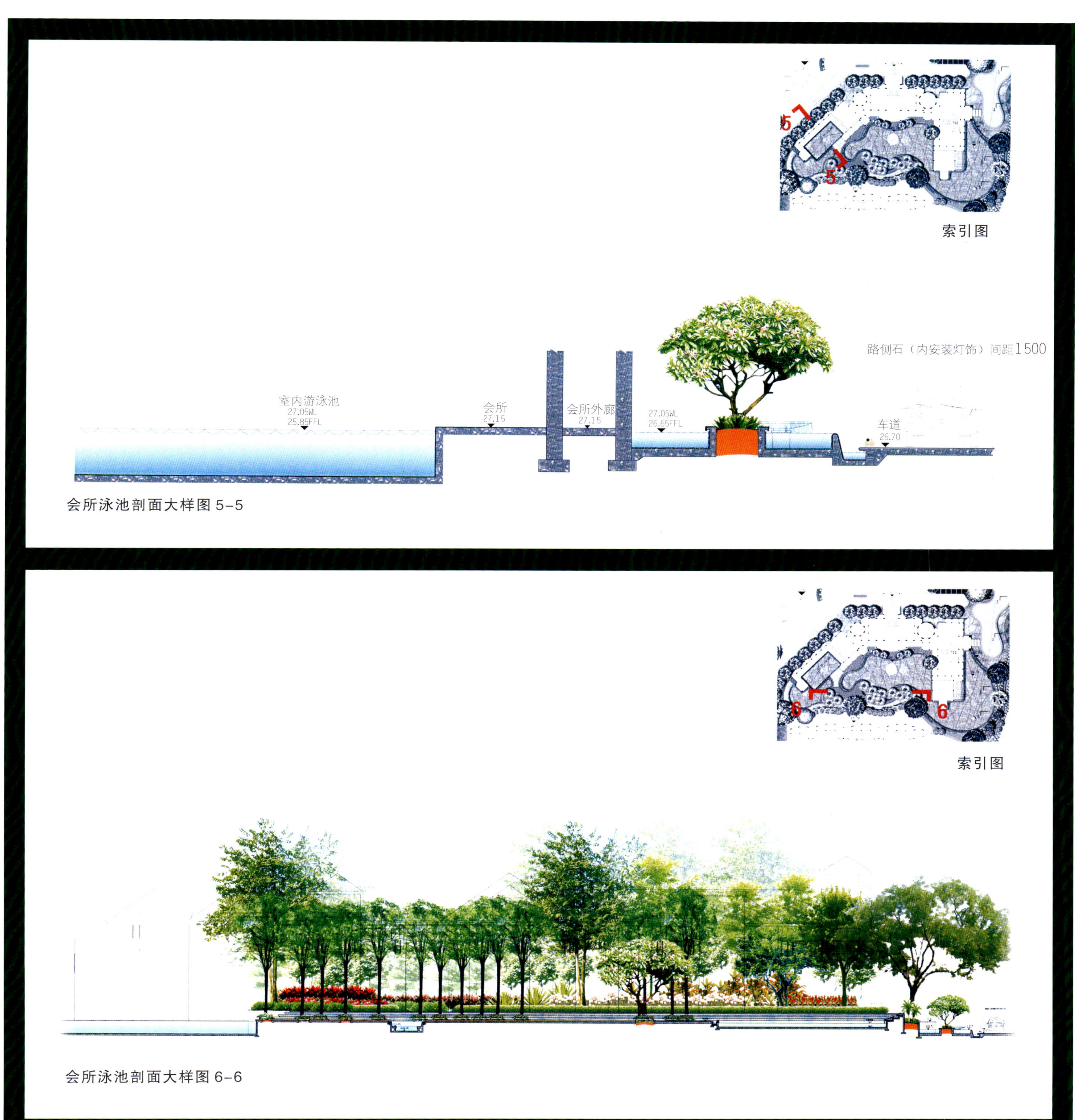
索引图
路侧石（内安装灯饰）间距1500
室内游泳池
27.05WL
25.85FFL
会所
27.15
会所外廊
27.15
27.05WL
26.65FFL
车道
26.70
会所泳池剖面大样图 5-5
索引图
会所泳池剖面大样图 6-6

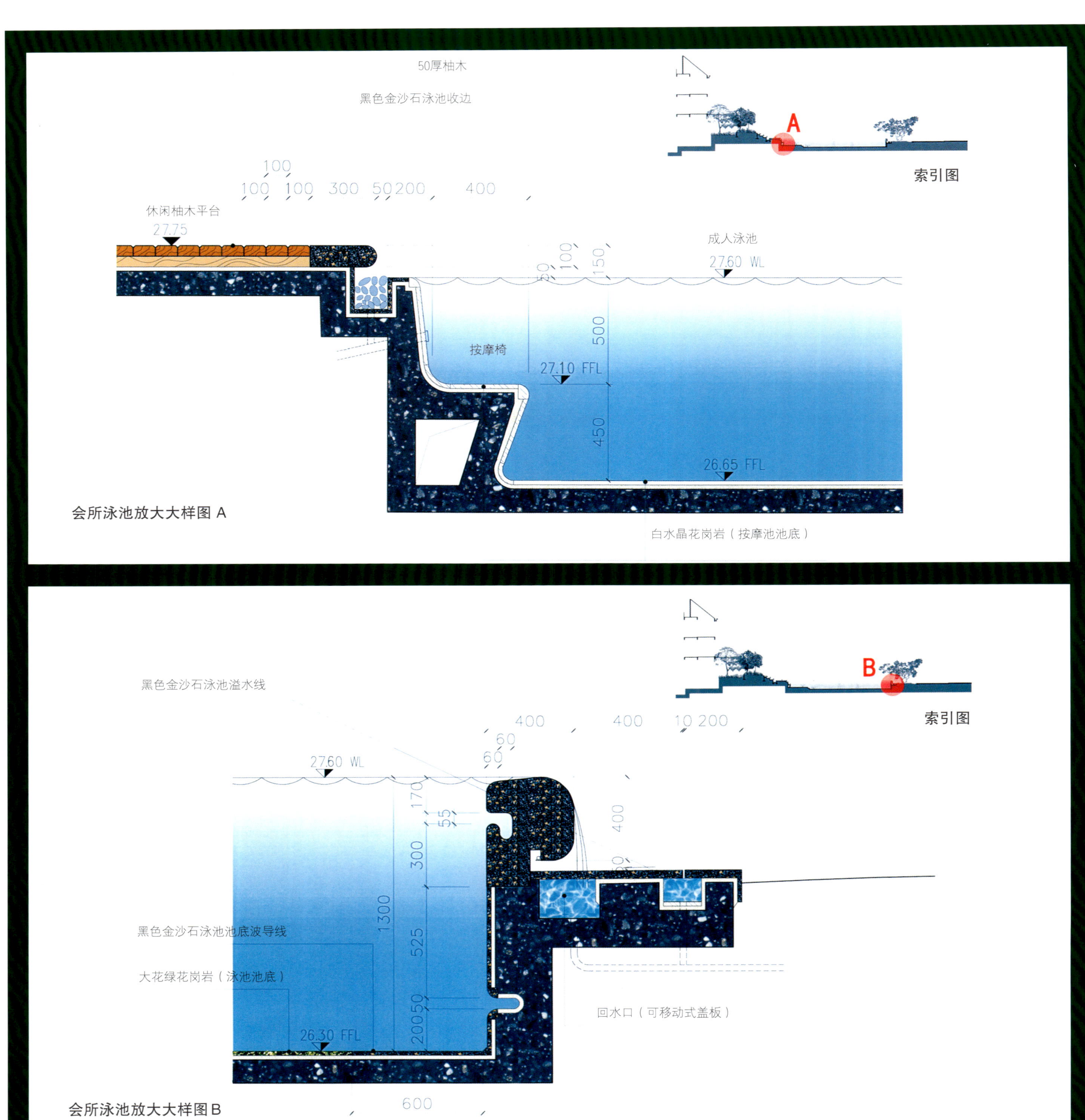
50厚柚木
黑色金沙石泳池收边
索引图
A
100
100 100 300 50 200 400
休闲柚木平台
27.75
成人泳池
27.60 WL
50 100 150
500
按摩椅
27.10 FFL
450
26.65 FFL
会所泳池放大大样图 A
白水晶花岗岩（按摩池池底）
B
索引图
黑色金沙石泳池溢水线
400 400 10 200
60
60
27.60 WL
170
55
400
300
1300
黑色金沙石泳池池底波导线
525
大花绿花岗岩（泳池池底）
50
200
回水口（可移动式盖板）
26.30 FFL
600
会所泳池放大大样图 B

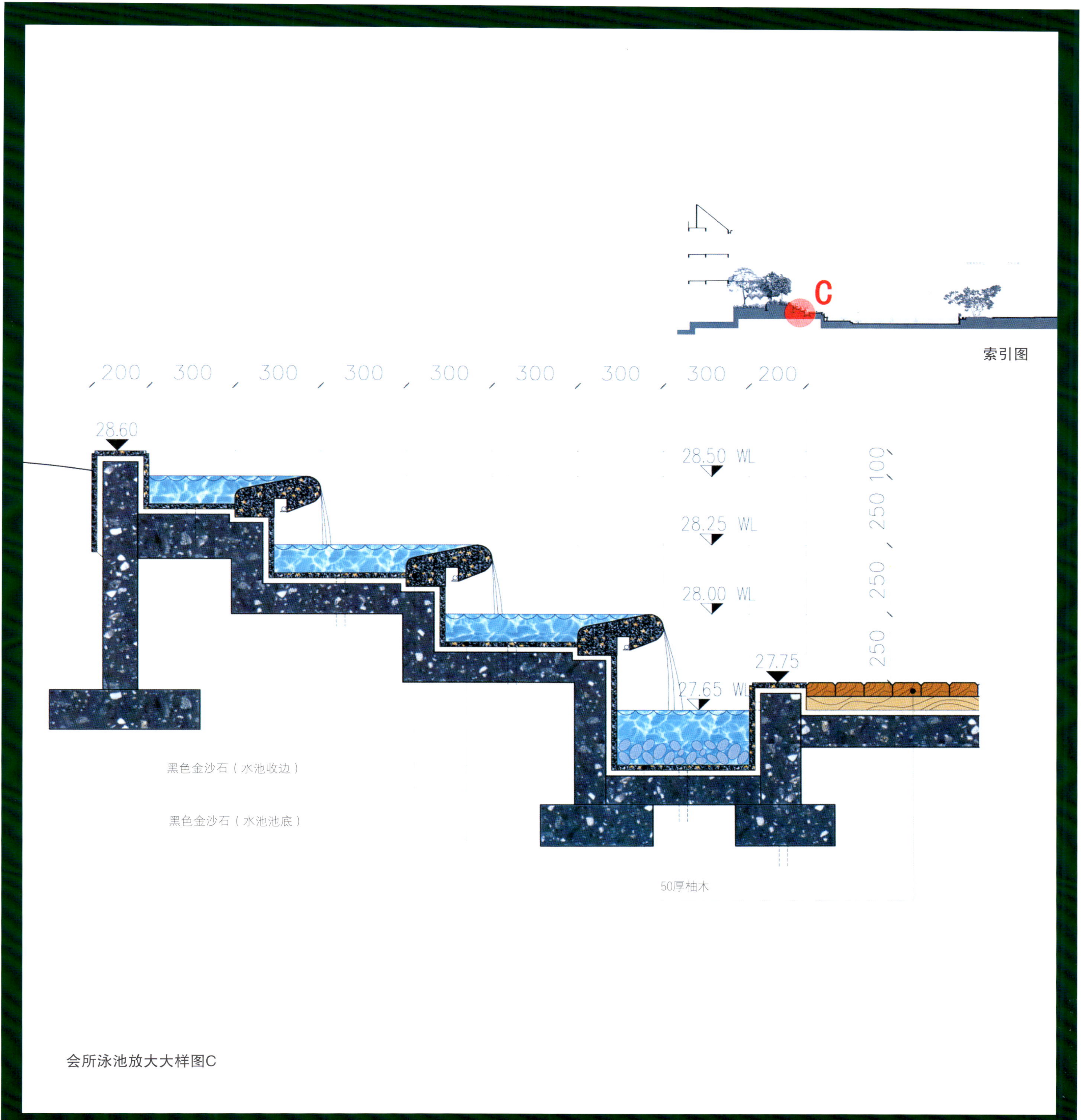
C
索引图
200
300
300
300
300
300
300
300
200
28.60
28.50 WL
28.25 WL
28.00 WL
27.75
27.65 WL
100
250
250
250
黑色金沙石（水池收边）
黑色金沙石（水池池底）
50厚柚木

会所泳池放大大样图C

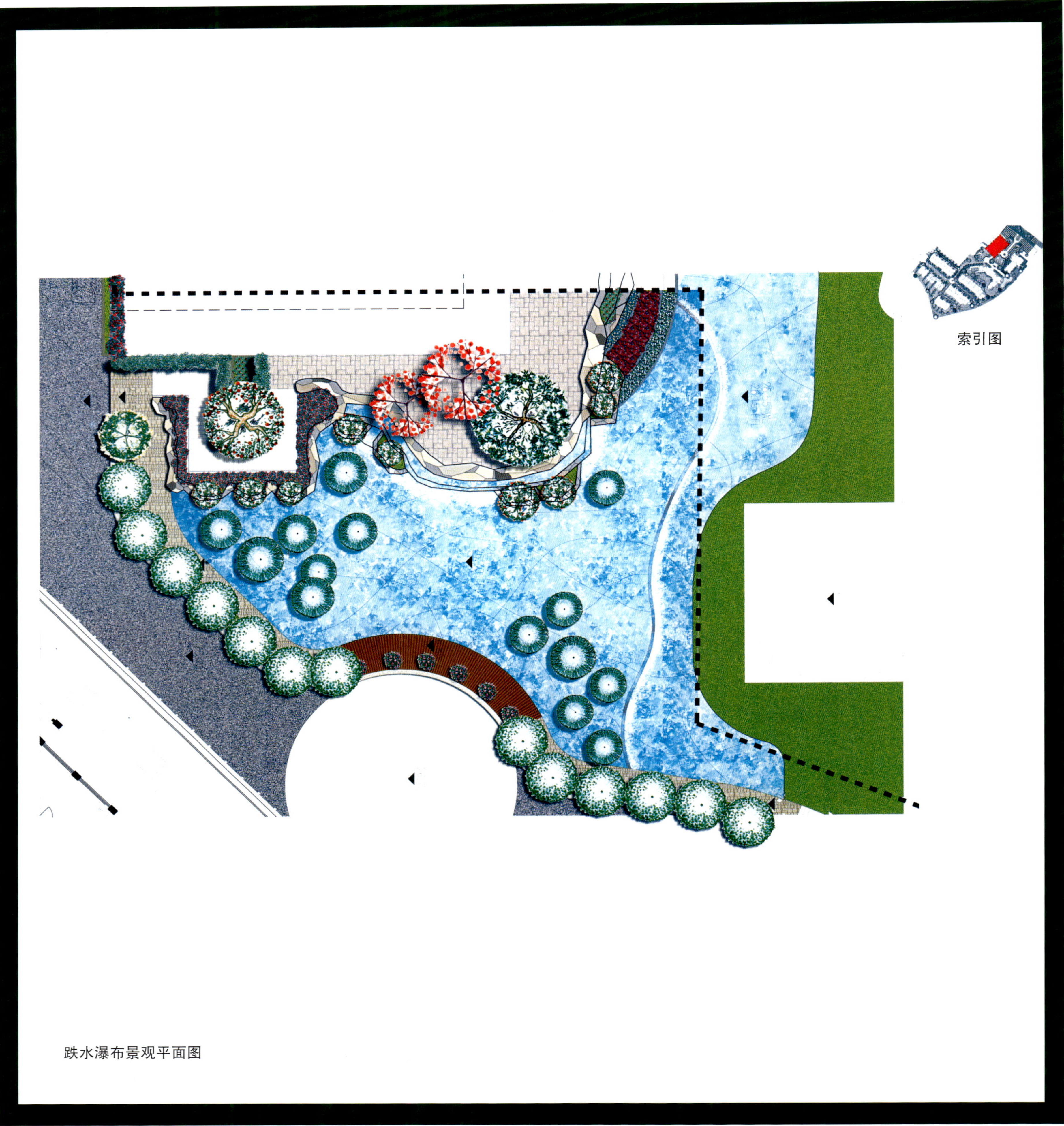

跌水瀑布景观平面图

跌水瀑布景观平面图

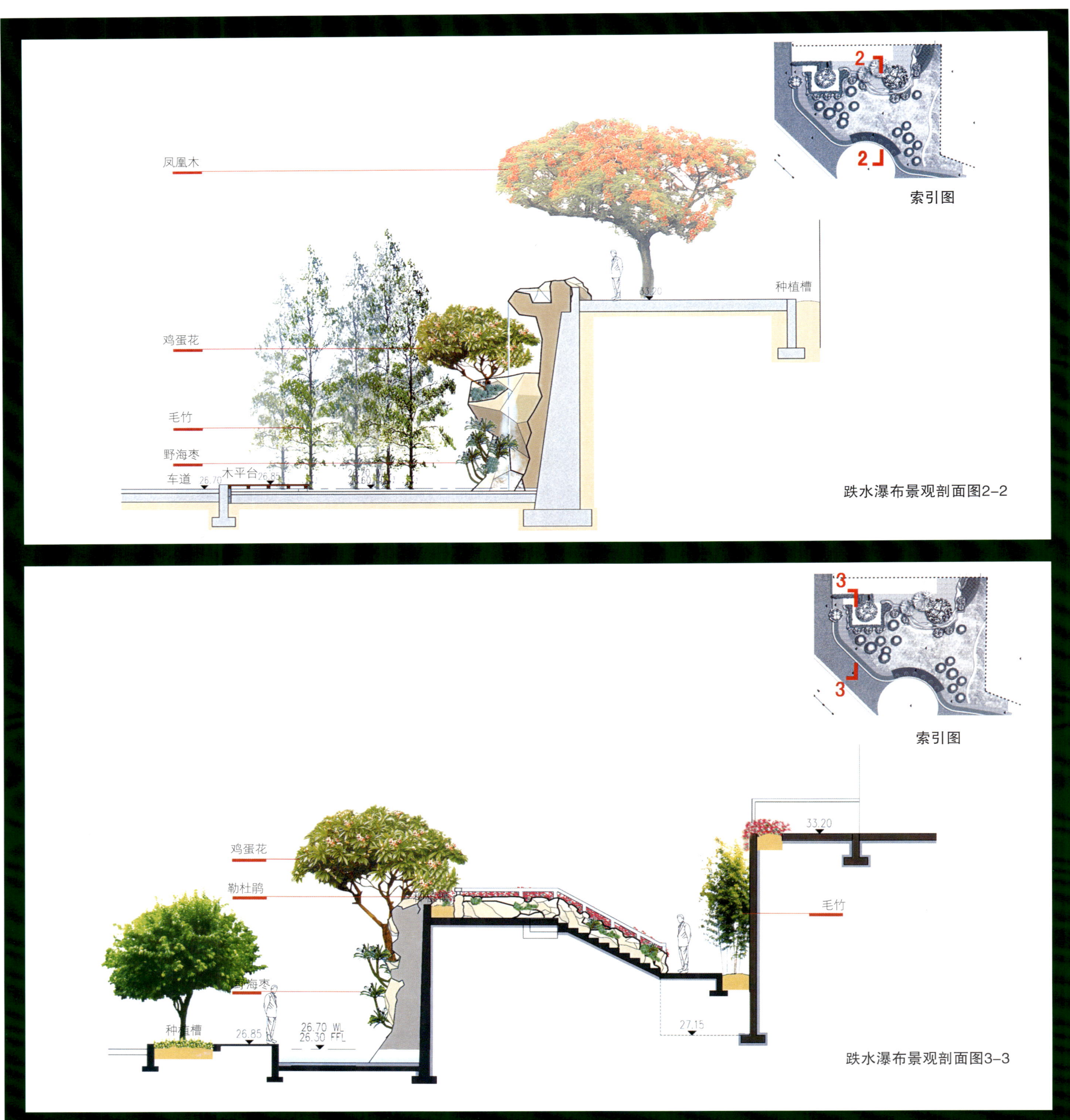
凤凰木
索引图
鸡蛋花
毛竹
野海枣
车道
木平台
种植槽
33.20
跌水瀑布景观剖面图2-2
索引图
鸡蛋花
勒杜鹃
毛竹
野海枣
种植槽
26.85
26.70 WL
26.30 FFL
27.15
33.20
跌水瀑布景观剖面图3-3

跌水景观（小瀑布无池杉效果）剖面图

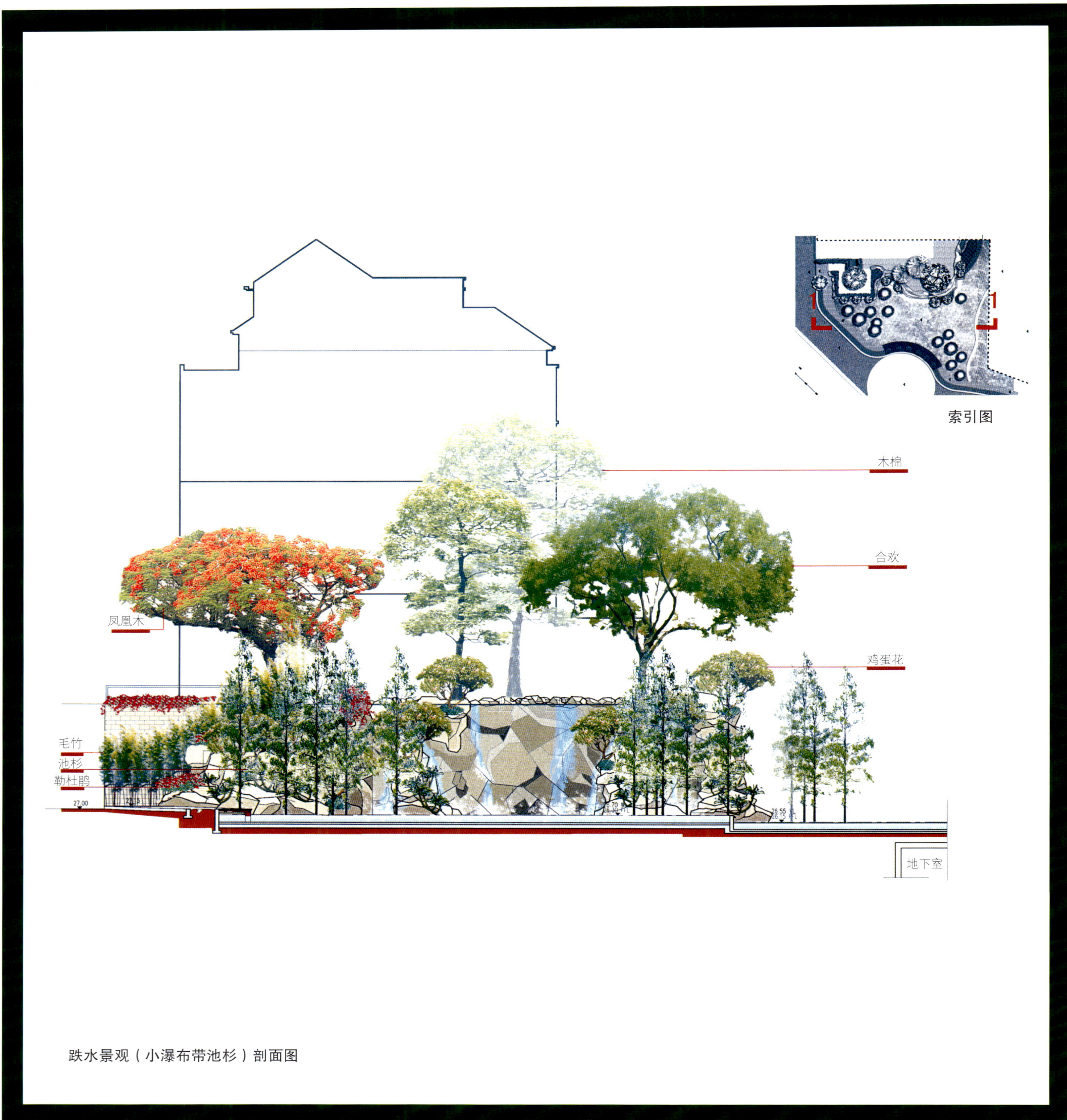

跌水景观（小瀑布带池杉）剖面图

跌水瀑布景观侧立面图4-4

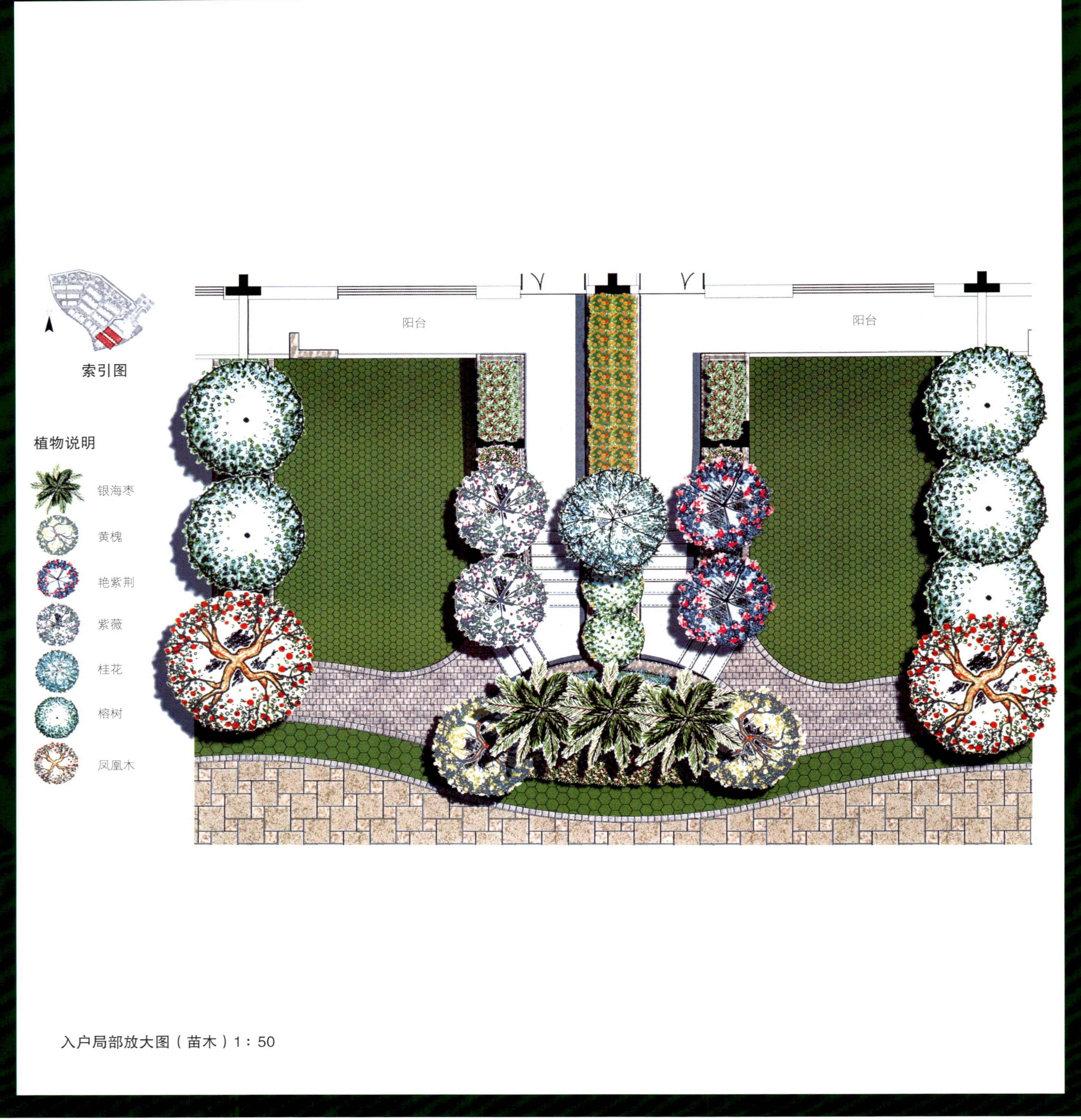

入户局部放大图（苗木）1：50

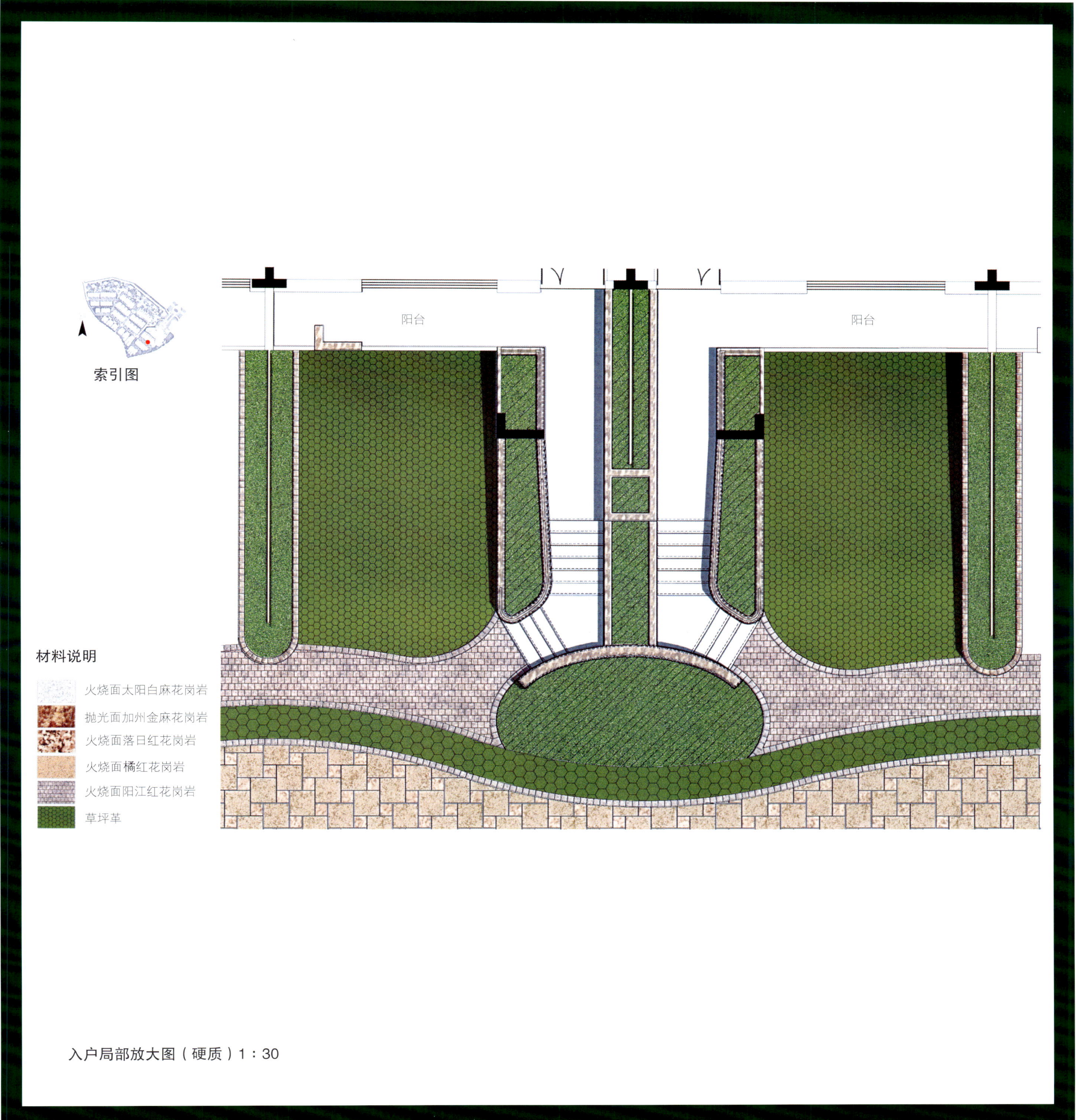

入户局部放大图（硬质）1：30

索引图
苗木图
硬质图
入户局部放大图 1：25
6800
花岗岩压顶
铝合金栅栏
-1.250
-1.550
-1.650(27.00)
-2.350(26.30)
花岗岩墙饰面
植草革
索引图
入户局部剖面图A-A 1：30

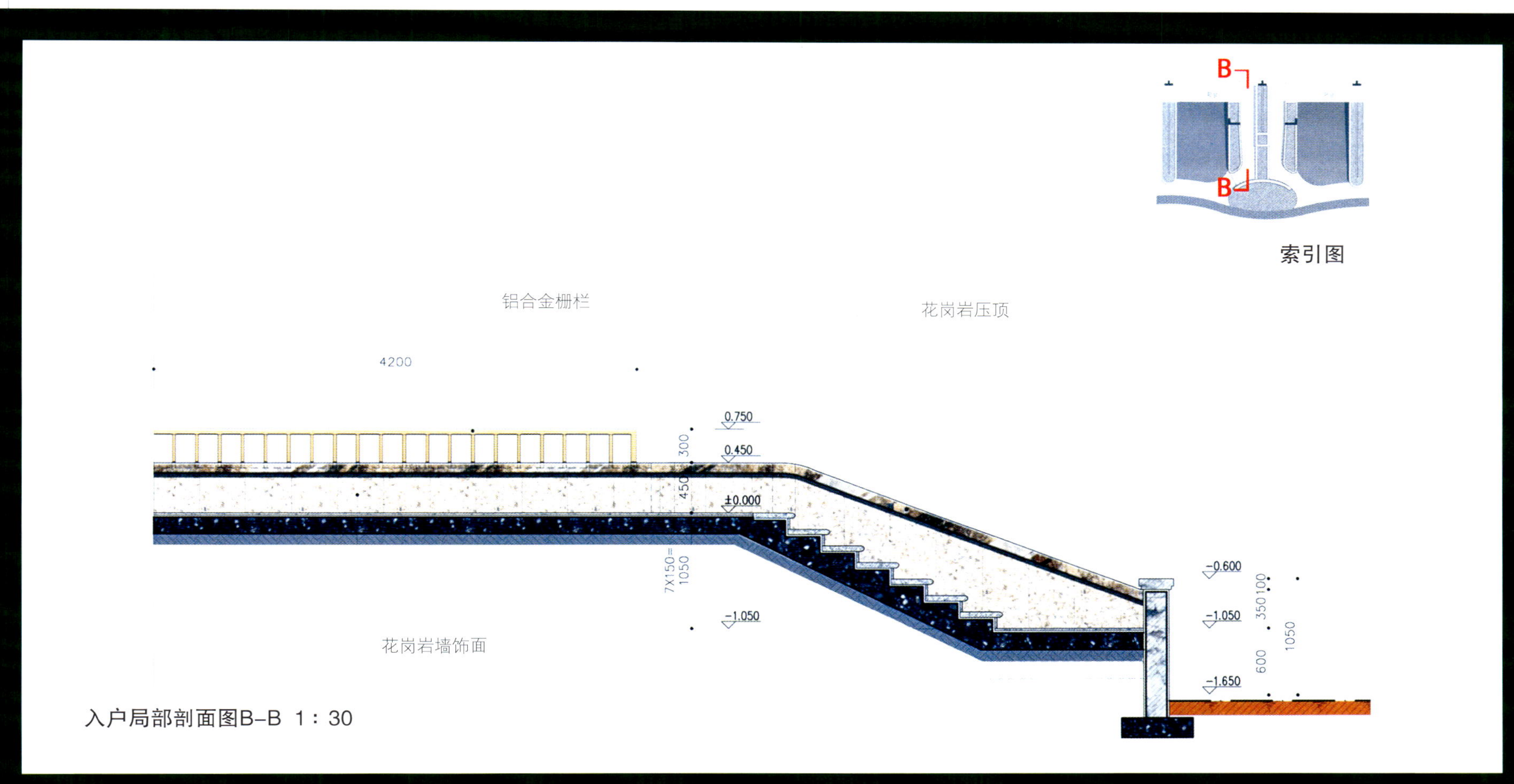

入户局部剖面图B-B 1：30

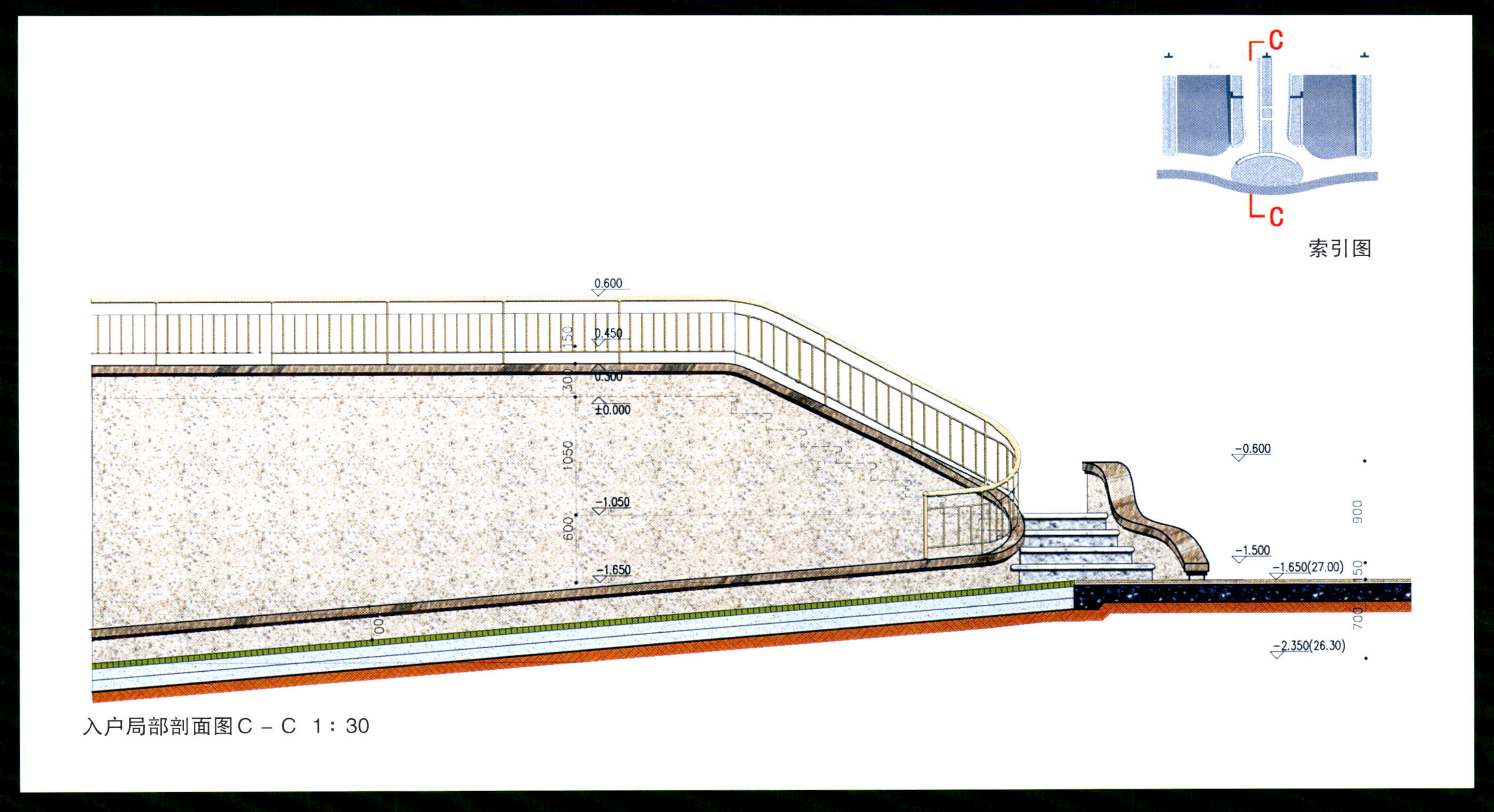

入户局部剖面图C－C 1：30

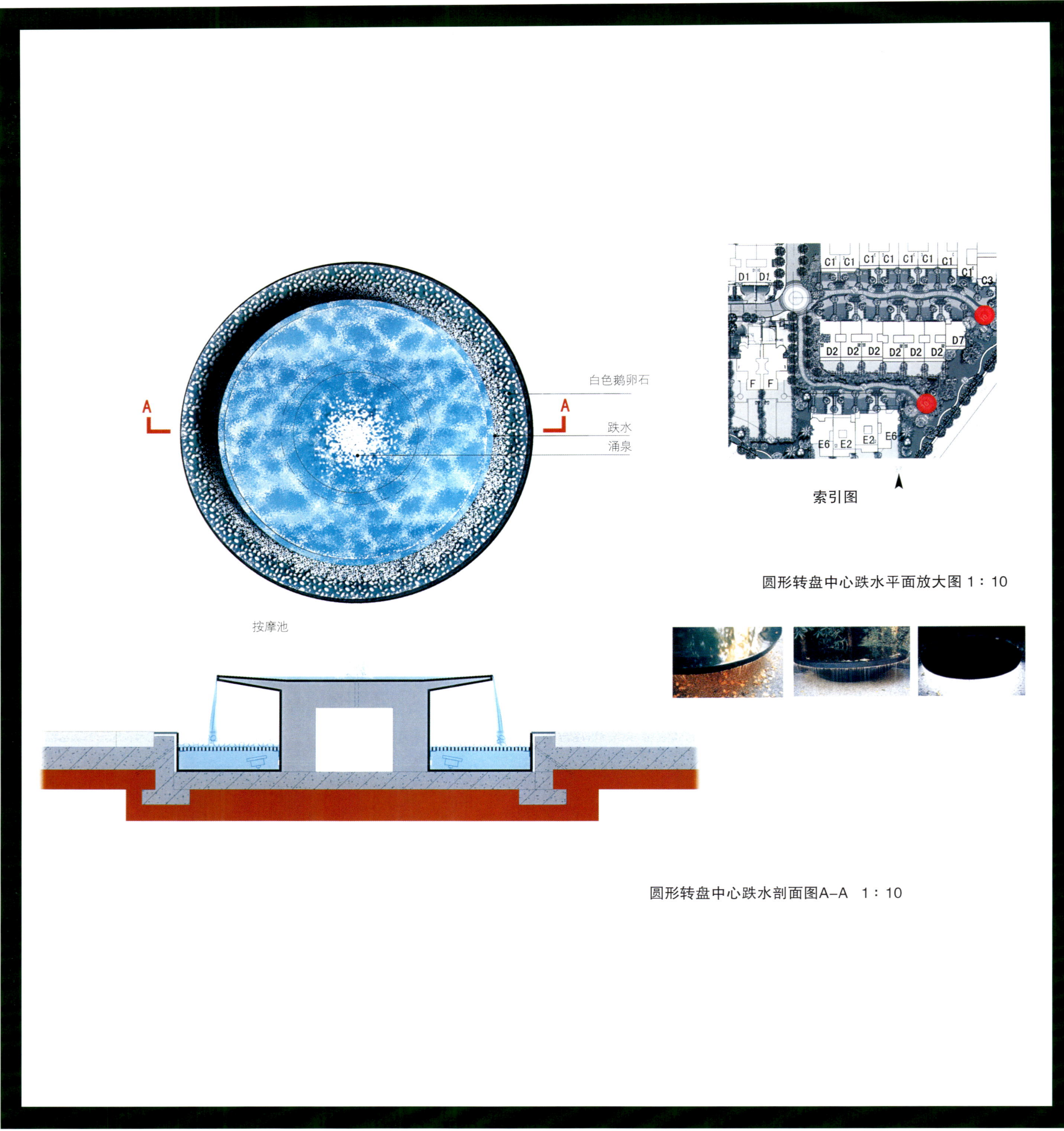

圆形转盘中心跌水平面放大图 1：10

圆形转盘中心跌水剖面图A–A　1：10

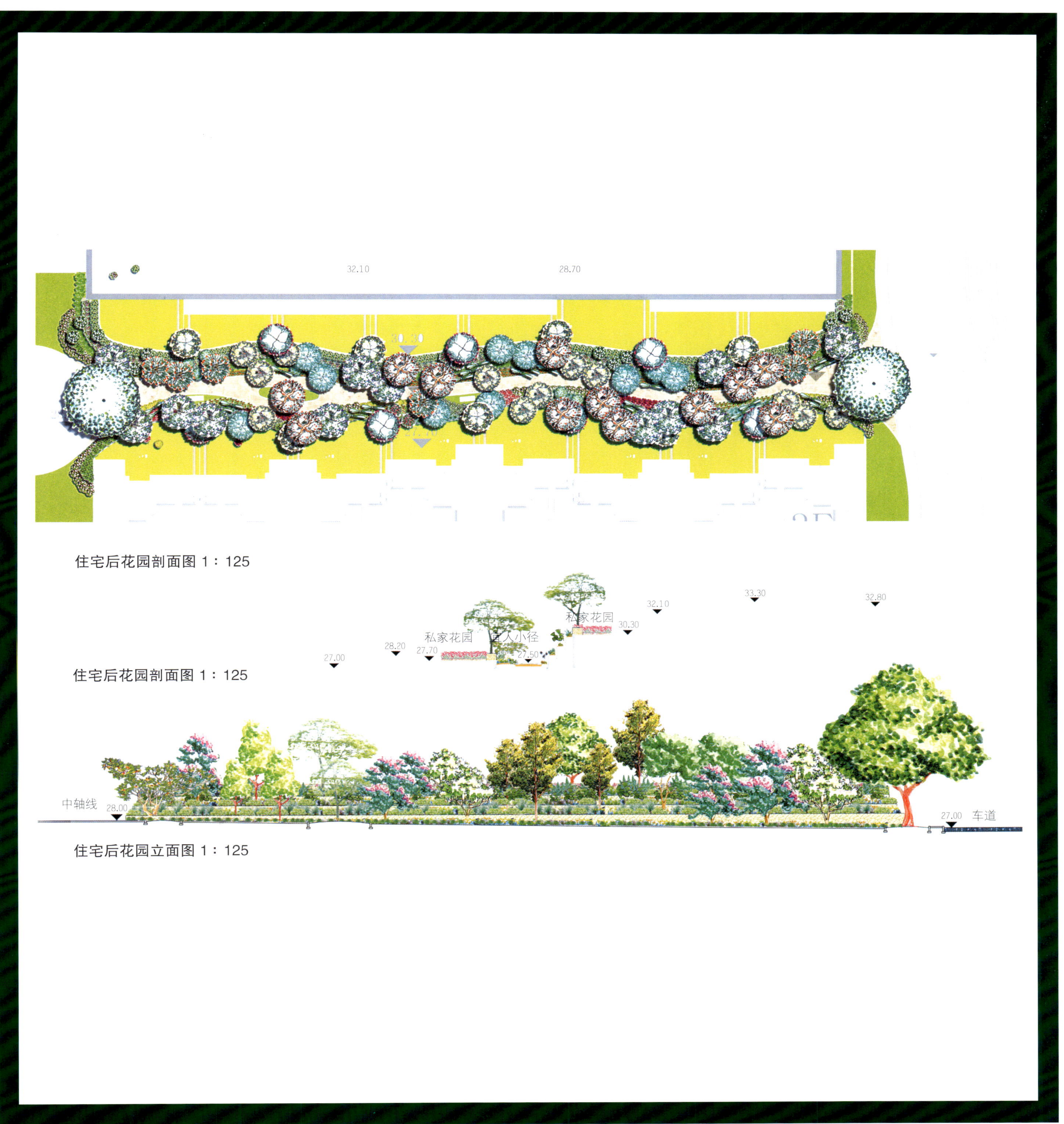

住宅后花园剖面图 1：125

住宅后花园剖面图 1：125

住宅后花园立面图 1：125

桉树林带景平面图（硬质）

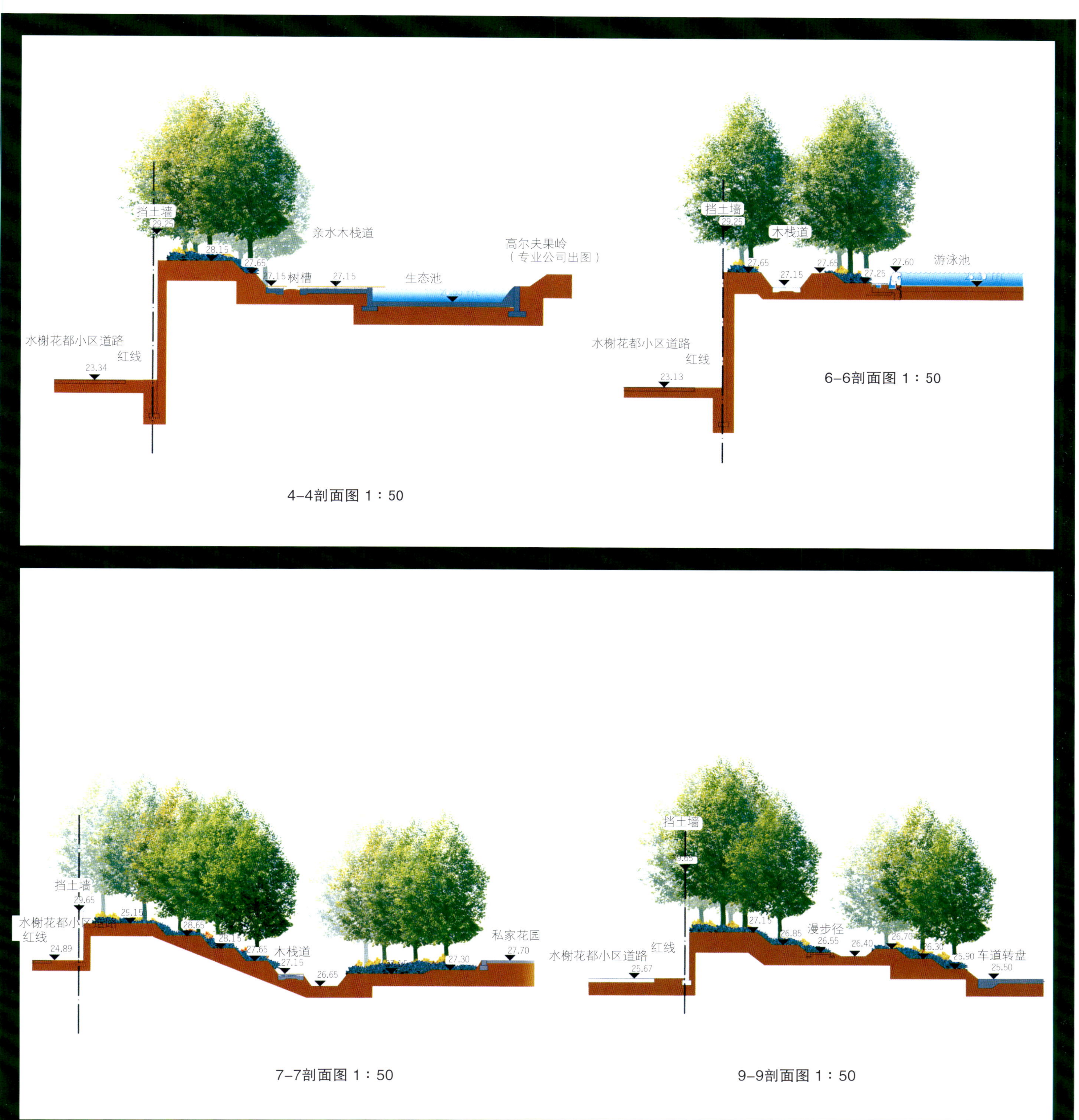
挡土墙
29.25
亲水木栈道
28.15
27.65
27.15 树槽
27.15
生态池
高尔夫果岭
（专业公司出图）
水榭花都小区道路
红线
23.34
4-4剖面图 1：50
挡土墙
29.25
木栈道
27.65
27.15
27.65
27.25
27.60
游泳池
水榭花都小区道路
红线
23.13
6-6剖面图 1：50
挡土墙
29.65
水榭花都小区道路
红线
24.89
29.15
28.65
28.15
27.65
木栈道
27.15
26.65
27.30
私家花园
27.70
7-7剖面图 1：50
挡土墙
27.15
26.85
漫步径
26.55
26.40
26.70
26.30
25.90
车道转盘
25.50
水榭花都小区道路
红线
25.67
9-9剖面图 1：50

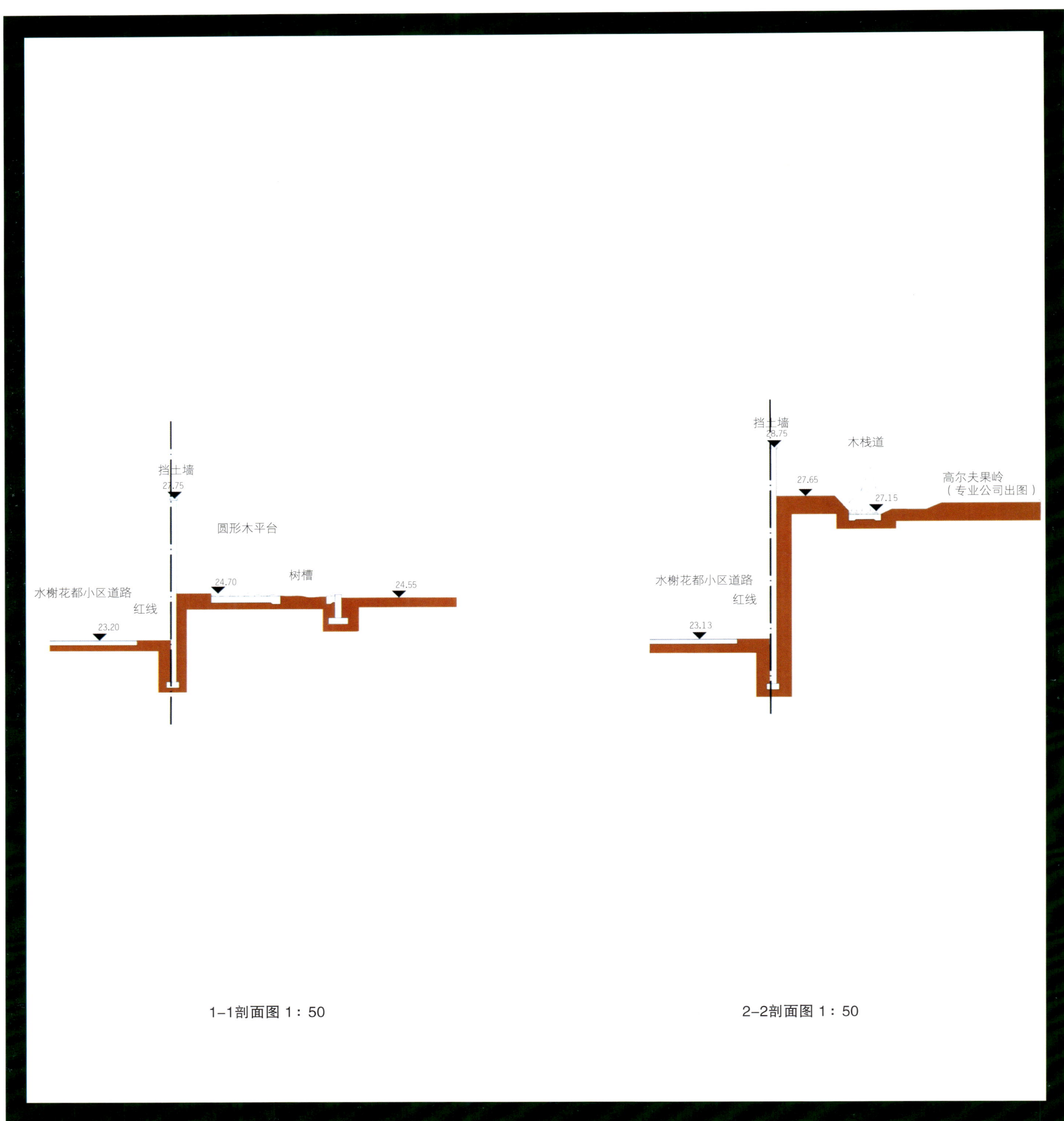
挡土墙
27.75
圆形木平台
树槽
24.70
24.55
水榭花都小区道路
红线
23.20
1-1剖面图 1：50
挡土墙
28.75
木栈道
27.65
高尔夫果岭
（专业公司出图）
27.15
水榭花都小区道路
红线
23.13
2-2剖面图 1：50

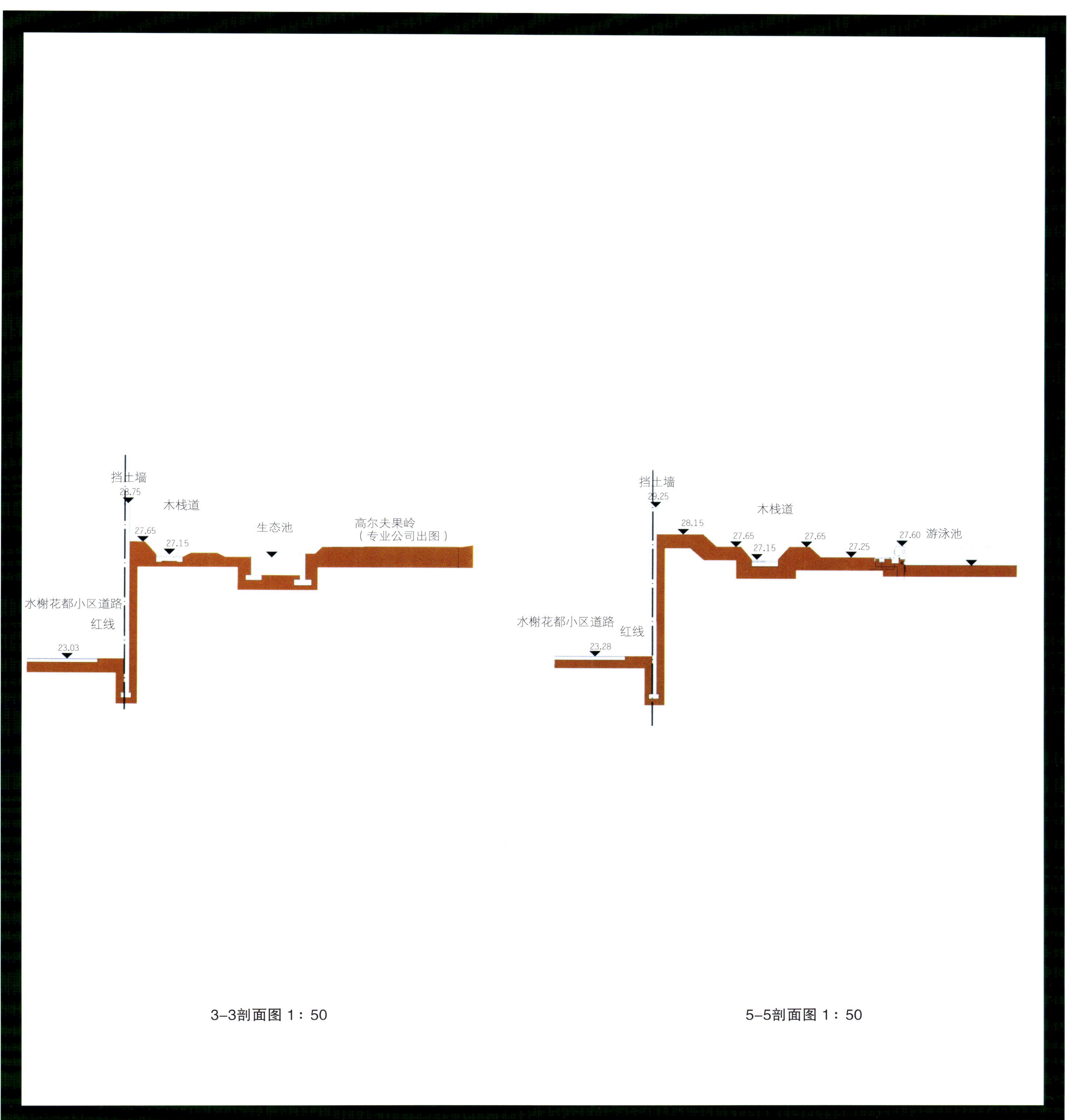
挡土墙
28.75
木栈道
27.65
27.15
生态池
高尔夫果岭
（专业公司出图）
水榭花都小区道路
红线
23.03
3-3剖面图 1：50
挡土墙
29.25
木栈道
28.15
27.65
27.15
27.65
27.25
27.60
游泳池
水榭花都小区道路
红线
23.28
5-5剖面图 1：50

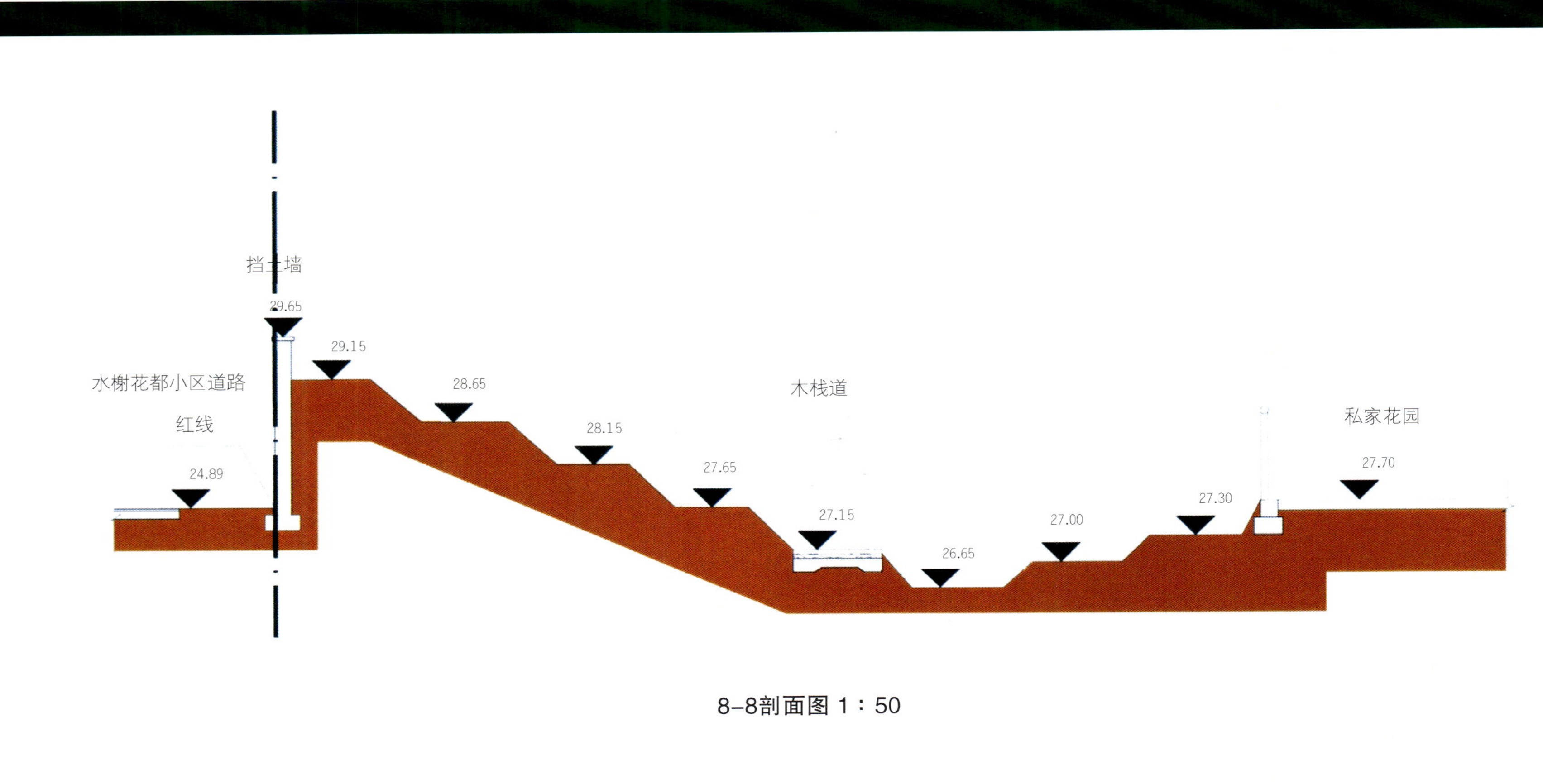

8–8剖面图 1：50

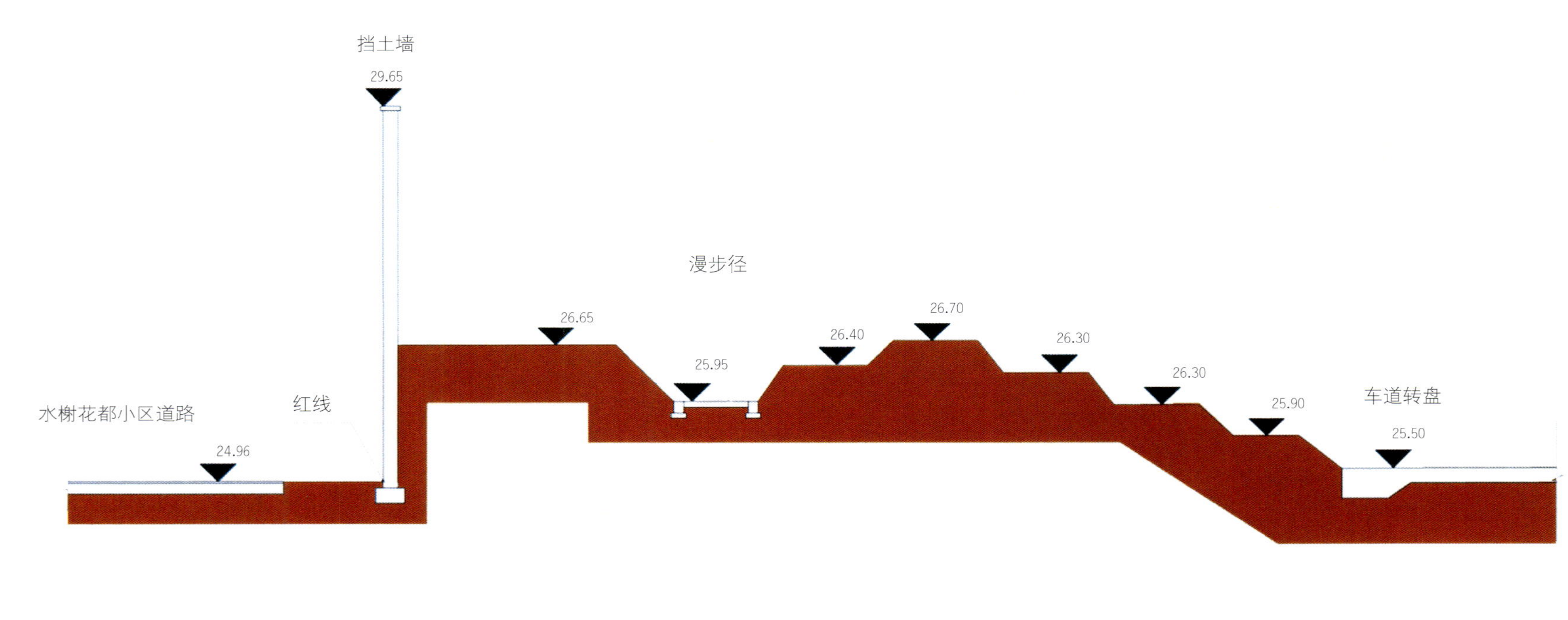

10–10剖面图 1：50

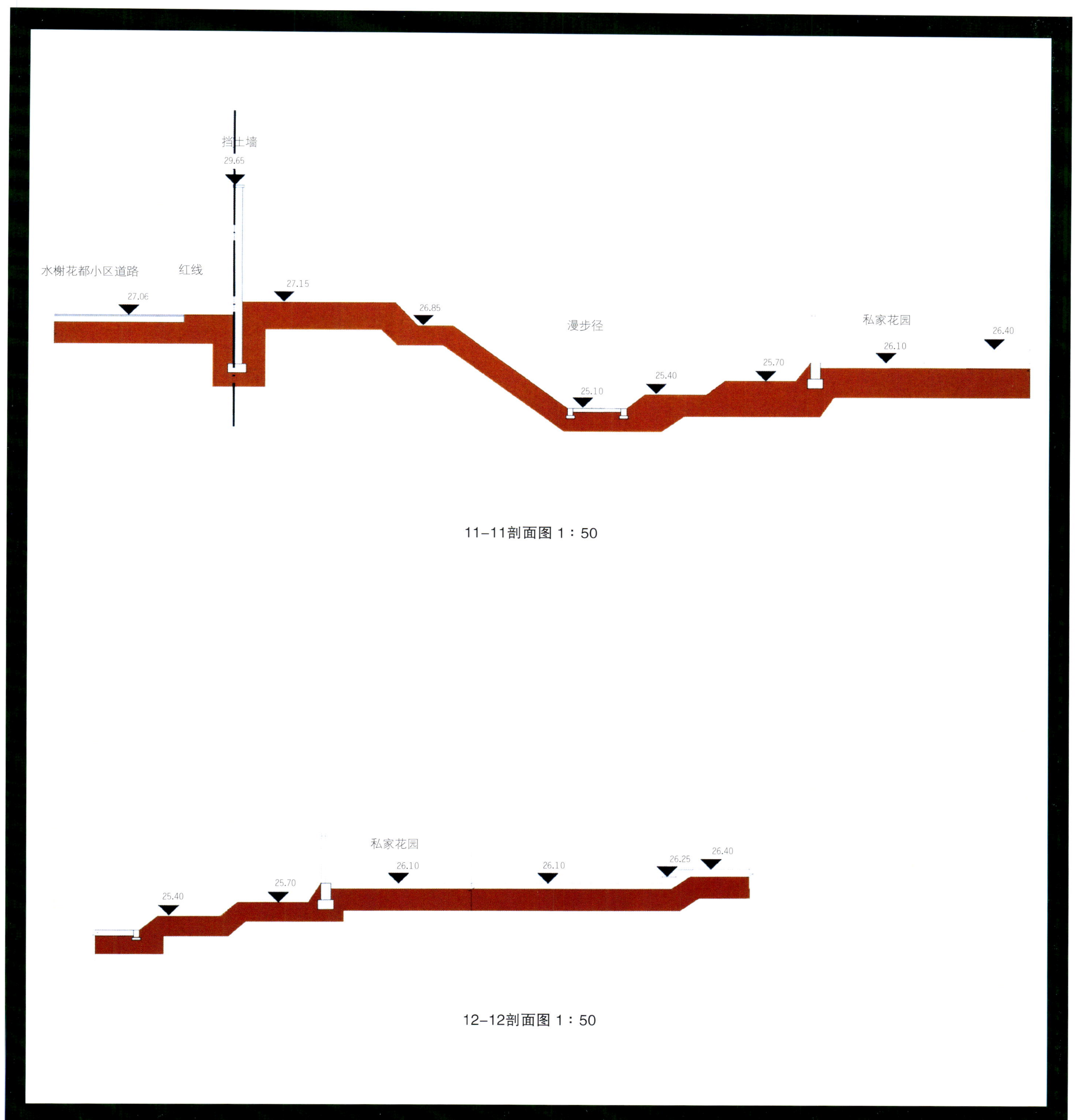
挡土墙
29.65
水榭花都小区道路
红线
27.15
27.06
26.85
漫步径
私家花园
26.40
26.10
25.70
25.40
25.10
11-11剖面图 1：50
私家花园
26.40
26.25
26.10
26.10
25.70
25.40
12-12剖面图 1：50

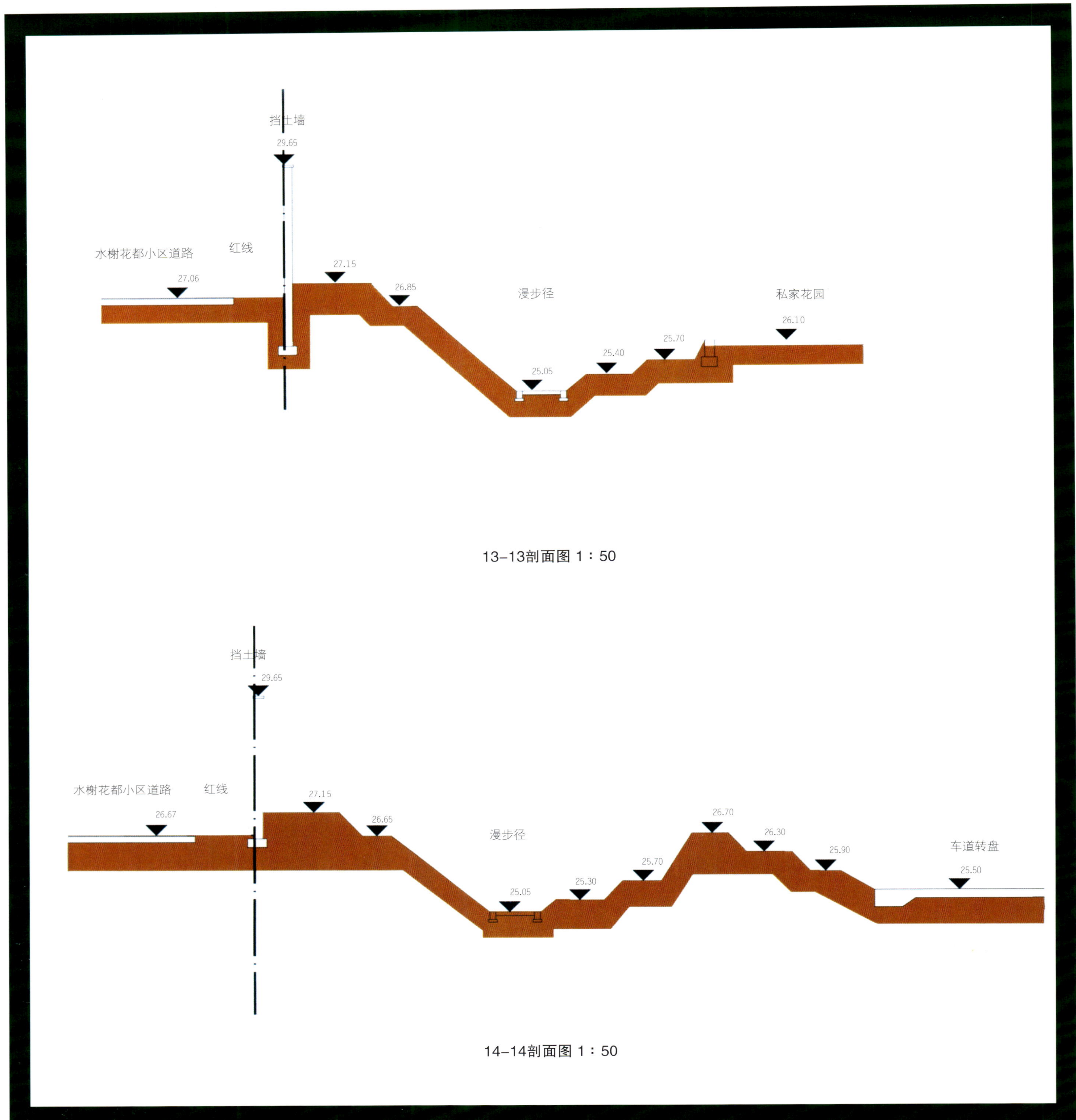
挡土墙
29.65
水榭花都小区道路
红线
27.06
27.15
26.85
漫步径
私家花园
26.10
25.70
25.40
25.05
13-13剖面图 1：50
挡土墙
29.65
水榭花都小区道路
红线
26.67
27.15
26.65
漫步径
26.70
26.30
25.90
车道转盘
25.50
25.70
25.30
25.05
14-14剖面图 1：50

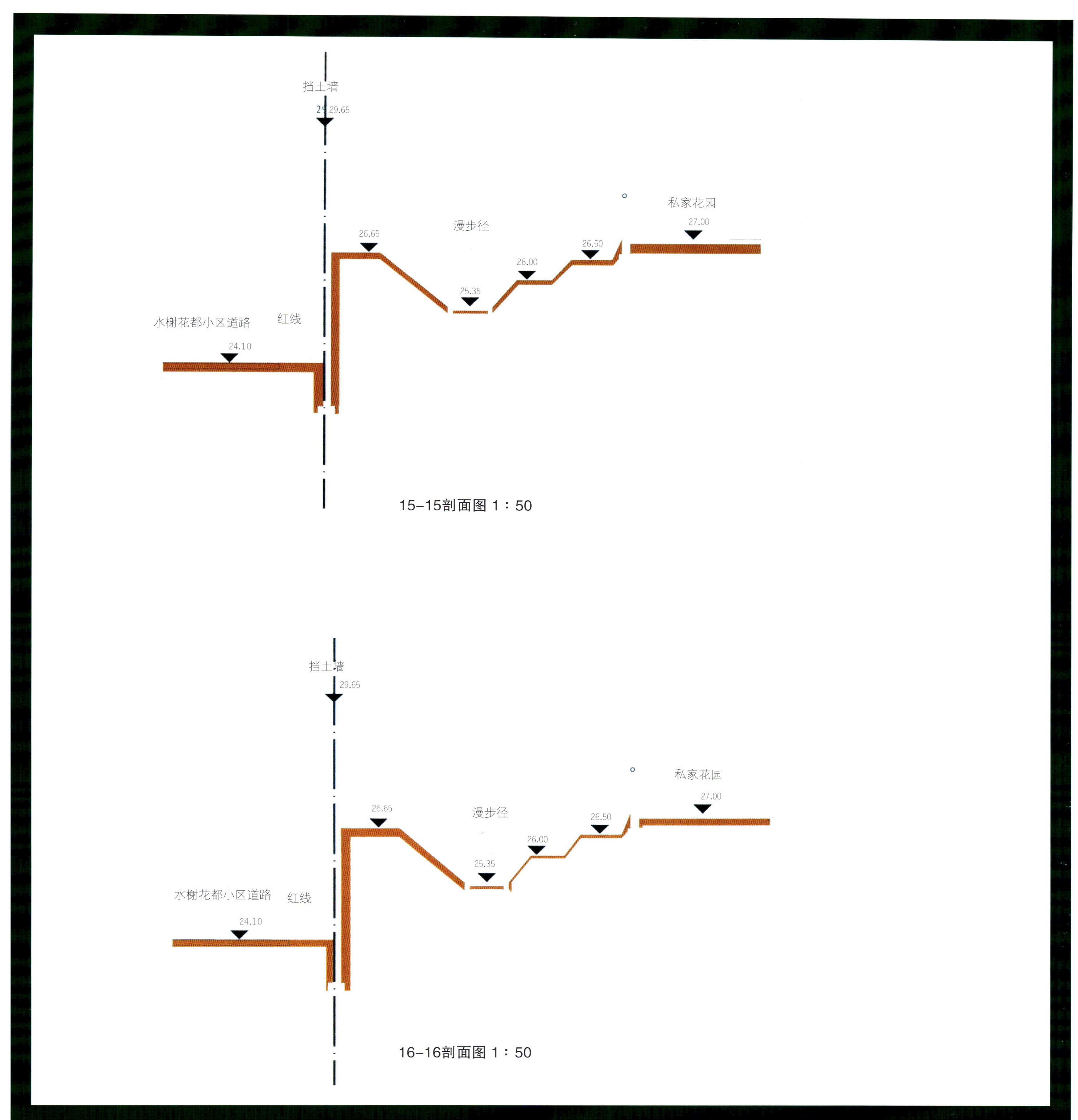
挡土墙
29.65
私家花园
27.00
漫步径
26.65
26.50
26.00
25.35
水榭花都小区道路
红线
24.10
15-15剖面图 1：50
挡土墙
29.65
私家花园
27.00
漫步径
26.65
26.50
26.00
25.35
水榭花都小区道路
红线
24.10
16-16剖面图 1：50

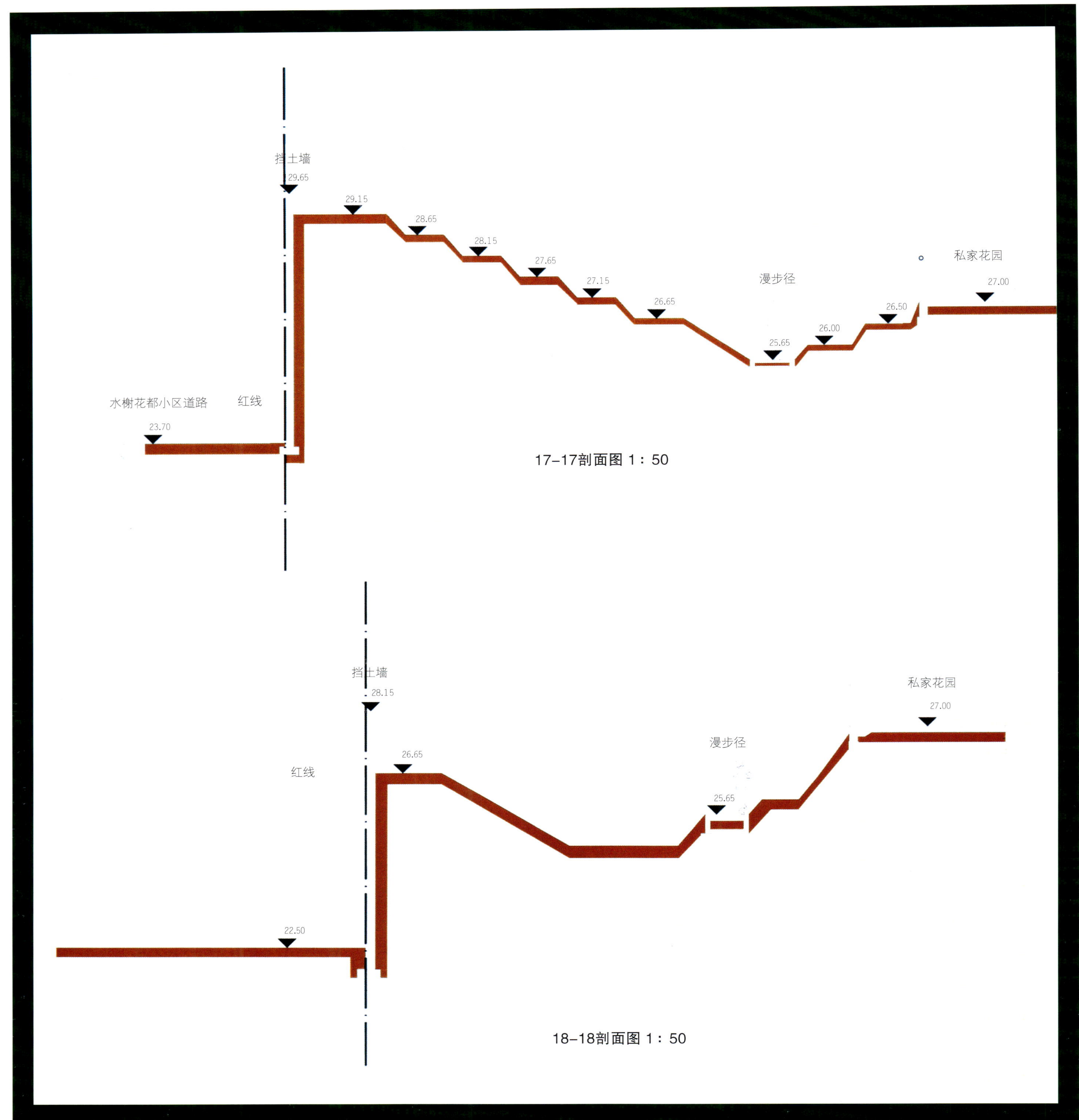
挡土墙
29.65
29.15
28.65
28.15
27.65
27.15
26.65
漫步径
私家花园
27.00
26.50
26.00
25.65
水榭花都小区道路
红线
23.70
17-17剖面图 1：50
挡土墙
28.15
红线
26.65
漫步径
25.65
私家花园
27.00
22.50
18-18剖面图 1：50

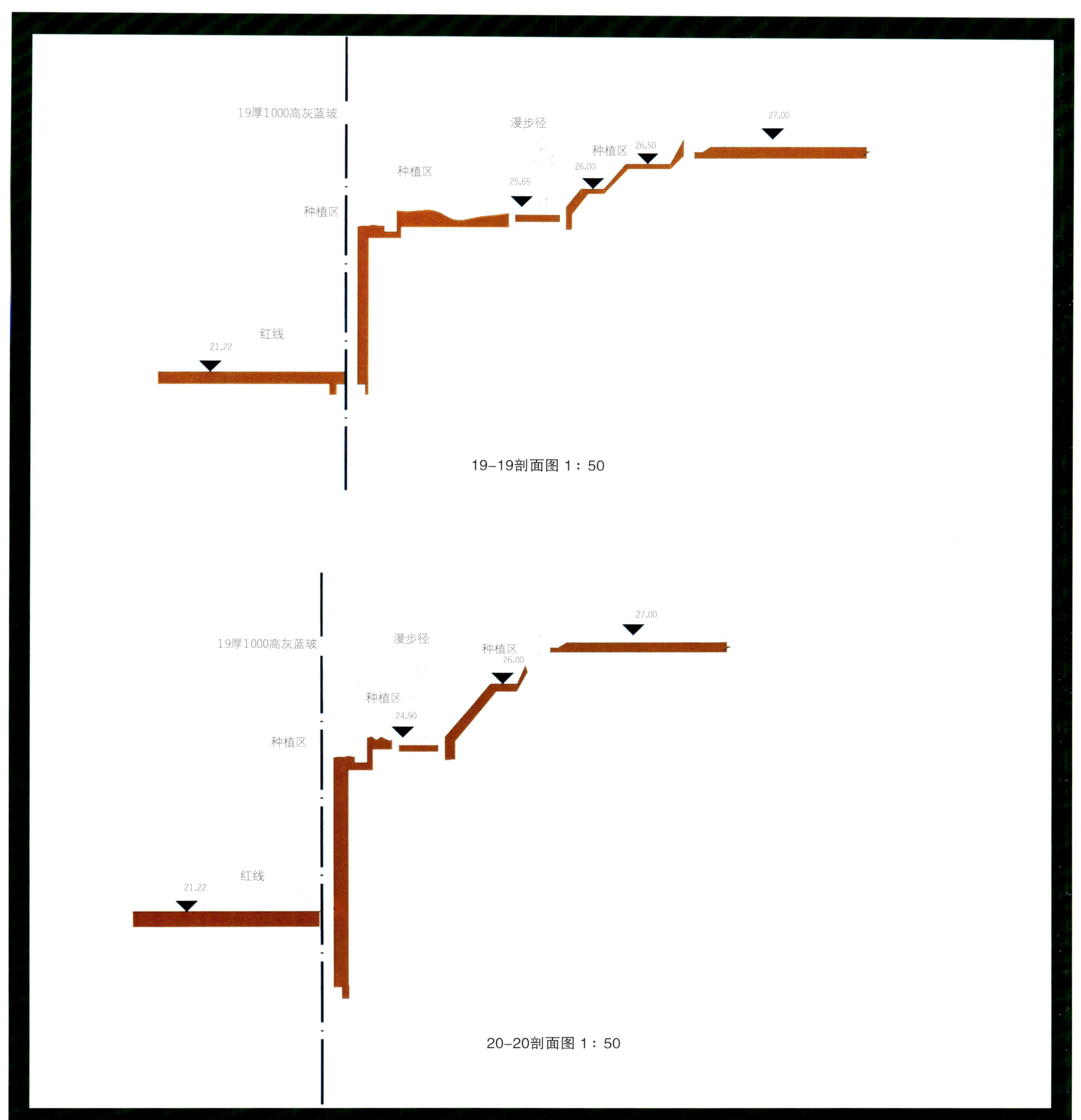
19厚1000高灰蓝玻
漫步径
27.00
种植区
26.50
26.00
种植区
25.65
种植区
红线
21.22
19-19剖面图 1：50
27.00
19厚1000高灰蓝玻
漫步径
种植区
26.00
种植区
24.90
种植区
红线
21.22
20-20剖面图 1：50

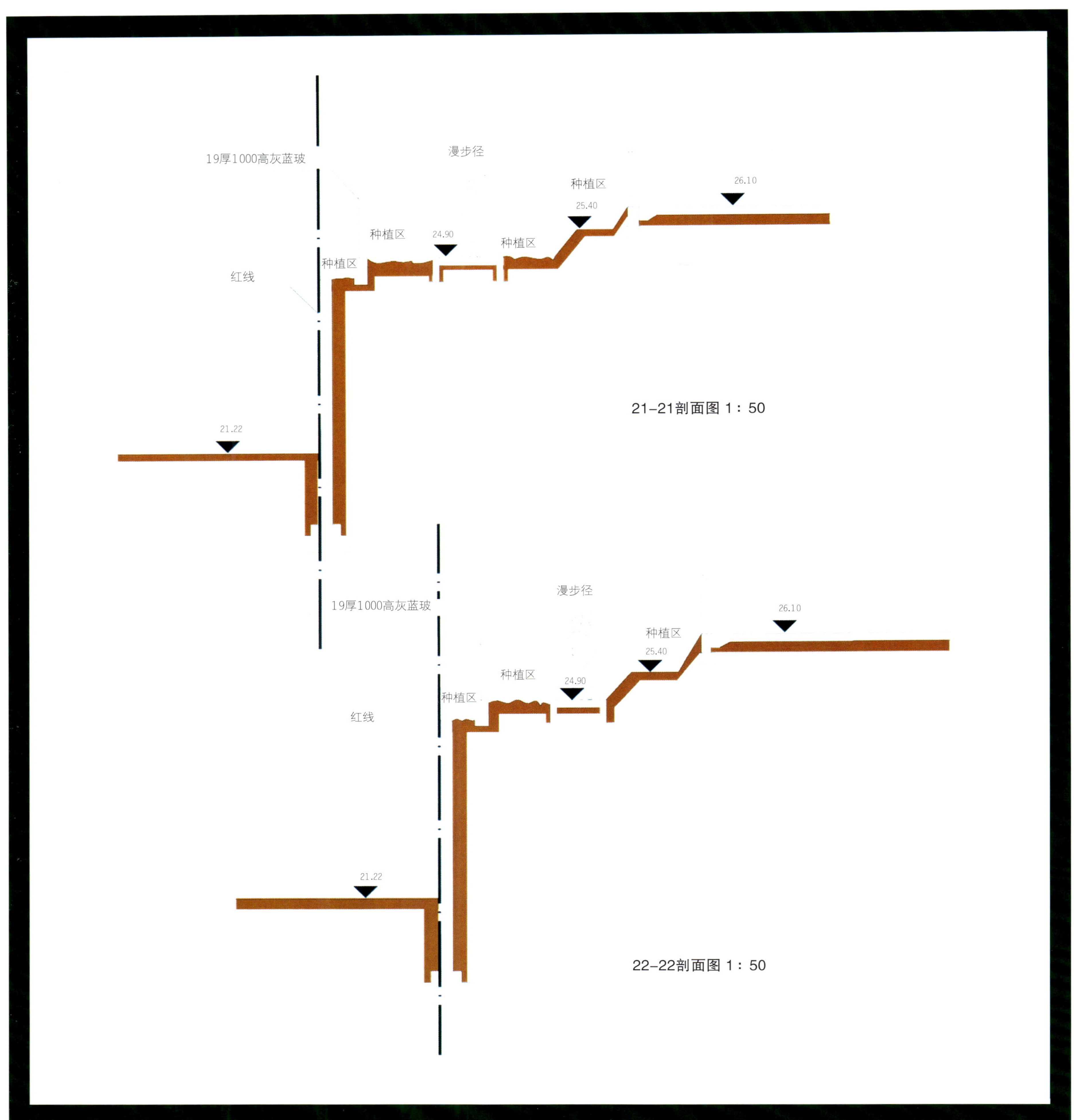
漫步径
19厚1000高灰蓝玻
种植区
26.10
25.40
种植区
24.90
种植区
种植区
红线
21-21剖面图 1：50
21.22
漫步径
19厚1000高灰蓝玻
26.10
种植区
25.40
种植区
24.90
种植区
红线
21.22
22-22剖面图 1：50

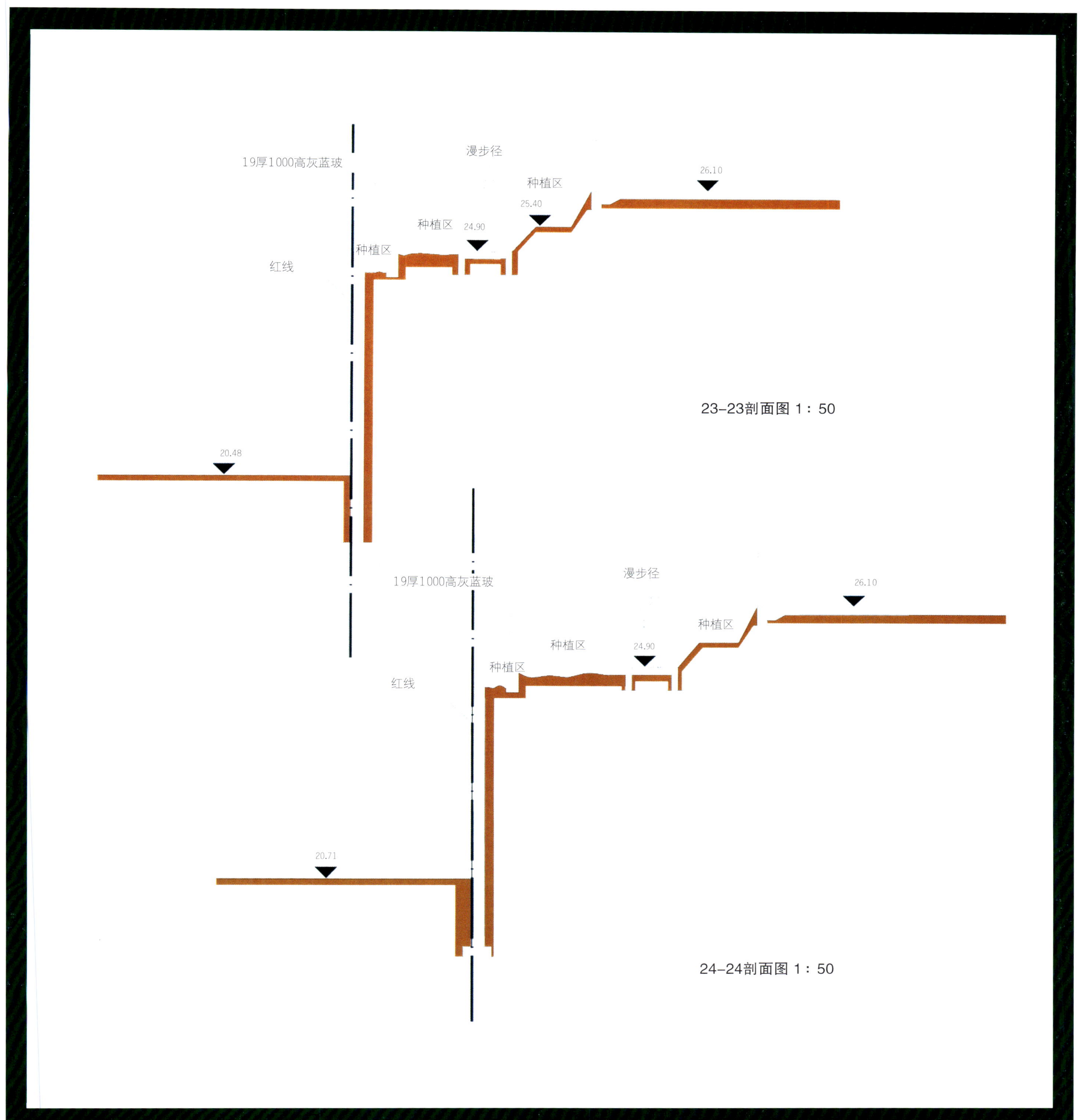
19厚1000高灰蓝玻
漫步径
种植区
26.10
25.40
种植区
24.90
种植区
红线
23-23剖面图 1：50
20.48
19厚1000高灰蓝玻
漫步径
26.10
种植区
种植区
24.90
种植区
红线
20.71
24-24剖面图 1：50

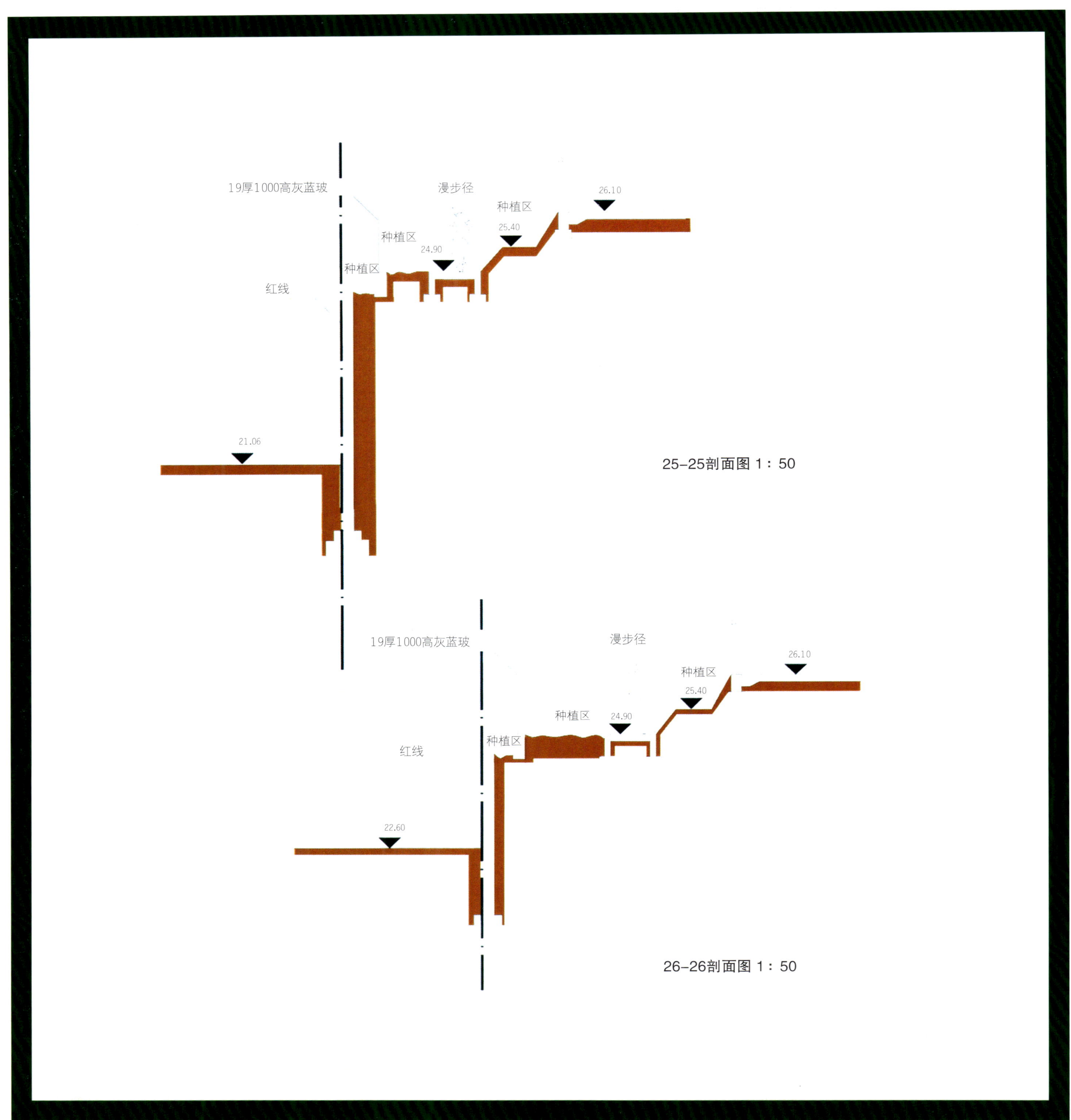
19厚1000高灰蓝玻
漫步径
种植区
26.10
种植区
25.40
24.90
种植区
红线
21.06
25-25剖面图 1：50
19厚1000高灰蓝玻
漫步径
26.10
种植区
25.40
种植区
24.90
种植区
红线
22.60
26-26剖面图 1：50

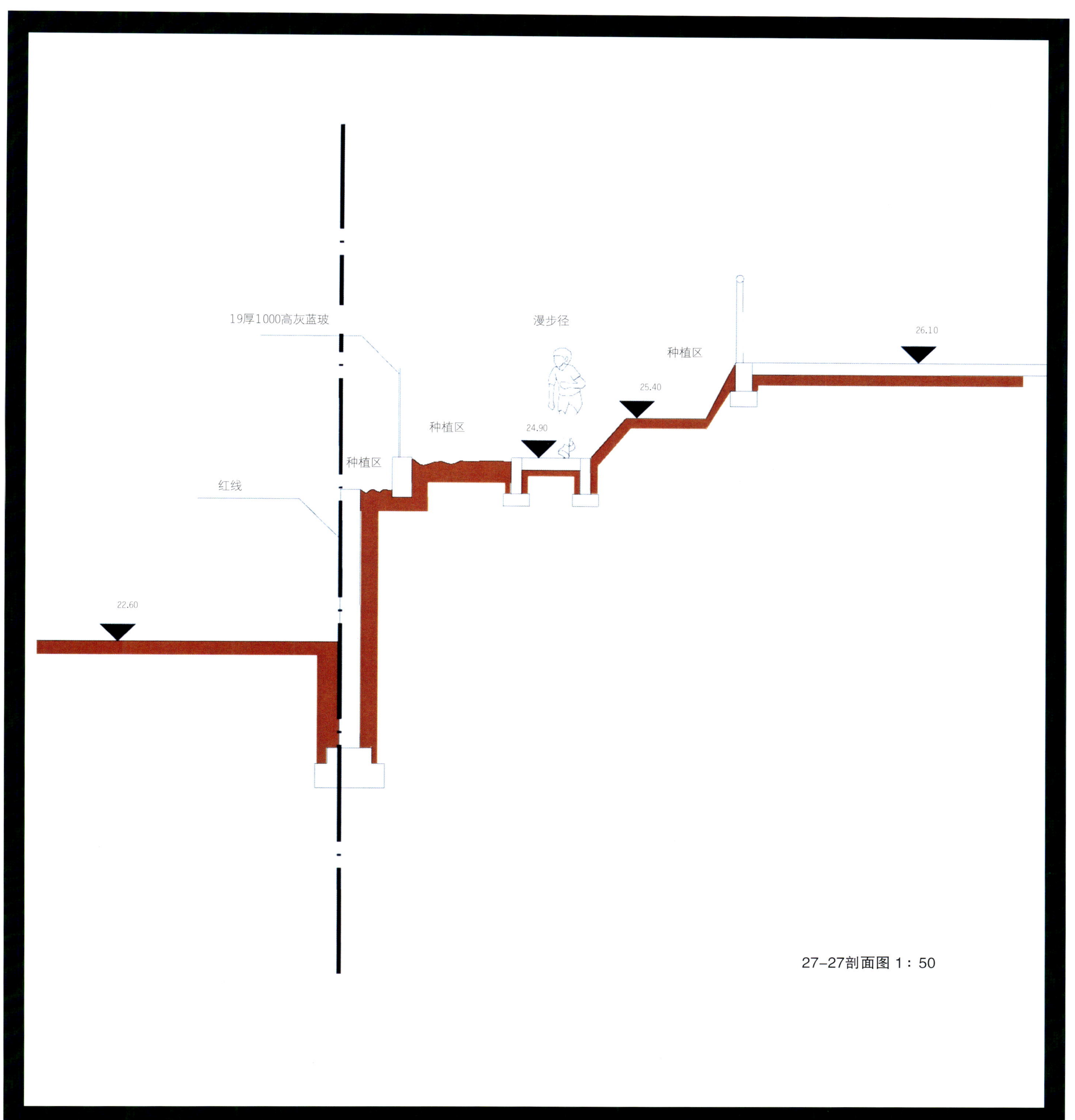
19厚1000高灰蓝玻
漫步径
26.10
种植区
25.40
种植区
24.90
种植区
红线
22.60
27-27剖面图 1：50

Dwelling Appreciation
户型鉴赏

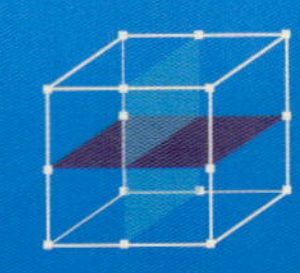

Fengshui

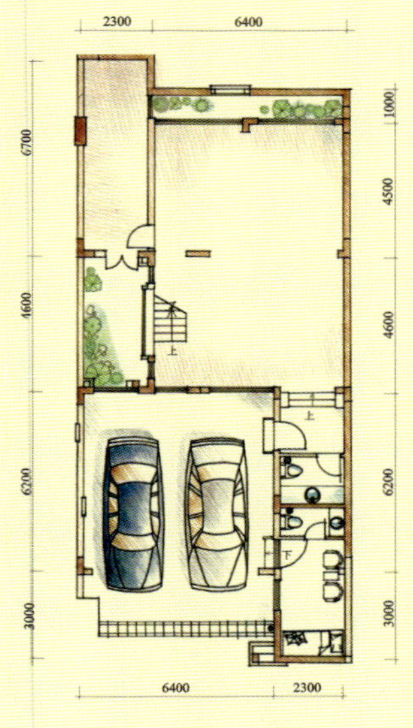

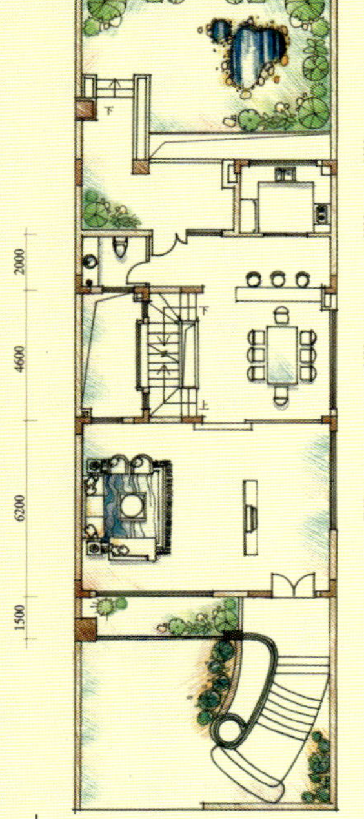

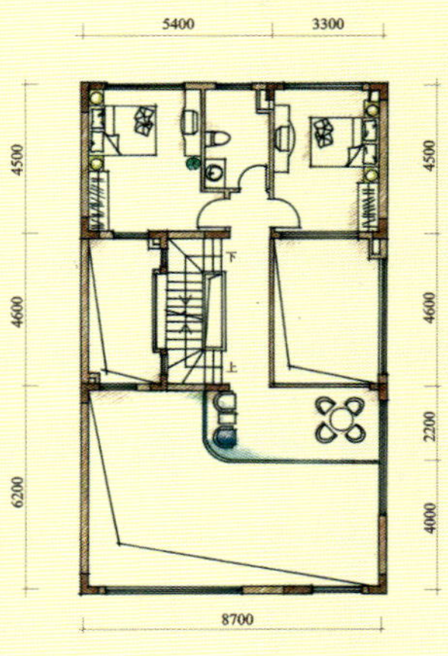

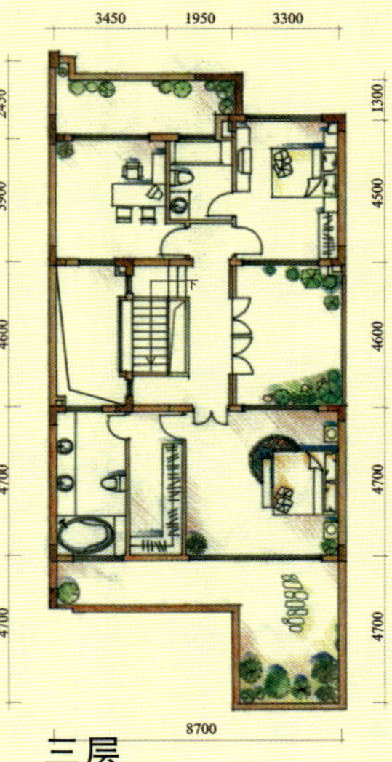

地下一层

◎双车位私家车库，独立娱乐室；

◎工人套房带独立卫生间，实现主佣分区；

◎半地上阳光内庭院，为空间引入自然采光及情趣；

◎专设洗衣、晾衣间，令别墅外部美观，内部整洁。

一层

◎四厅七院设计，并带超大后花园，奢享独有的私家领地；

◎门厅、客厅层高6米，气派非常；

◎旋转式楼梯环绕星光中庭，尽显贵族生活之风范；

◎两层通高餐厅，为住户预留阔绰生活；

◎中西餐厅设计，增添生活情趣。

二层

◎二层设情趣走廊、私密酒廊、吧台，增添生活格调；

◎空间布局紧凑且不失阔绰尺度。

三层

◎超大顶层花园平台，私藏香蜜湖至美景观；

◎主卧带超大连廊式露台、景观SPA间，尽揽香蜜湖一线景观。

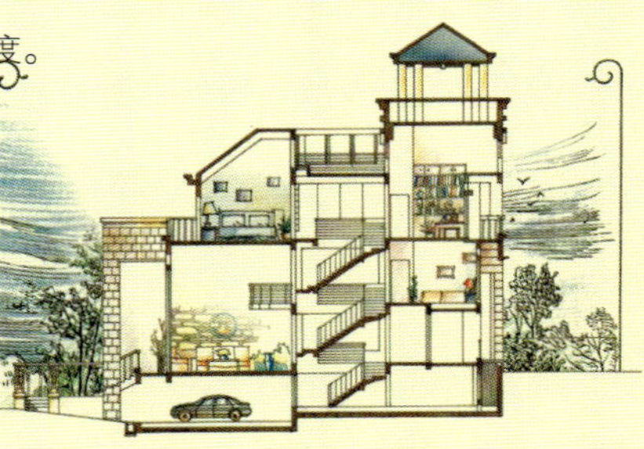

111号、112号、113号
115号、116号、118号

栋号	111号、112号、113号、115号、116号、118号
建筑面积（m²）	300～320

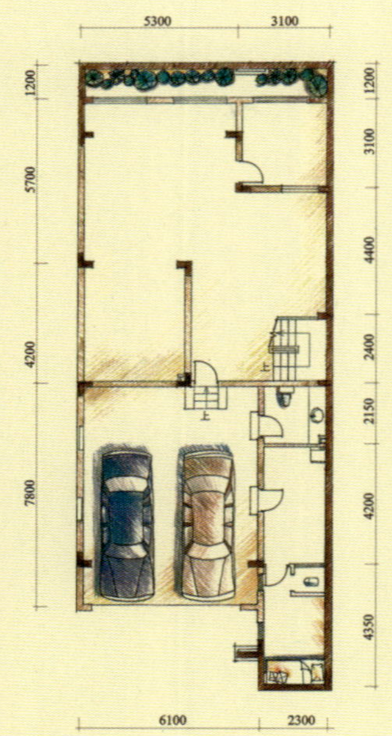

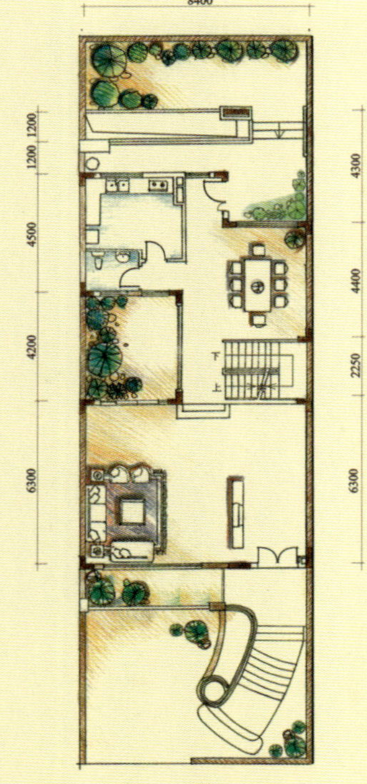

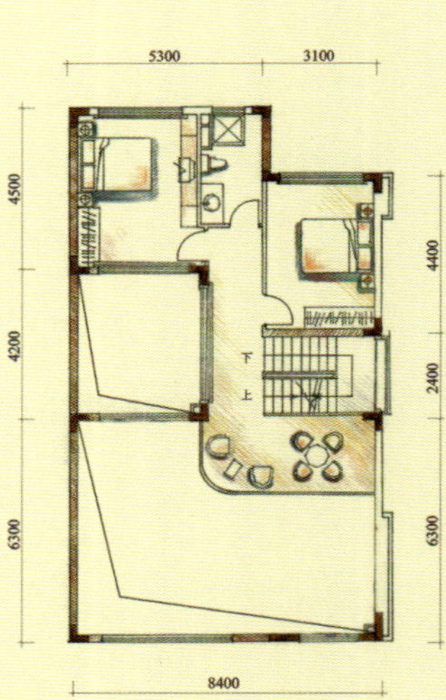

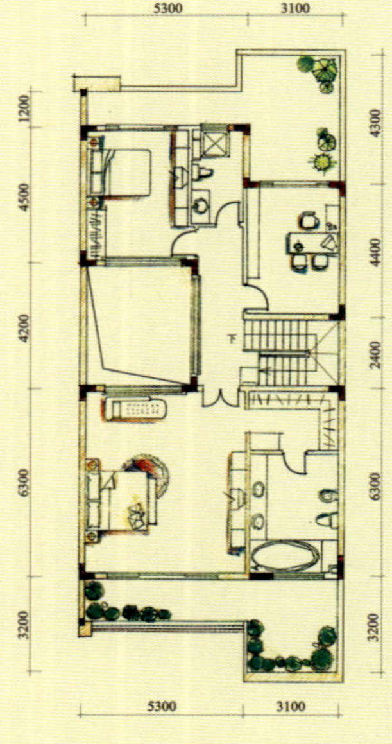

地下一层

◎双车位私家车库，独立娱乐室；
◎工人套房带独立卫生间，实现主佣分区；
◎半地上阳光内庭院，为空间引入自然采光及情趣；
◎专设洗衣、晾衣间，令别墅外部美观，内部整洁。

一层

◎双独院别墅户型，四厅六院设计，各区间均能接触自然，奢享独有的私家领地；
◎前园、中庭、后院的“三进庭院”设计，令别墅威仪跃然而出；
◎门厅、客厅层高6米，尽现贵族生活之风范；
◎三层通高内庭院，充分采光，气度轩昂；
◎花坊餐厅，营造户外用餐之惬意感受。

二层

◎二层设情趣走廊、私密酒廊、吧台，增添生活格调；
◎空间布局紧凑且不失阔绰尺度。

三层

◎每间卧室均配大阳台或露台，时刻与自然接触；
◎主卧带超大连廊式露台、景观SPA间，尽享香蜜湖美景。

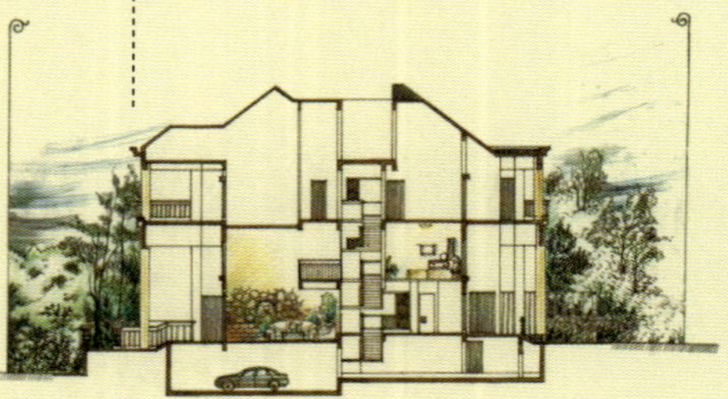

101号、102号、103号、105号
106号、108号、109号、110号

栋　号	101号、102号、103号、105号、106号、108号、109号、110号
建筑面积（m²）	300~310

Fengshui

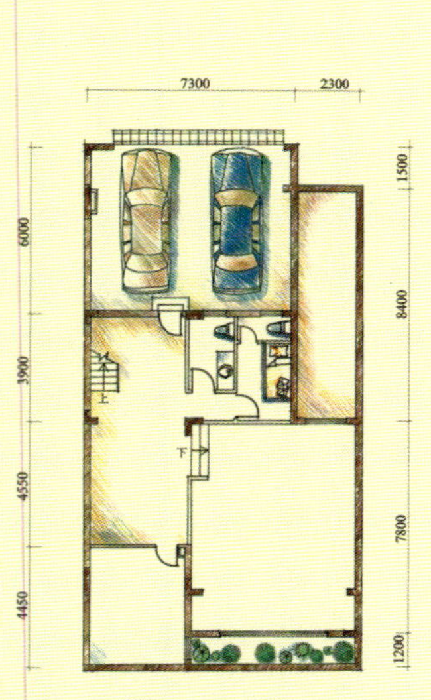

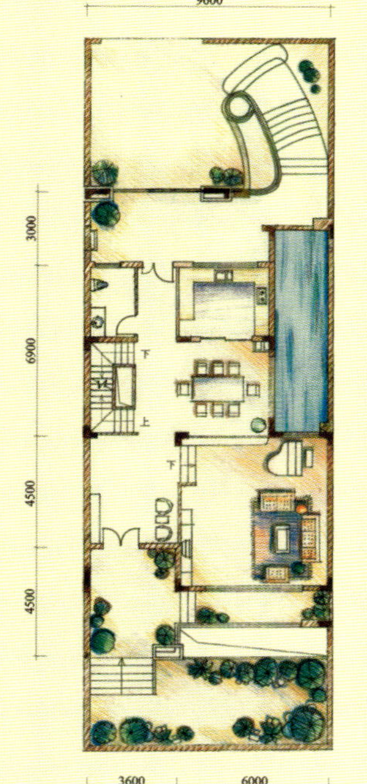

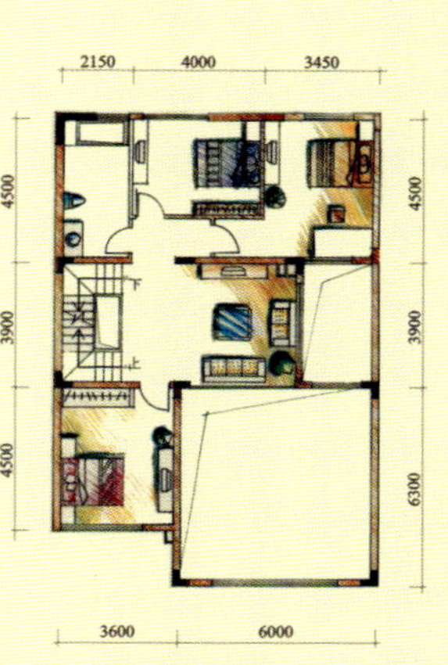

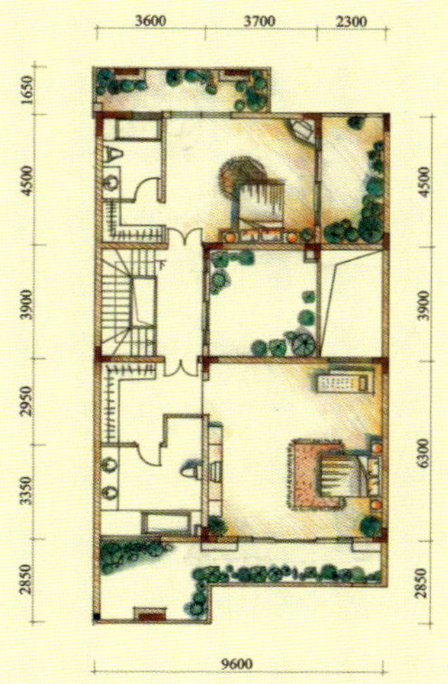

地下一层

◎双车位私家车库，独立娱乐室；
◎工人房带独立卫生间，实现主佣分区；
◎半地上阳光内庭院，为空间引入自然采光及情趣；
◎专设洗衣、晾衣间，令别墅外部美观，内部整洁。

一层

◎环景双独院式别墅户型，四厅七院设计，奢享独有的私家领地；
◎蜿蜒回廊设计，尽现大气风范，6米高门厅，气派非常；
◎私家泳池，联动客厅与室外景观，营造生动情境；
◎9.6米面宽，突破TOWNHOUSE设计极致；
◎水上浪漫餐厅，尽揽庭院景观；
◎旋转式情景楼梯，再现贵族生活排场。

二层

◎家庭会所设计，令会客与家庭互不相扰；
◎空间布局紧凑且不失阔绰尺度。

三层

◎每间卧室均配有大阳台或露台，时刻与自然接触；
◎景观合院，与卧室露台、泳池景观遥相呼应，实现多维景观层次；
◎主人房带书房、衣帽间、独立卫生间及连廊式空中花园，尽享奢华。

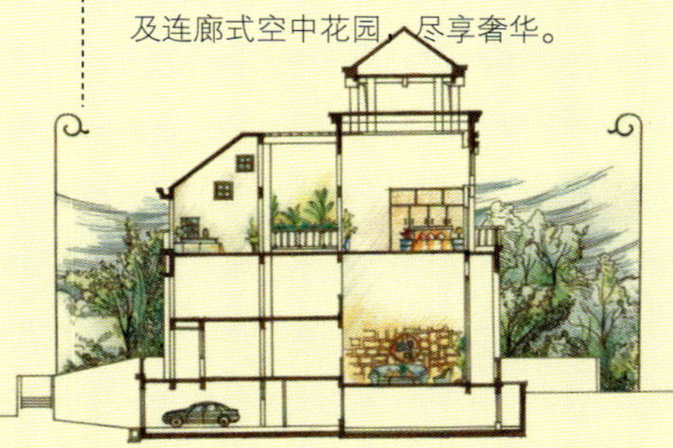

61号、62号、63号、65号、66号
68号、96号、98号、99号、100号

栋　　号	61号、62号、63号、65号、66号、68号、96号、98号、99号、100号
建筑面积（m^2）	340~360

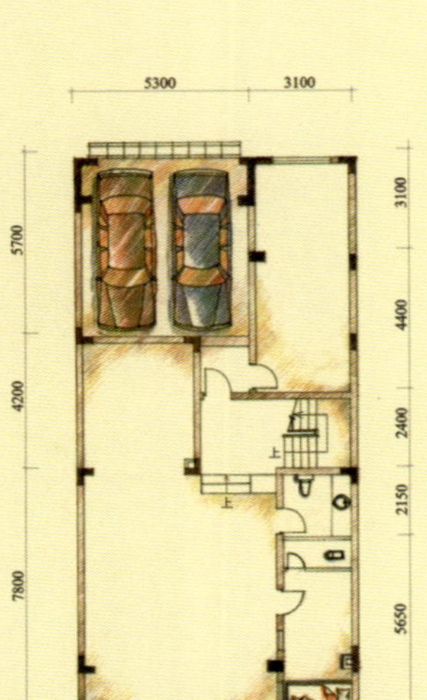

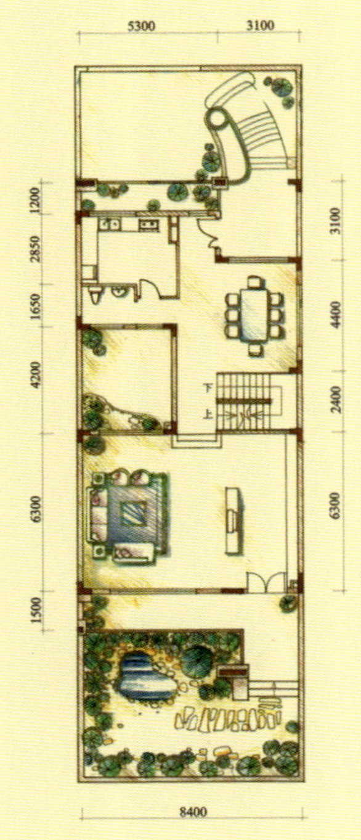

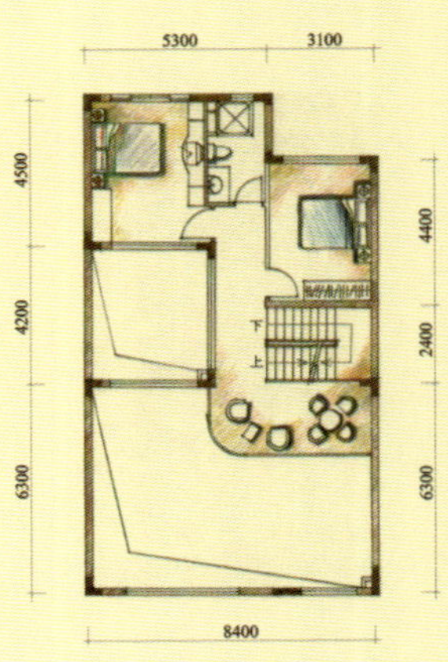

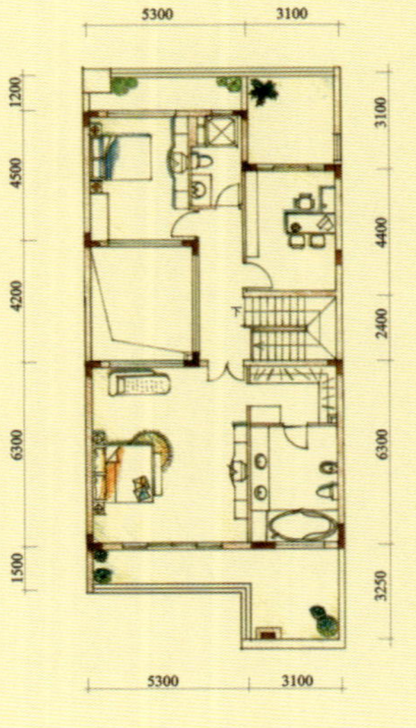

地下一层

◎双车位私家车库，独立娱乐室；
◎工人套房亦带独立卫生间，实现主佣分区。

一层

◎双独院别墅户型，前园、中庭、后院的“三进庭院”设计，令别墅威仪跃然而出；
◎四厅五院设计，各区间均能接触自然，奢享独有的私家领地；
◎门厅、客厅层高6米，尽现贵族生活之风范；
◎三层通高内庭院，充分采光，气度轩昂；
◎花坊餐厅，营造户外用餐之惬意感受。

二层

◎二层设情趣走廊、私密酒廊、吧台，增添生活格调；
◎空间布局紧凑不失阔绰尺度。

三层

◎每间卧室均配有大阳台或露台，时刻与自然接触
◎主卧带超大连廊式露台、景观SPA间，尽享香蜜湖美景。

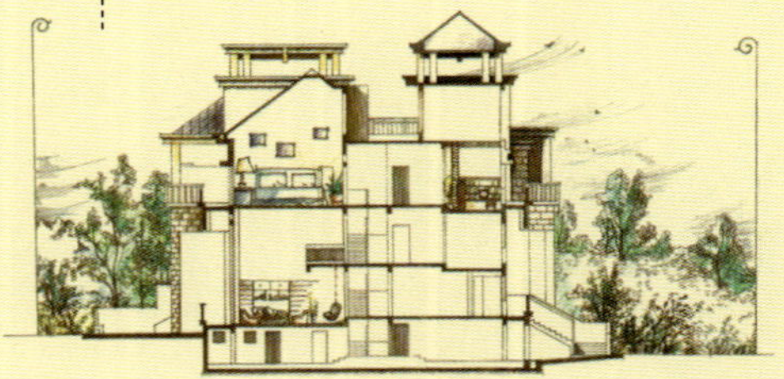

89号、90号、91号、
92号、93号、95号

栋　　号	89号、90号、91号、92号、93号、95号
建筑面积（m²）	300~320

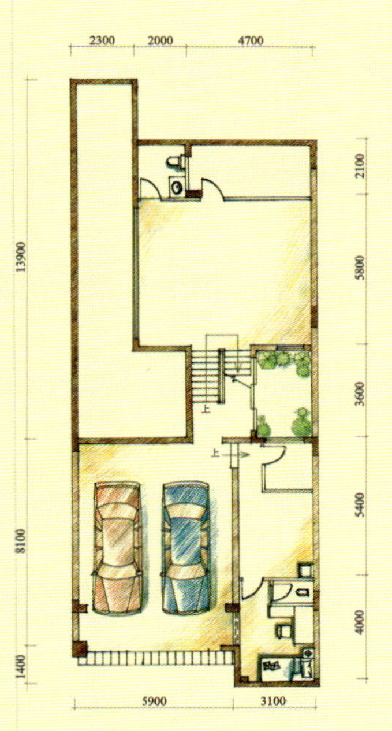

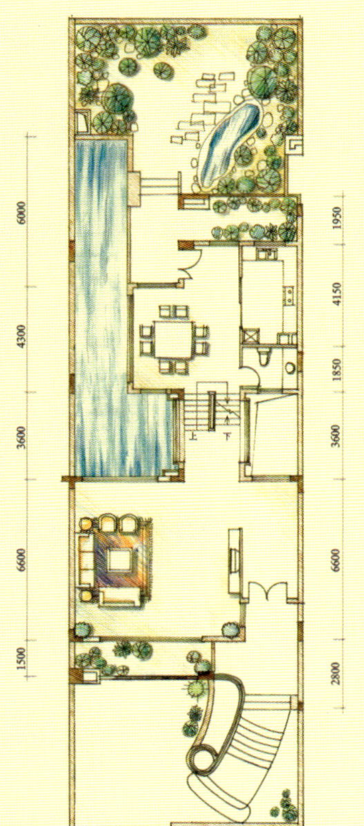

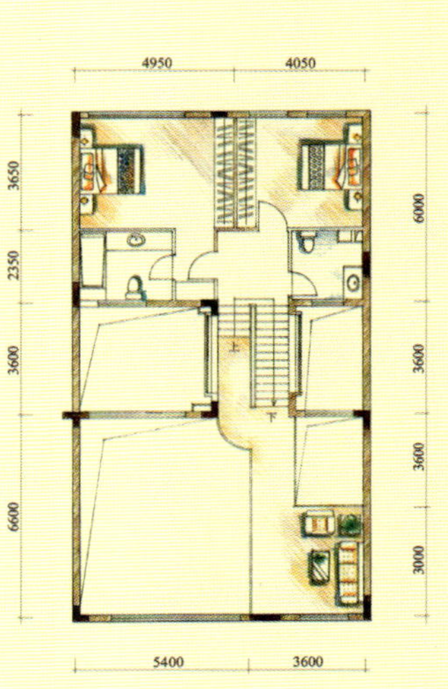

地下一层

◎双车位私家车库，独立娱乐室；
◎工人套房亦带独立卫生间，实现主佣分区；
◎半地上阳光内庭院，为空间引入自然采光及情趣。

一层

◎双层院别墅户型，四厅六院设计，营造独有的私家领地；
◎9米面宽，突破TOWNHOUSE设计极致；
◎蜿蜒回廊设计，尽现豪门仪仗，6米高门厅，气派非常；
◎私家泳池，联动客厅与室外景观，营造生动情境。

二层

◎空间气度轩昂，景观错落有致；
◎家庭会所设计，令会客与家庭娱乐互不相扰。

三层

◎每间卧室均配有大阳台或露台，时刻与自然接触；
◎私家景观SPA间，令住户在美景中放松身心；
◎主人房带书房，衣帽间、独立卫生间及连廊式花园，尽享奢华。

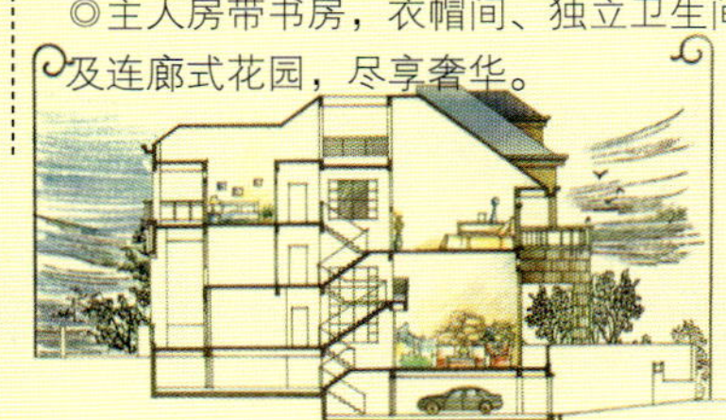

43号、45号、49号、
50号、53号、58号、59号

栋　　号	43号、45号、49号、50号、53号、58号、59号
建筑面积（m²）	340~360

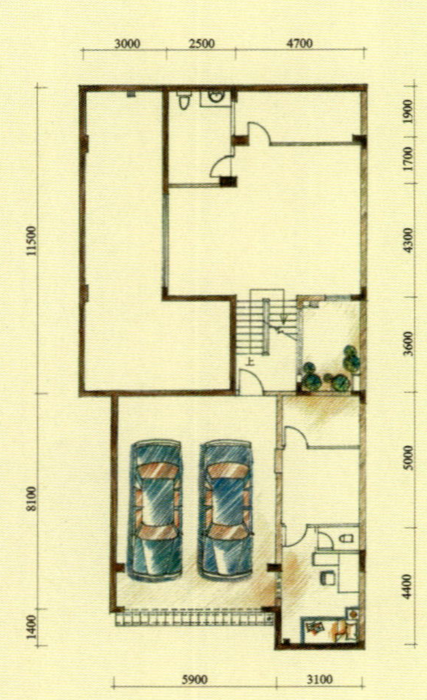

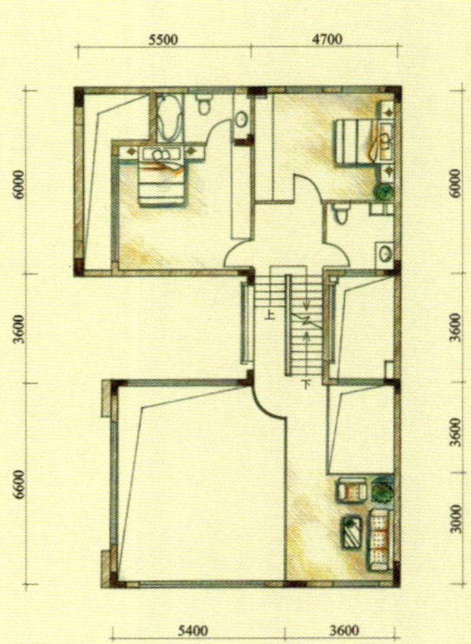

地下一层

◎双车位私家车库，独立娱乐室；

◎工人套房亦带独立卫生间，实现主佣分区；

◎半地上阳光内庭院，为空间引入自然采光及情趣。

一层

◎环景双独院别墅户型，四厅七院设计，奢享独有的私家领地；

◎蜿蜒回廊设计，尽显 大气风范；6米高门厅，气派非常；

◎私家泳池，将室外景观纳入客厅，营造生动情境；

◎水上浪漫餐厅，尽揽庭院景观；

◎端头户型，回廊式露台连接前后庭院，享受更多阳光与景观。

二层

◎家庭会所设计，令会客与家庭娱乐互不相扰。

三层

◎每间卧室均配有大阳台或露台，时刻与自然接触；

◎私家湖景内花园，令居室采光充沛，自然奢侈；

◎主人房四阳台环绕，带书房，衣帽间，独立卫生间，尽享奢华。

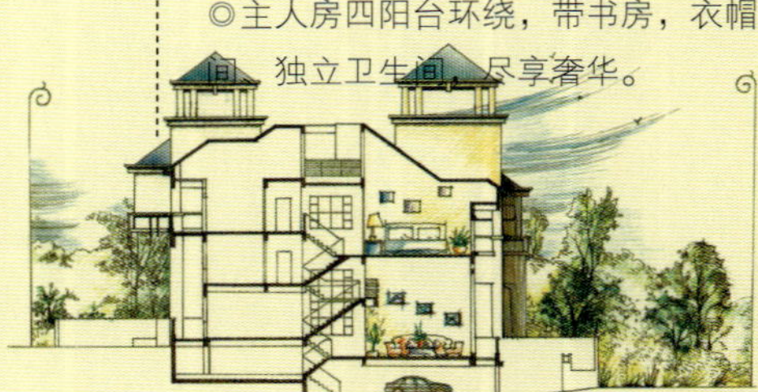

42号、51号、52号、60号

栋　　号	42号、51号、52号、60号
建筑面积（m^2）	340~370

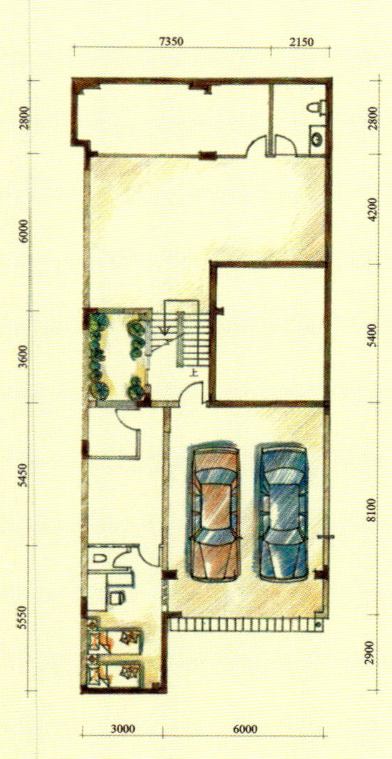

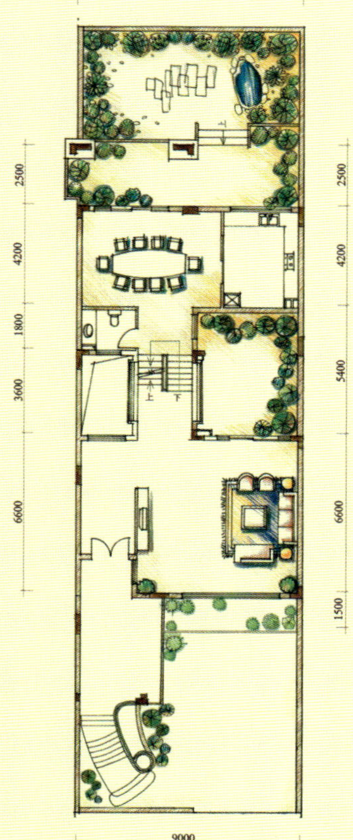

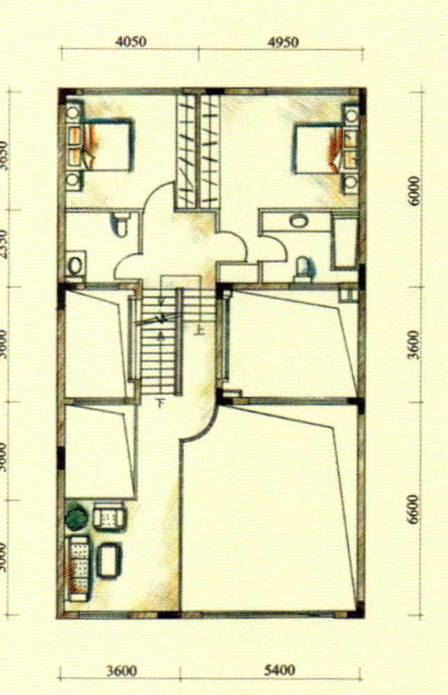

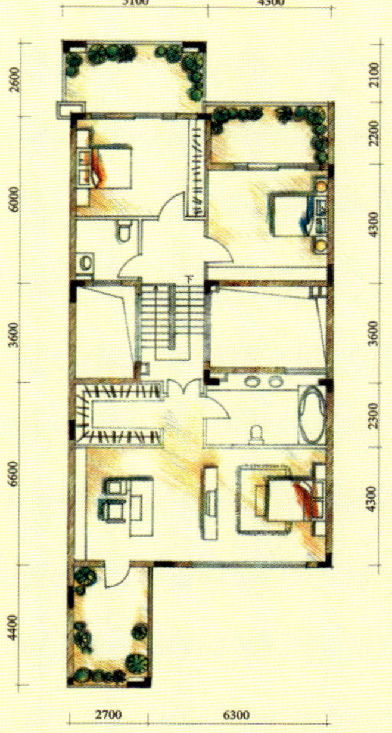

地下一层

◎双车位私家车库，独立娱乐室；

◎工人套房亦带独立卫生间，实现主佣分区；

◎半地上阳光内庭院，为空间引入自然采光及情趣；

◎专设洗衣、晾衣间，令别墅外部美观，内部整洁。

一层

◎双独院别墅户型，四厅七院设计，奢享独有的私家领地；

◎前廊、中庭、后院的“三进庭院”设计，令别墅威仪跃然而出；

◎蜿蜒回廊设计，尽显大气风范，6米高门厅，气派非常；

◎三层通高内庭院，令别墅采光充沛，为室内引入自然情景；

◎花坊餐厅，营造户外用餐之惬意感受。

二层

◎家庭会所设计，令会客与家庭娱乐互不相扰。

三层

◎每间卧室均配有大阳台或露台，时刻与自然接触

◎主人房带书房、衣帽间、独立卫生间及连廊式花园，尽享奢华；

◎私家景观SPA间，令住户身心完全放松。

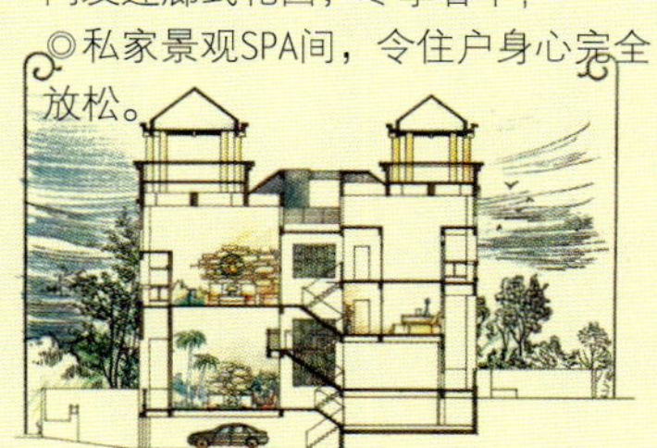

46号、48号、55号、56号

栋　　号	46号、48号、55号、56号
建筑面积（m²）	340~350

Fengshui

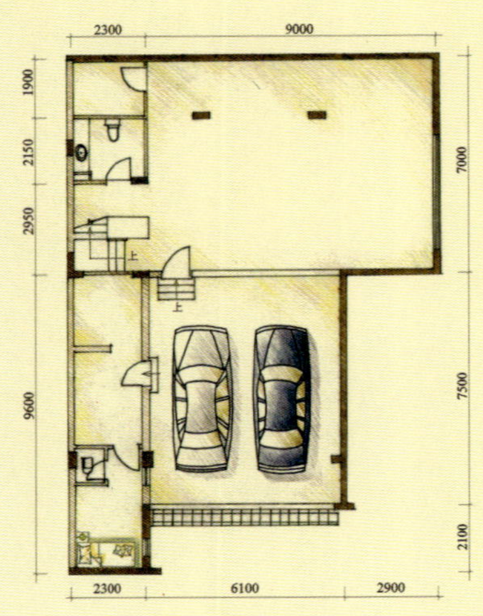

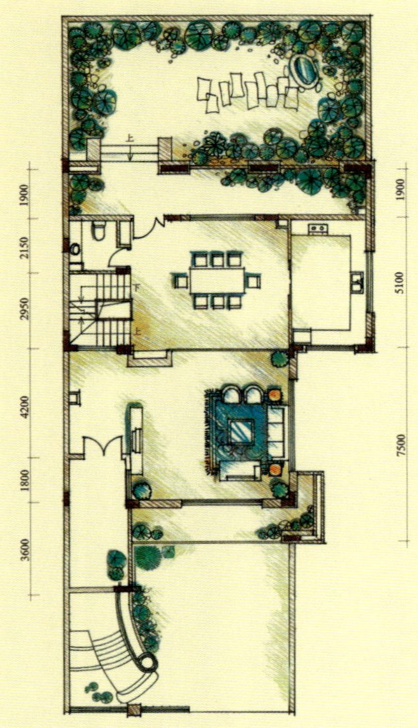

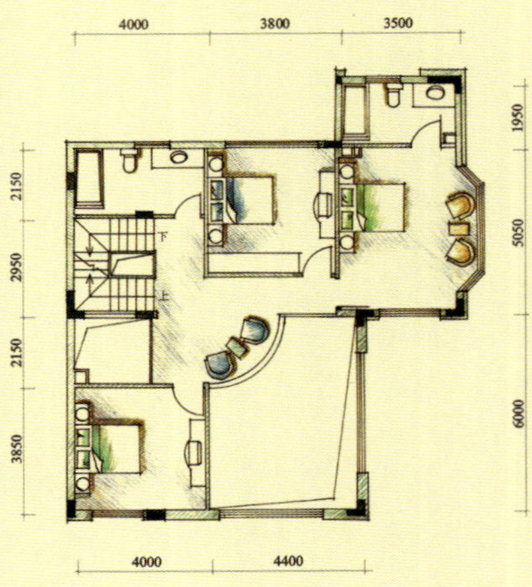

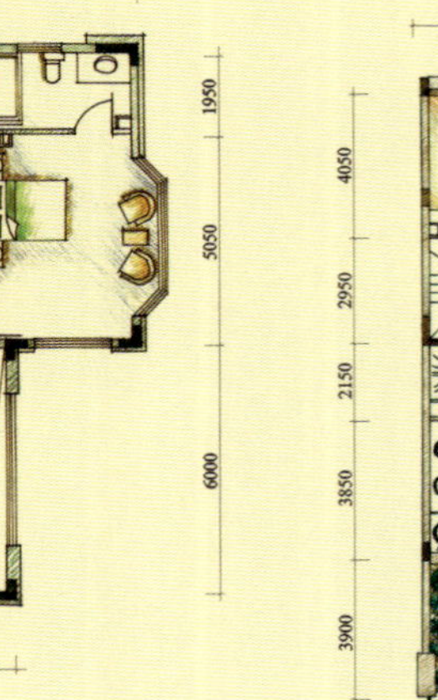

地下一层

◎双车位私家车库，独立娱乐室；
◎工人套房亦带独立卫生间，实现主佣分区；
◎半地上阳光内庭院，为空间引入自然采光及情趣；
◎专设洗衣、晾衣间，令别墅外部美观，内部整洁。

一层

◎环景双独院别墅户型，四厅四院设计，奢享独有的私家领地；
◎蜿蜒回廊设计，尽现大气风范；6米高门厅，气派非常；
◎旋转式情景楼梯，再现贵族生活排场。

二层

◎二层设有吧台式休息厅，增添空间生活格调。

三层

◎主人房带独立多功能厅，尺度阔绰，为住户创造丰富生活情趣；
◎私家景观SPA间，令住户身心完全放松。

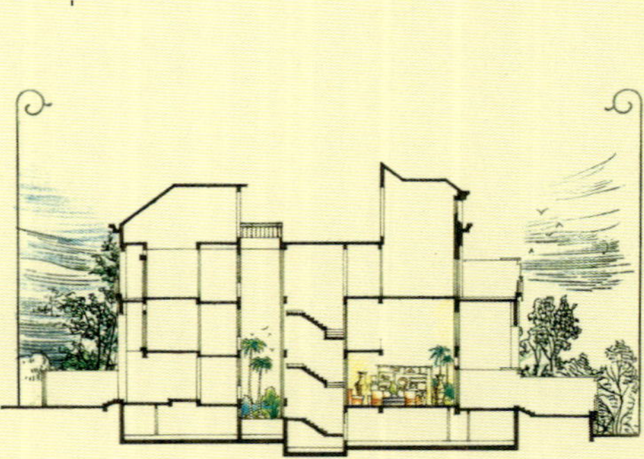

41号

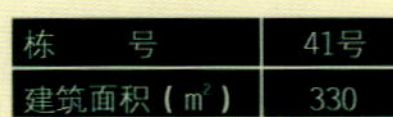

栋　号	41号
建筑面积（㎡）	330

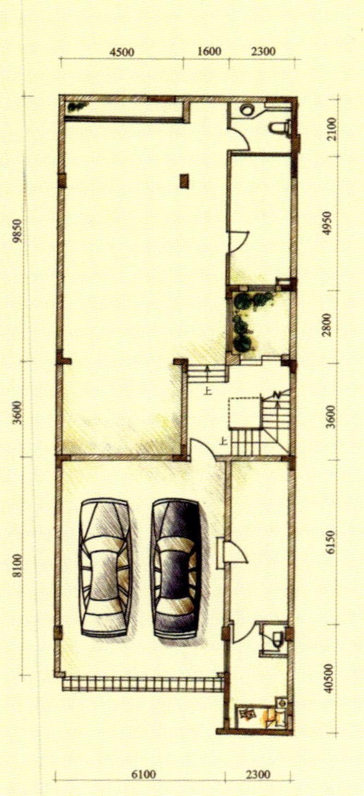

地下一层

◎双车位私家车库，独立娱乐室；
◎工人套房亦带独立卫生间，实现主佣分区；
◎四层通高阳光内庭院，为空间引入自然采光及情趣；专设洗衣、晾衣间、令别墅外部美观，内部整洁；

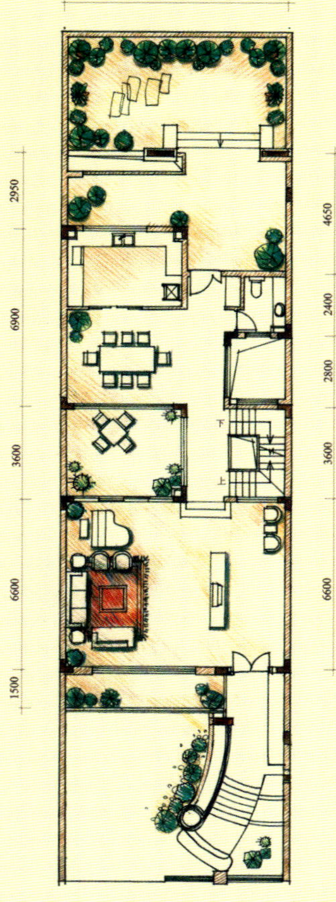

一层

◎双独院别墅户型，四厅八院设计，营造私家领地多元情境；
◎前廊、中庭、后院的“三进庭院”设计，令别墅威仪跃然而出；
◎门厅、客厅层高6米，旋转式楼梯环绕星光中庭，尽现贵族生活之风范；
◎三层通高内庭院，充分采光，气度轩昂；
花坊餐厅，营造户外用餐之惬意感受；

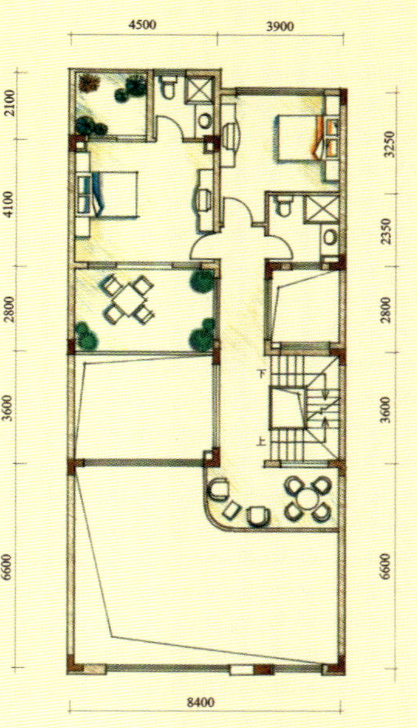

二层

◎二层设情趣走廊、私密酒廊、吧台，增添生活格调；
◎中庭院、独立露台及6米高空中花园相呼应，实现多维景观层次。

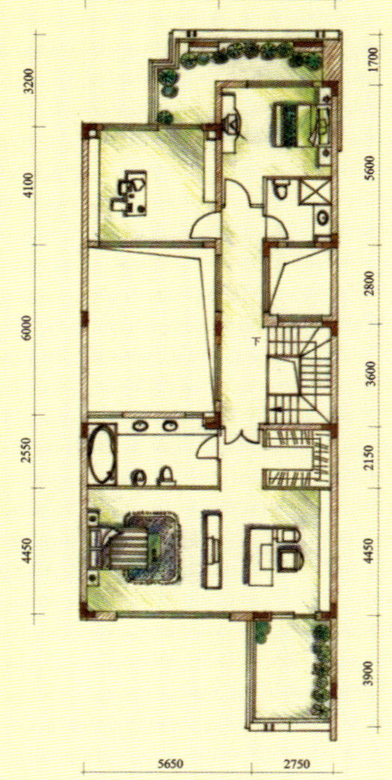

三层

◎私家景观SPA间，令阁下身心完全放松；
◎超大空中露台，充分享受香蜜湖美景。

32号、33号、35号
36号、38号、39号、40号

栋　　号	32号、33号、35号、36号、38号、39号、40号
建筑面积（㎡）	330~350

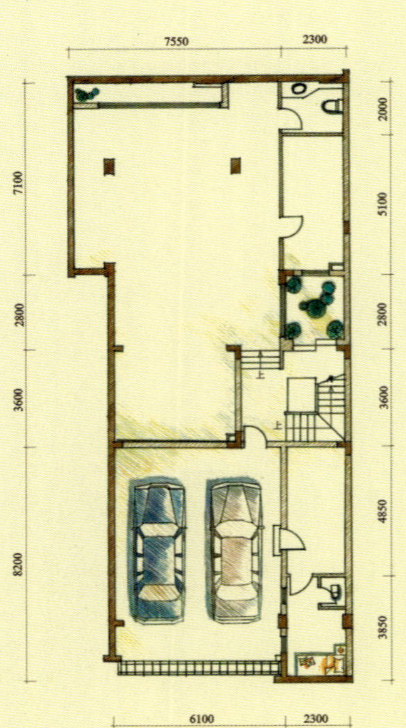

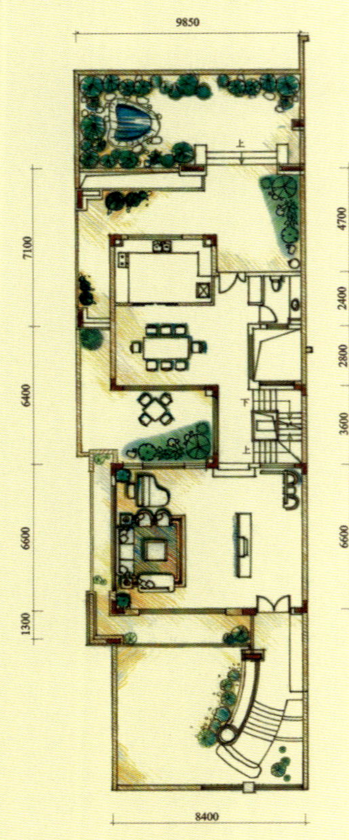

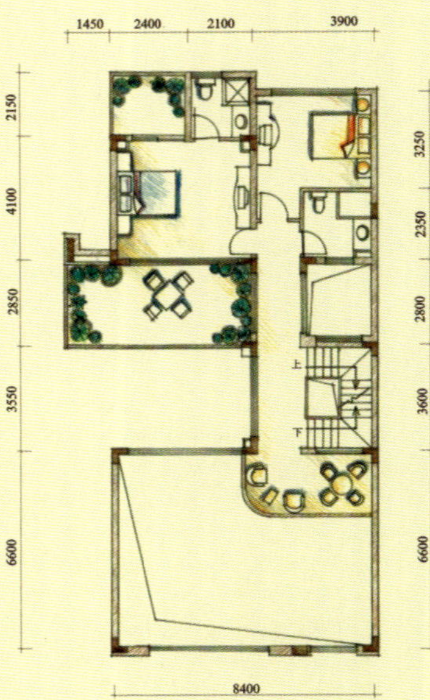

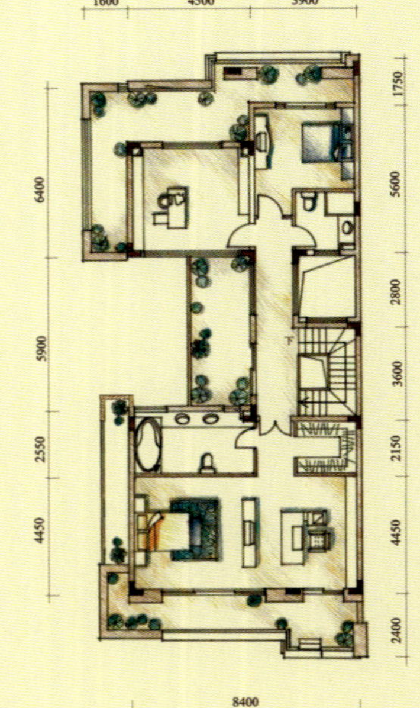

地下一层

◎双车位私家车库，独立娱乐室；
◎工人套房亦带独立卫生间，实现主佣分区；
◎四层通高阳光内庭院，为空间引入自然采光及情趣；
◎专设洗衣、晾衣间、令别墅外部美观，内部整洁。

一层

◎双独院别墅户型，四厅八院设计，营造私家领地多元情境；
◎前廊、中庭、后院的“三进庭院”设计，令别墅威仪跃然而出；
◎厅、客厅层高6米，旋转式楼梯环绕星光中庭，尽现贵族生活之风范；
◎三层通高内庭院，充分采光，气度轩昂；
◎花坊餐厅，营造户外用餐之惬意感受。

二层

◎二层设情趣走廊、私密酒廊、吧台，增添生活格调；
◎中庭院、独立露台及6米高空中花园相呼应，实现多维景观层次。

三层

◎私家景观SPA间，令住户身心完全放松；
◎超大空中露台，充分享受香蜜湖美景。

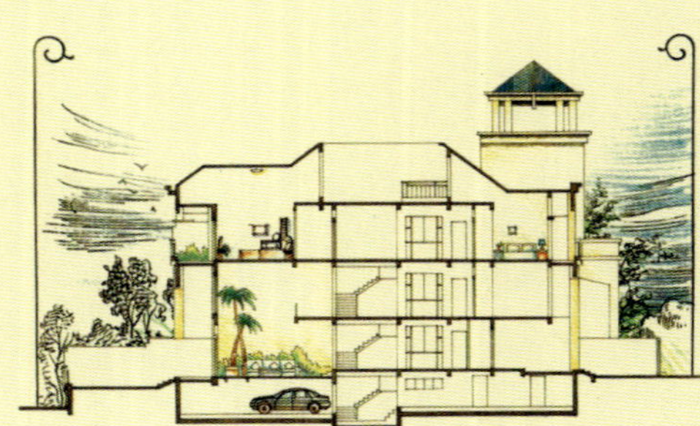

31号

栋　　号	31号
建筑面积（m²）	350

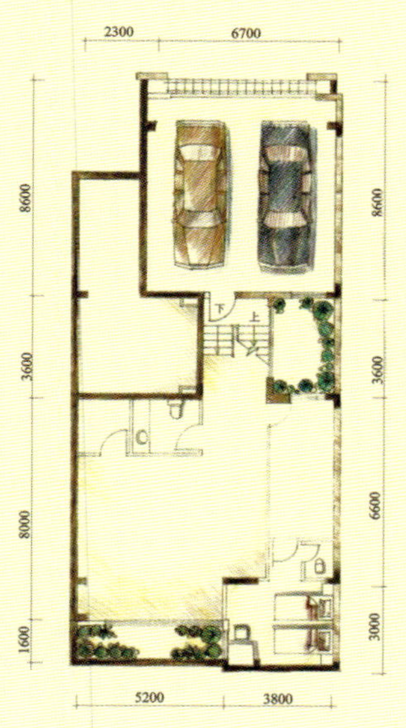

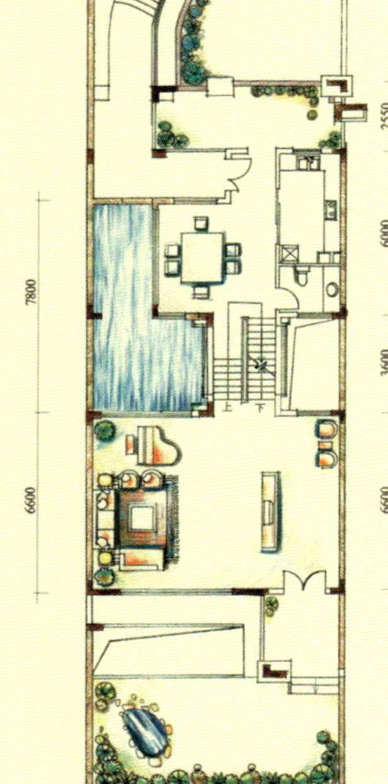

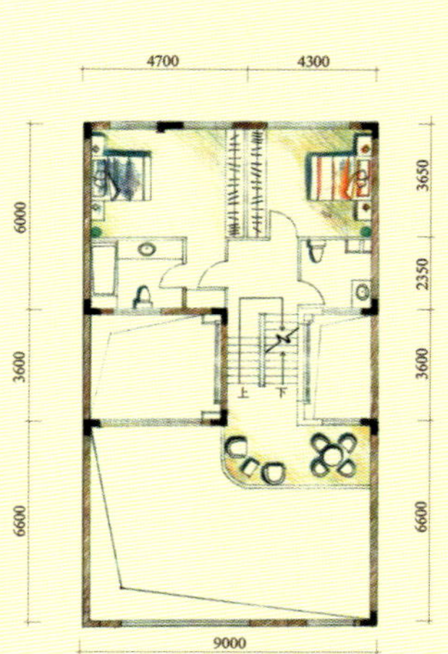

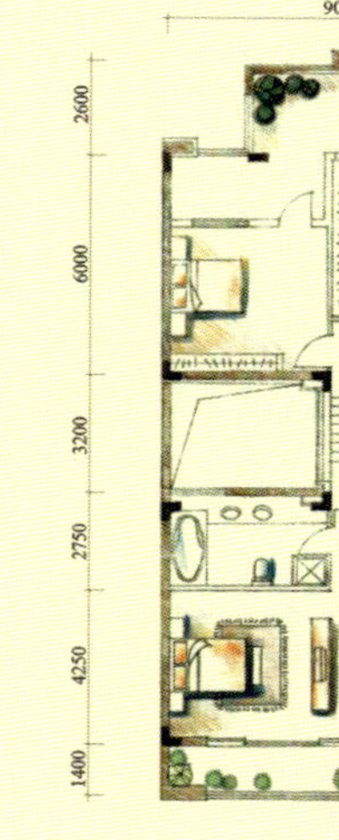

地下一层

◎双车位私家车库，独立娱乐室；

◎双人管家套房带独立卫生间；

◎四层通高阳光内庭院，为空间引入自然采光及情趣；

◎专设洗衣、晾衣间、令别墅外部美观，内部整洁。

一层

◎双独院别墅户型，四厅七院设计，奢享有天有地之私家领地；

◎私家景观泳池，联动客厅与室外景观，营造生动情境；

◎客厅层高6米，营造贵族生活仪仗；

◎水上情境浪漫客厅、餐厅，尽揽庭院景观与室内情景。

二层

◎二层设情趣走廊、私密酒廊、吧台，增添生活格调。

三层

◎主卧双阳台，尽享香蜜湖美景；

◎次卧连廊式阳台露台，充分采光；

◎私家景观SPA间，令住户身心完全放松。

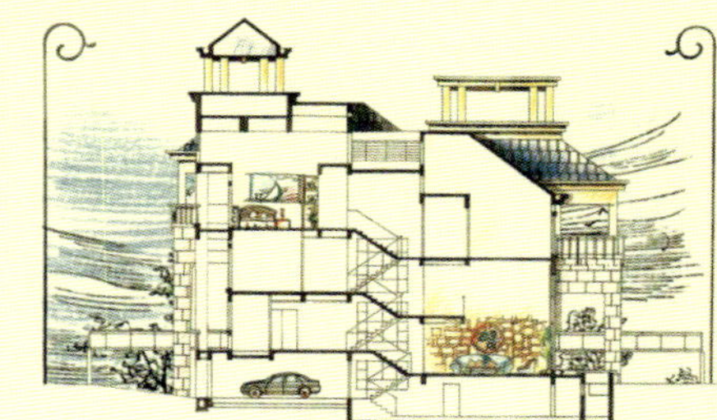

22号、23号、25号、26号、28号、29号、30号

栋　　号	22号、23号、25号、26号、28号、29号
建筑面积（m²）	320~350

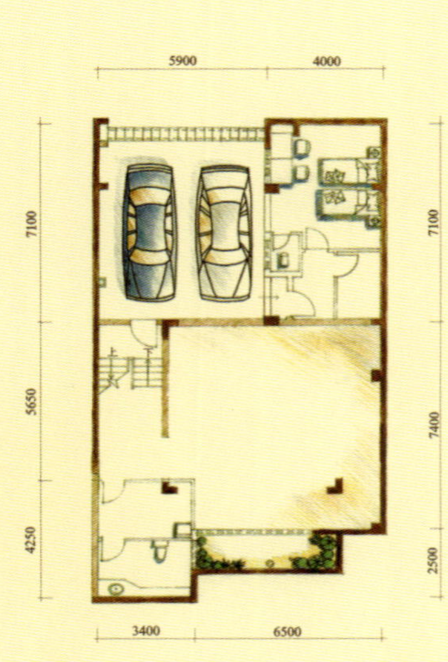

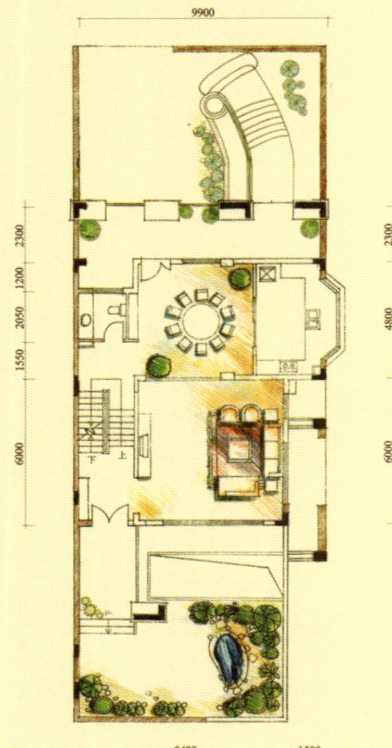

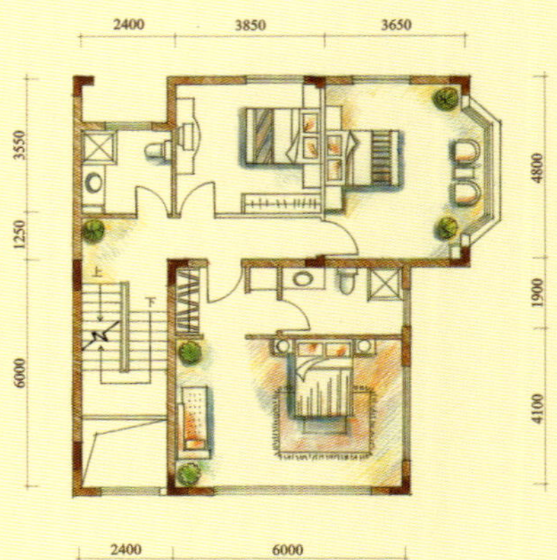

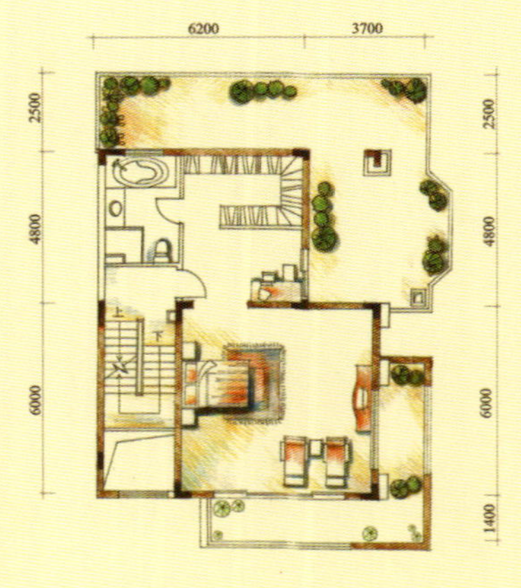

地下一层

◎双车位私家车库，独立娱乐室；
◎双人管家套房带独立卫生间，实现主佣分区；
◎四层通高阳光内庭院，为空间引入自然采光及情趣。

一层

◎双独院别墅户型，四厅五院设计，奢享有天有地之私家领地；
◎蜿蜒回廊设计，尽现豪门仪仗，6米高门厅，气派非常；
◎宴会式超大餐厅，上演贵族夜宴之奢华生活。

二层

◎空间气度轩昂，景观错落有致；
◎另设阔绰套房，温馨设计。

三层

◎全层主卧套房，有连廊式阳台或露台环绕，尊崇享受。

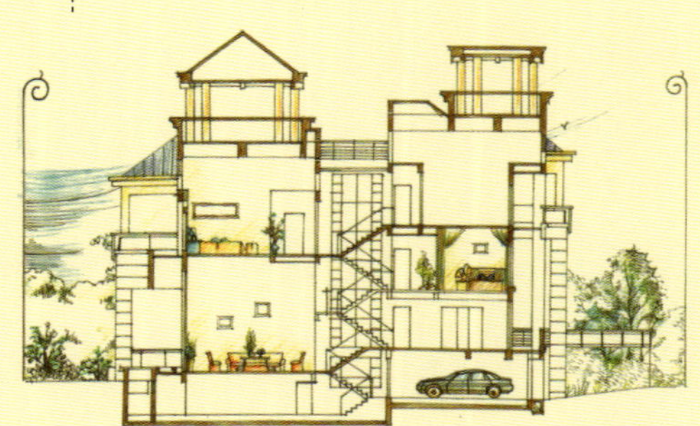

30号

栋　号	30号
建筑面积（m²）	310

Fengshui

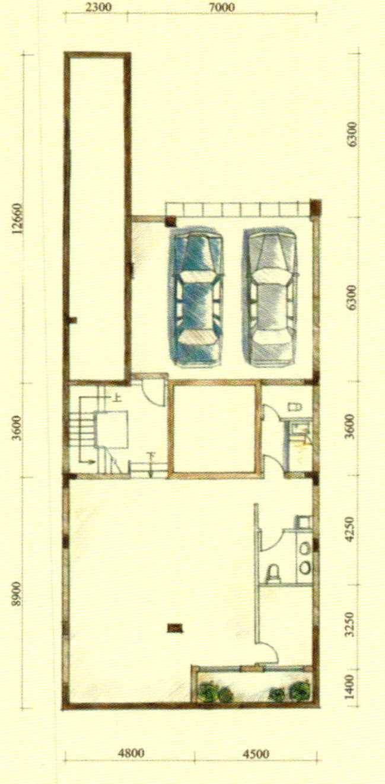

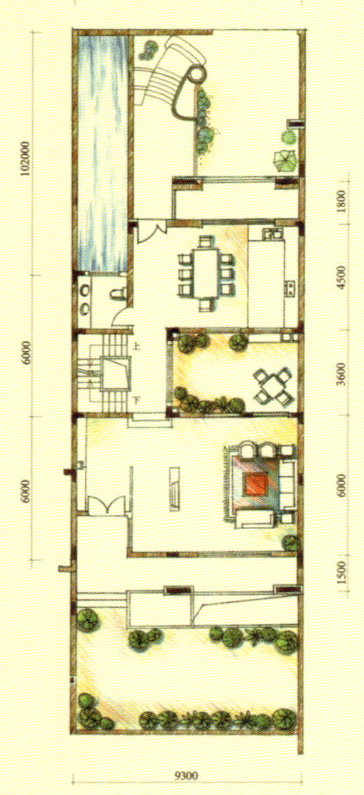

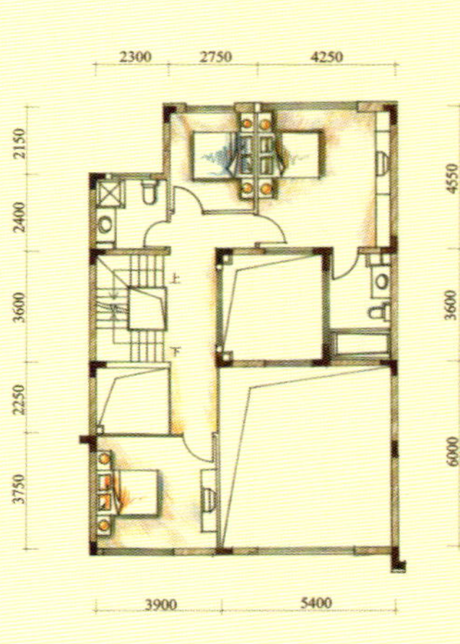

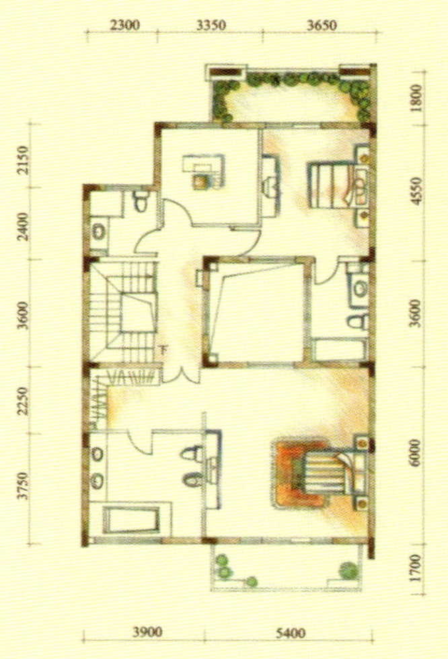

三层

◎主卧带连廊式露台、景观SPA间，香蜜湖美景尽收眼底，尽享奢华。

地下一层

◎双车位私家车库，独立娱乐室；

◎半地上阳光内庭院，为空间引入自然采光及情趣；

◎专设洗衣、晾衣间，令别墅外部美观，内部整洁。

一层

◎双独院别墅户型，四户五院设计，奢享有天有地之私家领地；

◎前廊、中庭、后院的“三进庭院”设计，令别墅威仪跃然而出；

◎9.3米面宽。联动客厅与室外景观，营造生动情境；

◎蜿蜒回廊设计，尽现豪门仪仗，6米高门厅，气派非常；

◎三层通高内院庭，令别墅采光充沛，为室内引入自然情景。

二层

◎旋转式情景楼梯，再现贵族生活排场空间布局紧凑且不失阔绰尺度。

19号、20号

栋　号	19号、20号
建筑面积（m²）	310~320

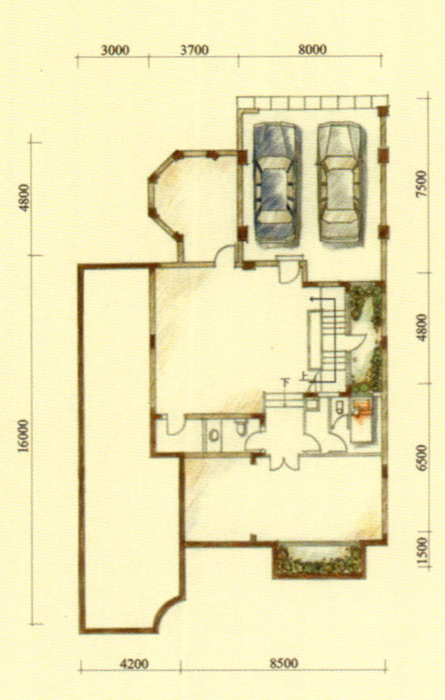

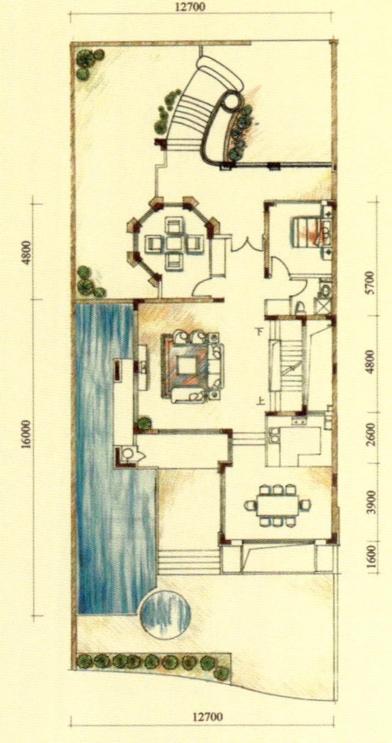

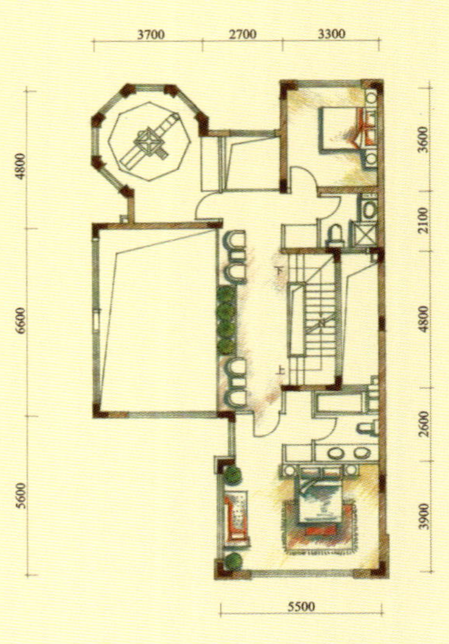

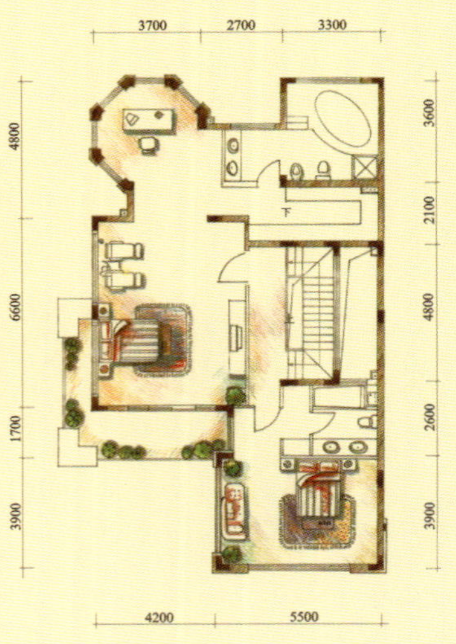

地下一层

◎双车位私家车库。独立娱乐室；

◎四层通高阳光内庭院，为空间引入自然采光及情趣；

◎专设洗衣、晾衣间，令别墅外部美观，内部整洁。

一层

◎环景双独院别墅户型，12.7米面宽，突破TOWNHOUSE设计极致，尽揽香蜜湖一线景观；

◎前廊、后院设计，营造有天有地之私家领地；

◎私家泳池，联动客厅与室外景观，营造生动情境；

◎蜿蜒回廊设计，尽现豪门仪仗，6米高门厅，气派非常；

◎水上客厅，尽揽庭院景观；

◎端头户型，类双拼别墅式设计，享受更多阳光与景观。

二层

◎二楼设八角阳光家庭庭、情趣走廊、私密吧台；

◎旋转式情境楼梯，再现贵族生活排场。

三层

◎双套房阔绰设计；

◎超大主卧套房、八角阳光书房、连廊式露台、景观SPA间，香蜜湖美景尽收眼底，尽享奢华。

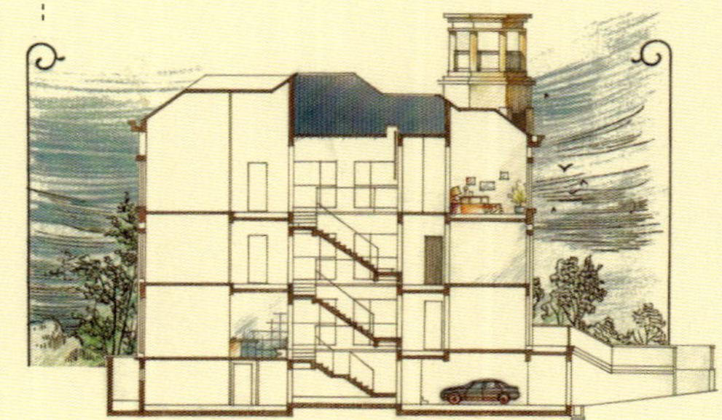

18、21号

栋　号	18、21号
建筑面积（m²）	360~380

Fengshui

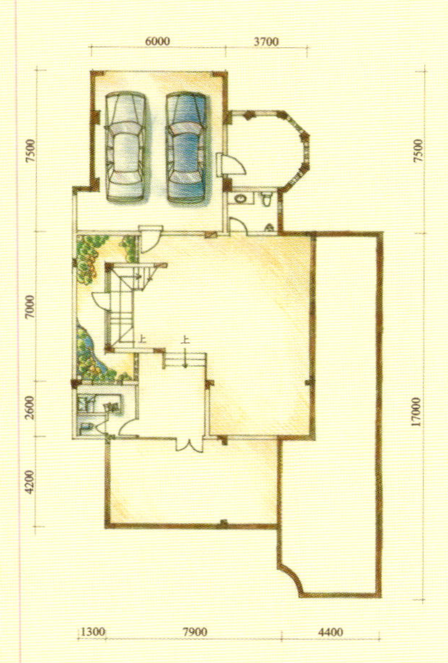

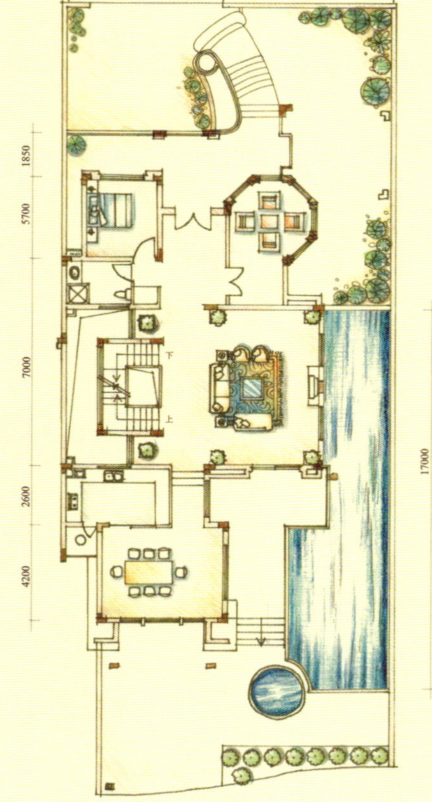

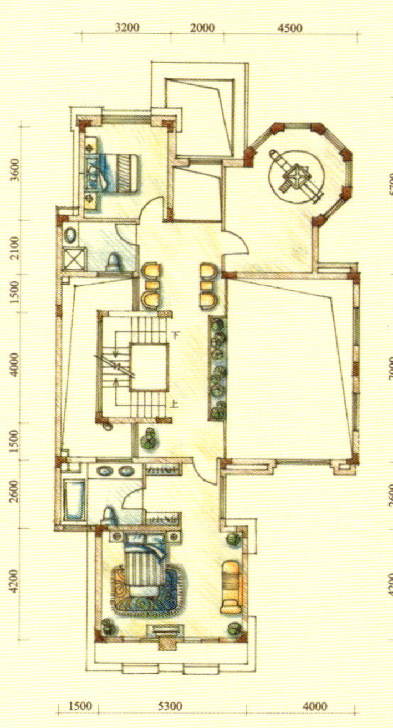

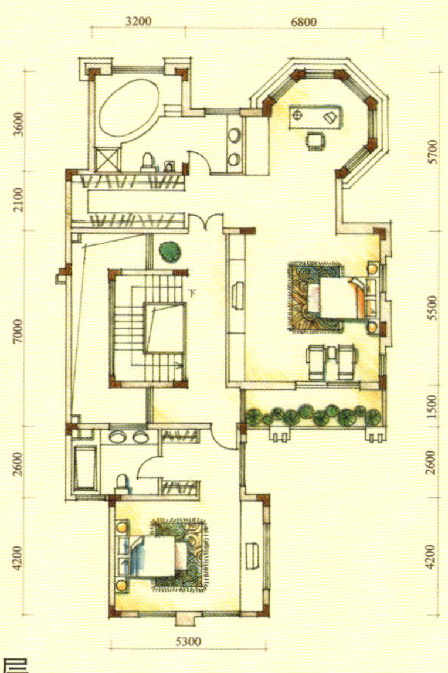

三层

◎顶层双套房设计

◎主卧带连廊式露台、八角阳光书房，景观SPA间，香蜜湖美景尽收眼底，尽享奢华。

地下一层

◎双车位私家车库，独立娱乐室；

◎半地上阳光内庭院，为空间引入自然采光及情趣；

◎专设洗衣、晾衣间，令别墅外部美观，内部整洁。

一层

◎环景双拼别墅户型，五庭三院设计，前花园预留戏水池位，宫殿式别墅享受；

◎12.3米面宽，突破TOWNHOUSE设计极致，尽揽香蜜湖一线景观；

◎私家泳池，联动客厅与室外景观，营造生动情境；

◎蜿蜒回廊设计，尽现豪门仪仗，6米高门厅，气派非常；

◎入口会客厅及独立客套房，主客分区，超强私密性体现；

◎水上客厅，情景水池栈道（露台），增添生活情趣。

二层

◎旋转式情景楼梯，再现贵族生活排场；

◎家庭会所设计，令会客与家庭娱乐互不相扰；

◎二楼内花园雅座设计，奢华尺度，尽享生活情调。

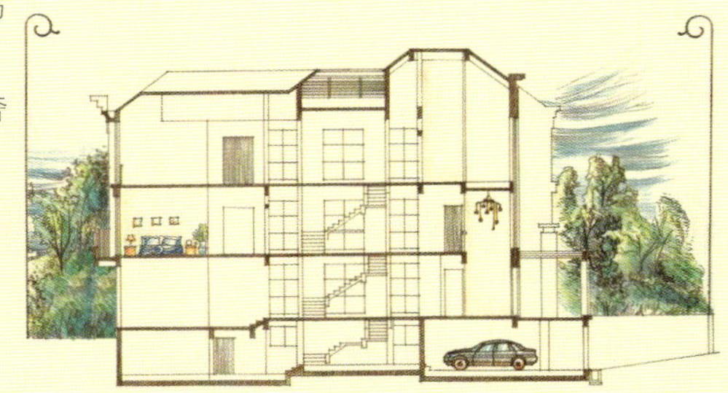

1号、2号、3号、5号、6号、8号
9号、10号、11号、12号、15号、16号

栋　号	1号、2号、3号、5号、6号、8号、9号、10号、11号、12号、15号、16号
建筑面积（m²）	420~450

One Honelake 香蜜湖1号 高层——华府

关于华府

香蜜湖1号高层单位称为“华府”，和别墅区“御园”相对应，由五栋板式楼组成，共318套。华府有八个单元，每个单元都独立命名，依次是：华旭阁、华日阁、华东阁、华升阁、华皓阁、华月阁、华晴阁、华天阁。八个单元合起来就是“旭日东升，皓月晴天”。主要有五种产品类型，分别是：180平方米左右的三房（30套），240平方米左右的四房（184套），290平方米左右的五房（48套），330平方米的空中叠院复式单位（44套）及12套顶楼复式单位。

香蜜湖1号从拿地开始就受世人关注，不论是其景观还是其产品在业界都受到一致好评，同时也得到消费者的厚爱。2005年10月25日，香蜜湖1号第一批单位南区32套别墅公开发售，一晚2小时全部花落各家，媒体谢绝入内。2005年12月22日，香蜜湖1号第二批单位北区部分TOWN HOUSE、多层单位悄然发售，当日实现95％销售率。别墅部分“御园”早已售完，总成交额达17亿人民币。

尽管香蜜湖1号处于深圳市中心区，但其所临的香梅路并非主干道，设计者巧妙地运用三层“绿化隔离”的方式将香蜜湖1号带入了“庭院深深”的意境（香梅路与辅道之间设计了10米宽的密集绿化隔离带，辅道与人行道路之间则种植了木棉树，在人行道与小区红线之间又有10米宽的密集绿化隔离带），在小区红线以内，紧挨围墙种植了3排间距只有60厘米的高大乔木阵，形成“里三层”绿化屏障结构，接着一幕六层喷泉将会所掩埋于丛林水幕之中，似有“世外桃源”之感。

华府的设计让人倍享尊贵之感：豪华大堂设计分地面上下两个，地上大堂高约9米，是目前深圳高端物业最高的一楼大堂，空间奢华可媲美星级酒店；地下大堂层高4.5米，装潢气派，令居住者倍感尊崇荣耀。从双大堂到外私家前厅，再到内私家门厅，四重门厅设计层层递进，层层私密，营造出居住者归家过程的仪式感与归属感。华府突破高层一般局限，双向侧面开门电梯直接入户，通过IC卡设计，无需按键，刷卡后电梯自动停在每

户门口，客户打开电梯门就可以进入自己的入户花园，独门独院更具私密性。在设计上，华府大胆开创超大开间尺度，使每户客厅与主卧室全面迎向香蜜湖景，3.2米的标准层高与跃式完美结合，令居住空间更显尊贵气派。华府设计完全改变传统的空中住宅的居住模式，独创以廊桥连通客厅、餐厅、书房及主卧的设计，在空中实现亲地大院的居住感受，同时华府户型功能分区合理，充分考虑居住的私密性与独立性，并且在室内设计了高达6米的阔绰内合院，可植种高大乔木。华府的设计让人仿佛置身于王府大院中，丝毫没有身处高层住宅中的压抑感。

随着各项房地产新政的出台，低密度、大户型楼盘将更为稀缺，尤其在香蜜湖片区，已经没有闲置土地可供开发，香蜜湖1号的出现自然成为众人瞩目的焦点。香蜜湖1号华府最低一套售价都在400万以上，物以稀为贵，确实如此。

华府七大亮点

廊桥合院设计

华府设计完全改变了传统的“空中住宅”的居住模式，独创以廊桥连通客厅、餐厅、书房及主卧的设计，在空中实现亲地大院的居住感受。同时华府户型功能分区合理，充分考虑了居住的私密性与独立性。另设计高达6米的阔绰内合院，可植种高大乔木，营造出“空中王府大院”的情景。

双大堂、四重门厅设计

华府双大堂设计，从而满足地面人行和地下车行的两种需要。地下大堂层高4.5米，地上大堂是人行大堂，目前功能更趋向于休闲大堂，高约9米，是目前深圳高端物业最高的一楼大堂，空间奢华可媲美星级酒店。

22米超大开间

深圳首创超大开间尺度，使每户客厅与主卧室全面迎向香蜜湖景。3.2米的标准层高与跃式完美结合，令居住空间更显尊贵、气派。

智能电梯设计

华府突破高层的局限，电梯直接入户（电梯为美国OTIS双向侧面开门），通过IC卡设计，无需按键，刷卡后电梯自动停在每户门口，客户打开电梯门就进入自己的入户花园。电梯本身也是经过特殊设计的：如轿箱加高到2.8米，增强了客户对空间的需求，提高了舒适度。公共楼层（地下停车层、大堂）设有公共按键，方便大家出行（但楼层按键是被锁定的）。

380伏的三相电源

华府全部采用380伏的三相电源，并且每一户都配有三级浪涌系统，避免在雨天使用家用电器时遭到雷击。高层单位同别墅单位一样，预埋了足够的管线，可以满足客户日常家居和智能化装备的全部需要。同时，对于水、电、煤气等，小区全部采用智能抄表系统，方便业主生活。在热水供给方面，每户都有热水循环系统的管道，业主只要自己选购热水循环装置，即可使用。另外，华府还配有新风系统，在降低噪音的同时保证了室内空气的流通。

多重防护系统

社区围墙设置了红外高速云台摄像机、对射探测器、警示灯，24小时监控社区安全，将安全隐患屏蔽于社区之外。超越常规设置，香蜜湖1号在社区多处设置了监控中心，配合社区集中控制室对社区进行24小时监控；双重巡更系统采用有线巡更与无线巡更结合的方式，准确定位社区卫士的具体位置及行动路线，实现快速反应；同时设置巡更点，实现社区安全无死角。

其他智能系统

- 背景音乐系统
- 可视对讲系统
- 智能一卡通
- 室内环境控制系统
- 无线上网

香蜜湖1号风水总况分析

香蜜湖1号西接香梅路，北临侨香路，地处深圳的核心地带，集景田、香梅北、中心公园、侨城东、安托山、新洲、莲花山等地气之精华，为深圳三大风水吉地华侨城、香蜜湖、南澳之首，尊贵之势自不待言。

龙脉护持，势力绵远

自古以来，中国以昆仑山为天下的祖山，风水必须得认脉寻宗，看山别水，察龙观势。远从中华大地追宗溯源，近探眼前河流、道路、山脉的气势、景象。

我国风水龙脉大势，源起昆仑山总脉，接塔吉克斯坦，西高东低，磅礴浩大，气势雄伟，由西向东向中原沿伸，南方山峰和北方天山遥望相对。南支龙向东南沿伸，分为一支三龙，南龙经贵里山入云南，北龙向东沿四川盆地南向，回头向东北又分九龙川流环抱湖南。中支龙经四川、贵州的大雪山、大凉山、五莲峰入贵州高原进两广的南盘江、北盘江山脉，入苗岭、猫儿山进广东南岭、九莲山，随珠江流域到达珠江三角洲，拱卫香港、深圳。这是源起昆仑支南岭、罗浮山的壮丽河山的杰作。

风水中以龙的名称来代表山脉的走向、起伏、转折、变化。因为龙善变化，能大能小，能屈能伸，能隐能现，能飞能潜。山势如龙，变化多端，龙脉的优劣需审定山脉的长远，辨别山脉的大小兴衰。山脉来得绵远者，发富亦绵远；山脉来得短促者，发富亦短促。深圳主要旺气流来源于北玄武，而北罗浮山脉，就是一条环护深圳的巨龙，其中望天螺至塘朗山是一道主支脉，护持着香蜜湖1号，形成势力绵远的靠山。确保香蜜湖1号藏风聚气，旺气内敛。

东望明堂，大气内蓄

深圳中心区地界左在布吉河东方，至深圳河为界，南临深圳湾的红树林自然保护区，右西方在大沙河至深圳湾，此区域内为深圳的中明堂区。中明堂的中心，为莲花山以南，新洲路以东，彩田路以西，滨河路以北，即深圳规划中的中心区。香蜜湖1号东望中明堂（即深圳的政治、经济、文化中心），配合塘朗山山势的抱环护卫，山有龙势，必遇明堂而蓄其气，香蜜湖1号的未来兴旺亦是因为有强龙之势的最佳明堂。

入堂水局，贵不可言

中国地势离不开河流、口岸，龙脉水势凝聚富贵之气，盘踞而成大城市。深圳的水势由珠江水源蜿蜒而来，其龙头在香港，而深圳正是接引水龙的气口。

深圳四面环水。深圳的水局，引珠江及香江之气脉，为深圳的富贵兴旺锦上添花。在市区内惟独香蜜湖属于入堂水，内蕴强大之财富，与深圳外局水势的“玉带环腰”的富贵水深圳河、深圳湾、珠江口水的前海与后海形成“内外阳水平衡”，是香蜜湖、深圳水库、梅林水库、西丽水库、铁岗水库、大沙河、布吉河、洪湖、梧桐河等深圳九大内局水之首。风水语云：“山主人丁贵气，水主财富荣华。”如此稀缺珍贵的富贵水局，必然带来香蜜湖1号的财富效应。

西南见水，财丁大旺

香蜜湖1号风水以龙脉山势、水法明堂带旺。西南尽揽香蜜湖稀有真水，根据三元玄空飞星学的布局，2004年至2023年为下元八运，西南见水，可大旺财丁。

坎高离下，可谓晋土

香蜜湖1号后高前低，视野更加开阔，左右环视，远瞻遥观，四象齐备，五形俱全。左有青龙护架，右有白虎盘踞，后有玄武纳气，前有朱雀争鸣，形成富贵之势。此地块所居之重要性，乃深圳三大风水吉地华侨城、香蜜湖、南澳之首。其地坎高离下，可谓晋土，居之富贵，当出贤人。

金带缠腰，富贵盈门

香蜜湖1号西接香梅路，北临侨香路，地处深圳的核心地带，集景田、香梅北、中心公园、侨城东、安托山、新洲、莲花山等地气之精华，被侨香路与香梅路呈有情金带兜抱，形成了风水学上著名的“金带缠腰，富贵盈门”之格局。

年销售额32亿元的传世建筑

——红树西岸

MANGROVE WESTCOAST

项目资料

- **占地面积：** 75101.8平方米
- **总建筑面积：** 255300平方米（其中住宅面积249300平方米，会所3000平方米，幼儿园3000平方米）
- **户型面积：** 120～520平方米
- **总户数：** 1301户
- **车位：** 约1900个

百仕达·红树西岸系百仕达地产于2001年12月在深圳以人民币7.8亿元竞夺得的最优质地块，被深港两地传媒冠以“地王之王”的美名。

百仕达·红树西岸位于深圳市内中心区地段，同时拥有海景、高尔夫球场、红树林湿地、中心主题花园等多种景观，交通四通八达，是深圳市内极为罕有的新豪宅片区。

百仕达·红树西岸以其殿堂级大师的独特智慧，超越一般建筑思维，将现代西方滨海生活理念融入到红树西岸的自然神韵之中，创造出南中国最具滨海特色的现代豪宅，成为彰显现代上善生活的新地标。

与此同时，百仕达地产更投入3000万美元的巨资，与世界著名企业LG、霍尼韦尔（Honeywell）及日讯合作，为红树西岸打造出了引领时代的智能家居社区，为其尊贵的住户创造出提前进入未来科技生活的概念空间。

百仕达·红树西岸所倡导的“上善生活”不仅是一种极品人居体验，更是社会精英面向未来的生活态度。

百仕达·红树西岸位于深圳市南山填海区西南，南面可推窗见海，红树林湿地和香港天水围尽收眼底，北临“世界之窗”、“中华民俗村”，西面紧靠沙河高尔夫球场，东面是红树湾规划中的大型中央主题公园，可以说是户户见海，独瞰绝佳自然海景。碧水蓝天融于红树湾绿色生态区，大视野、全景观，坐拥现代商务智能空中豪宅气度；豪华精装修、观景阳台，以及多项全国首创的高科技智能系统及材料，开创了现代住宅新理念。百仕达·红树西岸的户型面积在120～520平方米，主力户型150～260平方米，2梯2户，拥有三大主题会所（休闲会所、运动会所、商务会所）、私家幼儿园、超市、地下景观车库等配套设施，彰显南中国最具滨海特色的豪宅之上善生活品位。

Landscape Design 景观设计

东面

政府规划中的滨海主题公园，延伸对未来的无尽想象。

西面

沙河高尔夫球场，无论白天还是夜晚都会给人一个绿色的心情。

南面

辽阔的深圳湾，海面帆影点点；香港天水围，灯光楼影，编织出不同的风景。

北面

深圳华侨城旅游景区和著名景点“世界之窗”，让人细赏“巴黎铁塔”和绚丽烟火。

中心

由国际景观权威EDAW公司在小区内四万平方米的超大架空平台上创造出以近万平方米人工湖，以及众多特色岛屿作为滨海风景园林。

Traffic and Surrounding Areas 交通及周边规划

位于深圳新城市中心的红树西岸除了拥有当地日益便利的交通设施，更临近于2006年通车、贯通深圳和香港的西部通道。

飞架于深圳南山和香港元朗鳌磡石之间的西部大桥是在2006年建成的，这座大桥长5.5千米，拥有双向六车道的快速城际干线，大大缩短了从香港到深圳南山的时间。另有：

红树西岸—深圳地铁华侨城站（地铁1号线）：约2千米；

红树西岸—深圳地铁红树湾站（地铁2号线）：约0.4千米；

红树西岸—深皇岗口岸：约7千米；

红树西岸—西部通道—香港中环：约17.5千米；

红树西岸—西部通道—香港九龙：约12.5千米；

红树西岸—西部通道—香港新机场：约10千米；

周边现有主要设施包括：沙河高尔夫球会、名商高尔夫球会、深圳高尔夫球会、世界之窗主题公园、威尼斯酒店、红树林、15千米深圳湾休闲观景长廊、何香凝美术馆、华夏艺术中心、世界之窗、锦绣中华、民俗文化村、欢乐海岸、华侨城、保龄球馆、欢乐谷、OCT广场、华侨城湿地公园、中国旅游博览馆、深圳狂欢广场、深圳湾摩天观光轮等。

Architecture Feature
建筑特色

风车造型

三幢围绕在“珊瑚礁湖”的板式住宅被精心地设置在能欣赏到南部海湾壮丽的景致和西面高尔夫球场景观的最佳地理位置上。这种巧妙的布置手法，使整个建筑群在平面上呈现出“风车”形的组合，住宅建筑戏剧性地围绕在一个椭圆形的“礁湖”周围“旋转、舞动”。每幢住宅建筑在体型上呈折板式，更突出了一种强有力的动感。

Fengshui

Window Wall系统

水晶质感的外立面形成景观无阻隔的纯净视觉效果，犹如艺术品，有很强的保值性和保洁性。

红树西岸最新的WINDOW WALL（窗墙系统），由全球最大工程顾问公司英因奥雅纳首次引入中国，它的原理是：利用大面积的玻璃，由顶伸延到地，把屋内的整面墙变成一个大型的观景窗，将视野无限拉伸，阳光也全被引了进来，让你在舒适的户内环境享受到户外的阳光。置身其中，你和美丽景观之间绝无一点阻隔，户内户外从此连成一体。

空中楼阁

过离地面11米以上的生活！高出市政地面4.8米的架空平台以及层高6.2米的大堂，使最低的住宅层已高出市政地面11米左右，有效地保障了低层业主的景观视野。同时风车造型的排布，每户视野互不阻挡，保障红树西岸每一住户都能享受到赏心悦目的海景。

超大阳台

红树西岸巧妙地运用了风车造型设计，配以本身优越的地理位置，在每栋楼的折线及两端单位为住户打造了270度的无阻视野、最大进深达3米的超大阳台，可以说是第二客厅，给人更大的观景、工作和休闲的空间。

水晶立面

外立面为全玻璃天幕，住宅拥有五星级酒店的面孔，整体建筑犹如水晶般质感，与海水、天空融为一体，是真正意义上的“艺术”。

Supporting Facilities 配套设施

场景预设

家中所有的灯光、窗帘、音响（背景音乐）、空调及选购的智能家电等均可预设为不同组合的室内场景。如烛光晚餐场景、生日PARTY场景、下午茶场景。

夜间起床场景：通往洗手间的灯一路亮起；

会客场景：灯光明亮，空调自动调节；

家庭聚餐场景：灯光明亮，音乐响起；

看电视场景：灯光柔和，窗帘关闭；

浪漫晚餐场景：餐厅灯光柔和，其他灯关闭。

操作自动化

墙上面板、手机、终端显示器、PDA等都能成为你控制家中电器的“遥控器”，既简单又轻松。

五重安防

第一层防护：小区周边设置探测器和摄像头，紧急情况可自动报警并录下现场画面，小区内多个招援按钮，可随时呼叫管家援助；

第二层防护：大堂门禁及大堂管家双重保护，拜访者只有经过住户的同意才能进入；

第三层防护：电梯管理系统自动呼叫电梯，自动到达住户居住的楼层，形成客房与楼层的一对一进入；

第四层防护：每户配备智能门锁等形成特色安全保护；

第五层防护：户内安全防范系统设置红外探测器、紧急按钮，厨房设置火灾探测器、煤气泄露探测器等一系列先进的户内报警系统。

红树西岸智能化设计充分考虑将来家居的各种电器的应用，采用先进的家居综合布线技术，把家居的数据、语音、控制等点位进行综合布置和跳线管理，平均每户布置多达70个点位，每户平均预埋管道达400米长，红树西岸整个小区预埋的管道共达150万米，使住户在不用进行改动装修和重新穿墙、开槽的情况下即可实现智能家居的各项功能。

The Geomantic Omen of
Chinese Real Estate

隔音楼板

红树西岸采用美国陶氏化学（全球500强企业之一）生产的隔声垫和挤塑板相结合的楼板隔声系统，使居住在红树西岸的业主可充分享受完全不受干扰的宁静生活空间。

Fengshui

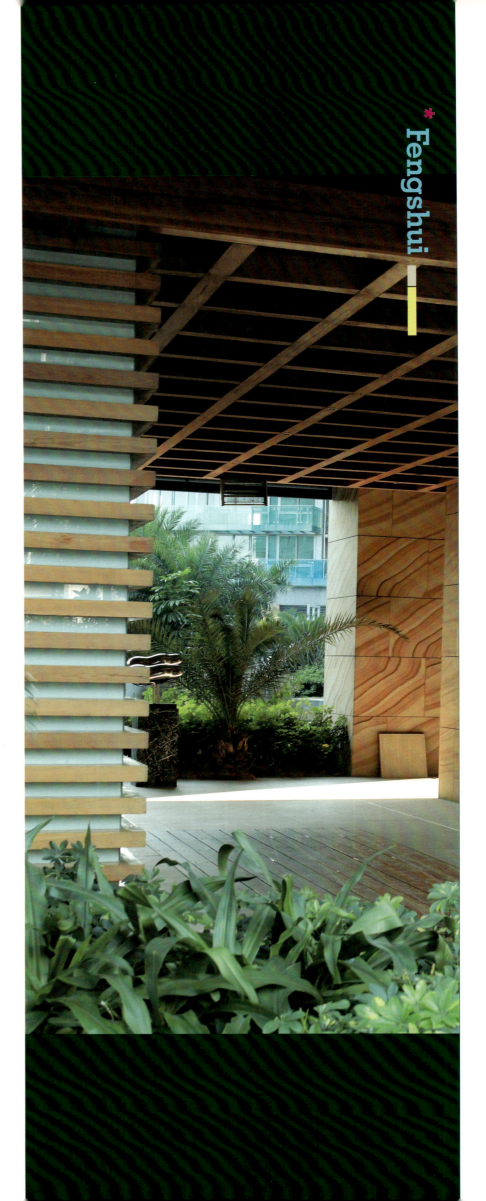

同层侧向排水系统

红树西岸排水系统采用了有100多年历史的瑞士上市企业GEBERIT公司的同层排水系统“接吉博力横排防臭地漏”，这是目前发达国家广泛采用的排水方式。同楼层的排水支管与主排水支管均不穿越楼板，在同楼层内连接到主排水立管上，从根本上解决了卫生间内的许多问题，尽可能地避开上下邻居排水之间的相互干扰。

中空LOW-E玻璃

红树西岸采用由LOW-E玻璃组合而成的中空产品，可见光可有效地透过膜系和玻璃，红外线很大程度上被膜系所反射。特别是远红外线，几乎完全被其反射回去。这样既保持了室内明亮，又在一定程度上减少了室内热负荷。

The Geomantic Omen of
Chinese Real Estate

户式中央冷暖空调

户式中央空调

减少室外机数量，户内入口上方设有出风口，业主可以根据自己的需求在回家之前通过远程控制预先打开空调，回到家时会立即感觉清爽、舒适。

冷暖空调

为解决近年来南方冬季天气温度较低的问题，红树西岸率先在深圳采用冷暖中央空调，确保屋内四季如春。

新风系统

新风系统可以保证业主在窗户完全封闭的情况下都可以呼吸到室外的新鲜空气。

The Geomantic Omen of

Chinese Real Estate 

热水循环

采用美国专利产品JUST RIGHT，保证水龙头随时打开都有热水，无需等待。依靠重力和冷热水比重差异进行比较循环，可分户设置，无须动力，节约能源，是环保的典范。

Fengshui

软化水装置

可清除水中多余的Ca、Mg等离子，保证水质不伤皮肤，同时毛巾等织品在清洗后也可保持柔软。

每户避雷器

一般住宅只在主体建筑上设有避雷针，而红树西岸则为每户配备避雷器，以保障户内电器系统的运作不受恶劣天气的影响。

进水铜管

采用美国NIBICO进水铜管，保证每户饮用水的质量和进水管的使用寿命。

擦窗机

红树西岸使用大型擦窗机，时时保持外立面的清洁、美观。同时还可以搬运大件家具等物件。

阳台隔栅

红树西岸外立面上的隔栅不只是装饰，还可以有效遮挡阳光，并减少楼上楼下视线的干扰。

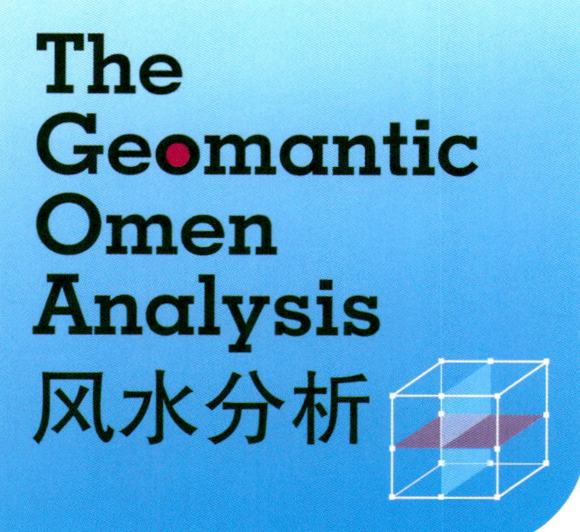

● 洋潮汪汪，水格之富；湾环曲折，水格之贵

红树西岸东望红树林，南临深圳湾，前以香港凤降村、麒麟围为案，后靠塘朗山、莲花山龙脉，地势开平阔大，正如空石长者在《五星捉脉正变明图》所言：“平冈之土，如几如圭，端厚肥生，不倾不欹，为吉。”总体呈负阴抱阳势，是青龙、白虎、朱雀、玄武四象俱全之局。

红树西岸后靠主龙为塘朗山和莲花山，终年林木郁郁葱葱，山形峻伟，气脉极盛，龙马腾起，属“寻龙九势”之腾龙势，贵主公侯之地。而前有砂山为麒麟山，其肥、圆、正为富局。龙为君道、砂为臣道，布秀呈奇，列列有呈祥之象。

红树西岸正对深圳湾之水，该水平缓曲折，来财有路，恰得富贵之形，正如黄妙应《博山篇·论水》中所指：“洋潮汪汪，水格之富；湾环曲折，水格之贵。”

自古“山主人丁水管财”，红树西岸后靠塘朗山及莲花山，前拥深圳湾，占尽地利，气魄宏大，周边项目难望其项背，是“丁财两旺”之局。

红树西岸白虎右路为沙河东，西路呈玉带环绕、有情兜抱，利于纳气入局。

由癸未年农历二月初八现场放星盘得一卦为丰，为孟阳第六，秋分，上震下离，有光明盛大兆，吉。二十四山坐亥向巳，据游年八卦法，暗合天罡之数，并且五行属土生金格，大利商业。

山水之奇秀明丽者，乃地中吉气即生气所融结。红树西岸的地气属来气，有五色，呈华盖状。该项目在楼势、户型、园林、水系、植物等各内部要素，均应与外局保持平衡。

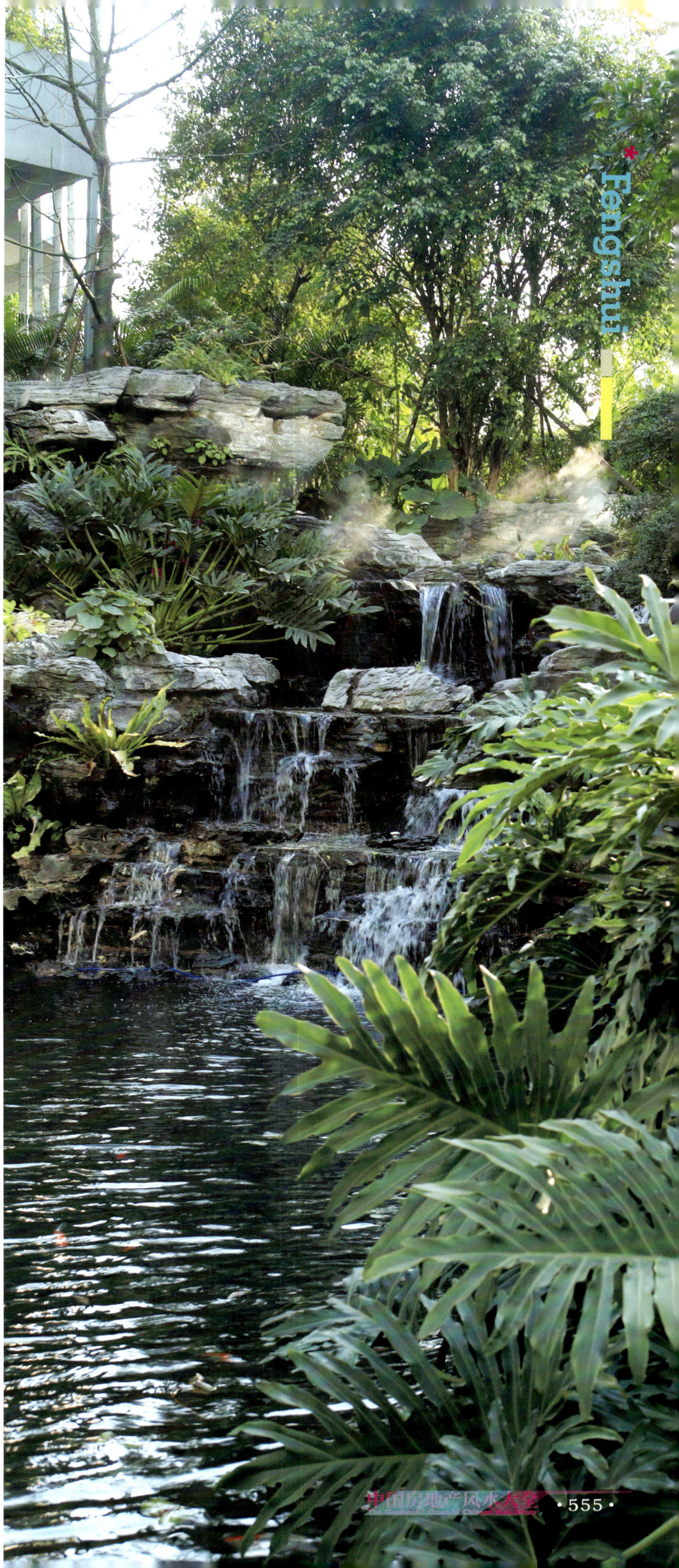

The Geomantic Omen of
Chinese Real Estate

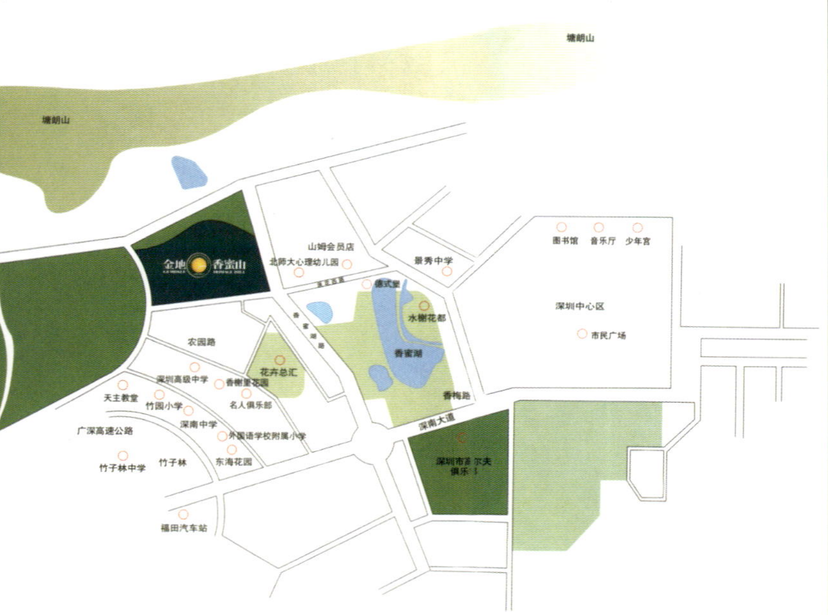

以山为权，王者贵胄——金地·香蜜山

GEMDALE HOMAGE HILL

项目资料 

- **投 资 商：** 金地（集团）股份有限公司
- **建筑面积：** 169860平方米
- **总 户 数：** 1200
- **停 车 位：** 960

金地集团简介

金地集团是一个以房地产开发为主营业务的公众公司，同时是国家一级资质房地产开发企业和中国建设系统企业资信AAA级单位。截至2003年12月，集团拥有8家控股子公司，总资产48亿元，净资产15亿元，形成了以房地产为主营业务，物业服务、地产中介同步发展的产业结构。

2001年4月，金地集团股票在上海证券交易所挂牌上市，成为1994年以来首批上市的房地产企业。金地上市后，加快了异地开发的进程，截至目前已在深圳、北京、上海、武汉等地成立地产子公司，负责相应区域的项目开发与经营，2003年度，被评为“中国房地产上市公司十强”之一。

金地物业

深圳市金地物业管理有限公司是建设部首批40家物业管理一级资质企业之一，中国物业管理协会常务理事单位、深圳市物业管理协会副会长单位，管理项目遍及北京、上海、重庆、深圳等全国32个大中城市。

金地公司楼盘荣誉录

金地格林春晓/2003年“中国住宅创新示范楼盘”/上海

金地格林春岸/2003年“中国住宅经典示范楼盘”/上海

金地海景翠堤湾/2002年“中国住宅设计示范楼盘”/深圳

金地格林小镇/2002年“中国住宅创新夺标”中的大奖“创新示范楼盘 大奖”/北京

金地金海湾花园/2000年全国住宅设计“创新风暴”金奖第一名/深圳

金地翠园/1999年创造深圳高尚小区当年开发、当年销售并售罄的记录/深圳

金地海景花园/1997年获“全国城市物业管理优秀示范住宅小区”/深圳

金地花园/1997年获“全国城市物业管理优秀示范住宅小区”/深圳

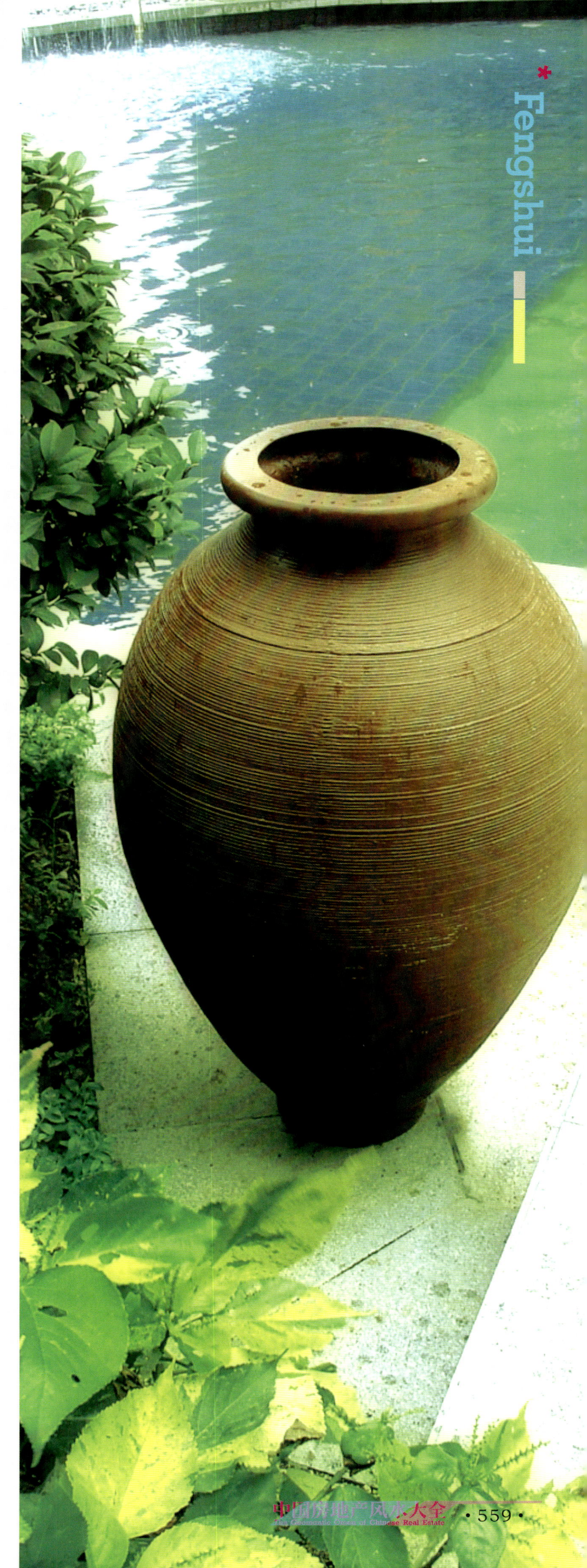

金地·香蜜山位于深圳市福田区香蜜湖高尚片区，筑于山体台地之上，为城市中罕有的山地庭院居所。项目占地78679平方米，总建筑面积169860平方米，以18层一梯三户板式单位为主，辅以部分24～33层高层单位，建筑密度仅为15%。小区园林环境充满自然、山地特色，并建有市政配套的网球中心及体育会馆。项目建成后被称为香蜜湖片区大规模低密度"国家级健康住宅"。

金地
GEMDALE
香蜜山
HOMAGE HILL

香密湖一带俯瞰图

Fengshui

金地·香蜜山在规划设计上充分尊重自然的原生地貌，不只以人为本，更以自然为本，为住户营造出舒适、健康的山地生活空间，将风、光、水、石多个寓意自然要素的主题庭院及一个大型中央山地公园有机结合，提供了充满自然气息的生活环境，真实展现了香蜜山的朴实品格，而且独有包括7片网球场、一个多功能综合运动会馆的大型运动健身配套，积极引领现代都市人热爱运动，追求健康的生活主张。

香蜜湖片区紧邻深圳市中心区，这里规划起点高，交通网络发达，配套日益完善。同时片区背依塘朗山，内拥43万平方米植物园和香蜜湖，绿化率高达70%，环境优美，充满生态自然气息，是深圳市最适宜人居住的片区之一。目前这里已经成为深圳市低密度高尚居住区的典范。居住在这个超大的“城市绿肺”中，享受“离尘不离城”的生活，已经成为追求高品质生活、又不愿意离开城市发展的精英人士的居住理想。

生活是纯粹的

深圳市中心唯一的山林居所

香蜜山作为塘朗山的一脉分支，典藏城市中心植物公园，保留了荔枝、柠檬桉等多种原生植物，林中的梧桐、榄仁、枫香、紫薇明快又幽静。停山而建的建筑，极易将未经雕琢的自然引入室内。山林中的生活，自然简单，静定安闲。

坐北向南、背山面水的龙头地势

香蜜山位于“深圳湾塘朗山”绿色生态轴线上，地处香蜜湖制高点，背靠绵延葱郁的塘朗山；南面，40万平方米永久植物园、风光旖旎的香蜜湖、烟波浩淼的深圳湾，衬着生机勃勃的城市天际线和黛青色的米埔山，由近及远，眼力所及，无障目之叶。

呼吸是畅快的

空气是鲜活的

在香蜜湖，整体片区的绿化率达到70%，令深圳任何一个居住片区都难以望其项背。坡地的保留，抬高了小区整体地势，增强了通风效果，形成对流，极利于新鲜空气自由转换。经专家的科学测评，香蜜山的空气质量为一级。

2万平方米天然氧吧

香蜜山保留了2万平方米山体，是一个天然的制氧场，植于坡地上的高大树木有明显阻挡、过滤和吸附作用，使大气中漂尘浓度比非树林地区降低10%～25%；二氧化硫的含量要比空旷地少15%～50%，宛如一个天然氧吧，为社区24小进提供高纯度鲜氧。

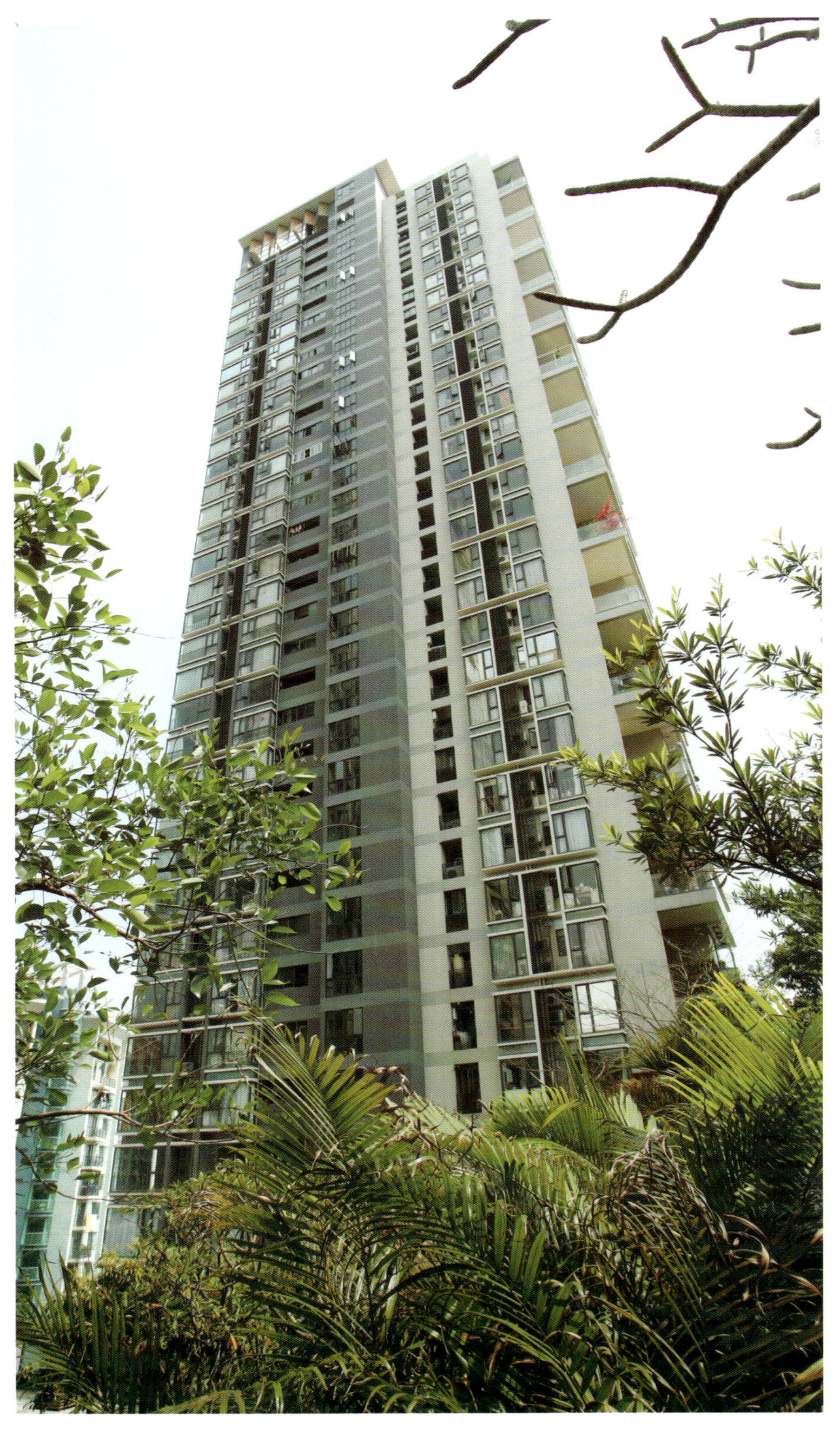

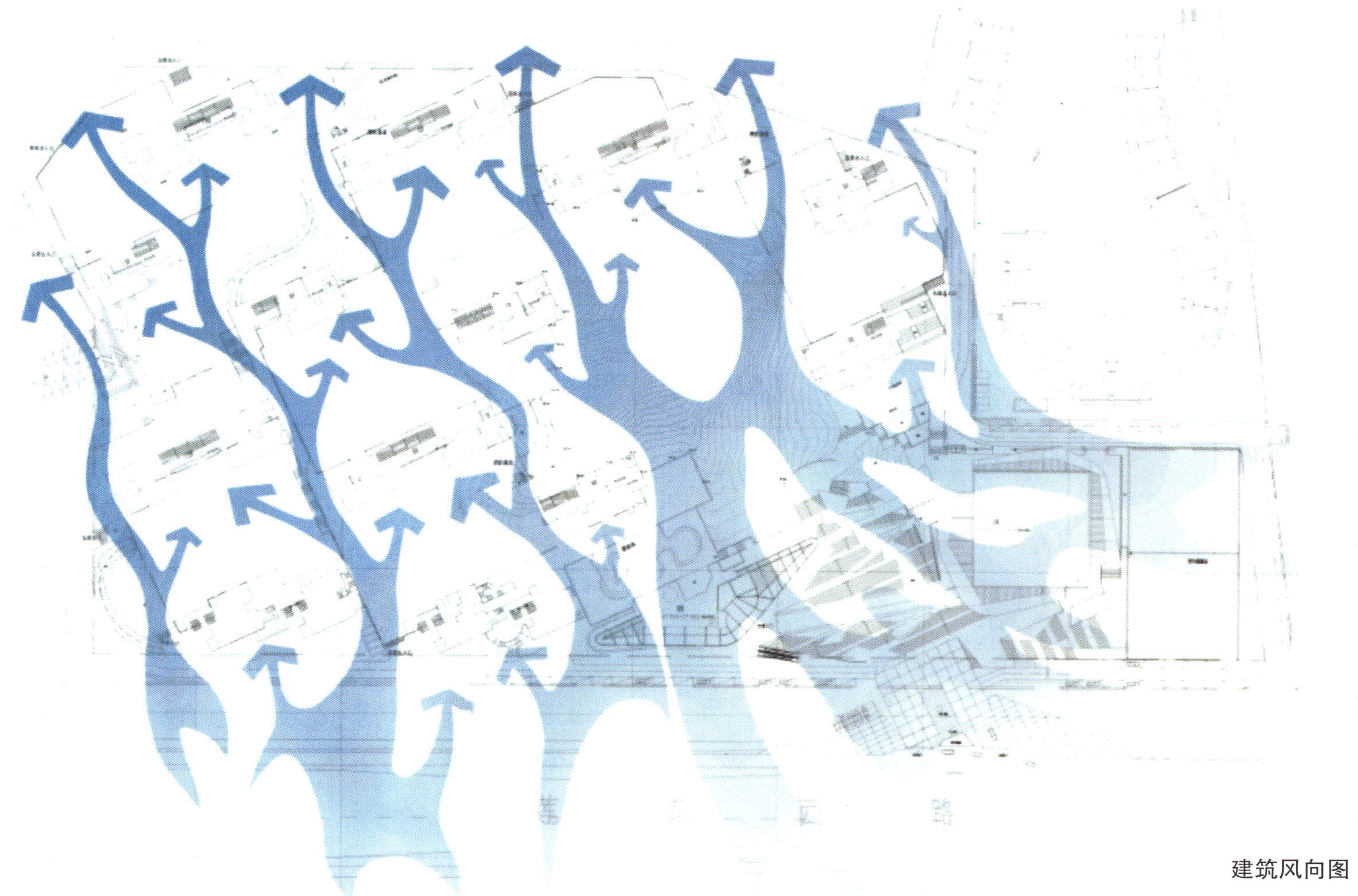

建筑风向图

被三重滤化的，不只是空气

香蜜山虽临路，但抬高的地势远离了汽车尾气的污染。另外，我们还在莲花西路种植了多重乔木，用于吸收污染的空气。根据测试，第一重吸收30%的污染空气，第二重吸收70%，第三重吸收90%，令呼吸无比畅意，仿佛生活的繁复也被一一滤化。

漫长夏季里的天然空调

浓密的树冠在夏季能吸收、散射和反射掉一部分太阳辐射能，降低地面温度。可以说，树木就是大自然的空调。在深圳漫长的夏季里，层支树林包裹着的香蜜山，平均气温将比城市空阔地低2～4摄氏度，相对湿度则高15%～25%，比硬地路面气温要低10～20摄氏度。夏季在香蜜山显得不再难捱，时间在树阴中滑走。

树，最自然的健康概念

根据对不同环境中含菌量的测定：人群流动的公园每平方有1000个，到了闹市区每平方米激增至4万个，而在林区则每平方米仅有55个，因为树林能分泌大量杀伤力很强的杀菌素，杀死空气中的病菌和微生物，对人类有一定的保健、防疫作用。

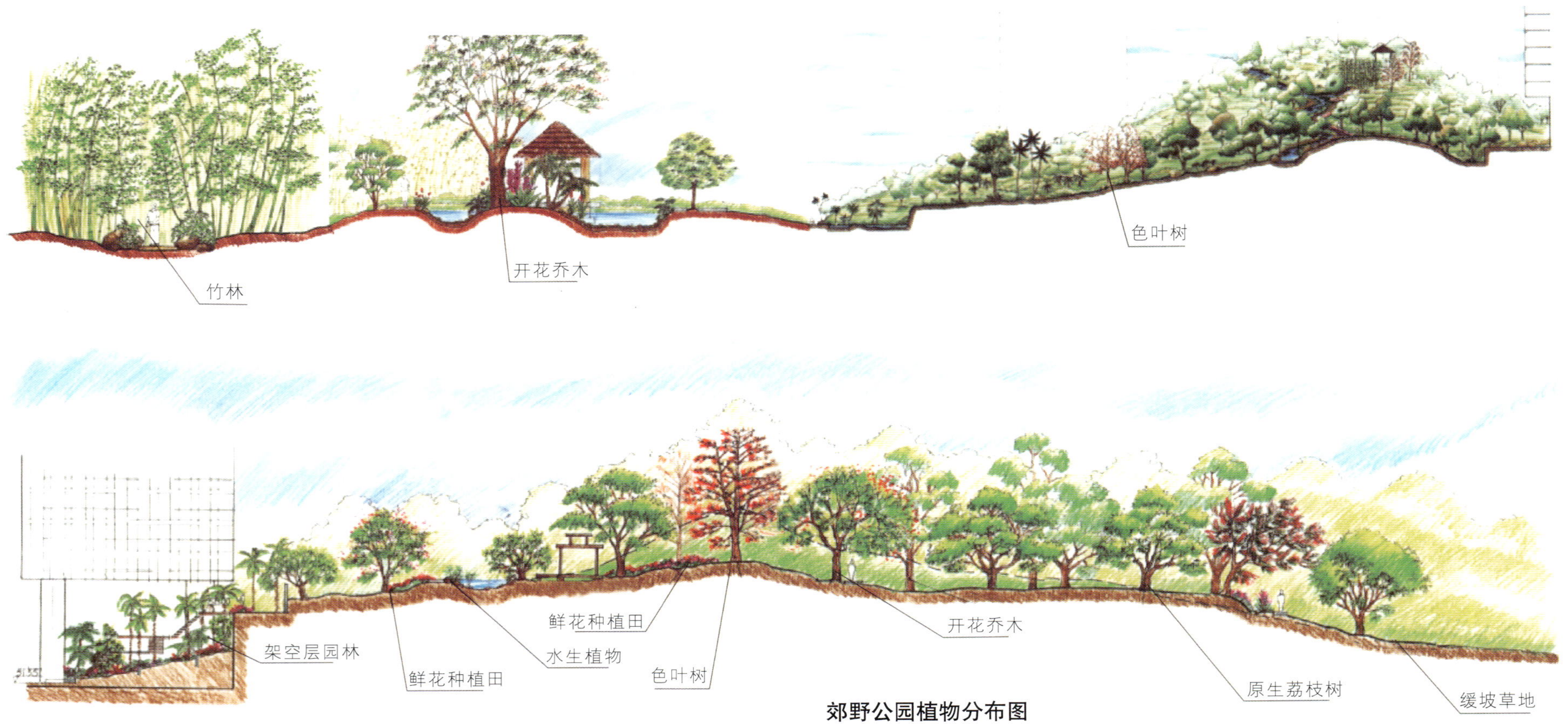

郊野公园植物分布图

风是流动的

风在建筑中自由来去

传统围合式社区阻碍了风的内外流通，容易使小区形成一个密不透风的包围圈。而在香蜜山，小区内坡地的起伏、原生山体的高度、交错的建筑排列，则避免了围合缺陷，时时可以感受风穿过建筑时的舒畅。

花香在架空层里流淌

香蜜山的底层架空，并在其中栽种了不同的植物，风的流动可以达到小区内各个角落，更有利于场地的空气流通，风从各个角度带着花香进入到院落、居室。干净的空气，使得呼吸也充满了清新的味道。

郊野公园

重现四季

没有季节的深圳将被改观，自然的节奏重新来了。在香蜜山，保留了大量随季象变化的乔木，譬如大叶紫薇、相思树、小叶榄仁。香蜜山郊野公园，草地以及灌木结合的丰富垂直绿化，为香蜜山提供丰盛的绿量。同时不同种类的树木会随着气候的变化呈现出不同的风情，让人近距离触摸四季的变换。

自然无题，生活藏趣

效野公园的设置，为社区内居民提供了观景、休憩、交往的多元化空间，这里，是发现山居野趣的场所，也是一个比家更丰富的生活磁场。

充分利用保留山的原生资源，利用植物划分和组织空间，融合自然界中光线、声音、水体等因素，营造一个健康、自然的四维生态综合体。

与自然交流

不是占有自然，而是尊重自然。区别于将山夷平的做法，香蜜山更尊重自然，保留深圳市中心区内唯一大面积的原生树林和山顶原貌，让建筑与环境和谐共生，使人与自然平等交流。

将山还给城市

自然原本就是城市中的组成部分。当别的楼盘在标榜自己占有稀缺资源的时候，香蜜山则对稀有缺源抱有一种尊重的态度。有别于片区其他围

车库示意图

富有层次的坡地花园图

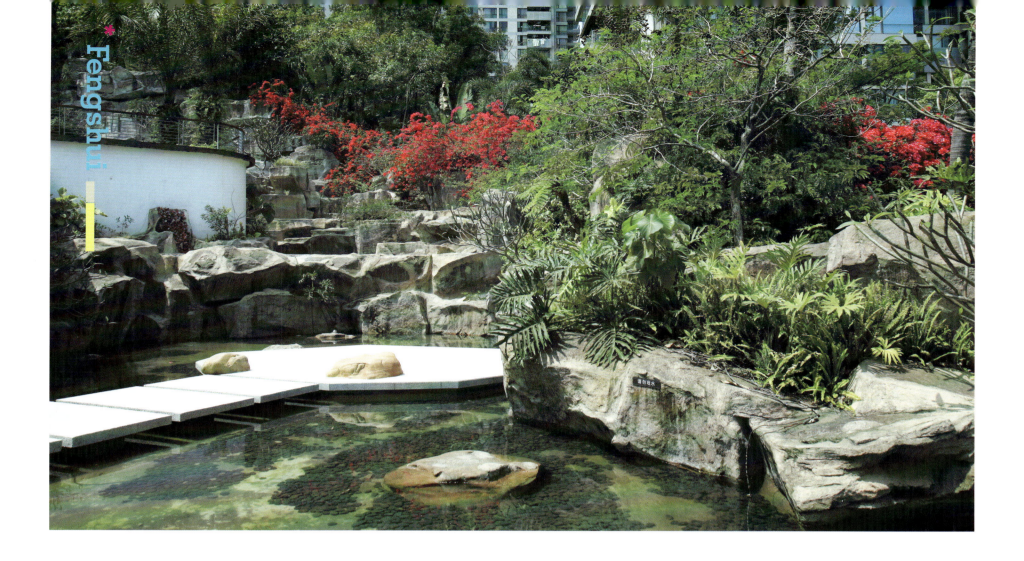

合式小区，香蜜山将山放在社区内，效野公园让社区内的所有人都拥有一个公共的活动空间，通过入口开敞式的设计与半围式的布局，将山还给城市，为城市主观的营造做出了自己应做的贡献。

将植物还给山体

香蜜山保留山体上的原生树木，并通过合理的移植，使其与山体的体规划相符合，并得到更好的生长环境。香蜜山还在山顶不同区域栽种不同种类的树，使山体的自然资源更加丰富。

将阳光还给车库

山体地形的高差使得相当部分车库两面直接对外，减少了汽车废气在车库中的聚集。阳光、空气直接撒入车库，甚至，在车库内也可以看到部

分室外庭院的景观。

而阳光车库的小坡度入口则带来了行驶的舒适感，降低了噪音。

立体生活

别人的生活是平面的，香蜜山的生活是立体的。坡地将居住从二维的空间变成三维，起伏的地势使生活从此错落有致、变化多端，香蜜山的生活充满了立体的趣味。

台地花园，丰富了生活

坡地形成了多个台地花园，构成多样的室外空间，提高了庭院的绿化效率，增加了绿地的展开面积。在阻挡外界噪音的同时，台地花园亦可引发神秘感和好奇心。

水，随物赋形

坡地丰富了水的形态和内容，香蜜山的景观水总面积达到4500平方米，占到整个园林的20%。除山顶部分有三条特色小溪外，还有水庭院的水、泳池的水、石庭的水、前广场的水、雾化喷泉的水等。在小区中，水的最大落差达到17米，形成了特色瀑布，加上局部高差小品的装饰，小瀑布又显得形式各异，意趣盎然。由上而下流动的，由下而上涌出的，尽显园林精致及趣味。

时间在坡地上流动

坡地产生的落差造就了园林的流动性：水、风、空气等都不再静止。不同植物的搭配，又使得坡地的景观随着时间的变化而不断呈现出不同景色，四时常新。

Fengshui

Fengshui
The Geomantic Omen of
Chinese Real Estate

健康在生长

健康是年轮，在山中不觉生长。健康是可触摸的，健康是简单、脚踏实地的。在山中，健康如草木般生长。

健康是用路丈量的

有特色的交通动线系统，增加了丰富的健康功能和生活情趣，“健康可以用脚步来丈量”，香蜜山在山地公园中开辟了两条约600米和800米的健身径，让住户可以非常容易地时行健身锻炼。

上山的路

石台阶将人们带往更加有趣味的城市山野之中，这是滤去烦恼与疲劳的过程。

穿越架空层的路

这也许是一个随时需要微笑颔首的过程，享受在花香中与人沟通的乐趣。

林阴步道

强调景观整体性的同时，营造出一条私密的步行小道，树阴避日，是整个小区中极为宁静的所在。

拂香栈道

栈道旁栽种了珍贵灌木，行人走过，手臂垂下即可触摸花香。

运动，是人与人之间的互动

香蜜山在社区各处布置了多种类型的运动设施。休憩场地、儿童游戏设备、各类家庭运动设备等，为居住者提供了更酣畅的沟通方式，也提供了一种属于城市也属于山中的健康生活方式。

健康也可以度身订造

不同的上山路径设有不同的景观序列，如植物研习径、竹林小溪、溪谷栈道等。殊途同归，每一条路径都能引领你到达山顶，带给人属于自己的健康方式。

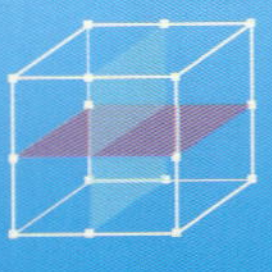

1. 风语林
2. 风水林
3. 叠翠壁
4. 自动扶梯
5. 绿岛叠水
6. 金地国际网球中心
7. 运动人生（雕塑）
8. 商业街
9. 山涧广场
10. 热带风情
11. 香槟树阵
12. 禅意庭院
13. 拾景桥
14. 儿童嬉水池
15. 映水桥
16. 按摩池
17. 沐日台
18. 无边界泳池
19. 凭栏观景
20. 石上清泉
21. 拾级阶
22. 亲情天地
23. 喷泉
24. 水岸天地
25. 水印青山
26. 写意亭
27. 叠水阶
28. 浮石流水
29. 太极广场
30. 瀑布飞流
31. 景易阶
32. 竹影
33. 观景台
34. 拂香栈道
35. 活力空间运动站
36. 林阴步道
37. 清朗草坡
38. 飞流溪
39. 拾趣径
40. 千色林
41. 峰景台
42. 连心河
43. 九婉溪
44. 观星台
45. 临风阁
46. 儿童天地运动站
47. 林椅小憩
48. 山语涧
49. 原生林
50. 临漪桥

园林整体规划图

院落文化

不是TOWNHOUSE，是院落。院落是场所精神的载体，提倡建筑与人，人与人的沟通、融合，院落令人与人的交往更简单，更自然，也更纯粹。

很中国、很现代

中国传统的建筑形式由现代的建筑语言符号表达。香蜜山的院落运用现代的设计理念和手法，凝练、质朴，透出久违的建筑人文气息，自然被不着痕迹地引入建筑，引入生活，并非不同区域内感受不同风格的院落文化。

自然、人文、现代生长在一起

无论时间如何变迁，院落形式如何更迭，始终不变的是院落的精神。平等、沟通、人文、院落既是文流的平台，同时也是一种记忆，一种情结。对院落的继承，不仅是它的一砖一瓦，一花一木，所围合的一天一地，更是它所承载的生活形态，所反映的地域特征，所体现的人文精神，让人们回忆起那些在院落的日子，那些生活在院落中的人们。

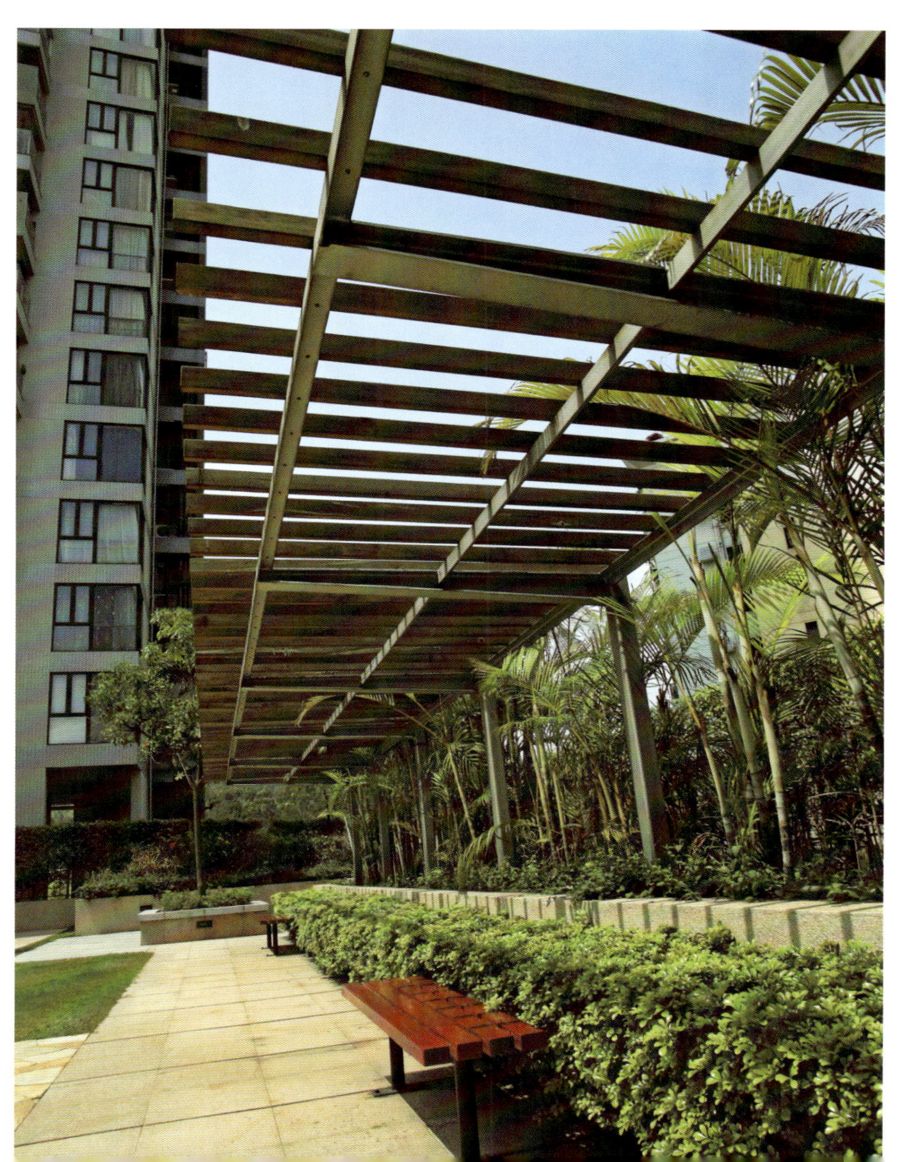

院落规划

院落是用来切割时间的。院外，时间是别人的；院内，时间是自我的。院落切割了空间，院外，纷繁扰攘；院内，风定去止，最终，院落切割了生活，使之丰富、谐趣。

不同的场所，提供不同的休憩交往空间。在香蜜山，从社区的广场到小区入口到住户大堂等内部公共空间，再到自家门前的花园，院落以递进的方式存在。人与人之间的交流空间无所不在，并成为区内居家休闲、运动健身、交友娱乐的多功能交流场所。

小区入口、社区大门厅

小区入口由体育会馆+大台阶+网球中心构成。多层次的台阶气势宏伟，与山体连接，将山景自然带到城市中。利用18～20米的落差，在不同的高度设置观景点，步移景异，视野及景观得以不断丰富。前广场是社区交往的一个集中场所，是整个社区的“大门厅”，也是充满活力的场所。这里有老人的晨练、少年的滑板运动、儿童的跳楼梯嬉戏、夏日的乘凉……

小区入口的台阶式广场

电梯厅，不再封闭

我们采用开敞式电梯厅设计，电梯厅带有双层高的花园，自然采光通风，使等候电梯和邻里的交流都平添许多乐趣；香蜜山多数建筑还采用了观光电梯，设计新颖独特，使人一路视线不离自然。

入户花园，纯自我空间

每一个住户单位都因景顺势地设计了入户花园，或大露台，或户内双层通高花园，或拐角的阳台，贯通室内外自然，切割了属于自我的时间。

院落构成元素

院落旨在回归自然。风、光、水、石是自然界最基本的元素，是朴素生活的构成，香蜜山用它们来区隔和识别庭院，使之成为引领人们回家的门牌，真实地展现了香蜜山院落的朴实品格。

风庭院

在香蜜山，风中可听、可见：这里设置了大片的有风车的草地，每当有风走过，整个庭院就会产生高低悠扬的风之回声，将风这一抽象元素具象化，取其意而忘其形。闲坐亭台，四周林木摇曳，天籁可闻……

属于家庭的庭院：相对于其他三个庭院，风庭院是活动空间最大的庭院，适宜全家人的参与。在山林小道拾阶而上，清新自然的感觉扑面而来。休息平台处设有精致小亭，周边遍植花叶繁茂的各类灌木，色彩丰富，强调居家山林之感。

光庭院

符合现代审美的光与影：大自然的光与影，如此斑驳，不论白天黑夜，都带给人们奇妙的体验。光庭院采用规则几何式布局方式，利用成排的树阵，规整的方形水池，营造一个简洁明快的庭院空间，大线条的几何简约美，满足着现代人的审美情结。夜间，更有缤纷的灯光营造出光与影、真实与虚拟相交迭的人性空间。

与自己交流的空间：在这里，除了宁静，更多的是思索。透过造型简单的框景，或一块质朴的大石，一棵昂首向天的绿树，一个清朗的凉亭，都可以让人静心澄怀。

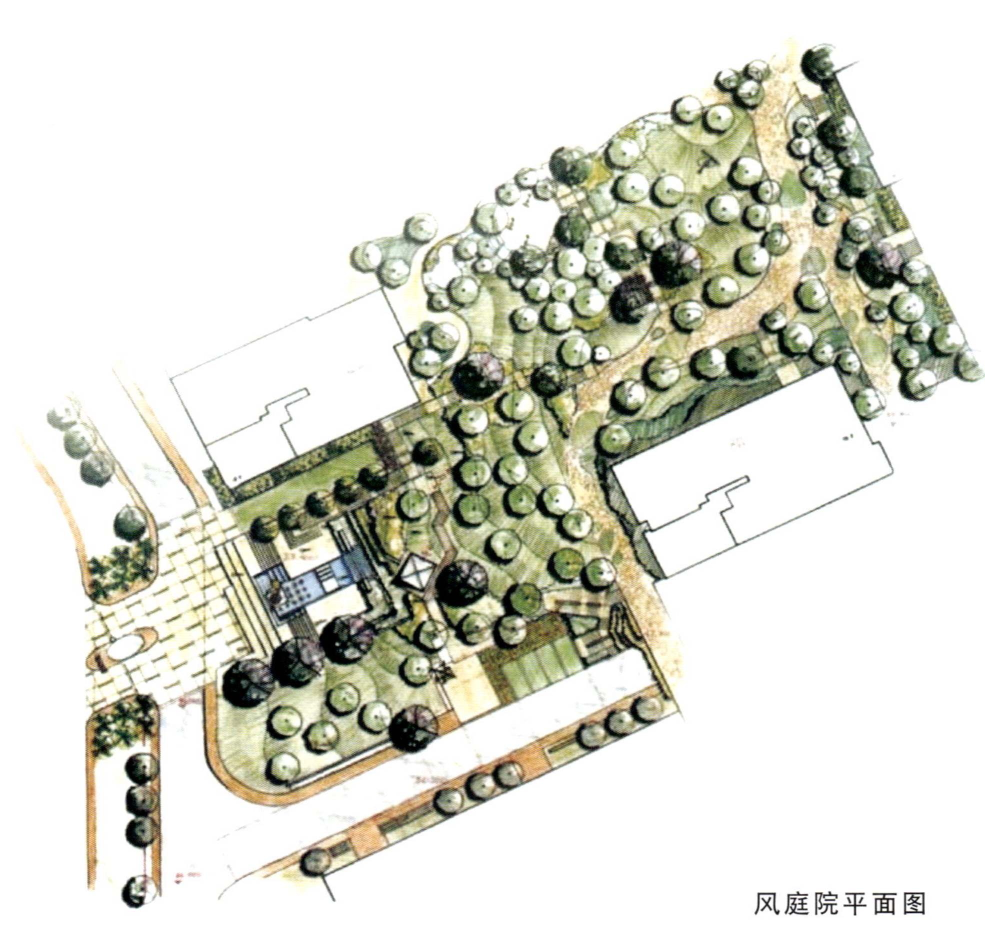

风庭院平面图

水庭院

流动的亲水之趣：这是孩子的庭院。香蜜山以纯自然的手法，将山势直接引入宅间，绿地与水体相辅相承，相映成趣。水与山体是通的，山泉流而下积聚成潭，动时流水如琴韵，静则碧泉可映月。溪底布卵石，枯水时节宛如凝聚的溪流，意境犹存。园中小径或穿水而过，或偶设小桥，让人体会丰富多彩的水形式。

涌动的观水之趣：依水而建的凉亭别有特色，凉亭高出水面，并在凉亭基座内暗设水池，水池中溢出顺壁而下，不绝如缕，使得亭子宛如建于天然碧泉之上，意趣盎然……

光庭院平面图

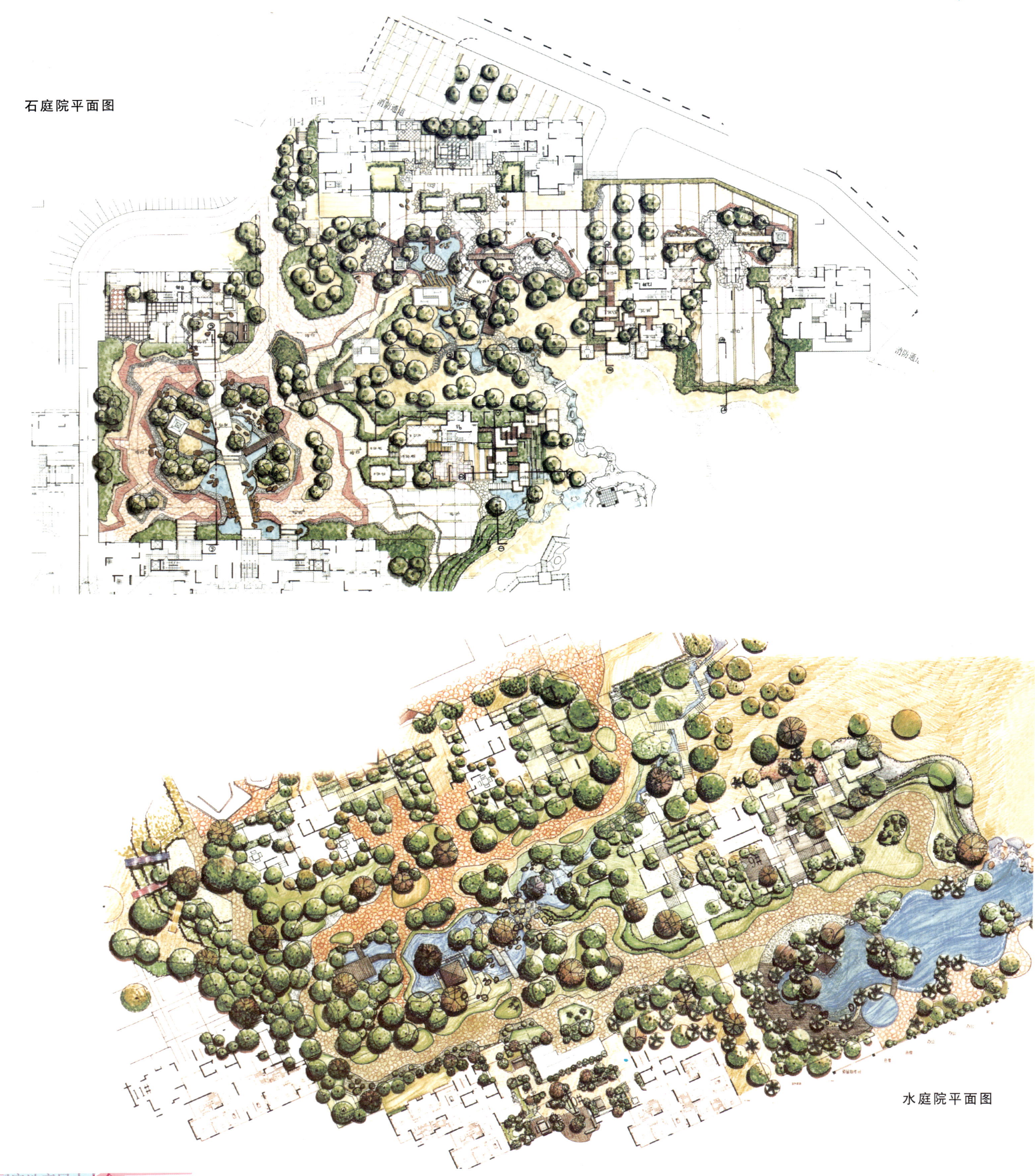
石庭院平面图
水庭院平面图

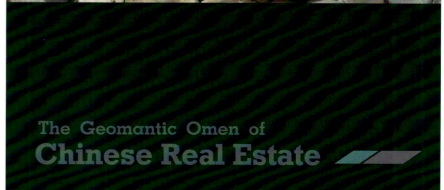

石庭院

被石头打动：禅意风格的组团绿地，采用较为自由的几何布局，看似随意实则精心地散置些许古朴大石，山林野趣扑面而来，绿地外围设置了较大比重的硬质铺装，并在较宽的地段设置绿岛，种植乔灌木，打破平面布局，丰富了竖向景观。紧贴其内，设有蜿蜒小道，是散步与释放闲情的场所。

卵石按摩步道：中心绿地乔木苍翠葱郁，灌木团簇相拥，植被色彩丰富。凉亭是休息纳凉的好去处，沿着亭前的木栈道可去往卵石步道，散置的鹅卵石，规格不等，自然铺设，行走其间，即可体验河岸石滩的独特景观，又可裸足享受天然按摩。

Architecture Plan

建筑规划

当人们以正南正，北为金产玉律时，香蜜山选择南偏东25度。当很多人生活在感情经验里时，它以更科学的数据和更专业的方法去实现居住的舒适。

朝向选取

风向

建筑规划采取错落行列式布局，建筑物前后左右均错开布置，并且与南向成约25度夹角，更迎合了深圳夏季的主导风向，小区自然通风，因此愈加通畅。

日照

在低纬度的深圳，南偏东25度的朝向，从日照到温度，均是最适合居住的角度，倾斜25度，争取了主要居室良好的日照条件，避免了西晒，使日照最均衡。

景观

住在“南偏东25度”，让视野范围最大化，充分获得香蜜湖无遮挡的优势景观带来的视觉享受。建筑群体以整体倾斜25度的网格朝向东南，顺应山势形成不同标高，使自然与景观产生步移景异的变化和丰富的空间感受。

户型设计

不只以人为本，更以自然而本。当人们追求生活空间 越来越大的时候，香蜜山讲究户型的舒适型。

把阳光放进来

深圳住宅大多是径深较大，香蜜山在设计时拉大面宽，单位的长度比达到1：2，以保证更大面积地接触阳光、空气、自然，增加居住的舒服感。

追求风、阳光、景观的最大值

户型设计上，相当部分的户型设置了入户花园和内置式通高花园，不单将室内自然景色作最大程度的展现，还将自然光最大程度地引入室内，所以香蜜山会有庭院式的露台，会有穿孔板的阳台和大面积的落地窗，身在户内也可充分享受自然的光影和景致。

自然风

风是自然界最活泼的元素，它带来清新的空气，带来健康。对南方湿热环境而言，通风显得尤为重要。C单位南北通透，将更多的自然风引入户内，楼栋位置南偏东、朝向主导风向，客厅、餐厅、主卧、次卧、洗手间均有上佳的通风效果。

C单位客厅面宽达4.8米，主卧面宽达4米，均为该类面积户型中少有的大开间。错开的客厅和餐厅使得两个功能区之间干扰较小，餐厅能较小受到客厅活动影响，除就餐外也可成为大人阅读、儿童学习的区域。特有的双层高露台或入户花园露台，增加了住户进行半室外休闲活动的空间，居

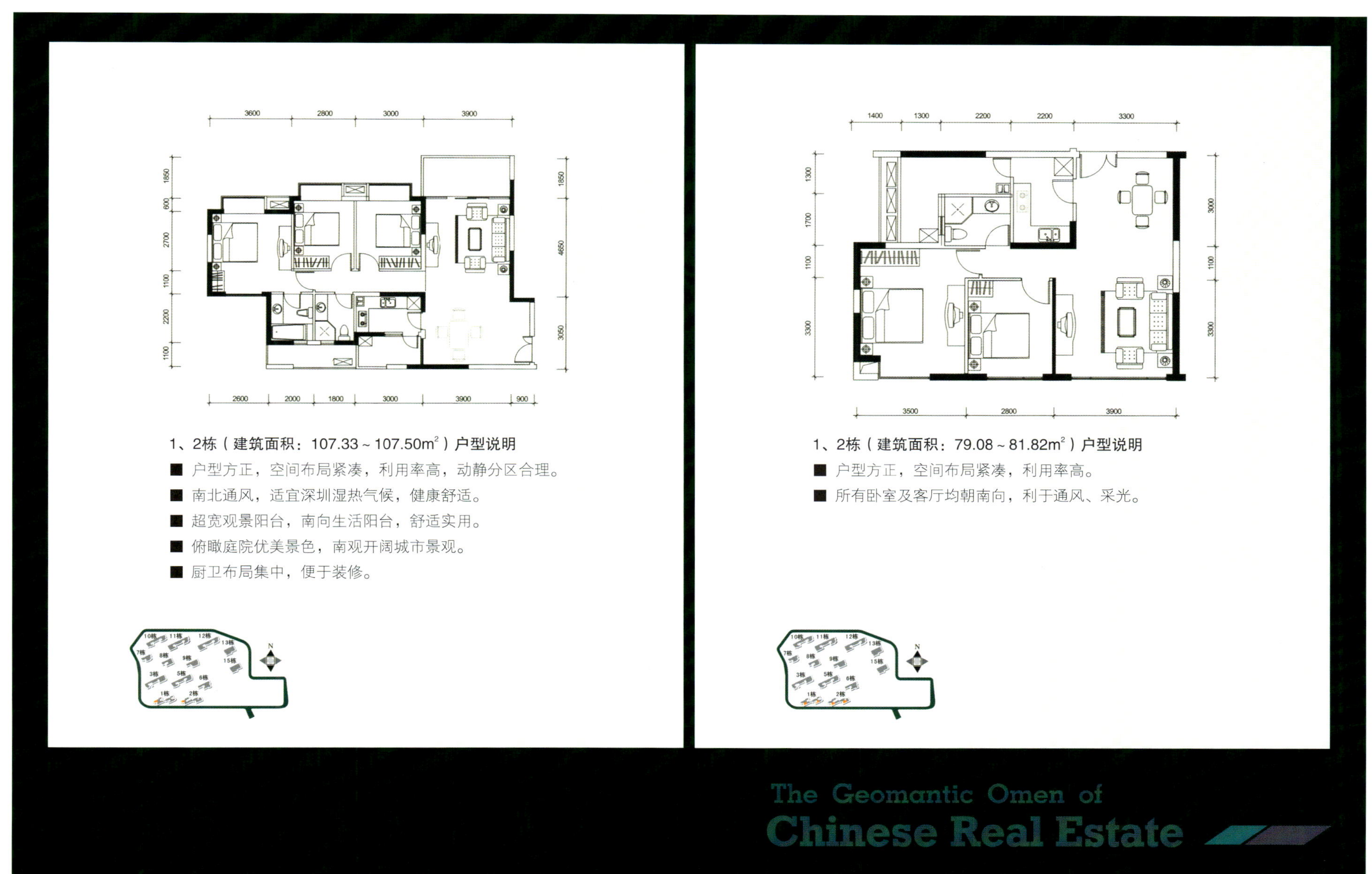
1、2栋（建筑面积：107.33～107.50m²）户型说明
■ 户型方正，空间布局紧凑，利用率高，动静分区合理。
■ 南北通风，适宜深圳湿热气候，健康舒适。
■ 超宽观景阳台，南向生活阳台，舒适实用。
■ 俯瞰庭院优美景色，南观开阔城市景观。
■ 厨卫布局集中，便于装修。
1、2栋（建筑面积：79.08～81.82m²）户型说明
■ 户型方正，空间布局紧凑，利用率高。
■ 所有卧室及客厅均朝南向，利于通风、采光。
The Geomantic Omen of
Chinese Real Estate

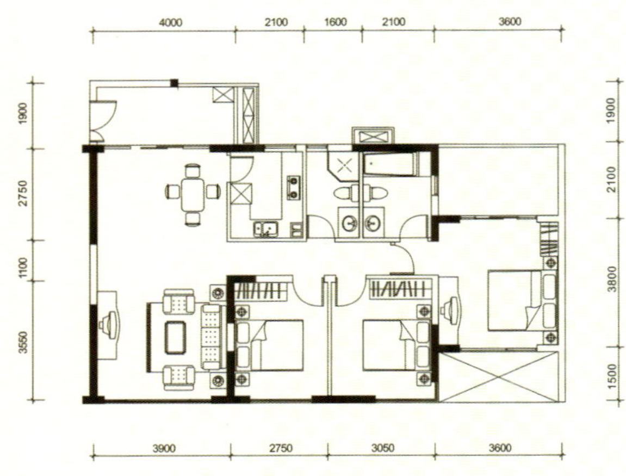

1栋（建筑面积：107.94m²）户型说明

- 户型方正，空间布局紧凑，利用率高，动静分区合理。
- 南北通风，适宜深圳湿热气候，健康舒适。
- 入户花园，提供户外到户内的过渡空间，享受半室外写意生活。
- 主卧特设观景阳台。
- 俯瞰庭院优美景色，南观开阔城市景观。
- 厨卫布局集中，便于装修。

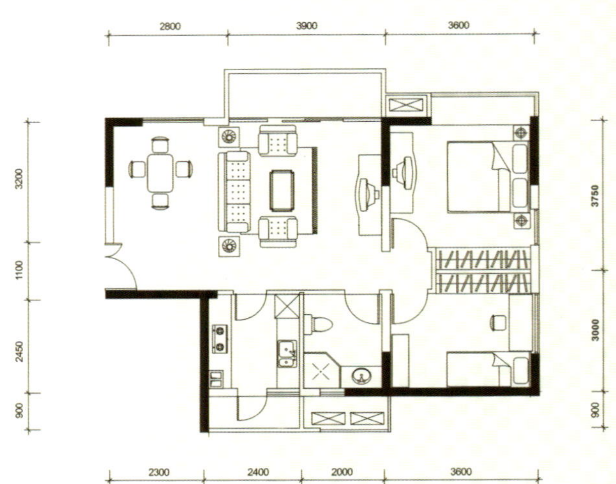

1、2栋（建筑面积：104.60～104.89m²）户型说明

- 户型方正，空间布局紧凑，利用率高，动静分区合理。
- 南北通风，适宜深圳湿热气候，健康舒适。
- 入户花园，提供户外到户内的过渡空间，享受半室外写意生活。
- 主卧赠送露台花园。
- 俯瞰庭院优美景色，南观开阔城市景观。
- 厨卫布局集中，便于装修。

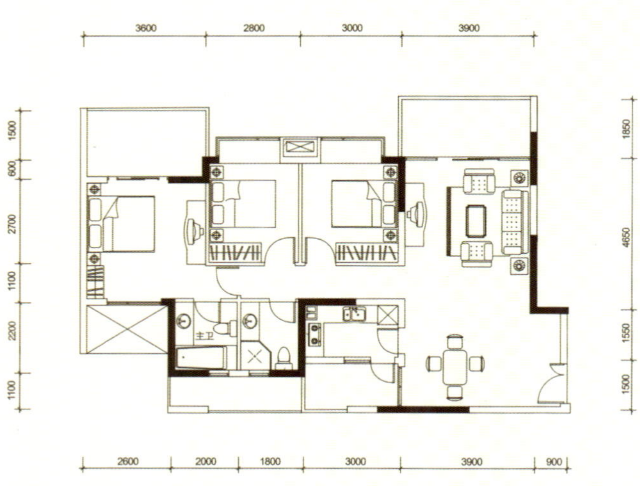

1栋（建筑面积：79.00～79.07m²）户型说明

- 户型方正，空间布局紧凑，利用率高。
- 南北通风，适宜深圳湿热气候，健康舒适。
- 6.7米超大开间，近30平方米大客厅、餐厅提供超越两房的舒适享受。
- 主卧超大落地凸窗实用便于观景。、
- 两房户型中难得的南北双阳台，舒适、实用。
- 俯瞰庭院优美景色，南观开阔城市景观。

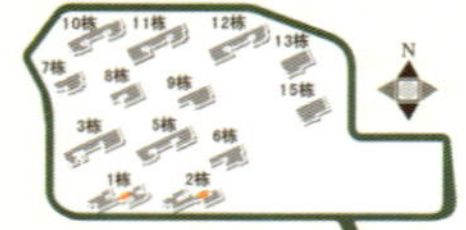

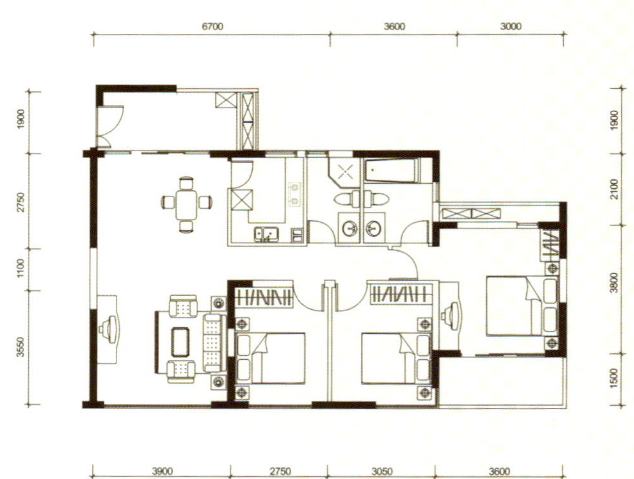

1、2栋（建筑面积：107.01～107.42m²）户型说明

- 户型方正，空间布局紧凑，利用率高，动静分区合理。
- 南北通风，适宜深圳湿热气候，健康舒适。
- 主卧赠送露台花园，享受室外写意生活。
- 超宽观景阳台，南向生活阳台，舒适、实用。
- 俯瞰庭院优美景色，南观开阔城市景观。
- 厨卫布局集中，便于装修。

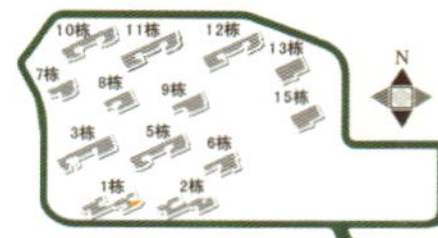

高楼之中而能享平地庭院的乐趣，实在难得。由于楼栋前后都有花园庭院，并位于端头位置，C单位三面都有优美的景色，为了配合这个鱼和熊掌兼得的优势，C单位的南向卧室设置了落地窗，为观景提供了一览无余的视野；北向次卧设置了大面积凸窗，在观景之余也扩大了房间的可使用面积，更加实用。户内卧室布局紧凑，充分利用了空间，并与客厅、餐厅分开，保证了良好的动静分开。公共活动区交通组织，空间利用也十分合理，避免了浪费面积。

健康住宅标准

23位国家级专家认证之健康住宅。香蜜山是由23位国家级专家经过2年监察筑就的，将健康理念贯穿始终，被评为全国第12家健康住宅小区，也是深圳目前唯一的一家。

Fengshui

全部采用国家健康住宅标准进行建筑规划和设计

无通风死角	一楼三（四）户，大部分单位的客厅、主卧室均为南向，南北自然通风；部分户型设计户内机械通风系统，提高户内的通风条件。
无障碍设计	老年人可以通过坡道方便到达每栋单位入口；户内入户门洞尺寸1.1~1.2米，内门洞尺寸0.9米，通道尺寸大于1.1米，空间净尺寸宽敞；实现无障碍居住，套内自然层不设台阶及错层，满足老年人及儿童生活活动的安全需要。
灵活性	采用大跨度板式与短肢剪力墙结构，为房屋的灵活性及可造性创造条件；竖向干管集中，横向支管不穿楼板。
厨房空气	采用变压防串烟防倒灌排气道（高层）系统，有效地排除了高层单位排气道系统上下楼层排气量不均衡的现象。
防噪系统	1．改造莲花西路市政绿化带，形成坡带；种植三排乔木，隔离交通噪音；而汽车高音喇叭在穿过40米宽的草坪、灌木、乔木组成的多层次林带后，噪声可以消减10~20分贝； 2．沿路单位设置机械通风窗，在不开启窗户的情况下，保证室内空气质量的同时，能有效地避免噪音。 3．水泵、风机、发电机房等全部设置在地下室；水泵房设置减震措施；发电机房设置消声装置，降低对项目的影响； 4．卫生间采取降板设计，排水管采用UPVC螺旋降噪排水管（比普通UPVC排水管降噪5~7分贝），减少管道噪音的影响。
健康土壤	1．根据地质勘察报告，基地岩土层分布稳定，无不良工程地质现象，基地稳定性好，适宜建筑。 2．对于土壤中有害化学物或放射性物质的检测，已经完成项目环评报告，各项环境指标均已达标。

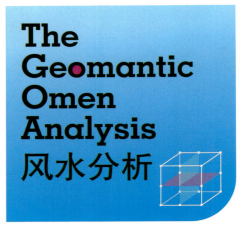

The Geomantic Omen Analysis
风水分析

金地·香蜜山九大风水精要

地理显赫，负阴抱阳

香蜜山背靠青翠塘朗山，是地脉收束所在，位于阳坡之上，地势高要，真气凝结，占据香蜜湖片区制高点，呈现典型风水宝地的地理特征。

福德八方，权财两旺

香蜜山背靠的是塘朗山穴地景源会所原址，是龙脉汇接处权势之象，并以中心区招商银行大厦为对案，前财后权，一一俱备。

明堂高阔，众水来朝

香蜜山地势沉雄，将整个香蜜湖片区尽收眼底，明堂高阔，众水来朝，王者坐殿，百众膜拜，气象庄严，运势宏大，意义深远，风物极佳。

左高右低，龙虎拱卫

《天机会元》云："宁可青龙高万丈，不可白虎高一尺。"而香蜜山的形制特征正是左高右低，东南方建筑体量比西南方厚重，与风水上的地形讲究不谋而合，财势齐旺。

楼中有山，印绶加身

香蜜山整个小区环绕天然印山，并覆盖完整植被，形态优美，凡此种结构的建筑中必然出现举足轻重的人物，而香蜜山中的这个2万平米原生山体，将为香蜜山带来品高德洁的权贵之势。

运行八白，大旺倚山

根据三元玄空理论推理，2004~2023年是下元第八运属土，宜倚山石之所在，香蜜山是典型的亲山地住宅，乃未来20年大运所向。

水局树阵，罗列回护

香蜜山前广场的诸多水景树阵，排列组合属典型的后天八卦风水阵，增强香蜜山的风水运势，并且维护居者的财富健康。

环抱格局，藏风聚气

香蜜山采取错落行列式规划，总体还是围合的格局，整体环抱，藏风聚气，而小区东南气口收合有情，呼应深圳天时季候，适宜富贵人家。

巽位国网，名动四方

香蜜山东南角突出，开设国际网球场馆，五行属金，以金克木为财催动风水局，运动健康，事业兴旺。

地脉通达创奇迹——

金地·梅陇镇

MELLON TOWN

项目资料

- **项目地址**：龙华二线拓展区，位于布龙路与梅龙路的交汇处
- **开 发 商**：深圳市金地住宅开发有限公司
- **物业管理**：深圳金地物业管理有限公司
- **建筑类型**：多层、小高层板楼和高层塔楼组成
- **总建筑面积**：42万平方米
- **占地面积**：13.6万平方米
- **容 积 率**：3.08
- **总 户 数**：约4400户
- **停 车 位**：1245个

金地·梅陇镇位于深圳龙华二线拓展区东北侧，北临布龙路，西靠梅龙路。占地13.6万平方米，总建筑面积约42万平方米。由11~18层小高层和24~33层高层建筑组成。一期主力户型是100~122平方米的三房、71~78平方米的两房和部分140平方米左右的大户型。全部为一梯两户或一梯三户板式结构，主力户型均设置入户阳台、双层挑高大露台、超大凸窗等。金地·梅陇镇是让城市耳目一新的兴奋剂，街区看上去不再千篇一律，它有色彩，有个性，更年轻，这里没有平庸、粗糙、模仿，这里是提倡创意、享受当下、分离互动的图层！

金地·梅陇镇二期位于梅陇镇社区东北部，与已开发的金地·梅陇镇一期紧密相连，坐享成熟大社区的优势，与中央花园亲密接触，内拥原创式庭院，幽静而不乏便利。二期占地面积约4.1万平方米，住宅建筑面积约12.9万平方米，总户数1218套。

金地·梅陇镇二期以100~115平方米的三房为主力户型，也有部分76~79平方米的两房以及130~144平方米的四房。由三栋33层点式高层和三栋18~33层板楼组成，主要户型均设置入户花园、双层挑高大露台、超大凸窗等。如今，阔绰户型日益稀缺，珍贵不言而喻。

金地·梅陇镇二期延续了一期时尚缤纷的彩虹立面，力图将梅陇镇年轻、活力以及个性化特征推向新的高度，同时户型和花园设计更加符合成长中的城市主流家庭的需要。二期的落成，将进一步加强梅陇镇城市地标的闪耀地位。

金地集团简介

金地集团初创于1988年，1993年开始正式经营房地产。历经十多年探索和实践，金地集团现已发展成为一个以房地产开发为主营业务的上市公司，同时也是中国建设系统企业信誉“AAA级”单位、房地产开发企业国家一级资质单位。截至2005年6月，集团已拥有总资产62.76亿元，净资产25.61亿元。

物业管理

金地物管——24小时金牌管家，让房子越住越有价值。金地物管以其先进的服务理念和严格的执行力度，服务您的生活起居，并提供保安、保洁、绿化、24小时快速维修等服务。当物业不再是管理，而是一种全新的经营方式，社区发展才能时刻拥有新鲜动力，从而更具增值空间和潜力。

科学筑家

金地之所以提出“科学筑家”，与金地将客户定位于成长中的中产阶级有关。中产阶层的崛起，带动了社会观念的变革。在他们的价值观中，理性和进取将成为社会走向成熟的综合力量。其中，进取精神使得他们在知识和财富间找到了因果关系，在事业与生活中得到了平衡；理性与科学的因素，则将带动生活回归本质。因此，对于中产阶层来说，居住成为生活方式和价值观的统一体，这和金地“科学筑家”的理念高度吻合。

The Price of Areas 区域价值

二线拓展区

龙华，深圳都市拓展第一站。很明显，明天它就是全深圳追棒的耀眼主角。整个片区规划和配套完善。现在，或许你应该这样称呼龙华：

- 未来都市轴心；
- 深圳中部服务组团中心；
- 庞大的路网交汇点；
- 国家级铁路枢纽；
- 珠三角经济圈重要核心之一；
- 2006年深圳楼市第一战场

……

配套设施

来看看龙华的配套：

- 商业魅力进行时，天虹商场、百佳、新一佳超市……
- 教育配套全补给，2所中学、14所小学和13所幼儿园；
- 医疗保健贴身在，龙华人民医院等大型医院，大小医院机构散布周边；
- 餐饮名店添加中，金鹏大酒店、廷苑酒店、万众城酒店……
- 未来还有梅陇镇这样的大社区领街品质，生活更是天天向上！

The Geomantic Omen of
Chinese Real Estate

公交路线

目前途经金地·梅陇镇的公交车次有：

302 火车站~龙华。火车站东广场、荔枝公园、八卦岭、梅林检查站、民治村委、万众城、龙华镇政府、龙华总站。

302（华强线） 火车站~龙华总站。火车站、深圳书城、华强北、梅林检查站、沙吓屯、锦乡江南、龙华街道办、龙华总站。

324 龙华大浪石凹~南山汽车站。 美丽365花园、民治村委、票梅林检查站、梅林二村、香蜜湖、科技园、深圳大学、南山汽车站。

333 四季花城~莲糖。四季花城、民治村委、梅林检查站、八卦岭、万佳百货、怡景中学、鹏基工业区、莲塘。

334 板田雪象村~东角头。华为、民治村、梅林、福田中医院、科技园、创业路口、工业七路。

336 龙华同胜村~莲塘总站。同富裕工业区、万众城、民治村委、梅林检查站、人才大市场、金光华广场、莲塘总站。

339 华为基地~科技园。华为基地、民治村委、梅林检查站、上海宾馆西、益田村、科技园。

350 龙华汽车站~青青世界。青青世界、阳光棕榈园、科技园、竹子林、香蜜湖、梅林检查站、民治小学校、龙华汽车站。

352 火车站~龙华富士康工业区。火车站、银湖汽车站、梅林检查站、民治小学、龙华镇政府、龙华汽车站、富士康工业区。

620 梅林联检~板田。梅林联检站、民治村委、万众城、板田。

321 鹊山车站~白石龙村。鹊山车站、龙华政府、万众城、民治小学、白石龙村。

Master Plan
整体规划

规划，从不向潮流献媚，让未来更酷、更自由，这是梅陇镇的单项选择。

德式建筑的世界观

梅陇镇的审美理念堪称当代德式建筑的神秘审美。德国WSP建筑设计公司用现代主义的理性方式，建成城市雕塑意义上的建筑群。

自由秩序的开放布阵

12栋板楼南北通透，呈闪电状，中央6栋高层单体，点缀其中。乍看上去有些不规则的自由布阵，其实拒绝了形式主义，生成多种可能的艺术方程式。

饱览四方的都市T台

台地的高差错落，将社区高高托起，我们称之为“都市T台”。台地上形成了丰富、流动的架空层与园林景观，为互动、偶然制造更多可能。

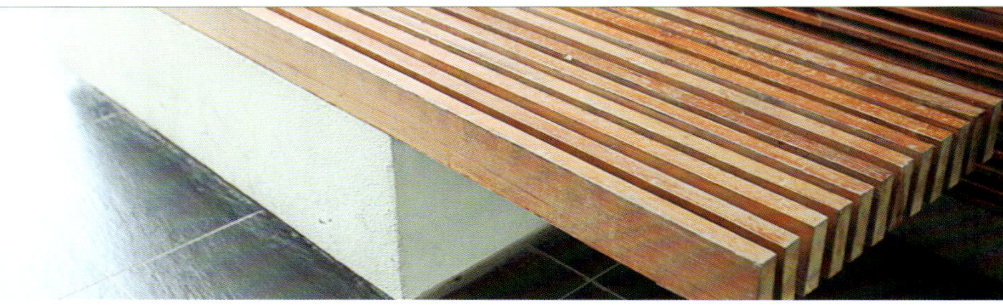

Architecture Plan
建筑设计

梅陇镇的建筑风格由外及里，品质始终如一。这里有让人一见倾心的表情建筑，这些表情建筑采用“双层立面系统”，即在常规外墙立面之外，再另上一层非结构要求的着色载体，在功能上具有遮阳、节能、环保、降化噪音等功效，同时更有效地保证了住户的私密性。外观上，色彩明丽、富于变化，极具视觉震撼力。

让感官投降，使直觉恢复，重新构建意识的建筑群，张扬建筑的理性和生活的感性，并通过精简让其更有价值。适度颠覆常规却绝不以自我为中心，展示出恍然如梦又确实可触摸的未来。

这里，南北板楼舒适、精致的户型，已远非是“通透”二字所能概括；“峡谷式”的布局，把德式建筑的精髓发挥极致；南北朝向，更是最大程度地保证了光线的充足；最宽达70米的楼间距，得以让阳光和清风自由穿行……实属舒适生活与精致户型的完美融合。

中央花园

远离刻板的秩序，回复原生状态。因为相信惊喜来自偶然，所以干脆非理性造景。在中央花园，你可以自由选择你的存在形式，如野生植物般肆意伸张触角，释放想象和创意去定义空间功能。

Fengshui

漫游街

美好的城市大橱窗。物化精神才能体现城市本质，连空气都被装扮过的商业街，弥漫着大都会的气质。一如T台，谁都是焦点，个个都被宠爱。漫游的姿态，只为聚精会神地展示繁华、专心致志地购物、心无旁骛地秀出自己。在梅陇镇，逛街的感受也耳目一新。

会馆

成人游戏魔方。这不是科幻片影棚，而是向每个享受现在的人开放的会馆。非常规的空间概念，复杂到让人无法用言语表达，又简单到能让人一眼洞穿。装载立体的快乐，不再收敛，只为让你真正沉迷此道。会馆就是能量的根据地，来充充电吧！

游道WATER

做空中的自由泳将有恐高症？那就只好放弃了。30米泳道，最高处约9米悬空。想象一下，潜下去，是不是有种在半空跳舞的感觉？透过玻璃看行人，或者站在更高的地方看别人，陆地上往来的和凌空游泳的，谁更像鱼儿？绝对的视觉挑逗，不过极度本真。

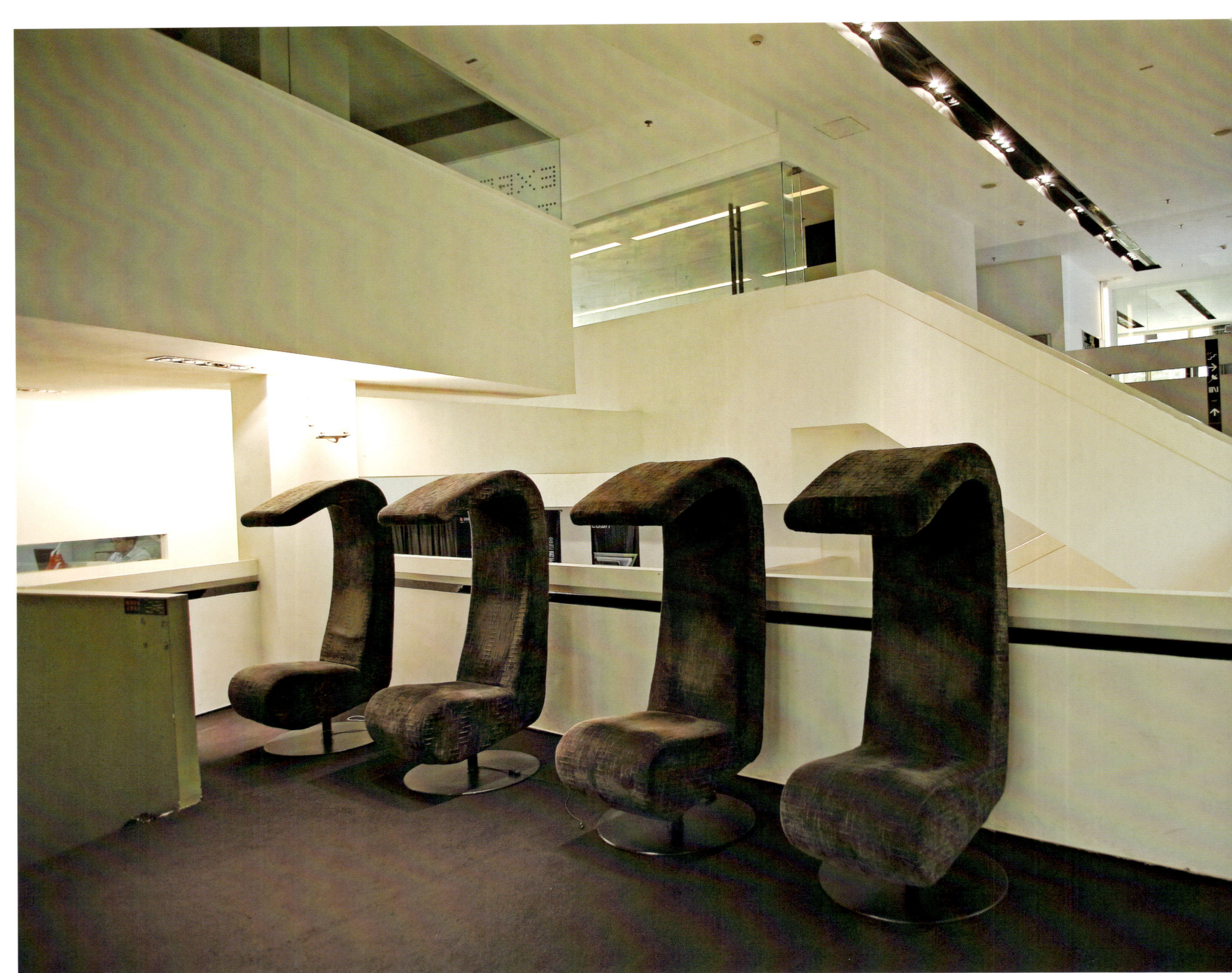

架空层

站到高处HAPPY吧。一期5个派对架空层，多种情景设置。酒吧？咖啡厅？还是功夫茶室？另加运动健身区和儿童游乐场。不论是想做MUSICLE宠儿，还是要变成不长大的彼得潘，一块儿尽情PLAY就是。如果以为它只是用来布景、通风的架空层，你已经OUT了。

Dwelling Houses & Details

户型与细部设计

主力户型70～90平方米的舒适两房、三房，部分108平方米的品质三房，129～135平方米的阔绰四房等，一切以人为本，强调自由新生。

入户花园均设于主力户型，生活情趣盎然；双层挑高大露台、超大凸窗等自成一片天地，集聚灵感与生活的互动空间。

而梅陇镇的细节，更显示出它的高尚价值。

节能概念

无机房及小机房电梯产品：梅陇镇所选择的通力公司（KONE GORPORATION），是世界最大无机房及无齿轮电梯供应商，已被众多国家著名项目选用，也成为北京奥运会的首选。

● 住宅新风系统

在卧室、客厅设进风口，厨房或卫生间设排风口，并安装减噪装置，可避免室内墙壁、家具、衣物发生发霉现象。

LOW-E低辐射节能中空玻璃

梅陇镇各栋南侧立面，部分楼栋东、西两侧或一侧立面门窗玻璃均采用了“高性能SUPER SE超级LOW-E低辐射玻璃”，它能有效隔热保温，与同类产品相比节能高达1/3。

* Fengshui

1：1尺寸户型研究房

在梅陇镇建设之初，已经预先建好了1：1尺寸的户型研究房，设计工程人员现场模拟未来家庭生活实际需求，为全面设计和施工的开展进行提前检讨与改进。

* Fengshui

The Geomantic Omen of
Chinese Real Estate

珍藏

Garden Design
园林设计

梅陇镇园林设计汲取台地园林精髓，穿越园林，一步一景，亭台小筑、名贵树木、自动扶梯贯穿其中、错落有致。每一个细节都诉说惊喜，可谓移步换景，顿显宏伟气势与立体层次。

园林水景动静皆宜、婉约瑰丽，时而依坡体汇聚，时而贯穿台面，时而因高差形成跌水，既错落起伏，又不失清幽、雅致。

近50%的超高绿化率，建筑散落于绿意葱笼中，如同在园林里自由生长。园林的高处更设立了鸟瞰观景台，纵观梅陇镇园林全貌，气度与雍容悠然自现。

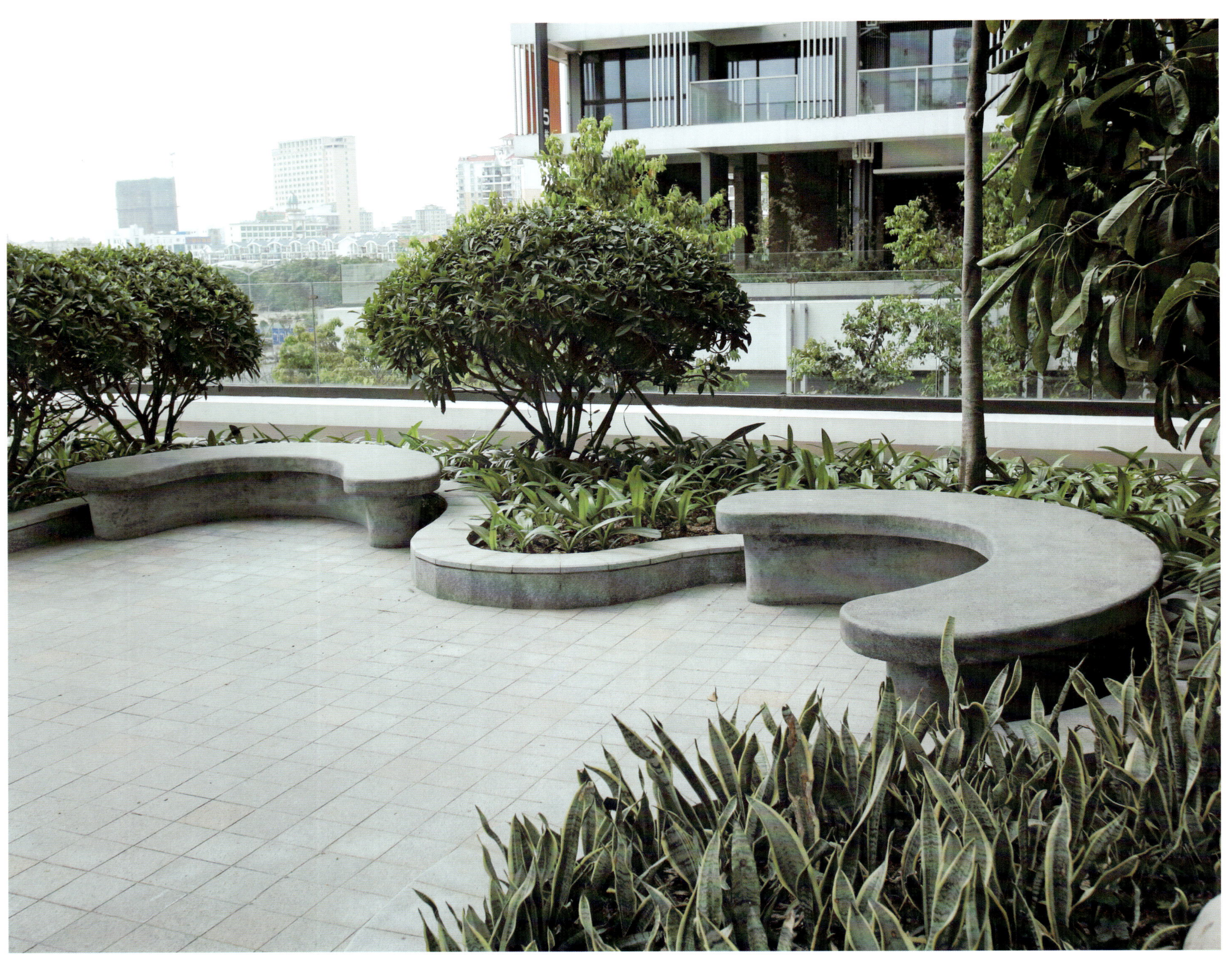

原创式园林

原创式园林是个人主义的创意精神，是集体DIY的景观狂欢……整个大公园式景观被分割成独立创意体，服从、包容、改造着建筑的理性线条，形成复合式景观体系，任何人、任何地点都有千变万化的心理体验。

大而全：1-ZOO捉谜中央花园，景观中轴上的自由形态绿化长廊，流动的S型“大捉谜场”园林景观。

小而全：与中央花园“交互式补充”的组团庭院，形成小尺度空间，强化归属感。

细节补充：生态大堂、楼体绿化穿插连接，与广场、水景、树阵彼此渲染。

多功能院子

太阳能的院子

年轻人，属于你的太阳能院子，永远生气勃勃，永远活力四射，直通捉谜中央花园，快乐从四面八方蜂拥而来；比邻风格剧场、剧场喷泉，天天有投你所好的协奏曲。

纯净水的院子

四处洋溢的水景，每处性格都不同：安静内敛的溪水，欢喜雀跃的叠水……溯源而上是温柔宽厚的水之角。沿路一直晃荡，投入到水的怀抱，开始了一场又一场的心情旅程。

叶绿素的院子

绿色特养眼，植被特茂盛，这是个快乐的、五花八门的院子。有必要提醒你，除了随时补充维生素，还要及时观赏叶绿素，让身体多多接受光合作用。

负离子的院子

全赖水景的安排、植物生长的布置，清新的氧气自然而然地被大大丰富了。在未来城尽管顺其自然吧，你要做的，就是呼吸，深呼吸。

The Geomantic Omen of
Chinese Real Estate

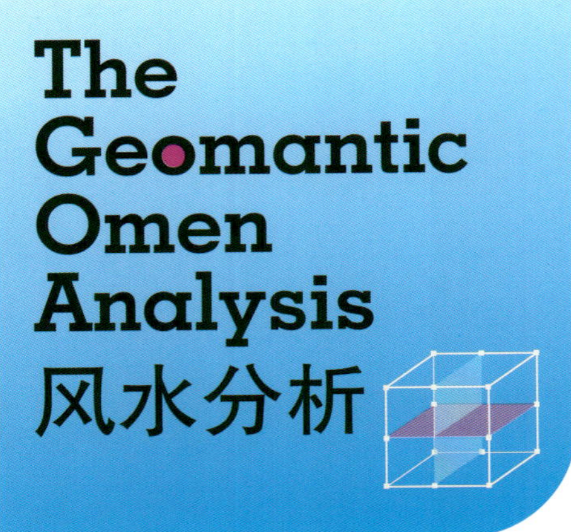

龙睛凤项地　金声玉振盘

——金地·梅陇镇的八大风水奇局

混沌开辟，江山延袤。融结阴阳，磅礴宇宙。
冈骨既成，源脉已透。以钟形势，以通气候。
《管氏地理指蒙》

龙华位于深圳宝安东部，东邻布吉，北是观澜，西为石岩，南与罗湖、福田、南山接壤。龙华镇地形状若鲲鹏展翅，地势南、西、北三面为山地，中东部是丘陵平原。境内主要山脉为羊台山，位于龙华镇的西南面，主要山峰有大脑壳山，镇内河流有游松河、上芬水、横朗河、龙华河、大船坑水等五大水系，由南向北汇入东江。

龙华风水山势远受南岭、九连山，近接罗浮山。左连公鸡山脉至白芒岭、九节龙顶，梅林水库为右后方，连望天螺，塘朗山脉为右白虎，也为右砂龙爪。龙尾延伸到西北的大屏障金铜鼓，尾入东莞，随九连山脉而去。

深圳的北罗浮山脉是一条环护深圳的巨龙，而龙背正中在羊台山。龙华背倚羊台山，其势自然雄奇，风水属于四象齐备、五形俱全：左有青龙护架，右有白虎盘踞，后有玄武纳气，前有朱雀争鸣，外有旁龙助威，反砂抱环，兼收群山聚势纳气，形成富贵内蓄之势。

龙华后有玄武，前有朱雀朝山，左右龙虎砂山环抱，中间的宽阔地盆为明堂。其形势蹲踞，安称停蓄。根据“寻龙九势”之术分析，在地理格局上名为卧龙。深圳主要旺气流，是来源于北玄武，而左后明堂在龙华，这些明堂都有龙脉龙形，在前后龙爪砂山和旁龙山势的抱环护卫之下，山有龙势必遇明堂而蓄其气，龙华形成其内在的聚宝盆格局。

目前，龙华是深圳规划中的主要卫星城镇之一，龙华二线拓展区也定位为福田区后花园。随着由龙华和布吉组成的布龙区的成立，火车站迁址龙华，华南国际物流中心的落户，以及未来地铁4号线、福龙路等快速交通干线的开通，龙华片区将以其在空间、交通和规划等方面的优势，迅速发展成为深圳的城市新区。

随着配套设施的提升与交通提速，龙华与紧临的福田中心区将联成一体，这既是政府高瞻远瞩的宏观运筹，也是深圳城市发展布局的重要里程碑。随着一系列快速交通干线的开通，一个以龙华、布吉为核心的深圳北正呼之欲出。其状态可以用《红楼梦》的名句来形容：“玉在椟中求善价，钗于奁内待时飞！”

而根据以河图的“一干甲二坤乙天地定位，三艮丙四兑丁山泽通气，五戊阳土六己阴土，七震庚八巽辛雷风相薄，九离壬十坎癸水火不相射”和洛书九宫八卦，地支日十二时辰的子、丑、寅、卯、辰、　、午、未、申、酉、戌、亥相配而成，以天干五行配合地球上四季变化而组成六十甲子理论，在流年运数内，可分成五子运。龙华在深圳中心坎位上，1996~2007年丙子火运八白财星入中宫，属于起步阶段；而在2008~2019年，属于戊子木运，正可当旺，贵不可言，潜力无限。未来南坪快速路、梅龙路、福龙路等主次干道陆续建成，将使龙华打通连接福田、罗湖、布吉、观澜的地脉人气，占尽天时、地利、人和，富贵形势，指日可待。

金地·梅陇镇位于龙华二线拓展区东北艮位，北临布龙路，西靠梅龙路，衔接香蜜湖和龙华、布吉之地利，配套齐全，品质卓著，包罗万象，集之大成，境界高远，占尽先机，可谓龙华的“龙睛凤项”之地，金声玉振之盘。从现代建筑风水学的角度研判，金地·梅陇镇有以下八大重要风水特征：

上风上水，独霸鳌头

金地·梅陇镇在梅龙路、布龙路交接的高阜之上，地势居高临下，天地广阔，境界高远，位于上风上水位，周边楼盘都在其下方低伏，可谓人生富贵，独霸鳌头，乃富贵临门的首席之选。

藏风纳气，富贵内蓄

在现代建筑周围的环境中，气与风和水的关系最大。藏风纳气，得水为上，这是乘生气的首要保证，金地·梅陇镇由11~18层的小高层和24~33层的高层建筑合围组成，是一个配套齐全的大型生活社区，四周形局紧密，能卫护门庭，使其不受外风侵袭而耗散生气。

《风水辨》云："所谓风者，取其山水之藏纳，土色之坚厚，不冲冒四面之风与无所谓地风者也。"风者取其山水之藏纳，即"藏风"，可令金地·梅陇镇的居住者得以富贵内蓄，家丁兴旺。

明堂集贵，财权兼收

《经》曰："地有四势，气从八方。"风水中的明堂指群山环绕，众水朝谒，生气聚合之场，凡大富贵之地，必内外明堂俱全。明堂以藏风聚气为要，而金地·梅陇镇的前庭水口关拦，锁结重重，逆水聚财，龙势远大，如此正合形势。众水来集，则生旺之气尽会于斯，所谓钟灵毓秀者，是为大吉之地又见外水曲折，远远朝来，斯为明堂之善也。金地·梅陇镇的明堂宽广，气象恢弘，聚气深厚，愈显居住者之位尊权重，可以财权兼收。

水聚天心，财源广进

龙脉、水势凝聚富贵之气，龙华的上佳格局独以水势偏弱，而金地·梅陇镇的最大特色却是以水局见长。在金地·梅陇镇的内前广场设计了一个空中游泳池，形成风水学上著名的"水聚天心"格局。风水语云："山管人丁贵气，水管财富荣华。"金地·梅陇镇的入堂水，就更加富不可言了。

紫气东来，先旺先发

金地·梅陇镇顺布龙路正迎布吉南岭，可收梧桐上山龙脉的东来紫气，首迎旭日朝阳，祥瑞之气胜人一筹，居住者易得东方贵人扶持，最易先旺先发。

地脉通财，吉气自来

目前在建的福龙路将接通香蜜湖路和龙华镇，南坪快速路、梅龙路亦陆续建成，将使龙华以金地·梅陇镇为中心，通过福龙路、布龙路，让金地·梅陇镇与香蜜湖和布吉的地气接壤，打通连接福田、布吉的地脉财气，大利财帛广进。

玉带环腰，正主富贵

金地·梅陇镇北临布龙路，西靠梅龙路，地处龙华的核心地带，集地气之精华，被布龙路与梅龙路呈有情金带兜抱，形成了风水学上著名的"金带缠腰，富贵盈门"格局。

包容万象，地位显赫

金地·梅陇镇配套齐全，辐射范围非常广阔，除了其本身先天的风水条件，更因后天的精心规划，将规模宏大的商业布局及内部的生旺植物处处结合点缀，使其成为一个包容万象、地位显赫的城镇，风水、地利、人气都凝聚于金地·梅陇镇内，可令居住者风生水起，名利双收。

注：龙睛凤项，富贵之相，贵人之极也。金声玉振："集大成也者，金声而玉振之也。"《孟子·万章下》

Fengshui

南中国的最佳生活领地

——金地·格林小城

GREEN TOWN

项目资料

- **项目地址：** 东莞市东莞大道
- **开 发 商：** 东莞市金地房地产投资有限公司
- **建筑类型：** 住宅小区
- **建筑面积：** 291956平方米
- **占地面积：** 136000平方米
- **总 户 数：** 2017户

金地·格林小城，一个Central Model District，在开放和私密、公众和自我的最佳中点，打开新城市的样板生活。

我们知道，社区的小环境可以靠经营，大环境的优劣却是整个城市的发展所决定的。新城市居住的完美梦想从来与大配套的成熟度紧密相联。金地·格林小城位于东莞城市中心区，西靠绿色景观走廊东莞大道，与新建市政府、歌剧院、文化宫、会展中心等大型政府公建配套相望，交通便利，地理位置优越。项目毗邻东泰花园、景湖花园、阳光假日、凯旋城、景湖羲、世纪城等大型住宅区，共同构筑了城市最佳生活领地。

Design Concept 设计理念

小区设计引入“新城市主义”的设计思想，以邻里小区、街区和走廊为基本构成元素，强调并形成比例宜人的街道及街景、围合街坊并形成院落。

组成院落的建筑群中适当布置小高层，天际线变化有致。小高层的布置以其前后场地充裕为原则，使其存在十分合理，且形成了院落空间的收放变化。

围合院落的建筑水平面和垂直面都避免了单调死板，建筑平面布置围而不合，引导人们的视线转移。立面有“进”有“退”，底层台阶、私家花园使景观层次丰富，顶层退台使轮廓亲切，局部底层架空，院落与中心绿地空间相互渗透。

造型设计以简洁明快为基本原则，在强调平面功能的同时，尽量避免过多的装饰，着重表现入户花园、平台、露台的水平连贯。以现代高新技术和信息社会的时代特征，寻求建筑造型艺术上的创新与传统文化内涵及符号的巧妙结合。商业配套以简洁的线条、大片的落地玻璃窗和广告牌为主，结合宜人的骑楼环境，形成了浓厚的商业氛围。

建筑色彩以明快、典雅为原则，材料局部采用石、木本色，顶部以白色为主调，外墙以米白色为主，结合绿色的透明玻璃窗，穿插灰色、深色的线条和色块，丰富的色彩变化为整体注入了活力，形成强烈的视觉效果。

7-ELEVEN 7-ELEVEN 7-ELEVEN

● 国际之城

金地·格林小城，以“新城市主义”为规划理念，回避盛行求大的传统构图思想，从人本角度，构造东莞原创的社区空间与有层次的院落空间。项目占地13.6万平方米，总建筑面积逾25万平方米，由七个半围合院落及六幢蝶式小高层住宅组成。项目总户数约1900户、社区总人口约6500人。

小城建成以后，将以其先进的规划理念，高品味的生活形态，形成引领东莞城市中心居住潮流的时尚典范。

金地·格林小城追求内在的简约、安详、和谐。纯净的暖白、沉稳的砖红、简洁的线条、大方的体块，是对欧洲现代主义建筑的完美演绎、提纯和升华。置身格林小城，欧洲印象霎时复苏。从城市回来，琳琅满目的商铺给了你口袋里的钱五光十色的机会。萨克斯的音乐很悠闲，店主的笑容很亲切，商品的表情很诱人，随便走走，就忘了时间。

金地·格林小城的新城市主义里，商业的存在，完全是为了让你舒适的生活更舒适，便利的生活更便利。阳光下的假日大道，绿树成行，篮花含笑，悠闲的味道在空气中微微荡漾。而这150米的商业街，盛产咖啡香、书香、面包香，传播衣韵、乐韵、美颜雅韵……

碧桐院 / 紫荆院
妙韵广场
青藤院 / 8号楼

金地·格林小城

The Geomantic Omen of
Chinese Real Estate

美丽之城

金地·格林小城，首创东莞庭院式半围合组团，以生动而丰富的庭院景观，打造适宜的人际交往空间，以围合创造开放，重塑现代新邻里关系。

金地·格林小城的三重空间规划，从心理学角度和社会学角度将小区构划成一个井然有序、有条不紊的三重生活空间、三重心理空间。

一重空间：公共空间

完全融入城市的假日广场。作为社区的全开放空间，居民在商店外的花园式台地上随意选购各色风味小吃，精美手工艺品，各种特色美食。在此集会、表演，缤纷热烈、多彩多姿。

二重空间：半公共空间

妙韵广场、绿漪广场、假日大道、印象广场等，带着孩子在妙韵广场嬉水，跟家人、朋友在假日大道悠闲散步，细品怡然乐趣。庭院边、道路旁的过渡花园、绿地，逗留片刻，轻松怡然。

三重空间：私密空间

在完全属于自己的庭院花园里，葡萄架下的星光恋情，摇椅上的仲夏夜之梦，浪漫私属。经过三重空间，走过回家的路，人由“城市的人”逐渐回归为“自我的人”。工作谢幕，生活登场；压力消失，快乐诞生。

The Geomantic Omen of
Chinese Real Estate

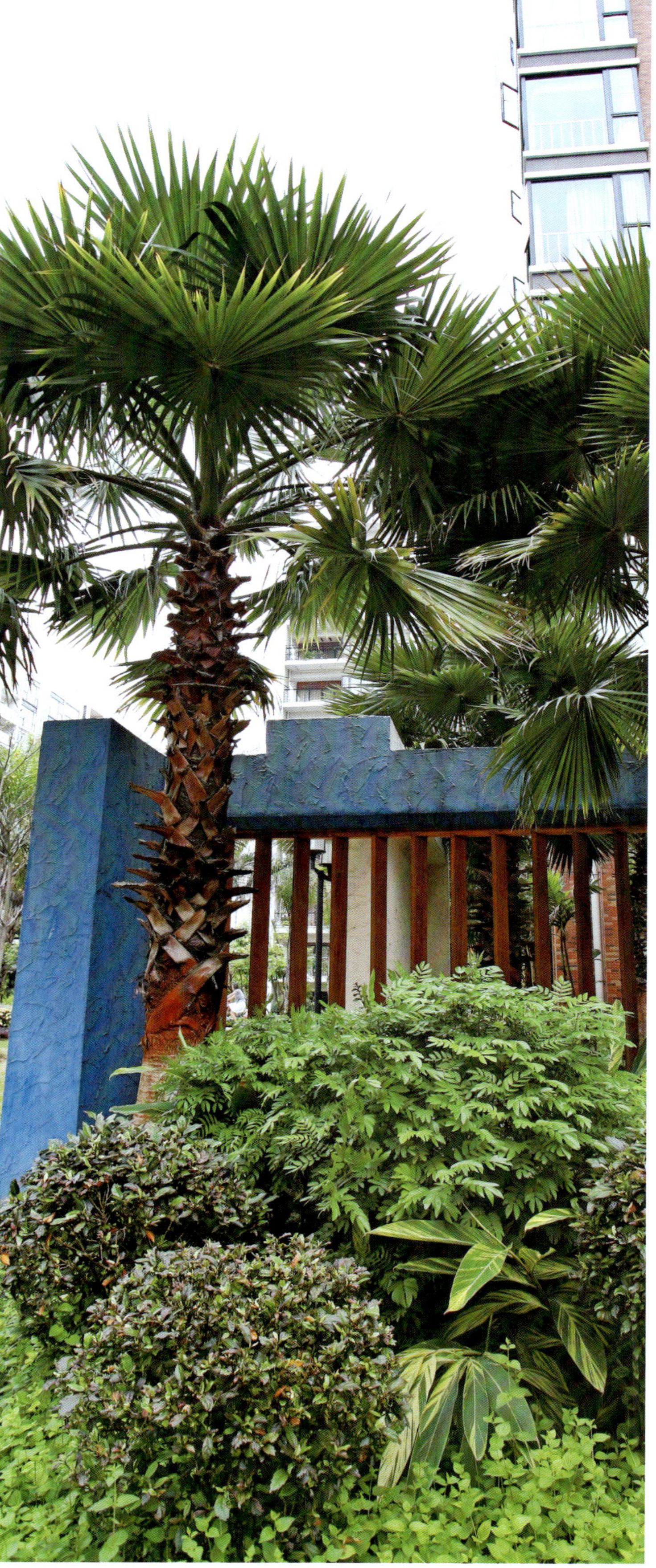

庭院之城

赤、橙、黄、绿、青、蓝、紫，七大庭院用七种不同的颜色代表七种不同的生活态度。以七种鲜花色系为主题，表述不同的心情与体验，倡导一种相同的生活主张。

碧桐院

以绿色为主题。绿色象征安宁、自由、生命、和平。院里翠竹幽篁，万千潇洒。竹径通幽处，禅是由此生。现代生命哲学里，有这样一个善待身体和心灵的处所，真是极至的“福地”。

青藤院

以青色为主题。青色象征和平、清香、乐观。植物选择香花类植物，如白兰、茉莉、白蝉、九里香、夜来香。踩着青色的石米铺地，沏上一壶清茶，闻着淡淡花香，宛如初恋时的朦胧之美，顿上心头。

紫荆院

以紫色为主题。紫色象征尊贵、神秘、高尚品德、直觉。植物有大花紫薇、小花紫薇、野牡丹、蓝花楹等，都是些极美的花种。尤其不能错过春天，待到花开，约来三五知己，花下清谈，家事国事并着花香，悠悠品味。

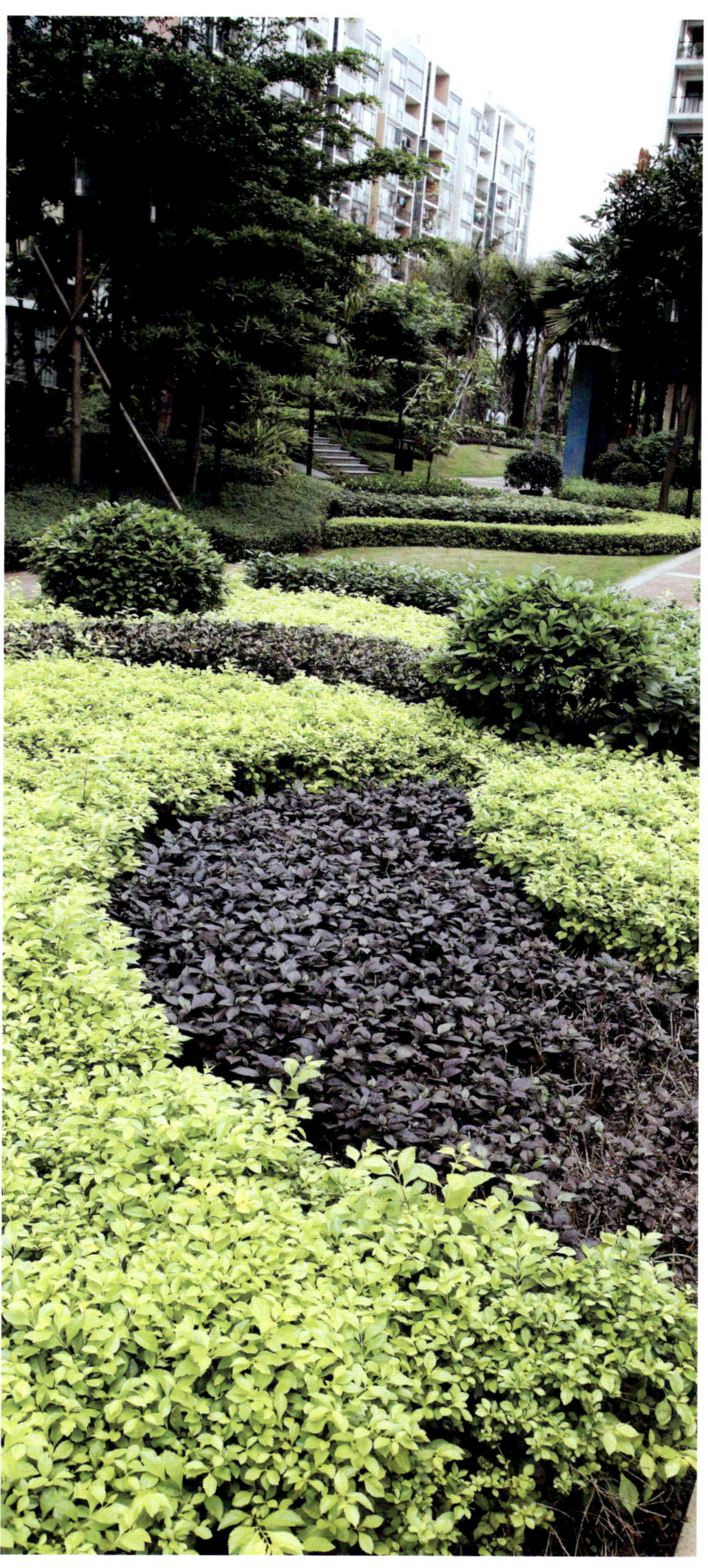

香橙院

以橙色为主题。橙色象征欢乐、饱满、决心、胜利。植物布置以藤蔓植物为主，如凌霄、炮仗花等。院子里暖洋洋的一串心事，在蓝天下静静芬芳。依稀有秋天或者来年的味道。

金盏院

以黄色为主题。黄色象征快乐、智慧、光明、自信、权威。植物以色叶树种为主，点缀开黄花的植物，如枫香、榄仁类、腊肠树、乌桕、黄金叶、黄槐等，在一年四季满目苍翠的华南地区，满地的黄叶、光秃的枝条将唤起北方的童年乐趣或大学校园生活。

蔷薇院

以红色为主题。红色象征活力、温暖、积极向上，是吉祥如意的象征。植物以瓜果类植物和开红花的品种为主景，如桃花、莲雾、无花果、荔枝、月季、山茶等。如果你有兴趣，周末约上近邻或者好友，到果园里给果树浇水、施肥、除虫，享受劳动的乐趣，偶尔回归田园并非梦想。

罗兰院

以蓝色为主题。蓝色象征平静、启蒙、自由、轻松、反思。用水景、富有韵律的构图营造气氛。植物选蓝星花、牵牛花、绣球、勿忘我等蓝色的花卉。

广场之城

一条景观轴线，贯穿南北园区，景观主轴上，妙韵广场、绿漪广场、假日广场、星光广场形成了四个景观焦点。

妙韵广场

层岩上婉转叠水、袅袅喷雾，悠扬的背景音乐，宛若仙境。镶嵌于地上的铜制舞蹈足印仿佛仙人遗履。这里有可供游人坐下来休息的大石台，趣味性的雕塑。带上父母或孩子，在这里坐着看孩子快乐地嬉水，将水里的太阳扬成点点晶莹，闪成快乐的光芒。这里还将是活动或节目的舞台，在此组织一些特别的娱乐节目，如节日庆祝、不同形式的表演等，让欢乐与水波一起漾开。

绿漪广场

园艺与音乐嫁接，像是流动的五线谱。用景观植物的色彩、层次、丰富的地形、不同质地的园林小道营造一个色彩斑斓的线性景观，提供一处静态、休憩、思考的场所。漫步于此小径中，你将忘却生活的烦恼。

假日广场

宽敞的街区，盈碧的丛翠沙龙。以蓝色水景为中轴线，灯塔、社区标识、艺术雕塑、林荫大道将成为社区的地标。眼睛在此轻松地享受绿色的清新抚摩。参与不同的表演与庆祝活动，或者购物、或者享受户外咖啡，在热闹的空间中慢慢忘却工作的烦恼与压力。

星光广场

位于小区南大门入口处。每当夜幕降临，灯光依次亮起，与星光辉映，恍若梦境，迷离而真实，闪烁而又温情。一盏盏灯，忠诚地守侯在你回家的路上。广场精美的铺地是建筑语言的延伸，脚步在上面丈量着快乐的矩阵。

艺术之城

漫步格林印象馆，会听到隐隐流泻的音乐，一种悠闲的蓝调情绪，弥漫了整个玻璃世界。

格林印象馆，只供应享乐和艺术

光、影、风，在这里自由地流转。会所散布在园林里，于是，景观融入会所，会所就是景观。设计师称之为“无边界会所”，一群有思想的人把它命名为“格林印象馆”。

给透明的玻璃加上艺术的花纹（花铝板），这没什么；

给会所建造增加更多人力和手工工艺（手工建筑），这也没什么；

给原本千篇一律的地面增加黑白灰三色树影纹理，这也没什么；

给建筑一个倒影，让音乐和印象馆永远漂于水面，这也没什么；

艺术不在于细节的叠加，而在于把这些细节完美地融合在一起。

而小城的享受，与艺术直接相关。宛若水晶宫的会所、造型独特的音乐坊，建筑本身就是雕塑。蔚蓝的水岸边，遮阳伞、红茶、看书的人，有些面孔渐渐熟悉。暖暖的阳光下，亲切的气息四处弥漫。懂得享乐，这是真正的生活艺术。

在这里，音乐不仅仅是欣赏的，而且是可参与的。东莞独有的社区专属音乐坊，是一场声光的盛宴。小型演奏会、音乐学校、最新的电影欣赏，带来从感官到心灵的层层感动。

品质之城

本项目整合了7家国际性专业公司的思想，历经了450个日日夜夜；为了构思，设计师仔细度量了市场26个同行的户型，闭门研究37个昼夜；为了面世，户型图纸经11次修改最终定案，草图堆满整个会议室……好房子是精雕细琢出来的。

有这样一个户型，春夏秋冬不同的季节、早中晚不同的时间段、东南西北不同的方位，采光、通风、观景都经过严格的测量，将优势组合达到最优，不同户型令不同需求的人达到满足的极致。好的建筑，让人和自然肌肤相亲。人建造了房子，房子就会和人说话。有生命的建筑，将人和自然融为一体。

全景致洋房的五度空间

美不在于空间，而在于如何界定空间。好的房子不但让你拥有360度的景观，而且让你也成为风景。金地·格林小城的全景致洋房、全落地玻璃窗，实现使用面积与景观摄取的最大化。

■ **宽度**：相同的面积，却比别人多了30厘米，景致更宽阔，生活更舒适；

■ **高度**：全落地窗，比普通窗户高了30厘米，天看得更多些，树看得更全些；

■ **角度**：最实用的角度是90度，方正、实用是小城户型设计的出发点；

■ **360度**：一梯两户带来南北通透，更是不同方向的风景；

■ **适度**：人的尺度决定建筑的尺度，适度的建筑带来人的舒适度。

挑战实用率极限

凸窗落到地上，人可以往前多走60厘米；

窗子多了两面90度的景观，实用率提高了近5%，等于买房打了95折；

有效利用过道等灰空间，客厅宽了30厘米，家庭影院就用上了；

一梯两户、超过30米的楼距，生活更显舒适、开扬……

这样的房子在中心区不多见。

把空间还给住户

小城的尺度处处精雕细刻，入户大堂、电梯厅、电梯等凡目光所及、脚步所到之处，皆贯注着设计的心思，力求实用、舒适而又不失气派。

合理的公共空间规划，与住户的内心尺度更贴合，从庭院到家，庭院在延伸；从家到庭院，家也在放大。

手工建筑

对手工建筑的理解，当然不能仅停留在斧头、木头的原始认识上。在金地·格林小城，手工建筑意味着对细节的完美追求、对科学的尊重、对人性的理解、对人类个性化需求的深度关怀。

规划阶段，就推敲了16遍。测噪声、测景观、测日照、测风向，还测这个城市最能让人产生亲切感觉的温度……

这精雕细琢的房子，值得放在岁月里好好珍藏。

The Landscape Plan
景观规划

1．广场
2．商业道路景观
3．花园式购物街
4．娱乐及餐饮平台
5．花园步行街
6．社区优闲广场
7．感观花园
8．会所
9．网球场
10．游泳池
11．假日大道
12．儿童天地
13．妙韵广场
14．屋顶花园
15．过渡花园
16．邻里花园
17．缓冲花园
18．景观停车坪
19．景观行车道
20．温室
21．标志物
22．遮盖
23．烧烤区
24．带状花园
25．休憩区
26．健身站

景观总体规划平面图

设计构思

格林花城的景观设计为繁忙的都市人提供一个令人忘却烦恼、充满生趣的花园式居住生活空间。愉趣园中的每个花园均各具特色，有的跳跃，有的缤纷，有的娴静；为刺激使用者的观感，设计师利用了不同的景观元素，如芬芳的花卉及果树、跳跃的喷泉、翠绿的植林、粗糙的石块、夸张的景观小品及绚烂夺目的铺地图案等，从一个轻松的角度为居民及访客提供不同形式的生活乐趣及充满幽默感的景观。

各个特色空间均由一南北向的景观轴线（即假日大道）相连，以保持景观的整体性；而这条假日大道则像一个户外艺术走廊，沿途艺术品作点缀，为平常的步行体验提供了不平凡的趣味。

从假日大道两旁，均设有不少东西向的人行道通往各居住组团，住户会经过一系列优美的过渡花园，才能抵达组团内的邻里花园，从而舒缓生活的压力；因为每个邻里花园均具其特性，而且空间比例较柔和，所以能提高住户对小区的归属感。

总结

愉趣园一个让我们放下烦恼的园林空间，不论是匆匆路过或刻意细看，每个花园均为我们诉说不同的趣事。来，让我们的大脑休假一天，放下公事包，脱掉鞋子，在这个后现代的伊甸园放松一下吧！

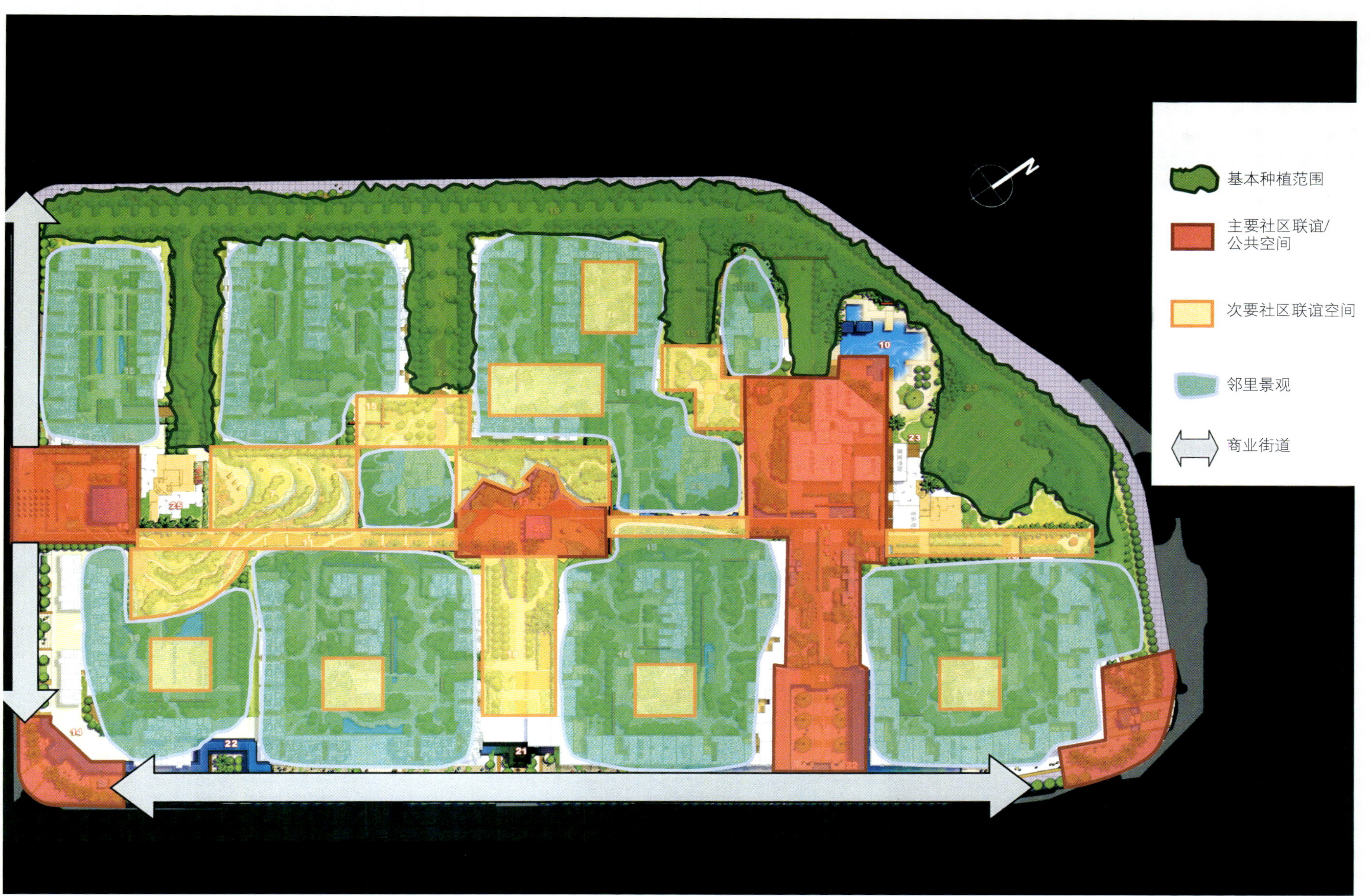
基本种植范围
主要社区联谊/
公共空间
次要社区联谊空间
邻里景观
商业街道

景观分区图

景观成本预算分配图

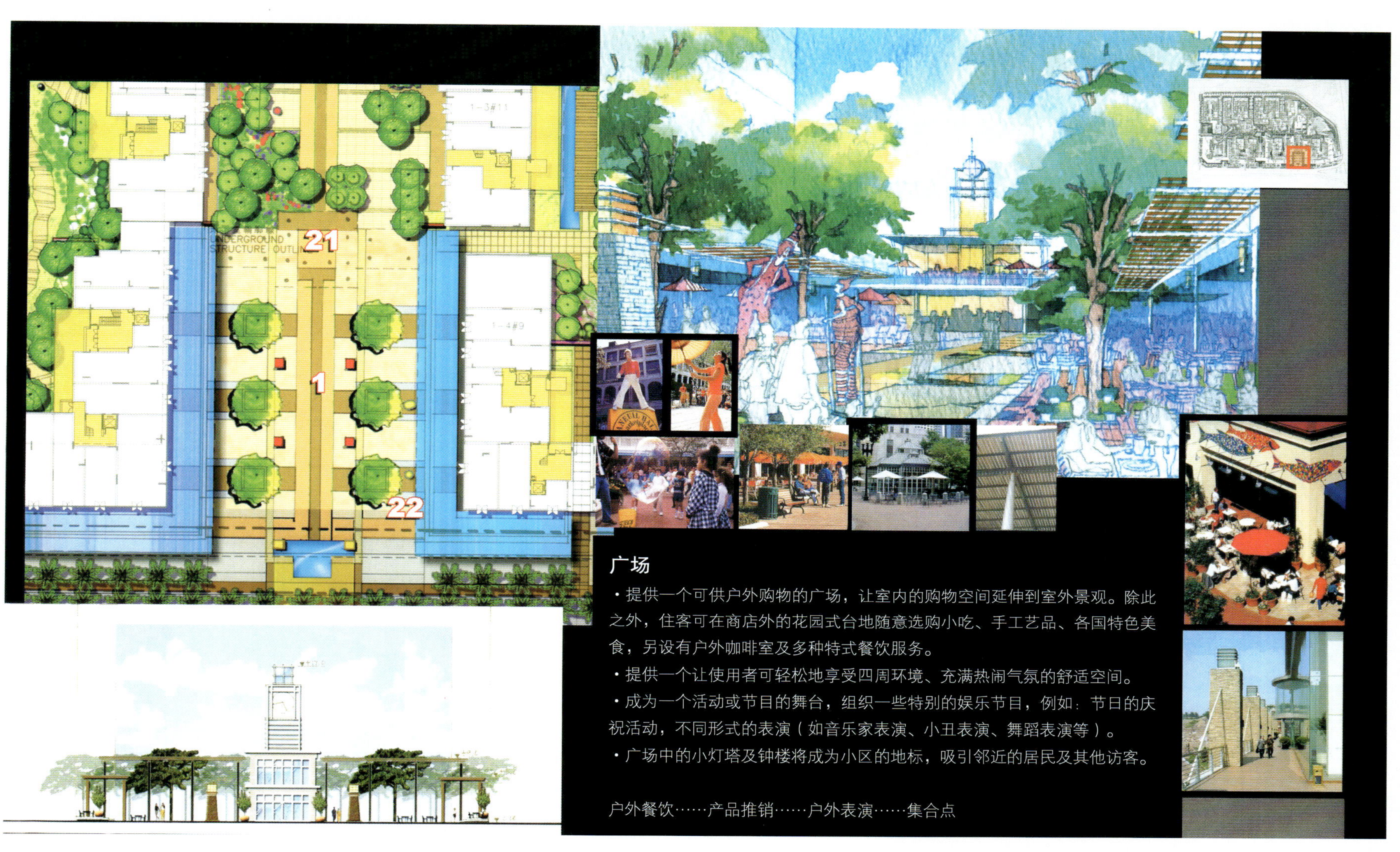
21
1
22
广场
·提供一个可供户外购物的广场，让室内的购物空间延伸到室外景观。除此之外，住客可在商店外的花园式台地随意选购小吃、手工艺品、各国特色美食，另设有户外咖啡室及多种特式餐饮服务。
·提供一个让使用者可轻松地享受四周环境、充满热闹气氛的舒适空间。
·成为一个活动或节目的舞台，组织一些特别的娱乐节目，例如：节日的庆祝活动，不同形式的表演（如音乐家表演、小丑表演、舞蹈表演等）。
·广场中的小灯塔及钟楼将成为小区的地标，吸引邻近的居民及其他访客。
户外餐饮……产品推销……户外表演……集合点

广场

广场

·特色的户外购物街，鼓励零售活动的进行，备有大小不一的广场，可供产品推销活动。
花园步行街
·配有大量丰富的绿化材料的街道景观。
花园式购物街
·花园式的购物空间，令人忘记烦忧。
联谊……购物……娱乐
花园步行街
花园式购物街
娱乐及餐饮平台

商业道路景观

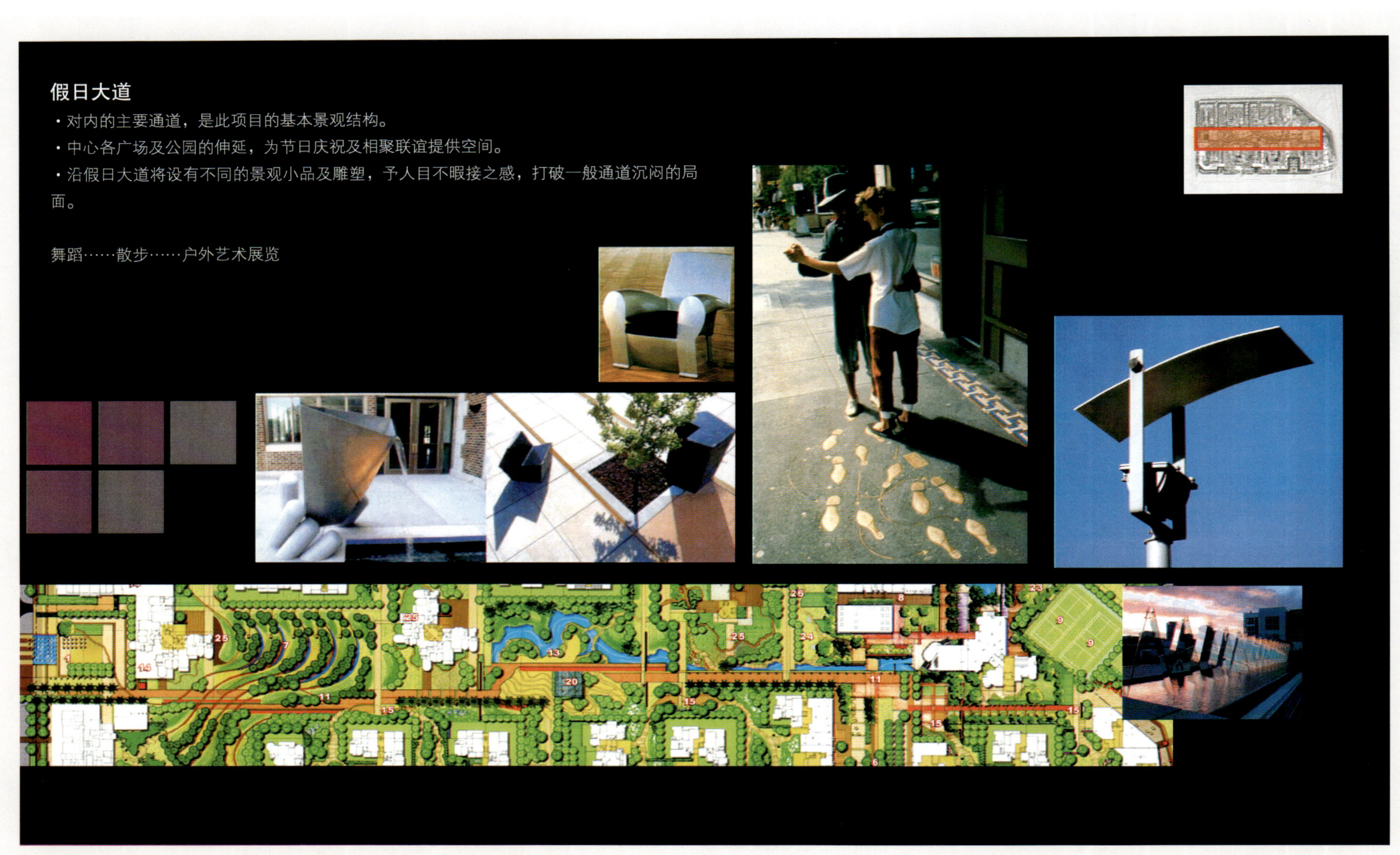
假日大道
・对内的主要通道，是此项目的基本景观结构。
・中心各广场及公园的伸延，为节日庆祝及相聚联谊提供空间。
・沿假日大道将设有不同的景观小品及雕塑，予人目不暇接之感，打破一般通道沉闷的局面。
舞蹈……散步……户外艺术展览

假日大道

感观花园
・提供一个让人可轻松感受四周美丽景观的场所。拥有不同的景观层次，提供静态的、优闲活动的场所（如足部按摩的石路及供漫步的小径）。
・栽种不同的花卉以提供一个色彩斑斓，充满生机的环境。
脚底按摩……果园……花卉……喷泉

感观花园

感观花园

妙韵花园
广场包含以下元素：背景音乐、镶嵌于地上的铜制舞蹈足印、雾气喷泉，可供游人坐下休息的大石台及趣味性的雕塑、以营造欢乐的气氛及富动感的环境。
舞蹈……嬉水……茗茶……音乐……雾气喷泉……艺术品

妙韵花园

妙韵广场

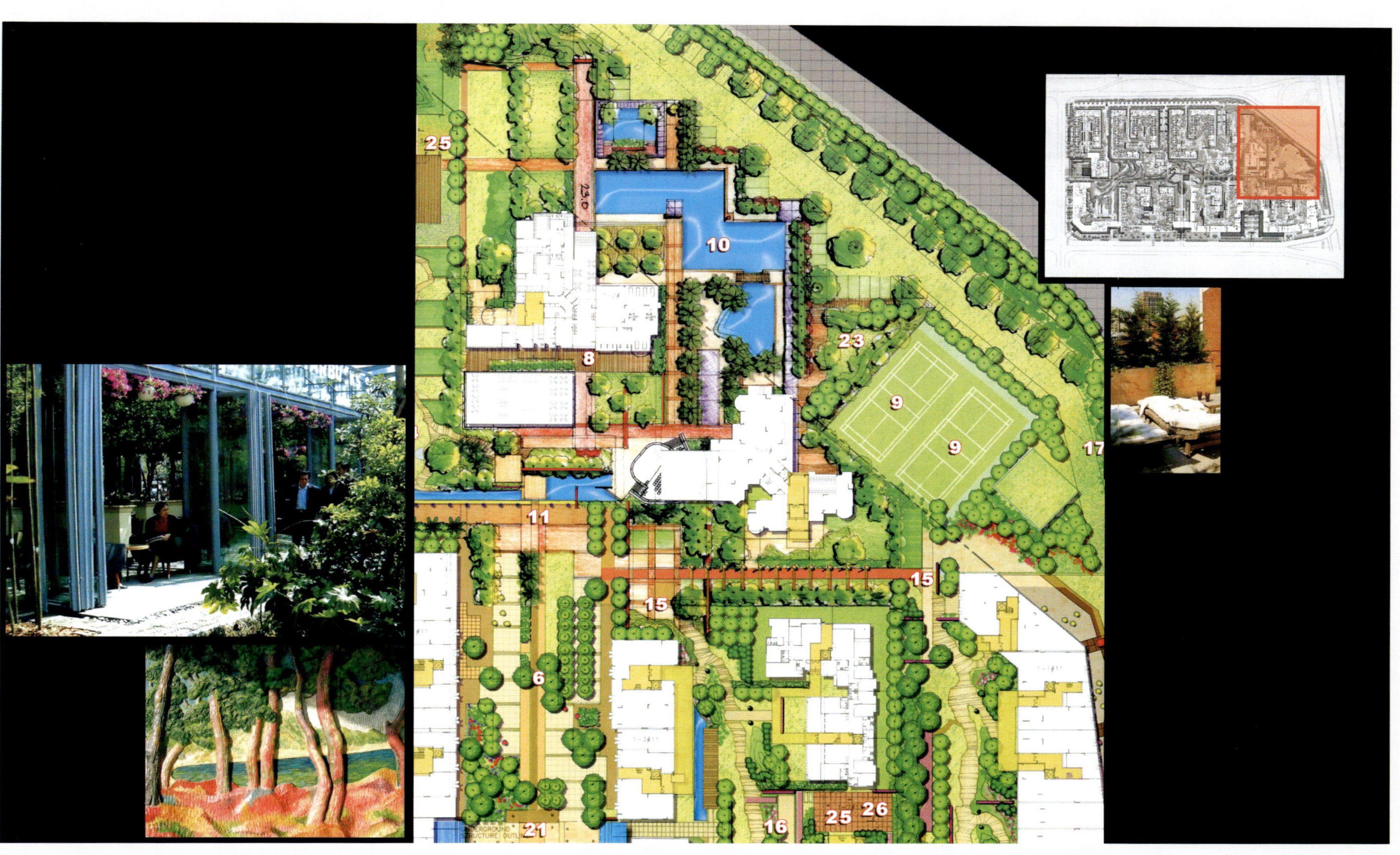

会所

26
8
24
11
15
6
21
会所
·可供娱乐、休闲、聚会的地方。
·提供户外空间，为小型会议及特别宴会提供优美的场所。
户外景观为会所提供最佳的景致，铺地系统是建筑语言的延伸，注重几何线条的美感，并与自然的植物配置相映成趣。
游泳……网球……烧烤
日光浴……户外咖啡座
景观宴客厅……联谊……
阅读……美疗
高成本景观
中成本景观
低成本景观
（以种植为主）

会所

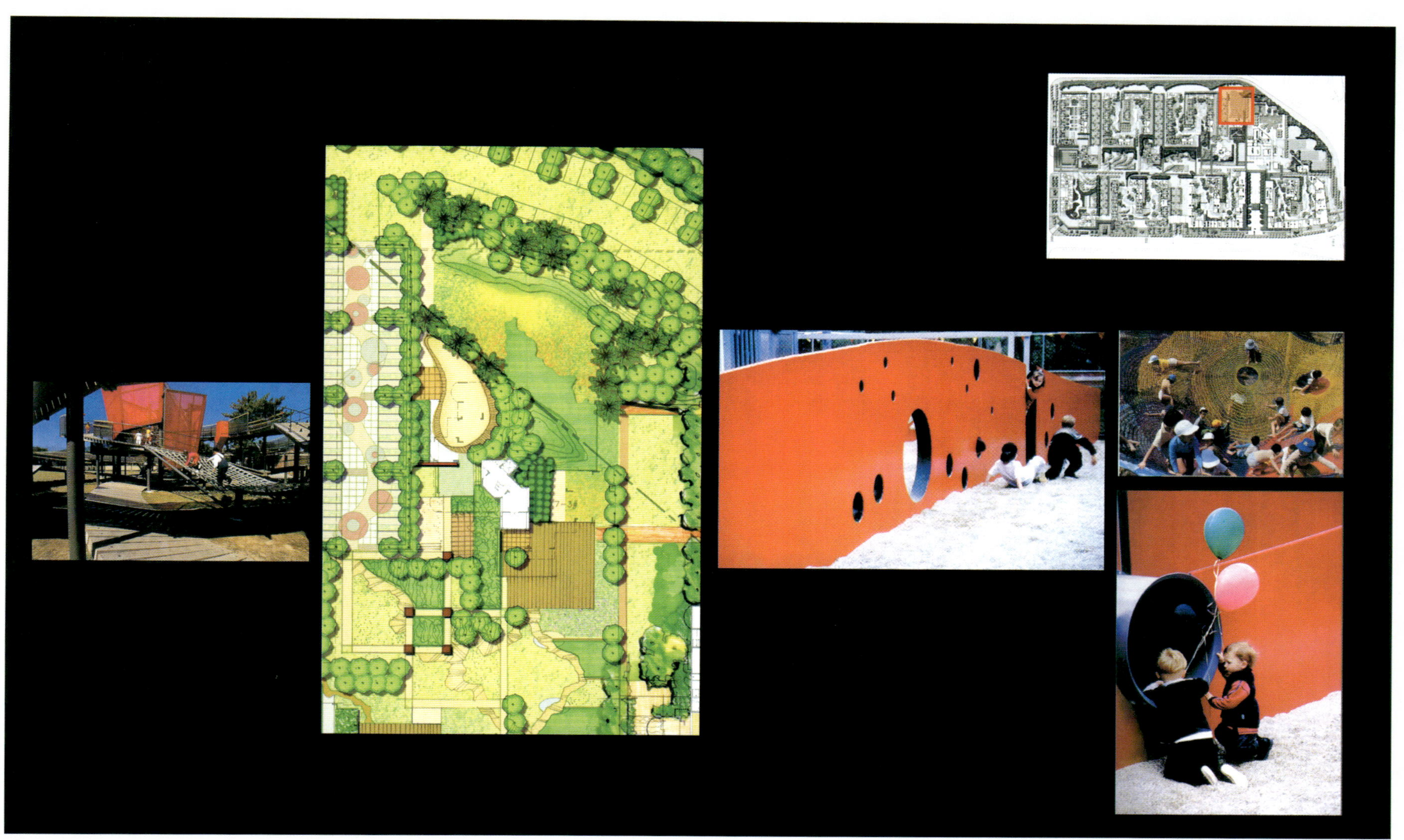

儿童天地

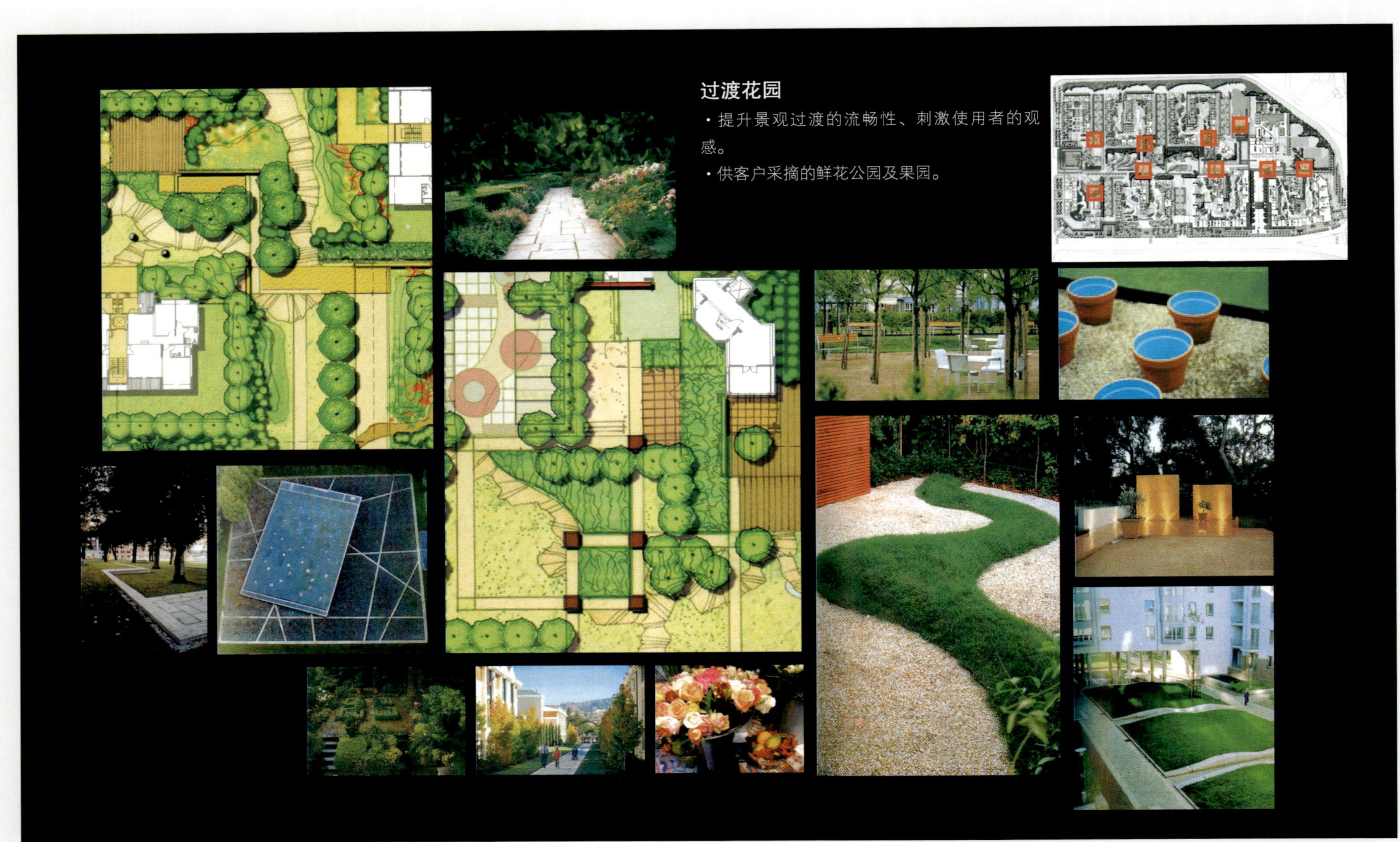
过渡花园
・提升景观过渡的流畅性、刺激使用者的观感。
・供客户采摘的鲜花公园及果园。

过渡花园

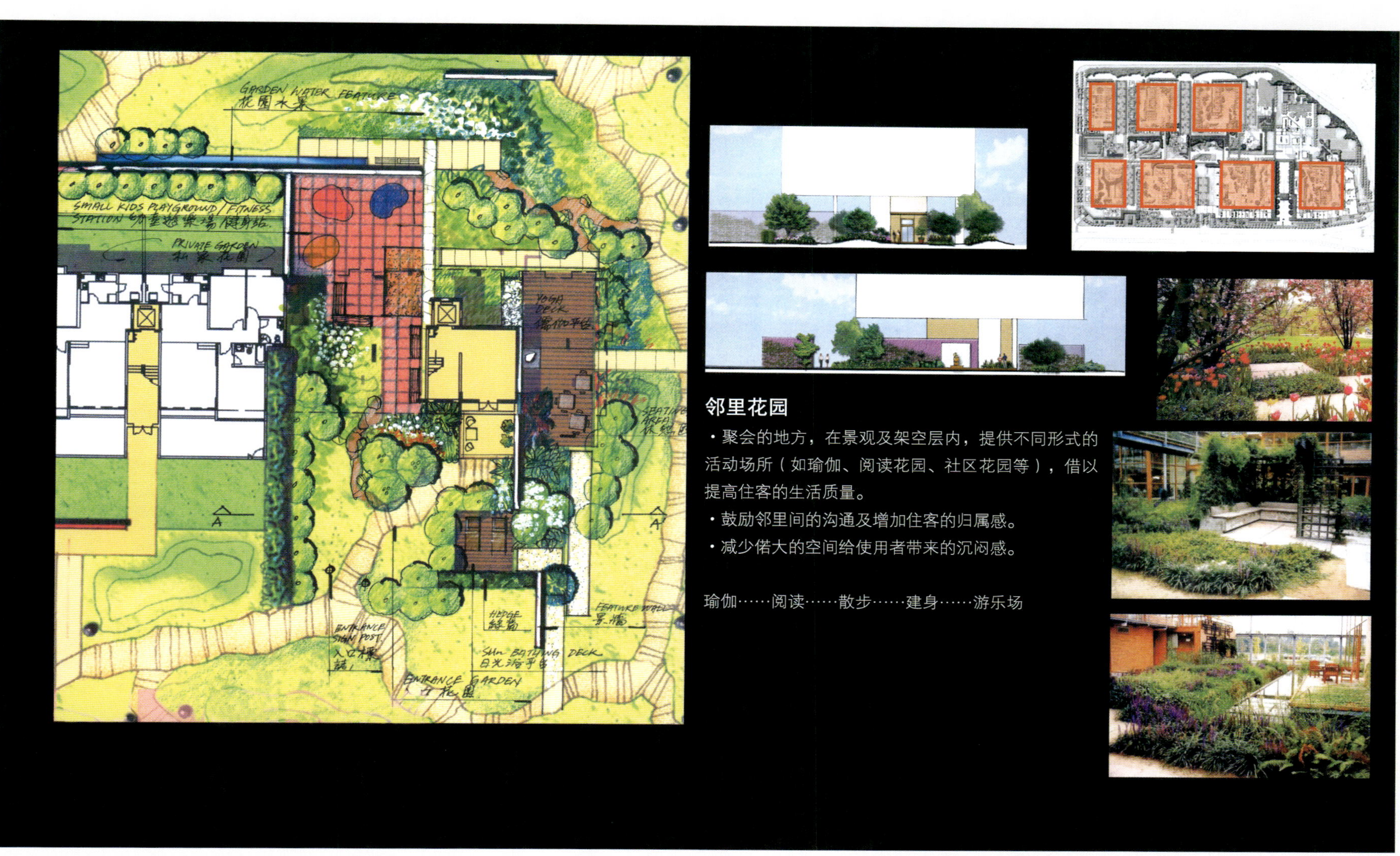
GARDEN WATER FEATURE
花园水景
SMALL KIDS PLAYGROUND / FITNESS STATION
PRIVATE GARDEN
YOGA DECK
HEDGE
FEATURE WALL
SUN BATHING DECK
ENTRANCE GARDEN
邻里花园
・聚会的地方，在景观及架空层内，提供不同形式的活动场所（如瑜伽、阅读花园、社区花园等），借以提高住客的生活质量。
・鼓励邻里间的沟通及增加住客的归属感。
・减少偌大的空间给使用者带来的沉闷感。
瑜伽……阅读……散步……建身……游乐场

邻里花园

邻里花园

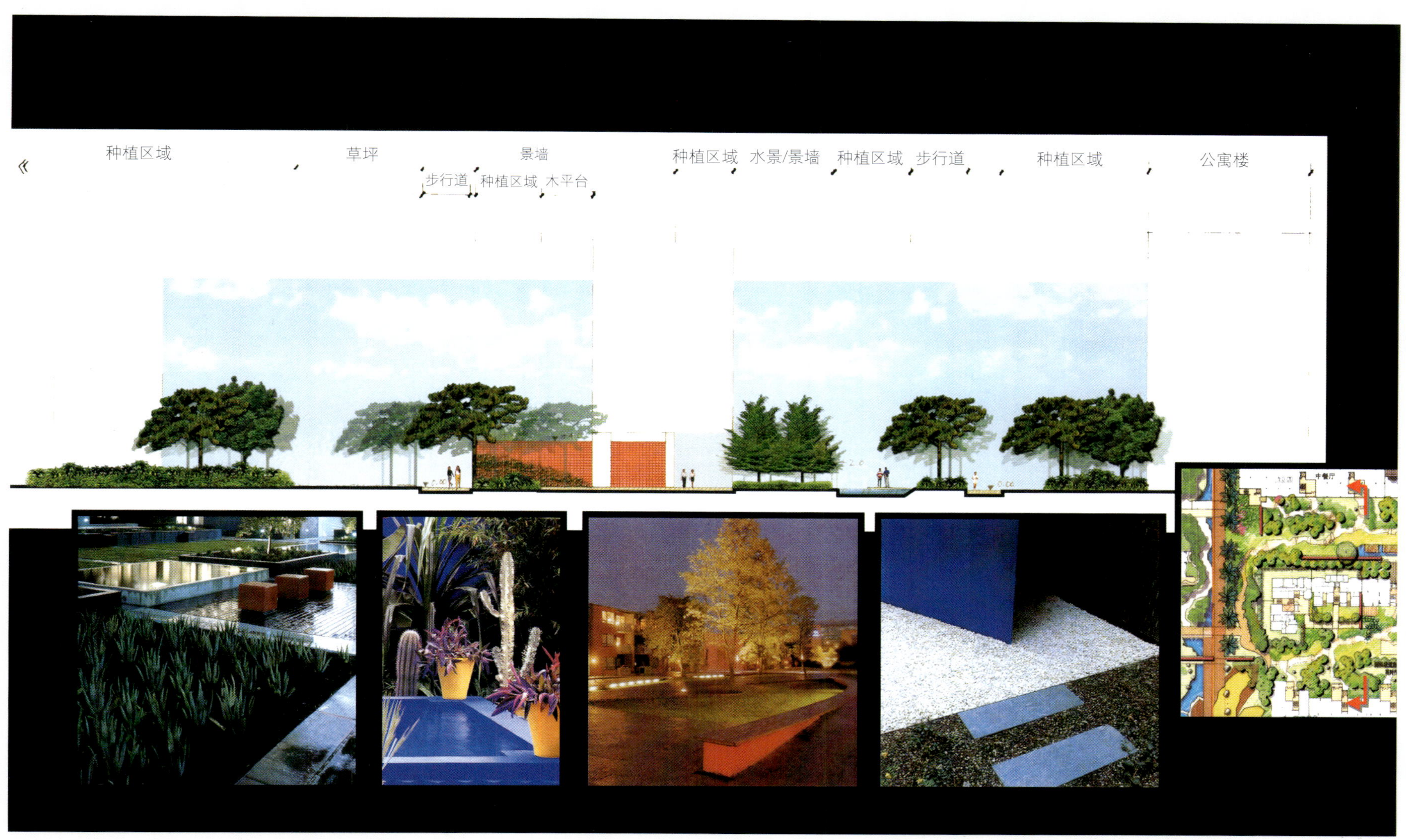
种植区域
草坪
景墙
步行道
种植区域
木平台
种植区域
水景/景墙
种植区域
步行道
种植区域
公寓楼

邻里花园

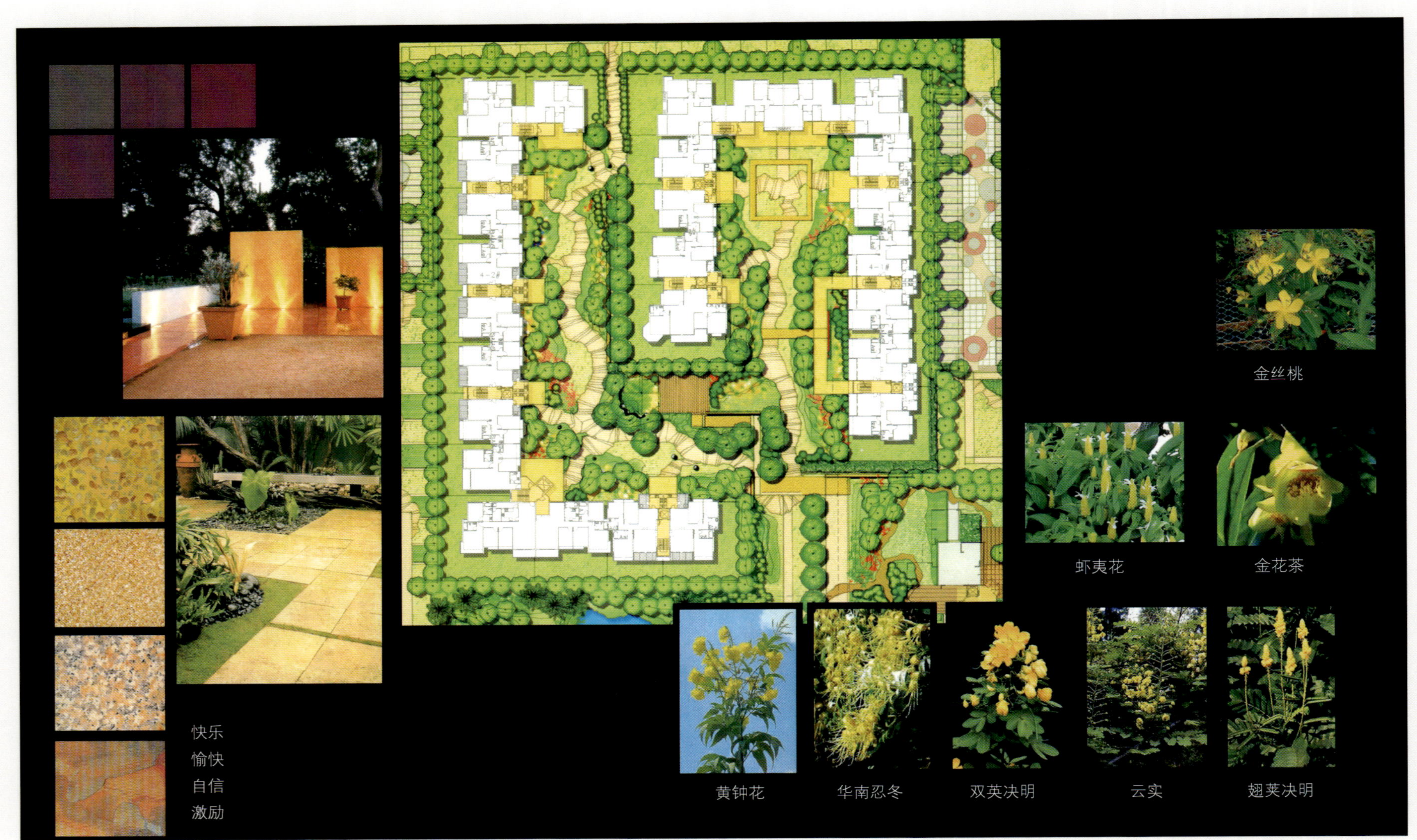
快乐
愉快
自信
激励
金丝桃
虾夷花
金花茶
黄钟花
华南忍冬
双英决明
云实
翅荚决明

朗园

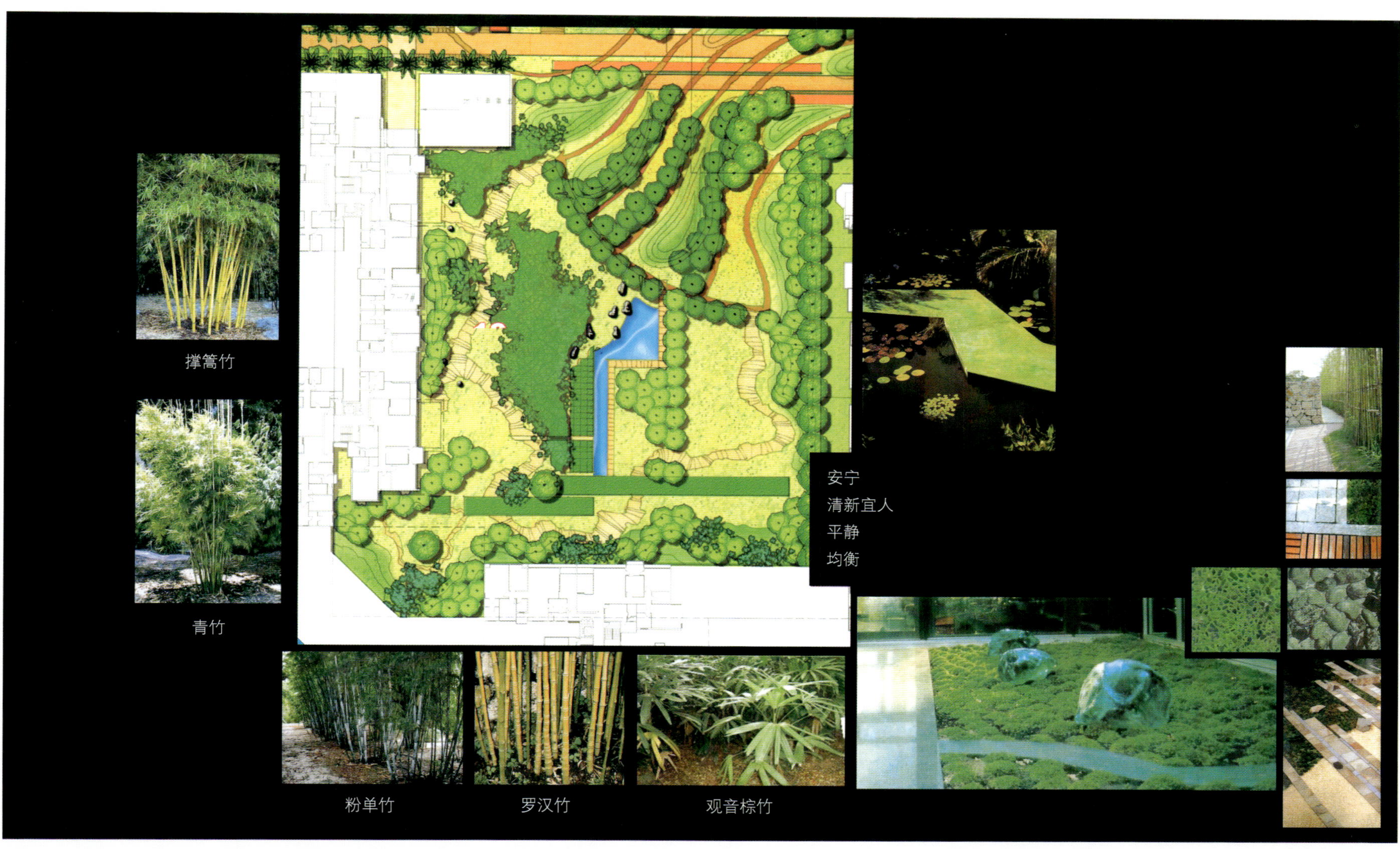
撑篙竹
青竹
安宁
清新宜人
平静
均衡
粉单竹
罗汉竹
观音棕竹
静园

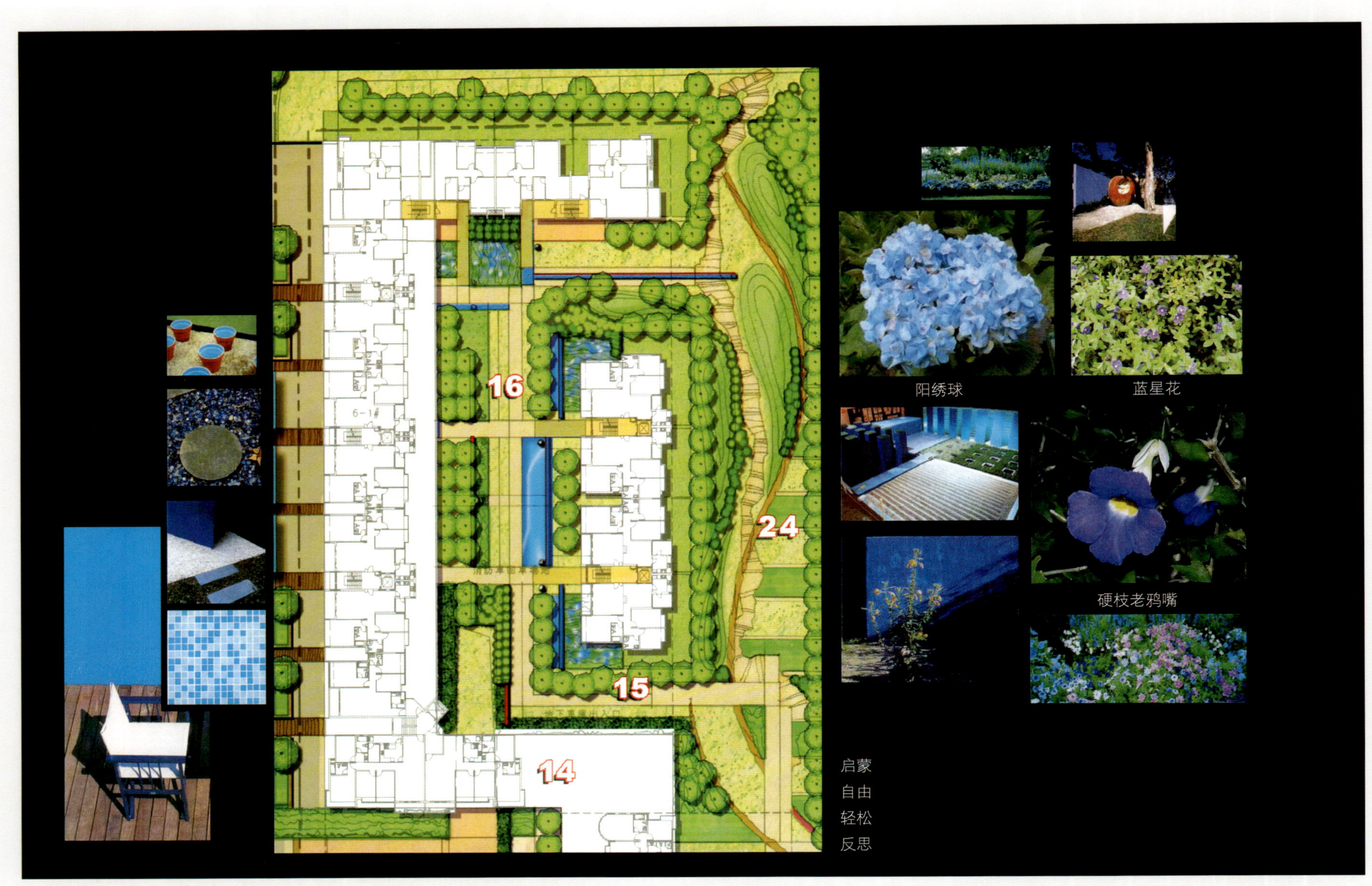
16
15
14
24
阳绣球
蓝星花
硬枝老鸦嘴
启蒙
自由
轻松
反思

蓝园

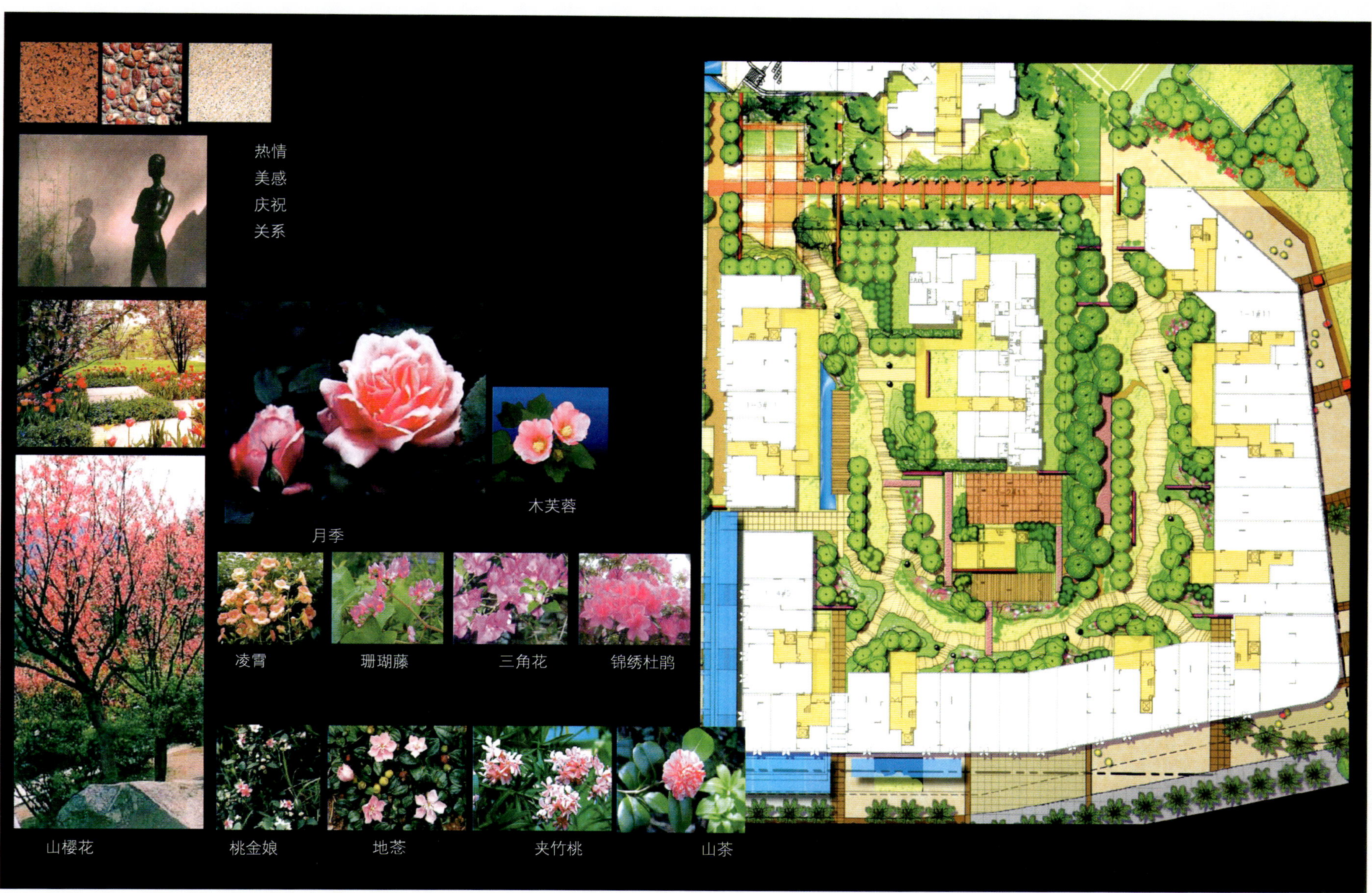
热情
美感
庆祝
关系
月季
木芙蓉
凌霄
珊瑚藤
三角花
锦绣杜鹃
山樱花
桃金娘
地菍
夹竹桃
山茶

趣园

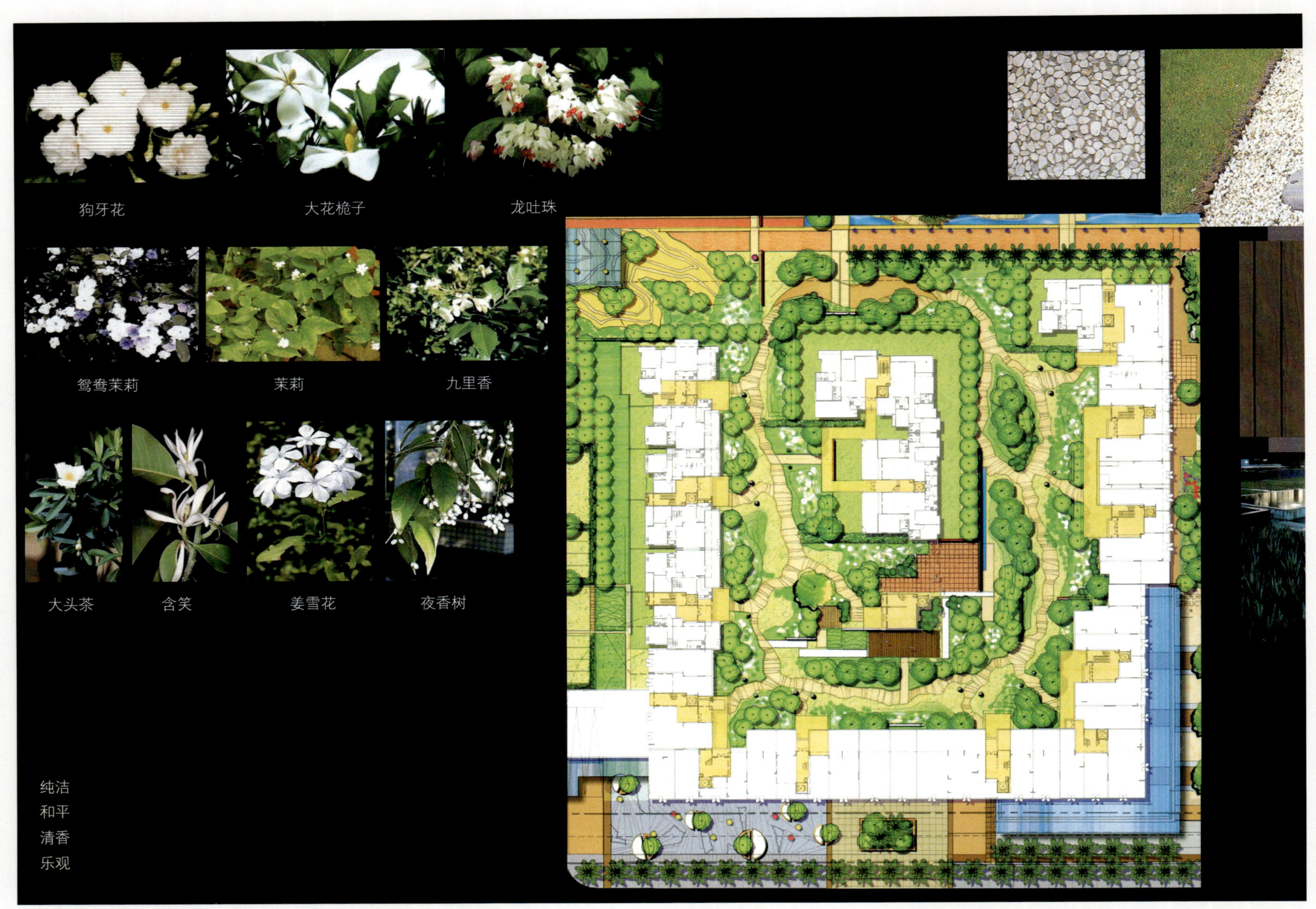
狗牙花
大花栀子
龙吐珠
鸳鸯茉莉
茉莉
九里香
大头茶
含笑
姜雪花
夜香树
纯洁
和平
清香
乐观

澄园

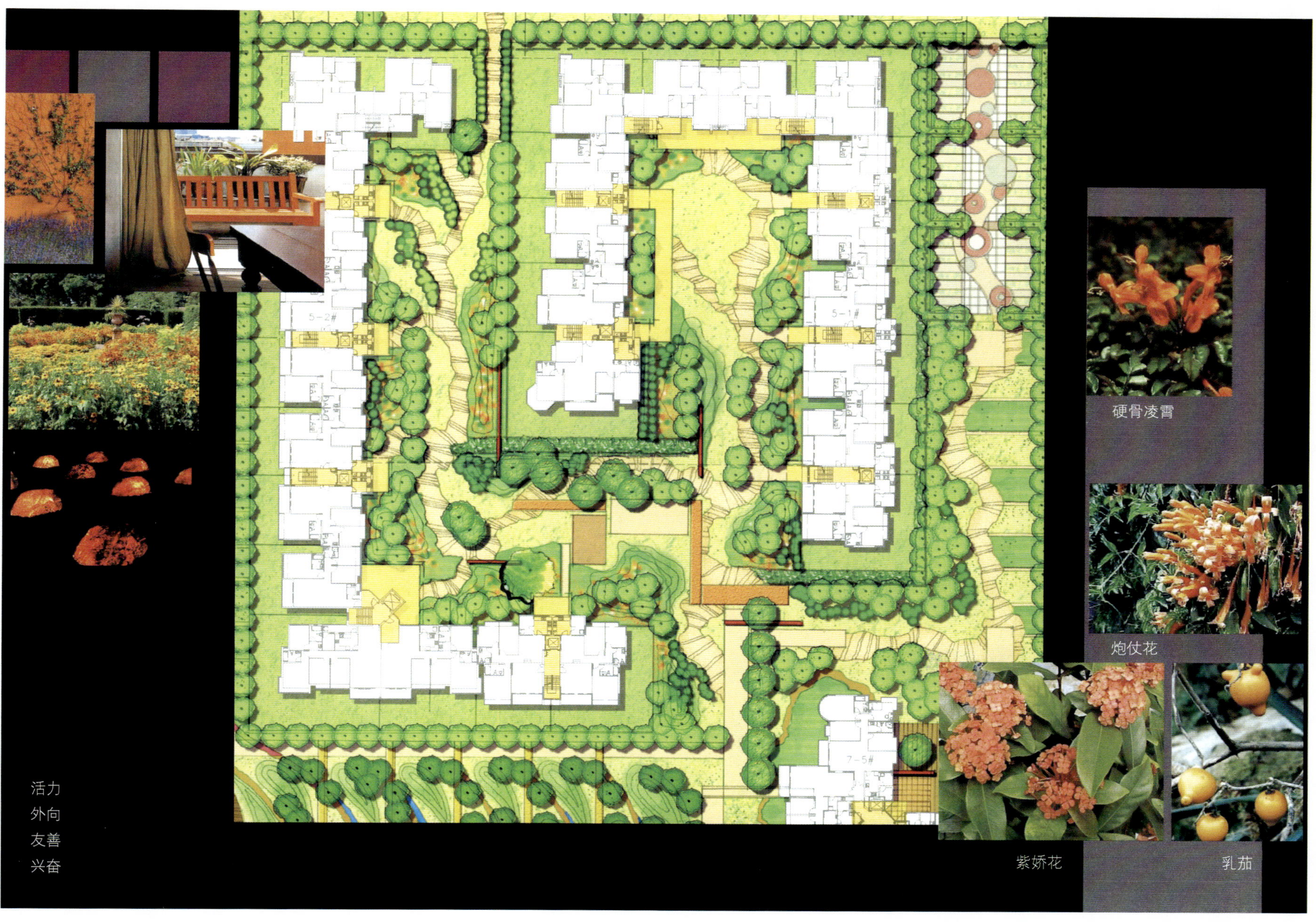
活力
外向
友善
兴奋
硬骨凌霄
炮仗花
紫娇花
乳茄

乐园

25
16
3-4#
3-3#
3-1#
25
3
蒜香藤
鸢尾
随意草
紫娇花
尊贵
神秘
高尚品德
直觉
野牡丹
紫薇
阳绣球
蓝花楹
紫叶酢酱草

紫园

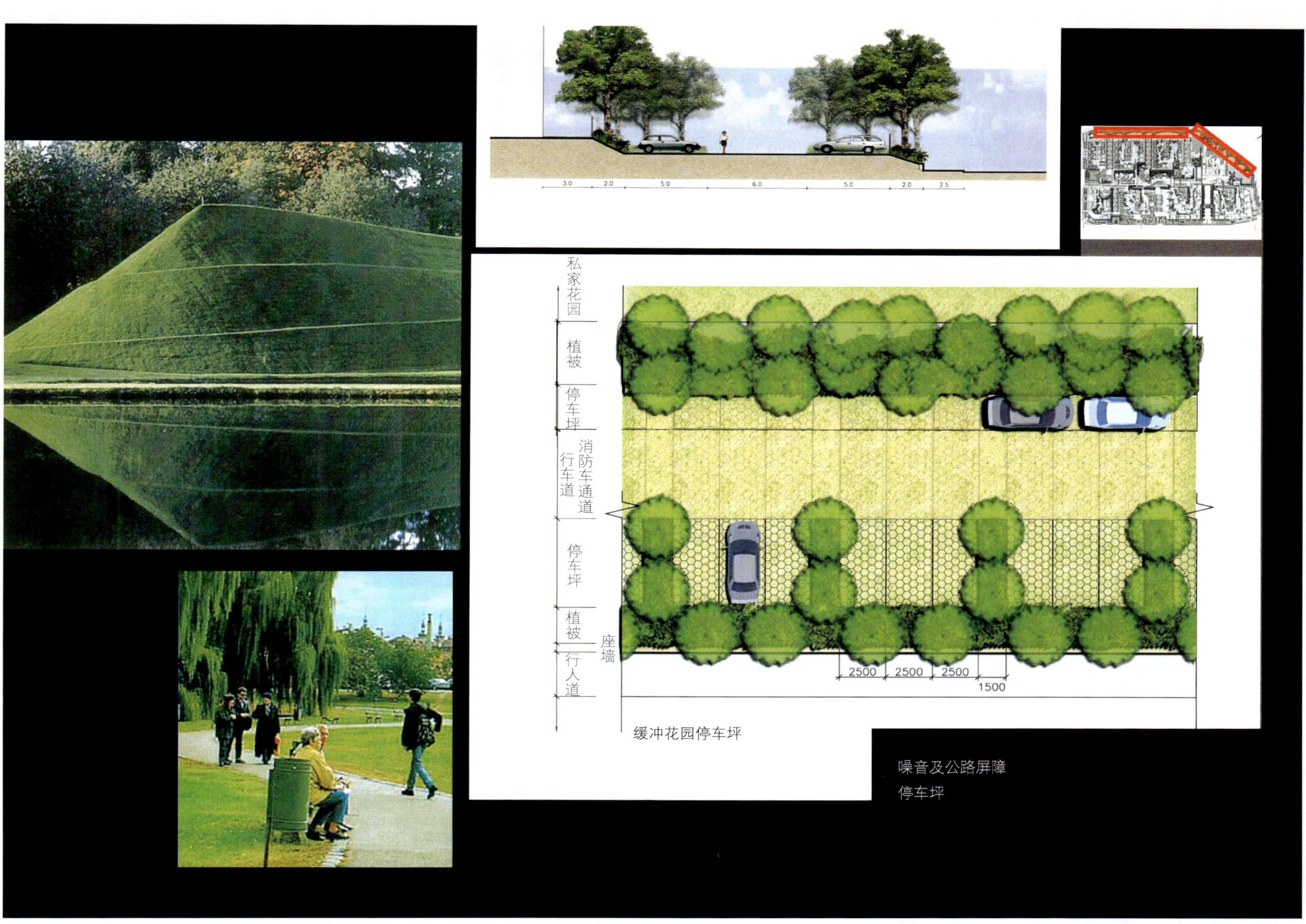

3.0
2.0
5.0
6.0
5.0
2.0
2.5
私家花园
植被
停车坪
行车道
消防车通道
停车坪
植被
座墙
行人道
2500
2500
2500
1500
缓冲花园停车坪
噪音及公路屏障
停车坪

缓冲花园

景观停车坪

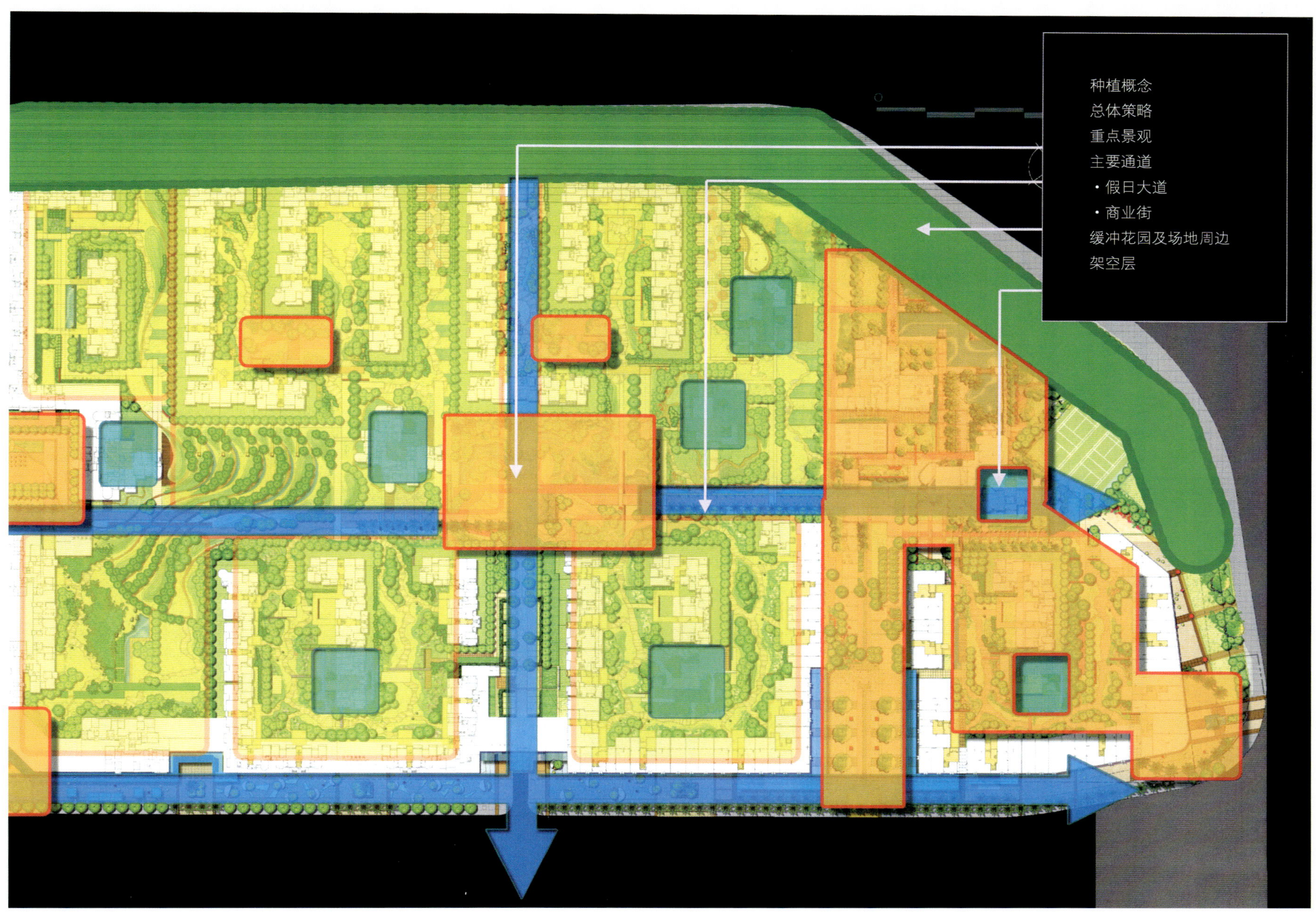
种植概念
总体策略
重点景观
主要通道
·假日大道
·商业街
缓冲花园及场地周边
架空层

种植策略图

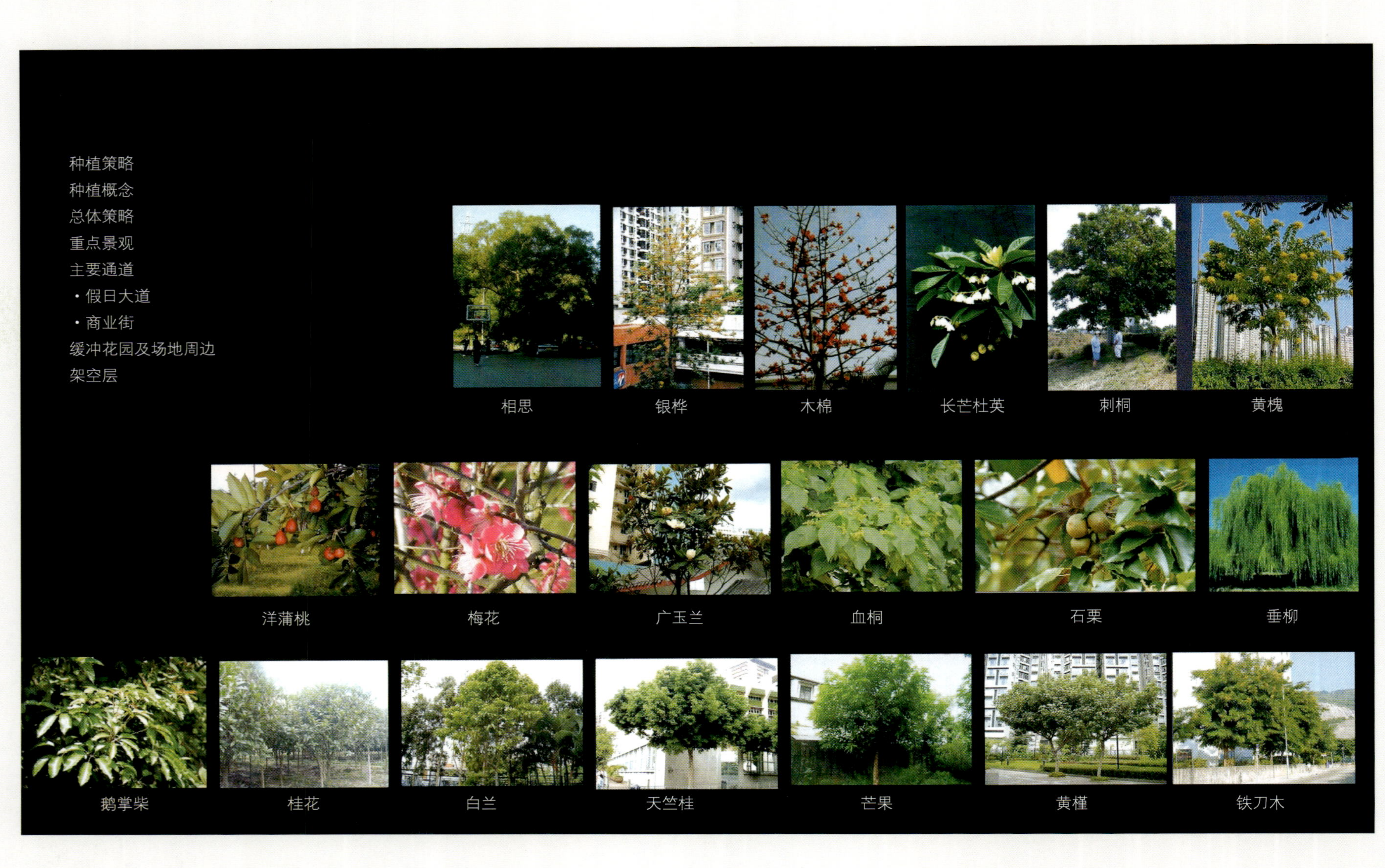
种植策略
种植概念
总体策略
重点景观
主要通道
・假日大道
・商业街
缓冲花园及场地周边
架空层
相思
银桦
木棉
长芒杜英
刺桐
黄槐
洋蒲桃
梅花
广玉兰
血桐
石栗
垂柳
鹅掌柴
桂花
白兰
天竺桂
芒果
黄槿
铁刀木

种植策略图

露兜树
红鸡蛋花
班叶金露花
鸡蛋花
夹竹桃
可可椰子
假槟榔
粗壮老人葵
黄椰子
鱼尾葵
椰子
蒲葵
旅人蕉
大王椰子
棕竹
芭蕉

种植策略图

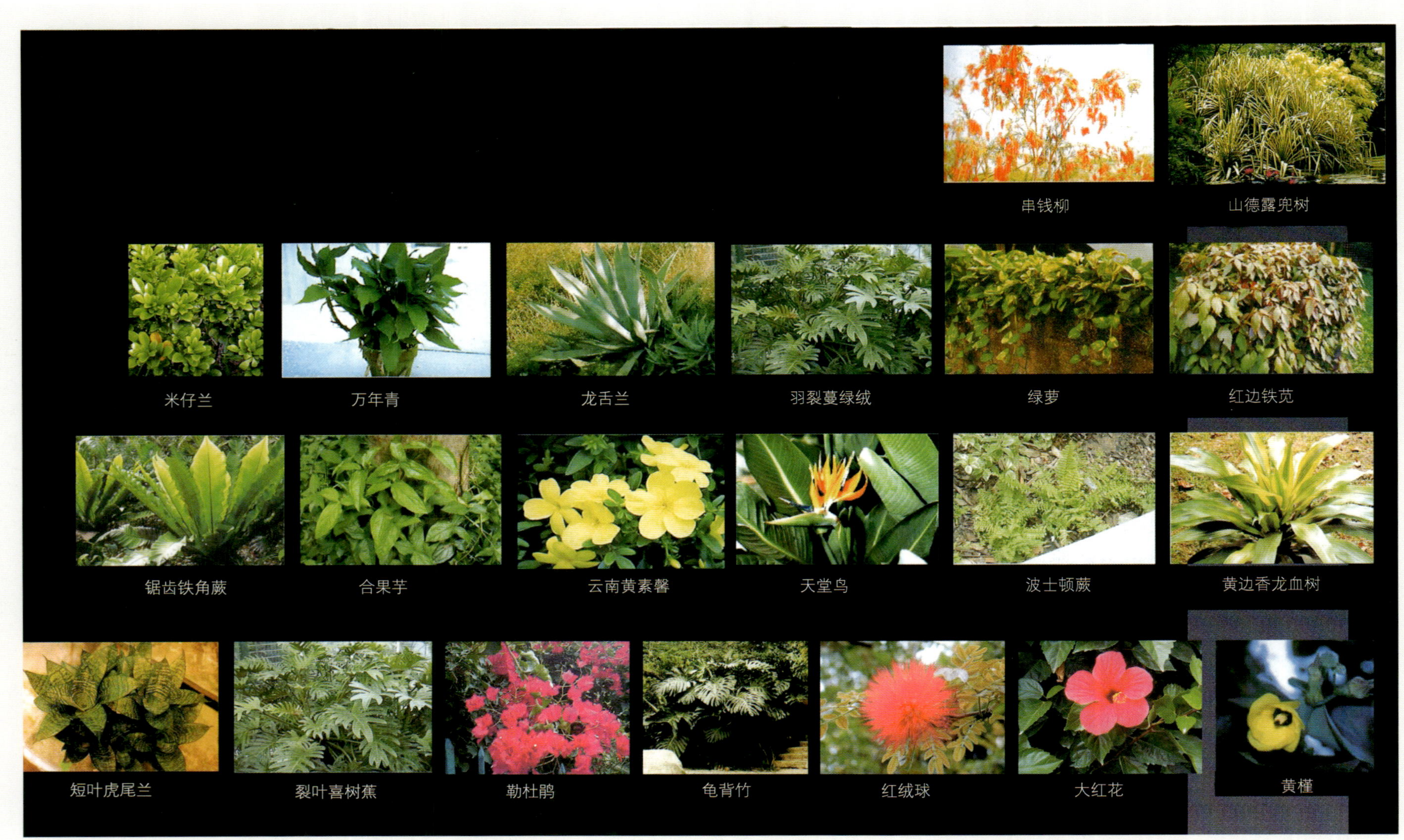
串钱柳
山德露兜树
米仔兰
万年青
龙舌兰
羽裂蔓绿绒
绿萝
红边铁苋
锯齿铁角蕨
合果芋
云南黄素馨
天堂鸟
波士顿蕨
黄边香龙血树
短叶虎尾兰
裂叶喜树蕉
勒杜鹃
龟背竹
红绒球
大红花
黄槿

种植策略

八角金盘
圆叶福禄桐
软枝黄蝉
茉莉花
凤梨花
紫叶万年青
月桃
洋常春滕
月桃
洋常春滕
花叶沿阶草
吊兰
长叶变叶木
（不规则黄斑）
金边虎尾兰
蜘蛛兰
朱蕉

种植策略

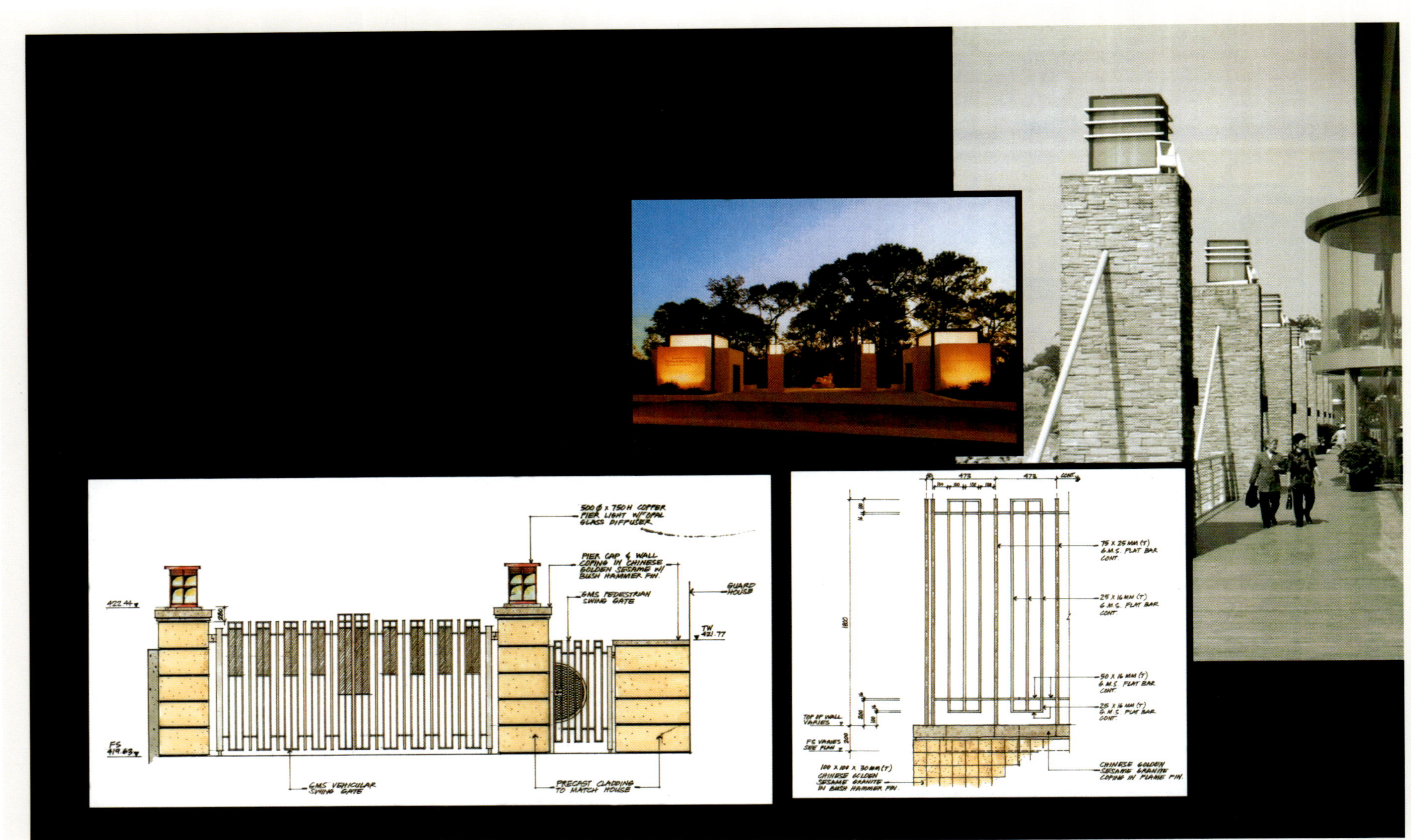
500 Ø x 750H COPPER PIER LIGHT W/ OPAL GLASS DIFFUSER
PIER CAP & WALL COPING IN CHINESE GOLDEN SESAME W/ BUSH HAMMER FIN.
GMS PEDESTRIAN SWING GATE
GUARD HOUSE
422.44
TW 421.77
FS 419.63
GMS VEHICULAR SWING GATE
PRECAST CLADDING TO MATCH HOUSE
473
473
CONT.
75 X 25 MM (T) G.M.S. FLAT BAR CONT.
25 X 16 MM (T) G.M.S. FLAT BAR CONT.
50 X 16 MM (T) G.M.S. FLAT BAR CONT.
25 X 16 MM (T) G.M.S. FLAT BAR CONT.
1800
TOP OF WALL VARIES
FS VARIES SEE PLAN
100 X 100 X 30MM (T) CHINESE GOLDEN SESAME GRANITE IN BUSH HAMMER FIN.
CHINESE GOLDEN SESAME GRANITE COPING IN FLAME FIN.

社区入口和围墙设计

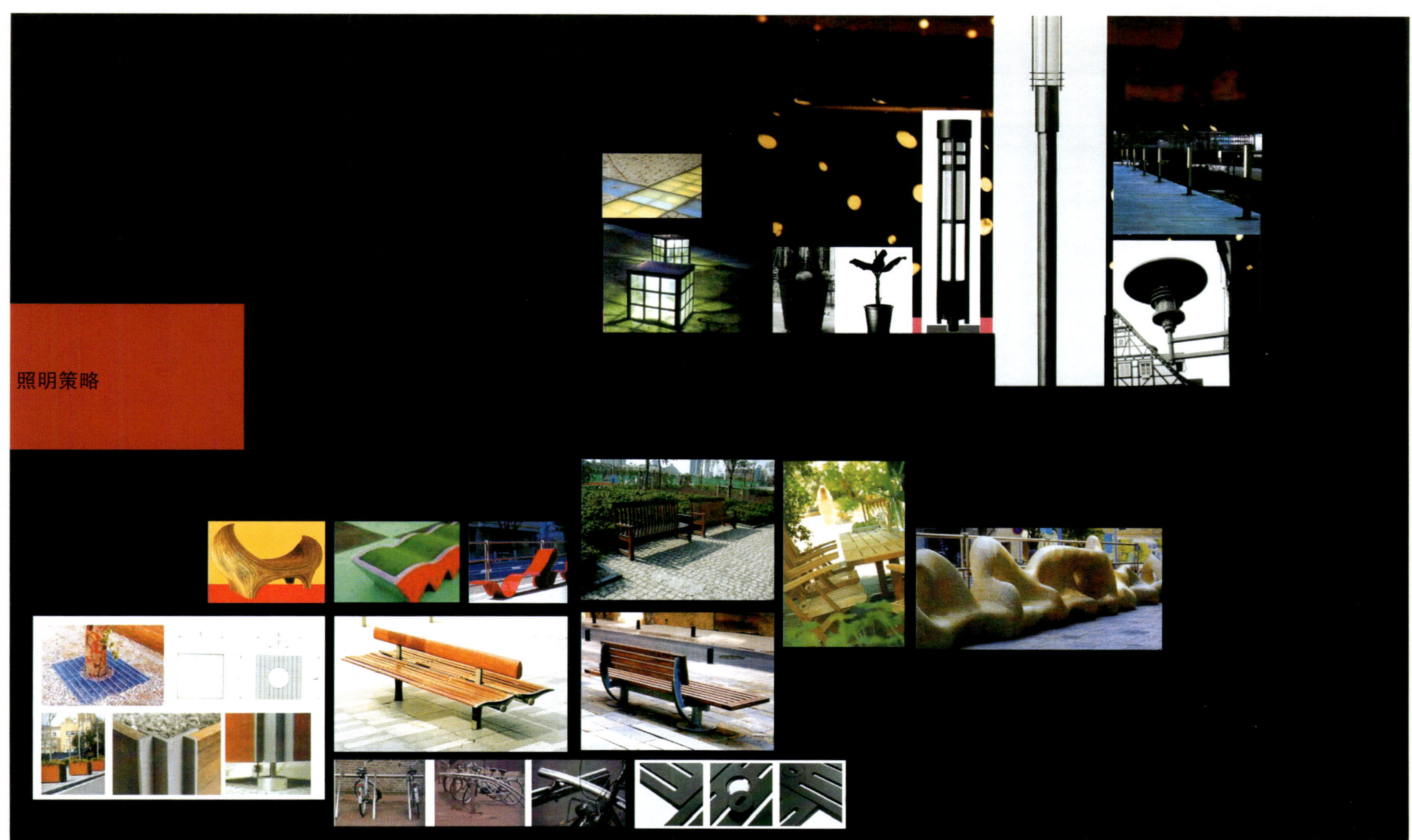

园林设置策略

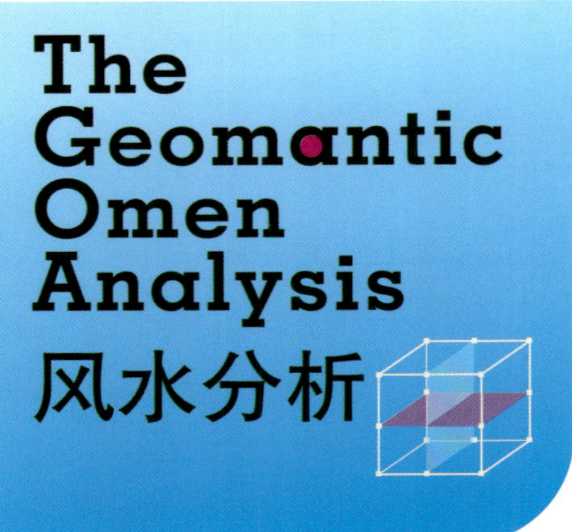

风水吉地　锦绣名盘

——金地·格林小城的风水格局初探

作福之地，其气特奇，亭亭然如宝盖，郁郁然似灵芝，望之则有影可见，即之则无形可拘，或红或黄，或紫或赤，或白而滋润，或黑而有光，或五色相间，或万马奔腾，又或如空中之锦绣，或如五彩之文章，凡此皆造化吉气钟之于地，故精光特露有如是也。

——《儒门崇理堪舆录》

东莞是著名的侨乡，位于广东省中南部、珠江三角洲东北部，依山傍海，地势东高西低，是穗、深、港之间水陆交通的必经之地。东莞气候温和，物产丰富，是实现了农村工业化、城乡一体化、综合经济实力很强的以国际制造业名城为特色的现代化城市，而莞城则是东莞的政治、经济、文化中心。从风水学的角度来看，作为东莞的城市核心，莞城今日的兴旺繁荣与其特别的风水格局助势息息相关。

风水大势，必看龙和水。我国的风水龙脉，源起天下祖山昆仑，西高东低，磅礴浩大，气势雄伟，由西而东向中原沿伸。以南海、长江、黄河、鸭绿江四水域为界，将中华山脉地势分别三大部分，称为三大干龙即北条干龙、中条干龙、南条干龙。南支龙向东南延伸，分为一支三龙，其中支龙经四川、贵州的大雪山、大凉山入云贵高原再挺进两广的南盘江、北盘江山脉，入苗岭进入广东南岭、罗浮山，随珠江水流域，到达珠江三角洲，拱卫着香港、深圳、东莞、广州，而横亘在莞城中心。作为城市最重要的倚靠，曾被誉为“岭南第一名山”的黄旗山，正是远接南龙的干龙。

东莞掌控东江和广州水道出海之咽喉，主要河流有东江、石马河、寒溪水。莞城市境主属东江流域，东江干流自东北角博罗、惠阳之间入境后，沿北部边境自东向西行至桥头新开河口，有发源于宝安区的石马河流入，至企石，有企石河流入。至石龙分出南支流后，北干流续流至石滩，与来自增城的支流汇流，经石碣、高埗、中堂、麻涌的大盛注入狮子洋；南支流斜向西南，在峡口接纳来自东莞中部的寒溪水，峡口以下有三支较小的支流牛山水、蛤地水和小沙河，自东向西流经石碣、莞城、道滘、厚街、沙田，于泗盛注入狮子洋。

山、水乃乾坤之两大神器，莞城风水自不例外，其黄旗山山势远追南岭，近接罗浮山，与东江细腻绵长之水，一阳一阴，相辅相成，成为莞城风水的重要特征。

在这种得天独厚的城市地理背景下，位于黄旗山之阳、占据上风上水之位的金地·格林小城则更显高人一筹。金地格林小城由东莞金地地产精心打造，建于东莞市四环路与东莞大道交界的东南方向，西靠东莞大道，北临四环路，东接宏伟大道，南连中银路，雄踞南城区中心位置，紧靠“绿色世界”休闲地带，又紧连中央生活区、商务区，交通便捷，地相优异，土壤肥沃，地势高企，地气浓郁，凝结其中，与众不同，最显尊贵。

因为格林小城位于黄旗山之南，以黄旗山碧峦为后靠，除得天地盎然之绿意外，更有利吸收阳光和大地的能量，倍显金地·格林小城在新中心区中之显赫位置，而总体上倚黄旗山案水濂山，形成的“负阴抱阳”之势，可令居者福、禄、寿、喜俱全。

莞城的中央商务区北起旗峰山，南至四环路，西临行政文化中心区，东靠新世纪豪园及东泰花园地块，以商业办公、商贸发展等为主导功能，将由金融建筑、商业办公设施、会展中心和广场绿地构成中央商务区的景观核心。

“百尺为形，千尺为势。”由于金地格林小城地势较高，眺望新中心区，将中央商务区作为宽敞明堂，更靠近东莞大道与城市中心，先声夺人，将明堂之吉气揽入怀中，居住者的发展态势较周边楼盘更为远大。居者登高望远，即可将莞城区人民公园的新八景（包括红棉春晓、书楼夜读、盂岭丰碑、风篁煮茗、幽谷鸣泉、芳莎晚步、晓湖翠柳、东门旭日）尽收眼底，人生事业，可更上一层楼。

金地·格林小城的主要出入口位于宏伟大道上，气口分金为坐乾向巽，乃典型的东南生气位，正合纳财入局。根据“三元玄空”原理分析，下元八运之间（即公元2004~2023年），此气口极为有利业主丁财两旺。入口建有假日广场，用于摆设露天咖啡、茶座等，形成小明堂，营商居住，都能得心应手。同时南北向有贯穿全区各院的主轴，在风水上可以令外接的财气均匀分布，使各业主都能风生水起、宅兴人和。

金地·格林小城错落有致、张弛有度的布局，在整体规划上已经构成围合式院落，外闭内开、藏风聚气的内在空间格局可使居住者生机之气内聚，而不致外泄。金地·格林小城以小围合院落住宅为主，这种形式与东莞以往的大围合或行列式住宅有很大的不同，它在尺度方面更宜人，更容易形成邻里氛围，建筑与景观也会更为细致。经曰："气乘风则散，界水则止。古人聚使不散，行之使有止。故当求其城郭密固，使气之有聚也。"所以，小区之四维四正前后八方，须当求其完密而无空缺，使生气避风而凝聚，这种院落式的规划风水优势，最能确保丁财两旺。

小区内道路左右逢源，气流顺畅，景观布局如行云流水、错落有致、动静皆宜，深得藏风聚气的个中三昧。其水系如流水、喷泉，均经过精心设计，为业主回旋运财。各户型分隔科学方正，磁场平均，利于居家健康，并使工作、生活倍增助力。内外布局如此均衡，随处可闻鸟语花香，而且商业中心近在咫尺，真可谓离自然很近、离繁华不远的风水宝地。

海景豪宅专家
——金地·翠堤湾

SEA-VIEW GREEN COASTLINE

项目资料

- **项目地址**：深圳市福田区新洲南路与福荣路交会处
- **发 展 商**：金地集团
- **投 资 商**：金地（集团）股份有限公司
- **建筑设计**：中建国际（深圳）设计顾问有限公司
- **项目类型**：小高层、高层
- **占地面积**：74785.44平方米
- **建筑面积**：221372.70平方米

翠堤湾是金地海景花园第三期，位于福田市中心区皇岗口岸新洲路与福荣路交会处，由8栋28～32层塔楼和8幢8～11层小高层组成。

身为新一代城市海景的代言人，除了窗外红树林、深圳湾的袅袅风情之外，翠堤湾还是该片区唯一背靠城市中心的高档大盘。作为一个经过若干年的积累沉淀而成的大型居住片区，金地海景社区在享受天然红树林海景资源的同时，又进一步尊享高尚住宅区的雍容和便利，而翠堤湾作为这个成熟片区的最后一期项目，更是综合了前几期项目的集体优势，“窗前300米翠林碧海，屋后1500米市区中心” 完整表述了翠堤湾的高尚生活元素。

Supperting Facilities 配套设施

生活配套

金地海景花园片区达30余万平方米，社区内拥有网球场、游泳池、综合健身中心、大型高尚会所、金地小学、金地莱恩幼儿园、超市、菜市等诸多生活设施，金地一路商业街众多商品琳琅满目，周边天虹商场、人人乐超市、博爱医院、上沙中学等配套系统可谓完善。

金地地产为深圳市最早成功推出会所概念的发展商之一，金地海景会所品位高尚，设施完善，服务到位，除原有会所外，翠堤湾新会所更有壁球室、保龄球室、室内外泳池、室内高尔夫练习场、网球场、综合健身中心等，设计理念先进，服务及设施完备，让每一位尊贵的业主都能尽情享受两大会所的周到服务。

社区物管

本项目由久负盛名的“深圳市金地物业管理有限公司”负责管理。将系统实施MIS、CIS及CS工程，全面引入酒店式物业管理模式，并推出“个性化服务”，可为不同客户提供不同层次的各项服务。

金地物业以丰厚的文化底蕴著称，以人性化管理闻名。本小区未来将通过“寓教于乐，寓乐于教、循序渐进”的方式，以“爱区、爱家、爱国，营造现代居家新理念”为主题，特别设置了社区文化部门，开展多样化、多层次、全方位的环境文化、形体文化、约束文化、精神文化、网络文化、修造文化等活动，从而创造一个“爱心小区，温馨家园”。

Architecture Plan

建筑规划

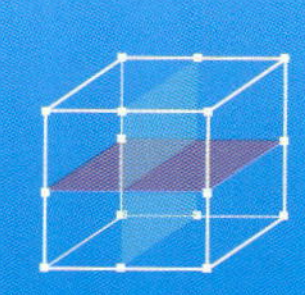

金地海景·翠堤湾的设计思路是以位序、层次的概念作为空间架构的基本手法，界定安逸、宁静的空间品质，力图体现现代中国都市居住环境独有的格局和气氛。小区赖以建设的基础是基地的自然条件、地形、水体、植被等天然因素，设计者重视对这些条件的保护和利用，并创造出了优美、舒适的居住环境。

Fengshui

Garden Design 园林设计

金地海景花园的绿化设计出自名师手笔，强调环境理念、自然景观的融入。翠堤湾园林设计的创新之处，首先在于独特的生态概念和环保概念，配备别具匠心的抗污染绿化和运动型园林设施，寓居于此，城市的喧嚣与烦恼将最大程度地得到大自然的滤化。实力雄厚的中建（深圳）设计公司清新现代的建筑设计，国际知名景观设计大师别具匠心的园林设计，使得超前创新的设计与得天独厚的天然景观资源完美结合，让本项目在诸多海景住宅中独树一帜，凸显出创新的、生态的、精品的、经典的卓越品格。首创“临海退台”设计、特有的“立体街区”概念、精妙的“空中别墅”设计、超前的“生态园林”小区，共同演绎出“创新荟萃、自然健康”的现代都市居住新时尚。

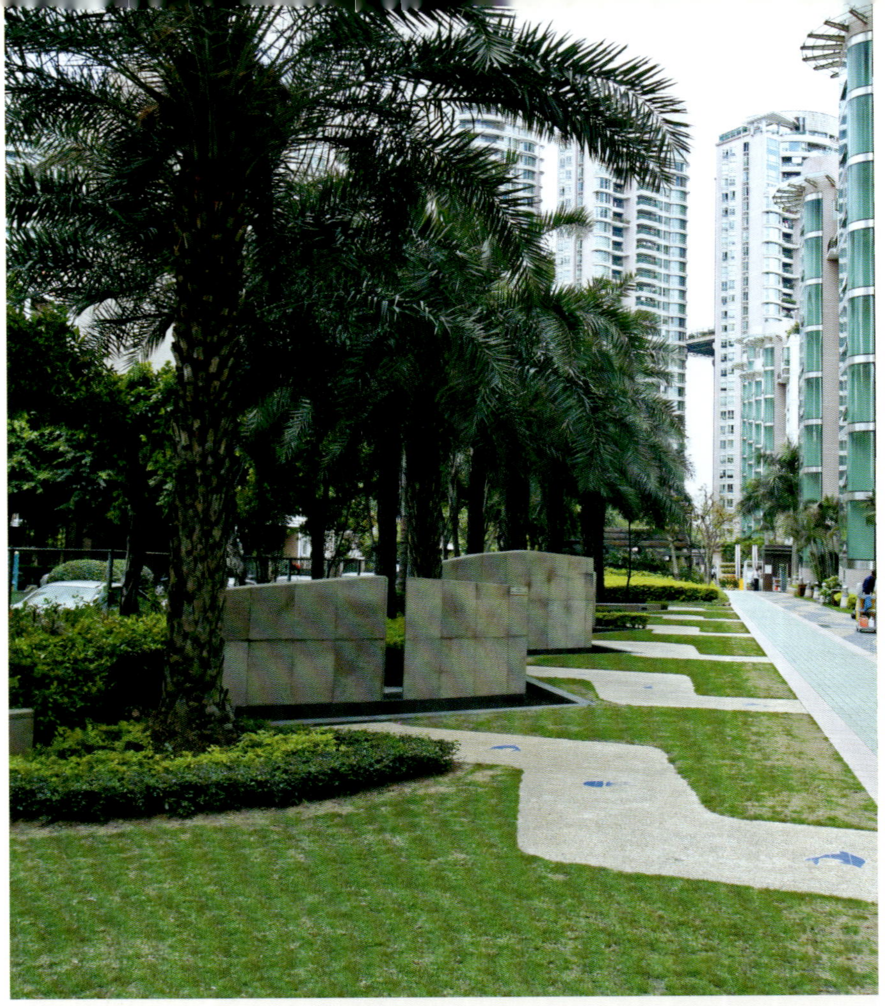

舒适的空间

翠堤湾·龙玺共有12种户型，一梯二户，适度的空间构造，带来适当的舒适感与豪华感。以为人本的设计宗旨，体现为对人性无微不至的关怀。翠堤湾在户型的设计上，户户坐北朝南，方正实用，一层带大型私家花园，二层以上设大型面海浇地玻璃窗、临海退台花园、观景阳台。所有单位南北通透，户型阔绰，每户均设有私家灰度空间。

华贵的六层户型

一般对于客厅的采光和通风处理主要是设置阳台或落地窗，阳台提供了一个能走出去的空间，使人能够与自然环境进行亲密的接触，但阳台往往会对客厅的景观形成一定的影响。相反，落地低窗的优势就体现在一览无余的景观上，对于6层这样一个既拥有无敌海景，又拥有清新红树林自然气息的单位，设计中既在客厅设置了落地低窗，又在客厅侧面、南向次卧外设置了面积约7平方米的露台花园，这一做法既保证了客厅的采光、景观，又提供了露台这一住户与自然亲密接触的空间，实在是一种鱼和熊掌兼得的设计。

另外这个户型由于一梯两户而拥有良好的通风，内部的巧妙设计使得主卧空间和次卧空间均拥有较好的私密性。南向主卧设置的大面积凸窗也使得主人在房间内也可尽情享受深圳湾的自然海景。整款户型阔气大度，处处体现尊贵非凡。

栋号	单位	户型	建筑面积	套内建筑面积
30栋	7A	四房二厅二卫	159.83平方米	139.88平方米
	7B	四房二厅二卫	159.04平方米	139.19平方米

华美的二层户型

为气派生活的主人量身订做，独有的“临海退台”设计，体现滨海豪宅升级的尊崇身份，南北通透，动静分区，宽敞舒适。

超大的客厅和餐厅，无形中体现了主人的好客与豪迈，双景观阳台设计，客厅直通阳台，宽大落地玻璃窗，海风、阳光恣意挥洒，点缀花卉也平添了几分情趣。

主卧大型花园露台，尊贵纯享空间，更添居家便利。豪华主卧，带有入式衣帽间、独立卫生间。

中部灰色空间，尽显豪宅本色，功能使用灵活，可作储藏间、工人房，可营造为私密、温馨的家庭茶室，也可开敞为西洋酒吧。

栋号	单位	户型	建筑面积	套内建筑面积
30栋	2A	四房二厅二卫	178.49平方米	156.21平方米
	2B	四房二厅二卫	177.65平方米	155.48平方米

六层户型（A、B户型）

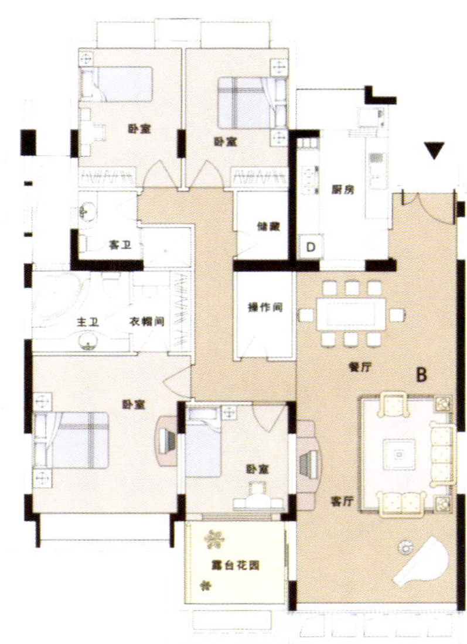

二层户型（A、B户型）

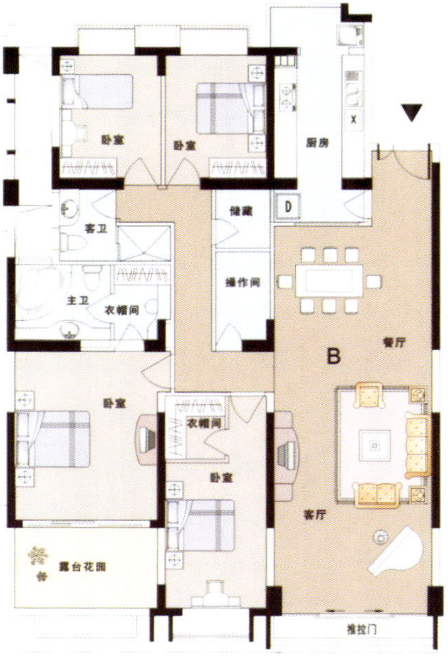

The Origin
脉起

城市龙头地段，风水之源，翠堤湾·龙玺，生活的圣殿，自然与人文兼收并蓄，传承尊贵，继往开来。

精神隐居，财富掌握

在滨海城市深圳的名片地块，翠堤湾·龙玺首次以东方文化演绎滨海豪宅，为名流提供物质与精神高度结合的生活方式。翠堤湾·龙玺呈现出传统与现代生活理想的共同价值取向，其精致、厚重、贵气的特质，成为深圳这个现代城市中最具代表性的东方文化豪宅。

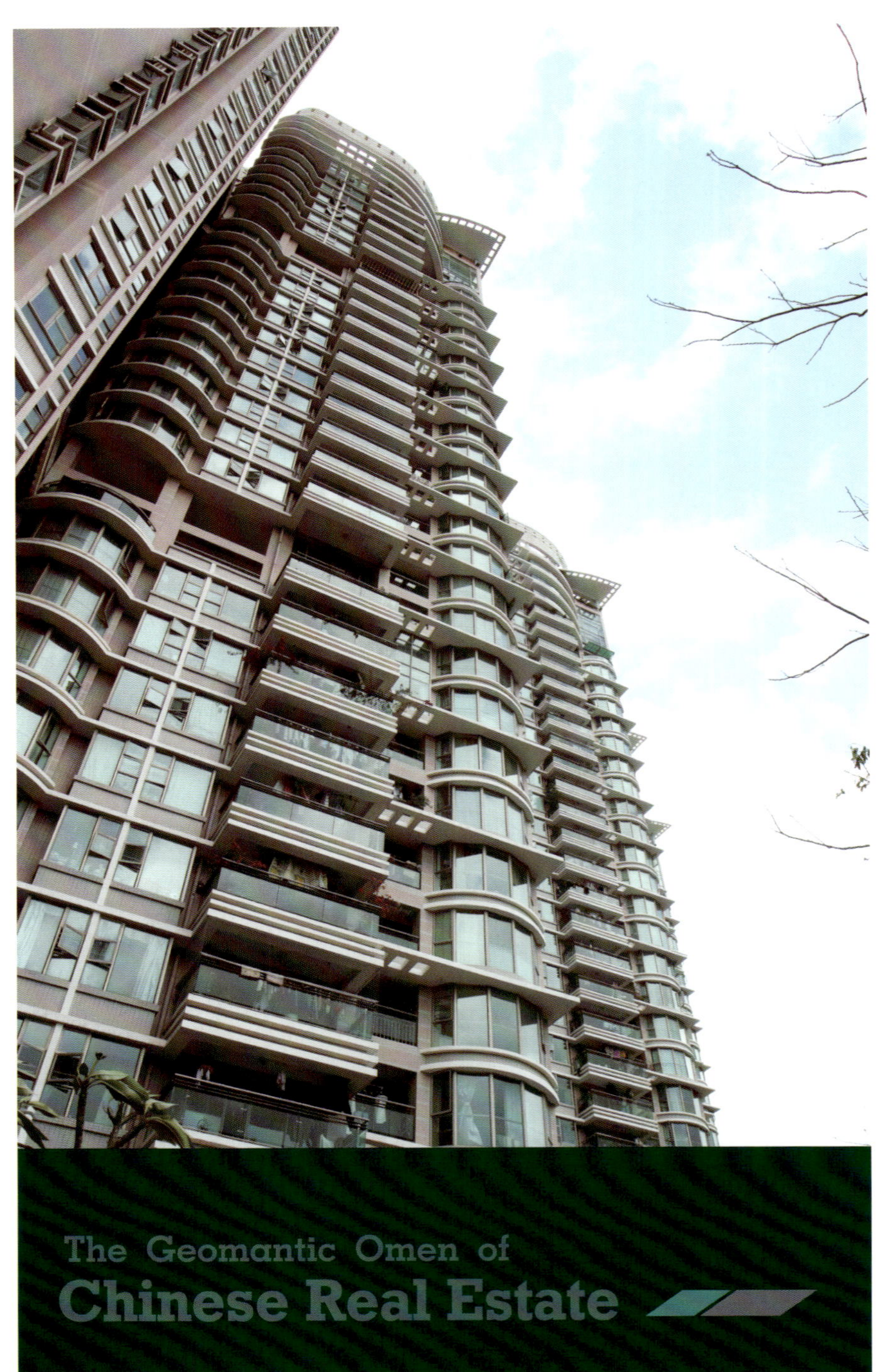

The Geomantic Omen of
Chinese Real Estate

文化的拥抱

翠堤湾·龙玺以东方艺术、精神与生活理想为原本，从一草一本到居住者生活细节，均潜藏深厚的底蕴与浓郁的文化气质。

人文的地理

城市历史的发祥地之一，沉淀丰厚的人文硕果，传承厚重历史的崭新发展。

纯正高尚社区

纯净的滨海城市居住区域，高素质人群聚集，文明生活与品质生活的纯正空间。

纵横开合，凌驾城域

深南大道与新洲路是深圳整个城市发展的两大轴心，翠堤湾·龙玺位于中心区新洲龙头位置，紧邻福强路、深南大道、滨海大道等众多城市动脉，纵横快捷，凌驾全城。

海与天之间的静谧

翠堤湾·龙玺，和谐纯净的绿色国度，阔步舒展的蓝色梦想，呼吸清新空气，闲品林鸟掠影。

城市红树林腹地

翠堤湾·龙玺坐落于368公顷天然红树林的起点，揽抱红树林最茂密的核心部分，和大海、栖鸟零距离亲近。窗含碧海，户纳宽广自然，品味极致人生。

风生水起之源

红树林是“湿地”环境的一种，被称为“地球之肾”，可以抵抗潮汐

和洪水冲击，保护堤岸；调节气候、降解环境污染；促淤造陆、防风等。在维持生态平衡方面，更为许多海洋生物提供了栖息和觅食的理想环境。同时，红树林为翠堤湾·龙玺创造了永久性的环境保障，赢得了一个天然的绿色世界。

居住的终极梦想

蓝和绿是视野里最美的风景，翠堤湾·龙玺面向宽阔大海，亲近“地球之肾”红树林，沿独一无二的绿色树林和蓝色海岸优美展开，阳光、空气、水和禅意，感受人与自然合一的尊贵与恬适，体验中国式的和谐共存。

地利的尊重

城市中心地带与海景龙脉的交汇处，地脉、山水的开阔灵动体系，风生水起的自然形势。

稀缺的尊贵

全球唯一位于城市腹地的“国家级自然保护区”，368公顷红树林天然氧吧，健康、丰富、自然。

首位的尊贵

位于红树林的起点，是整个红树林最茂密的核心地带，自然风光近在眼前。

Civilization
文脉

● 值得建筑年鉴收藏的自然名宅

从容气度，傲然人生，翠堤湾·龙玺，以人文为指引，荟萃园林珍品，锻造生活艺术。

● 独特临海退台名宅

翠堤湾·龙玺首创“临海退台”设计，以精致现代风格、内敛华贵气度矗立于红树湾滨海高端富人区，以适宜的尺度锻造阔大气派与实用的崭新关系，以高端人群的生活为依归，全面升级滨海豪宅价值，体现对私有空间的绝对尊崇，体验生活真境界。

● 现代建筑与大自然的天作之合

翠堤湾·龙玺尊重城市历史及周边环境、地理和城市未来发展，以凝聚环境艺术精髓的“绿建筑”理念，将住宅与大自然完全融合，注重住宅内外环境的连接。拥有全天候的美景生活，是对生活艺术与自然艺术的总结，为现代住宅提供了一个值得回味的样板。

Fengshui

空中庭院，别墅享受

空中庭院，呼吸自然，触摸红树林。与大海共栖息，或品茗，或对弈，或闲谈，让你在家中拥有一个与自然从容交融的美景庭院。体验别墅享受，吐纳海阔天空的不凡气度。

私家观光电梯，少数人的生活

一梯两户配备私家观光电梯，罕见的级别。梯壁采用透明绿玻设计，跨入华贵开阔的私家电梯间，随着电梯上升，一种豪情油然而生，凌空俯瞰全区景观，王者气派生活，悠然眼前。

呼吸的环境，真切的生活

悠闲生活的主人，懂得笑看风云，品味“人生得意须尽欢”的意境。翠堤湾·龙玺从整体考量，追寻一个结合历史与现代、内敛与开放、品质与情趣的空间，缔造首屈一指的海滨豪宅园林。

私家花园，每一处都是极致

翠堤湾·龙玺的园林规划承袭了金地集团一贯清新、高雅的格调，兼具滨海风情与精品风格，龙玺园林中大量运用美术概念，营造了一个可供欣赏、栖息、独享的尊贵空间，是中西方浪漫主义风格的杰作。

多重唯美景致，滨海极品园林

翠堤湾·龙玺秉持以人为本的设计宗旨，满足对自然景观和丽海景的追求和享受。以海洋为内庭院主题，配置大型情景水体、珍贵海洋小品、旱地喷泉、四大海洋广场、水景雕塑、希腊神话雕塑、运动休闲设施等，并以海浪形铺地等要素营造浓郁的海洋文化气息，从建筑形体、立面装修及环境设计等多方面体现海滨度假酒店式高档住宅的极致风格。

Fengshui

Perfect Venation

龙脉

居者，以精神趋同，以阶层聚集。滨海高端名流特区翠堤湾·龙玺，体验心灵、文化与生活的真境界。

传统的富人区

上层生活以少数人为依归。翠堤湾·龙玺以当代名流生活模式为蓝本，于滨海高端富人区，规划绝无仅有的净地，独辟桃源，将居住者意境、思想与生活完美融合。

分阶层的生活圈

望族世袭，名流聚集，一个备受尊崇的上层生活圈。

翠堤湾·龙玺是深圳湾唯一以酒店式滨海建筑为主体的极品住宅，拥有与金地海景花园、金海湾花园一脉相承的高贵品质。是一个拥有同样生活习惯的人共同组成的生活圈，在这里，您的邻居与您身份相符，您的孩子将成为天生贵族。

生活细节，决定生活气质

追求至尊生活享受的人，自然拥有一丝不苟的生活态度，任何一个细节都可以成为品质的代言。翠堤湾·龙玺采用多种名贵建材，着力打造精品建筑，满足对高品质生活的追求，大量使用低辐射LOW-E玻璃、断热型铝合金窗框、高科技环保饰材、管材等，以非凡品质创造非凡价值。

世界级的尊崇享受

翠堤湾·龙玺全面引入“酒店服务生”概念，特有的隐性保安服务使小区更安全。而“突发事件90秒保安到场”的承诺及金地首创的“望闻问切”保安模式，令住户的安全更有保障。除享受翠堤湾原有各项服务之外，龙玺特设的“管家中心”将为您提供家庭聚会服务、洗衣熨烫服务、morning call服务、各种业主团体组织服务等。同时，物管还承诺“服务持续升级”，翠堤湾·龙玺业主可第一时间享受到最新的服务项目和管理内容。

享受是为少数人准备的，贵族是一种生活方式。

一位身着白色西服，带着白手套的男士站在宴会厅门口对进来的每一位客人颔首致意：“夫人，您今天的晚礼服真漂亮！”他一边说一边帮绅士、女士们将外套脱下，交给身边的佣人保管……温文尔雅的管家，豪华的宴会，已成为您的日常生活。翠堤湾·龙玺，一所拥有五星级服务的房子，享受上流社会的豪华排场与社交方式，每一个生活细节均无微不至，演绎贵族生活内涵。

豪宅从来讲究血统和历史，翠堤湾·龙玺，海景豪宅专家，金地纯正血统，传承精致品质，感受成熟生活。

33万平方米成熟社区

成熟的生活配套是尊贵生活的基础，翠堤湾·龙玺不但享有别墅的完整空间体验，更享有别墅所没有的便利生活。

翠堤湾·龙玺是位于深圳中心区红树湾唯一33万平方米大社区的金地海景花园，社区配套完善。拥有两个大型室外泳池，一个室内恒温泳池，两个高级会所；500米商业步行街、民润超市、银行；金地方方乐趣小学、金地荣恩幼儿园；保龄球馆、室内高尔夫练习馆、网球场、综合健身中心等。

首席生活圈

繁华便利与休闲轻松融会贯通，周边配套包括天虹商场、南城百货、福田体育中心、人人乐超市、仁爱医院、新洲中学等，富足配套，近在咫尺。

四通八达的交通配套

大巴

4路 益田村-银湖汽车站台
225路 益田村-水贝
219路 益田村-清水河
15路 益田村-梅林一村
26路 世界之窗-皇岗口岸

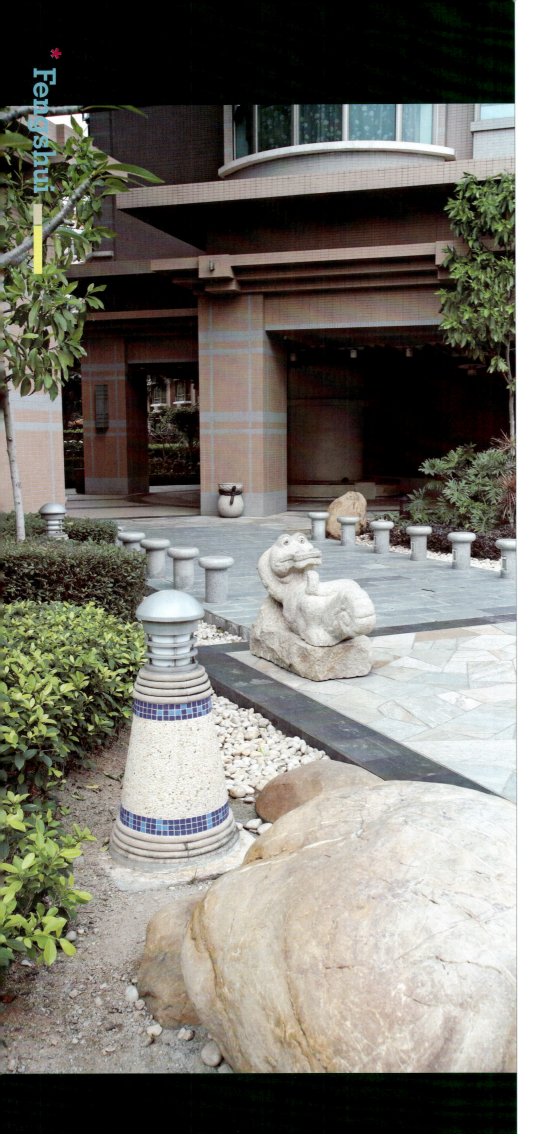

103路 下沙－小梅沙

212路 下沙－华强北

312路 福田汽车站－牛湖

364路 福田汽车站－大鹏总站

驾车

翠堤湾·龙玺位位于深圳中心区新洲路与福荣路交汇处，紧傍中心区，靠近皇岗口岸。新洲路、福荣路、深圳大道、滨海大道等众多交通干线纵横其间，公交线纵横畅达，方便迅速，快速连接深港两地，集众多资源优势于一身。福荣路、福强路、新洲路构成项目的主要交通线路，驾车到皇岗口岸5分钟，距新城市中心区2分钟，到上海宾馆8分钟。

滨海学府社区

金地莱恩幼儿园坐落于金地海景花园内，是深圳市最早实行双语教学的幼儿园之一，占地面积4000多平方米，全空调教室，为学前儿童提供一个健康、愉快的学习环境。校内设有大型游戏场地、唱游室、舞蹈室、电脑室、游泳室、滑梯、堡垒及波波池等。拥有别具一格的幼儿主题教学和小组研习教授方式，通过各种形式的体能、音乐、户外活动、比赛奖励计划等，培养孩子主动学习的态度，培养认真、思考、创造、理解、判断、发问等各方面的能力，启发儿童天赋潜能。师资力量更是莱恩幼儿园的制胜法宝，资深幼儿教育工作者和外籍教师务求将翠堤湾·龙玺的孩子培养成适合社会发展需要的“国际化儿童”。

金地方方乐趣小学率先实行最为先进的国际化教育模式，引进了具有32年历史的方方乐趣教育机构，采用学风严谨的英国教育模式，并计划采用获得联合国教科文组织及国际知名教育机构（如牛津、剑桥、耶鲁、哈佛大学等）认可的IBO课程。孩子将接受到全方位、系统化的英语教育，充分培养了学生的语言运用能力，使孩子在和谐、平衡、充满乐趣的学习环境中成长，翠堤湾·龙玺的孩子赢在起跑线上，从小快人一步、领先一步，未来成就定会高人一等。

金地纯正血统,高端豪宅专家

金地集团是一个以房地产开发为主营业务的大型集团公司，“创造生活新空间”是金地集团的企业使命。

“专业之道，唯精唯一”是金地集团一贯秉承的精神。金地集团先后开发了金地工业区、金地花园、金地海景花园、金地翠园、金海湾花园、翠堤湾等地产项目，在北京、金地格林小镇和金地国际花园也分别于2003年和2005年底建成入伙。

金地海景花园，深圳欧陆风格楼盘倡导者，是当时深圳三大明星楼盘之一；

金地翠园，紧邻福田区委，美丽的庭院设计以及底层架空绿化成为当年的楼市美谈；

金海湾花园，红树林海景豪宅鼻祖，曾荣获全国“创新风暴”住宅设计组委会特别金奖；

金地国际花园是金地集团进军首都的先锋作品，位于长安街最东段，

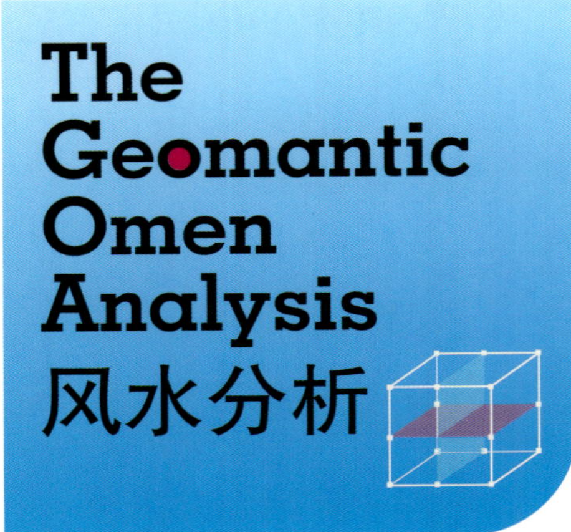

龙行水脉　风水涵养

龙玺，世之重宝，承天受命，乃上所以示信于天下者也。

翠堤湾龙玺，状如其名，造型端方厚重，气象不凡，位于深圳福荣路东南巽地，龙脉蜿蜒，为风、为入、为水木相生之源，彰显龙玺气概。其地势后高前低，《纬略·宅经》云："后高前下，名曰晋土，居之并吉。"

翠堤湾·龙玺坐北向南，后靠广阔城邑，前拥深圳湾有情曲水，以香港米埔为案，明堂开扬，可谓"五福齐备，四象俱全"。其两侧伸出八栋高层，作为龙虎砂手，有力兜报，藏风护气，极利纳财入局，整体规划上属于虎让龙势，张弛有度，倍增龙玺气派。

翠堤湾·龙玺独创临海层叠式退台设计，面向明堂，由首层开始层层后退，以人气为财，步步引入，形成风水学上著名的"吉龙吸水"格局，令居者人生、事业更可高视阔步。

翠堤湾·龙玺在户型设计上的创新之处还在于居者可获空中庭院，外飘露台，吐故纳新，对话天地，在风水学上又称为"四水汇明堂"，取其"门迎春夏秋冬水，户纳东西南北财"之意。

居于斯室，登楼远眺，水天一线，苍烟若浮，云蒸雾霭，人生之美，更何如哉！

龙玺，是世间罕见的玉制成的印章，通常为帝王专用，其珍惜程度自然非同一般。而古人以印章代替签名，印传统上便是诚信、公正的象征。龙玺，在某种程度上是天下最高度诚信之所在，金地正是用这个名字传递出自身作为资深地产企业的气度与远见，暗合了金地"专心做事、诚信为人"的经营理想。

而翠堤湾龙玺的整体造型更是取了"玺"这一特定事物的造型精髓，从抽象意义上来看，2栋8～11层小高层造型简洁而稳重，四平八稳，远看犹如一枚端庄高贵的"帝王之印"，正可谓状如其名。龙玺这个命名，无论是外形还是寓意，细细推敲之下都充满了深远的意蕴，可谓神形兼备。

纵览深圳，红树林福荣路一带位处城市东南，自古就是龙脉蜿蜒之地，是风和水汇聚流入的地方。同时，由于深圳湾、红树林近在咫尺，海即为水，林即为木，此地更是水木相生的源头，进一步凸现出龙玺之地的非凡气概。龙玺的地势后高前低，按《纬略·宅经》记载所言："后高前下，名曰晋土，居住并吉。"晋土，用今天的话来讲就是福地的意思，居住在福地的人们也自然是有福之人了。

古人选宅的首要条件便是临水而居，从整体布局上看，翠堤湾·龙玺坐北朝南，8栋高层和2栋小高层错落有致，占据了城市海景的最前沿，前面是红树林深圳湾的磅礴自然景观，后靠33万平方米金地海景大社区以及蓬勃发展的整个福田中心区，正可谓"窗前300米翠林碧海，屋后500米市区中心"。而翠堤湾龙玺在这种得天独厚的环境中，更以整个深圳湾作为自家门口有情曲水，同时更以香港米埔青山为案，形成前朱雀，后玄武的格局。而从翠堤湾的整体规划上来讲，两侧伸出的八栋高层，更可看做是龙虎砂手，左青龙，右白虎，形成有力兜抱，藏风护气，极易纳财入局，虎让龙势，张驰有度，倍添气势。自此，龙玺可谓四象俱全，五福齐备，是真正的吸财纳福、宜室宜家所在。

从建筑形态上看，翠堤湾·龙玺首创"临海层叠式退台"这一独特建筑形式，不仅使主体造型更为流畅生动，而且为每家每户带来一个达9平方米的空中庭院，试想一下，在高楼林立的都市中，你能拥有一方属于自己的私人领地，有天有地，可以零距离亲近大海、亲近红树林，这是多么惬意的一件事。中国传统养生理论中很强调吐故纳新，对话天地，翠堤湾·龙玺的这个空中庭院是让居者与大自然交流的最好所在，一种充满中国式意境的天人合一境界悠然而生，尊贵、祥和、令人神往。这个大露台从居室格局上解释，更可看成是传统意义上的明堂，这一概念在中国皖南、福建一带名居中曾被广泛运用，在城市建筑中由于空间的关系很难见到，收纳天水可理解为"肥水不流外人田"的道理，是极利于泽被后世子孙的一种居室形态。而翠堤湾·龙玺由首层开始层层后退，为每家每户创造了一个传统意义上的明堂所在，更以人气为财，步步引入居室，令居者人生得意，事业更上一层楼。

翠堤湾·龙玺——红树林首席纯正花园洋房。视野里，深圳湾烟波浩渺，红树林群鸟栖息，远处米埔青山翠意盈人，水天一线，气象万千，都市里的纯美居室，莫过于此！

Fengshui

*Fengshui

过程精品 开发百科

百仕达花园

THE OASIS

项目资料

- **投 资 商：**深圳市百仕达实业有限公司
- **建筑面积：**212187.27平方米
- **占地面积：**39803.30平方米
- **单位面积：**105~340平方米
- **住宅单位：**1288户
- **栋　　数：**38栋
- **住宅层数：**10层
- **车位总数：**1060个
- **绿 化 率：**44.12%

Supporting Facilities

配套设施

● 公园

东湖公园、大头岭公园、金威啤酒城、洪湖公园、泰宁派出所、郊野公园、布心派出所等。

● 学校

百仕达小学、翠北小学、水库小学、深圳中学、百仕达中学、东湖中学。

● 幼儿园

百仕达幼儿园、新港鸿幼儿园。

● 商场

泰宁百货、永安南城百货、万佳百货、华润超市、沃尔玛。

● 银行

中国银行、工商银行、建设银行、招商银行、交通银行、农业银行。

● 医院

人民医院、东湖医院、罗湖妇幼保健院。

● 交通状况

320、1、23等路公共汽车。

Environment Plan
环境规划

植物生态圈

"植物生态圈"的概念是从生态学上引申而来的，其含义是生物总体和它的周围环境的关系模式。

住宅环境大致由个体、住宅和小区组成，通过展示一些生态空间，便能看到活灵活现的花草树木和生活环境。

人类对四季的感情是非常丰富的，小区内如果没有自然景观，就需要做出人工景观来加以补偿。百仕达花园实际上就是一个巧夺天工的"人造花园"。至于植物生态圈，这是一个时空概念从时间上来看，要通过动物和植物来表现春、夏、秋、冬24个节气的变化；从空间上说，就是要营造一个包括海、陆、空三个要素构成的"植物生态圈"。

海。指的是百仕达的水面，百仕达对水面的布局是相当丰富的，不仅拥有四个不规则的人工湖泊，还有瀑布、小河和喷泉，等等。作为花园，水面的运用不仅促进了动植物的大量繁衍，而且水面蒸发的水汽能够吸热，营造出凉爽、惬意的生活环境，同时波光水景也能给人带来视觉上的快感。

陆。就是要让植物在陆地上显示出季节分明的特性。冬天落叶，春天发芽，夏天枝繁叶茂，秋天红叶点点。

空。在百仕达住宅区随处可以听到鸟鸣声。在百仕达一期与电箱搭配的鸟笼周围，发展商喂养了一百多只小鹦鹉；而在百仕达二期，他们准备养殖深圳目前尚不多见的扇鸽，它们打开白色的翅膀在百仕达小区的天空中盘旋，不经意中增添了一抹诗意。

百仕达是一个把住宅建在植物生态圈上的小区，为居住者提供了生机盎然、自然气息浓厚、方便舒适而又没有污染的居住环境。百仕达在植物生态圈上下足了功夫，这些可体现在点点滴滴的细节上，比如架空层引绿

Fengshui

入室以及天台花园等都体现了完整的、垂直型的植物生态圈。值得一提的是，百仕达花园为减少尘埃和噪音种了许多树，而树多遮阴对草坪的生长甚为不利，因此特别从国外购买了适合在树荫下生长的地逑草植物；在光线较强的地方，则仍然沿用喜阳的韩国草。

百仕达的植物生态圈未必成为未来住宅的主流，但业已引起了同行的密切关注，近年来深圳已有某些小区开始克隆百仕达园林植物生态圈。百仕达园林植物圈一开先河，或许会使更多的住宅小区多姿多彩，贴近自然。

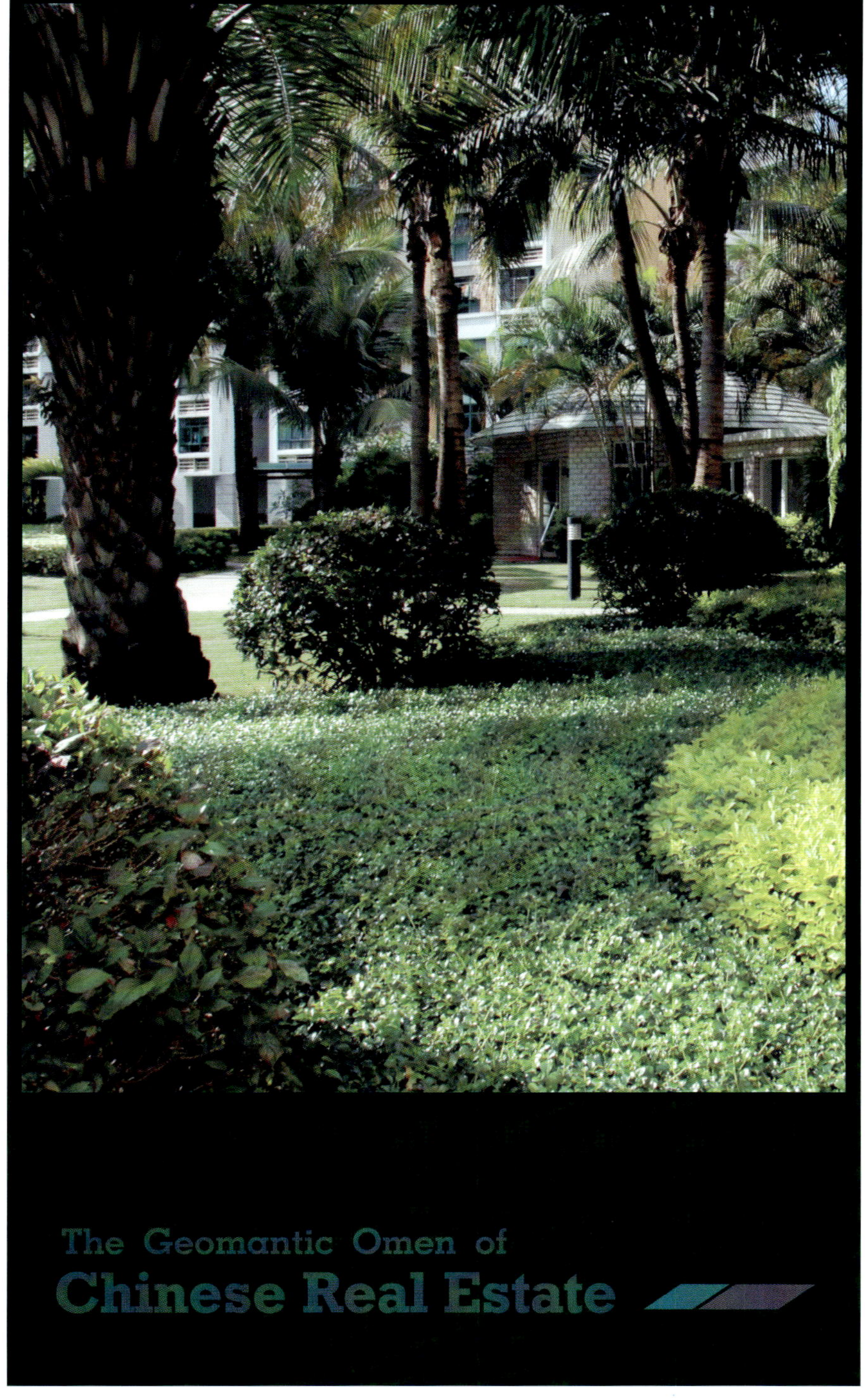

八层花池

百仕达的每棵树、每束花的根部都有八层基质，种花程序的繁锁让人难以想象。花匠们解释说，所谓“八层花池”，最下面一层是大石块，然后是小石块、鹅卵石、粗沙和细沙，再然后是优质土、肥料和草皮这不正是八层吗？更值得一提的是，花匠平时对花草的养护，更是无微不至。

种花植树，看似简单，却需要诸多学问。仅从植物的土壤改良来看，不仅要研究这些植物的物理性状和化学性状，还要研究土壤的pH值。而从加拿大购买的36元一包的扶植土，其叶糠和谷壳的含量准确，水分保持性能良好，适宜百仕达的植物生长；而蝗石、珍珠岩、炭石和蕨类纤维的合理配比，也使百仕达的花草树木绿叶葱葱、繁花似锦。

现在住宅小区都时兴砌花池种花。凡种花者都讲究土质，但发展商对土质的认识又有多少？时隔不久，雨季来了，雨水很可能淹渍花池，自然也就损害了这些奇花异草的根系。雨过天晴，花草便枯萎了，于是使得种花者痛心疾首，不免怨天尤人一番。由此可见，花园小区的土壤改善不容忽视。

深圳楼市的市场竞争越来越激烈，人们的环境意识也越来越强，迫使发展商常常思考这样的问题：如何能通过人性化的关怀赢取业主的心？从这个意义上说，花草养植的意义非同寻常。住宅小区冠名“××花园”，言下之意就是住在花园里才显得有档次。栽花种树是住宅小区环境美化的一个最起码的要素，环境好坏只要看看花池即能知一二。

百仕达的花池多达八层，花繁叶茂来之不易。所以说百仕达花园能够长期保持热销的势头，一点也不奇怪。

雕塑

同建筑一样，每个居住区都需要有各自独特的风格，避免和别处雷同。然而在一个居住区里它们的风格都应该是统一的，在统一中求变化。百仕达花园的雕塑就凸现了其识别性，如温馨家庭、海豚、狮头鱼身等。这些雕塑在构思、形式、材质等方面协调呼应，给人以和谐、完美的感觉。

由于雕塑本身的特性，在造型和视觉方面都表现出亲和、明快之感。这样不仅能够与小区内其他小品融合在一起，而且对整个小区起到对比、衬托的作用。雕塑主要是为了装饰和美化环境，因此必须与周围环境协调，与周围建筑、绿化形成统一的风格。反之，制作再精美的雕塑也只能前功尽弃，甚至画蛇添足了。

百仕达小区的雕塑组合，在空间上疏密适宜，有开有闭，高低不同。既起到了在建筑与绿化之间的重要补充作用，又是居民欣赏艺术、陶冶情操的优秀作品。从雕塑的自身创作情况上看不出堆砌和做作，符合百仕达花园的生态自然性，并丰富了环境景观。

在居住区内不宜多搞雕塑，特别是造型笨拙的雕塑。这种常规的理念无疑束缚了居住区景观设计的开放性，因此在深圳住宅中，雕塑一般不多见。在我国，传统手法是利用堆石造型代替雕塑，但缺点是不宜多，不宜堆得体量太大。百仕达吸收了欧美先进国家住宅区园林景观设计的精华，选择的大都是造型优美、尺度适宜的人像和动物雕塑设置在小区的重点部位。

在居住区设置雕塑需针对各自的居住环境而定，但凡进入居住区的雕塑就要突出象征性的艺术价值，又要密切结合住宅小区的特点和需求，切

Fengshui

忌庸俗、比例失调的仿动物雕塑和哗众取宠的怪态雕塑，这样不仅缺乏美感，也会使居民感到厌恶。

遮雨廊

建造遮雨廊不仅要增加投资，还须具备一些特殊条件，比如遮雨廊连接的建筑物所围合的空间须有足够的尺度，否则会感到局促。由于百仕达一、二期规模为15万~20万平方米，小区内面积大，所以遮雨廊不仅成了小区的高尚配套，也成了小区的重要点缀。

百仕达小区住宅电梯直通地下车库，使业主缩短了回家的距离，但地下车库的封闭却减少了人与自然环境的联系。发展商决定在百仕达车库出口与住宅之间的一段比较恰当的区间内设置遮雨廊。

发展商从合理选择遮雨廊的材料着手，到分割空间、转移画面和线条处理等一系列工序，以丰富遮雨廊的造景功能。后现代风格的百仕达一期的遮雨廊用的是金属柱，而二期为体现温馨的、人文的新古典主义，全部采用价格昂贵的进口樟木精心制成。顶上的遮雨棚选择的是最好的材料卡布隆棚板。这种板的优点是不易破碎，透光又好，且能阻挡阳光中的紫外线辐射。

百仕达的遮雨廊把车库的出口和住宅连结成了一个有机的整体，犹如一条彩带，增强了横向联系，提高了空间领域性和空间的层次感。这样既划分了空间，又具有通透感，成为户外庭院的补充与扩展，达到空间高度渗透的上佳效果。遮雨廊同时作为建筑小品来处理，使百仕达花园更具时尚魅力。

像这样的遮雨廊已经足够令人兴叹了，然而百仕达永不满足，未来的遮雨廊打算用密布的植物来代替廊顶的卡布隆棚板，使滴水声变小，而且不会燥热。经过精心考虑设计建造的遮雨廊自然地融汇在绿化和建筑之间，成为小区里一道靓丽的风景线。

业主可以在遮雨廊下漫步，既避开了风雨和骄阳，又可以在离家之前和回家之际去亲近一下自然，舒缓一下心情。

试想：蒙蒙细雨天，单独或结伴在遮雨廊下漫步，那是怎样一种心境?

走廊

按照社会学理论，一个群体具有二重性，即群体的社会性和群体的私密性。住宅的门厅为居住环境起到空间划分作用的同时，也自然地分割开群体的二重性。有人说，门厅是走出电梯、走向自己住宅的一块公用空间。

从住宅市场的演变来看，随着购房者观念的变化，对住宅门厅的功能需求显得更为具体。百仕达审时度势，在门厅上立意求新，以满足业主不断更新的居住观念：一方面百仕达的门厅以开放的平面为基础，以流动空间为有机空间，使静止的空间变成流动，隔绝变成连续、封闭变成渗透；另一方面百仕达的门厅满足分户的独立性和私密性，适应了活动空间和紧急疏散的要求，使两者融为一体。

百仕达花园淋漓尽致地塑造了自己的门厅特色，其门厅的功能发挥有赖于相应的尺度和环境布局的设计。为满足业主的心理欲望，门厅所体现的感官功能也显得重要。比如住家门口的门厅，用玻璃将这块空间一分为二，给两户人家营造了一个半开放的自我空间，使归家的人在走进家门之前有“过渡心情”，提前感受到家的温馨。在电梯到住宅的整体环境配合下，百仕达的门厅与整体有效地搭配，衬托出百仕达不凡的格调。

美国当代建筑规划大师奥斯卡·纽曼所著的《可防卫空间》一书中指出：“像住宅中很多人使用的公共门厅、电梯间、长走廊及任何人都可以随意进出的住宅区活动场所、道路，是犯罪的方便之地。”百仕达发展商充分考虑到安全防卫问题会直接影响居民的生活，不仅在规划、建筑上考虑门厅的特殊性，还在门厅处设置了智能化的监控系统，并配有紧急求助按钮。从这个意义上说，百仕达的门厅是按照“可防卫空间”建造的。由于利用了居民潜在的领域和拥有意识，使罪犯觉察到这个空间是被它的居住者们所控制和拥有的，因此杜绝了犯罪的可能性。而对不属于这一领域空间的陌生人来说，会使之产生望而却步之感，使业主实现对门厅实实在在的控制和拥有。

不仅住宅门口的门厅如此，就连每栋住宅楼大堂入口的门厅也体现了与众不同的品味。比如A区最早的七栋楼，努力强调自然与通透，并把绿化引进门厅，在门厅内还设置了儿童游戏区。从百仕达门厅一点一滴的设计，可见发展商的良苦用心。

没有细节，建筑将陷于混乱、盲目。百仕达的门厅正是注重细节、体现以人为本的哲学内涵，满足业主的特定心理需求。传统的门斗、门廊自然不能替代现代的门厅，而且传统意义上的门厅的功能已使人感到不满足或是功能老化，百仕达门厅的出现正迎合或基本迎合了新式居家观念的某一细部需求。

门厅体现了百仕达花园的尊贵定位，吸引而来的业主自然也是品位非凡的高贵人士。

架空层

如果说百仕达花园在深圳引导了住宅架空层的最新潮流，恐怕不会过份。百仕达一期21万平方米住宅全部架空，一时传为深圳乃至全国住宅行业的佳话。今天，深圳住宅利用架空层已颇为流行，甚至架空层已成为某些置业者买楼的关注热点，这离不开百仕达花园的市场引导作用。

政府明文规定，架空层层高不得超过2.2米，发展商不得将架空层用于商业用途，违反者将被罚款。受利益驱使，发展商在架空层上作假的情况时有发生，因为稍稍把架空层假以“利用”便可有大把进项。百仕达花园出于业主利益的考虑，同时为了达到高尚住宅的要求，不但天把架空层做成商铺，反而倒贴了一大笔钱，引入绿化，把架空层设计成为供业主休闲、娱乐的场所。即便是雨天，业主也可尽情享受到户外活动的乐趣。百仕达架空层作为室外空间，兼备私密性，整体空间“隔而不断”。

建架空层容易，如何利用架空层则是一个更需精益求精的问题，百仕达向住户承诺，要把它建成一个“小公园”。架空层的绿化融入小区的园林景观，浑然一体。架空层里，种植喜阴的植物，运用园林植物的不同形状、颜色和风格，因地制宜地配置出自然生态圈。

架空层的绿地是最贴近居民生活的，有了架空层的开阔场地，邻里之间也找到了彼此交流的公共空间。打牌、下棋、聊天、日常体育锻练都可以随着业主的意愿随意发挥。

百仕达花园的居民从楼上乘电梯即可直达架空层，十分方便。美国城市规划专家的研究表明，虽然城市公园对居民来说十分重要，但是只有离公园不超过三分钟的人才会经常使用它。据此，百仕达架空层的休闲场所不仅从空间上给予居民方便，而且从时间上迎合了居民实际的需要。

政府有关监督部门在了解百仕达花园架空层的创造性利用方式后，开始考虑改变过去一味限制发展商利用架空层的规定，打算推广百仕达的做法，现已开始制定政策，引导发展商将架空层建成为业主提供休闲、娱乐的场所。

如今，百仕达花园的架空层已成为与居民日常生活息息相关的“小公园”，利用率甚至高过小区内的大园林。 据了解，百仕达花园未来近90万平方米的住宅将全部沿用这种方式。发展商称，他们将会在功能和细部规划上更加精益求精，体现出真正的高尚物业风范。

Architecture Design
建筑设计

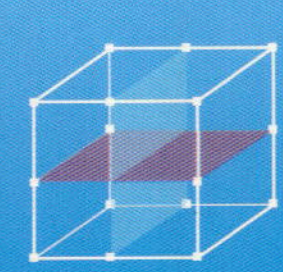

Fengshui

The Geomantic Omen of
Chinese Real Estate

名师荟萃

在百仕达工作的设计师们虽然辛苦，却很有成就感。因为百仕达公司不仅厚待设计师，而且对设计师的合理建议也都是积极采纳。

开发较小项目的投资单位通常不设置专门的设计部门，仅将设计人员穿插在工程部。为了对设计单位提供的（乙方）设计方案总体把关、考察细节交流，百仕达公司专门成立了设计部，拥有建筑、园林、室内三类设计师共四位，三个人负责建筑，一个人负责结构。

百仕达一期的建筑由某建筑工程顾问公司设计。在双方的共同努力下，方案修改了好多次，直至满意为止。严格地说，百仕达一期的设计方案是甲乙双方交流的结晶。

即使同样是设计师，工作性质也有可能截然不同。设计院的设计人员接触发展商比较多，而百仕达的设计师只有一个项目。从设计单位到百仕达工作的陈先生认为，工作的转变是由原来的“一对十”变成现在的“十对一”。在设计院实际操作较多，在百仕达却要相对独立。他说，这是甲乙双方设计师最明显的差别。

甲方设计师更像无名英雄。百仕达花园是一个很大的项目，当乙方的设计方案不足以震撼人心、修改成为必然时，百仕达的设计师们就必须要有很强的责任心以及敬业精神。然而在向乙方提出许多宝贵意见的同时，自己的创意却被埋设在乙方设计师的名字里。

在深圳具有可识别性的明星楼盘不多，百仕达花园是其中的一个佼佼者。业界人士说，脱颖而出的百仕达花园，是深圳1992年之后的第二代潮流领先者，带动了许多楼盘的发展，这都归功于发展商的实力，也离不开百仕达的设计师们的共同努力。

百仕达的设计是一项复杂的综合系统工程，它远远超越了单线工程技术的范畴，深入到社会、经济、生态、文化、心理、行为等领域。百仕达的设计师提出“以人为主，物为人用”的观点，把百仕达看成是城市的一隅，居住空间是城市空间的延续，切实避免了设计上的盲目性。

小区设计

"日月星辰"风水布局暗合天地之像。

"缔造非凡府邸，彰显超然地位"的百仕达花园，凭借卓越的设计及优美的环境，在深圳市罗湖区的一隅集山丘、冲沟、电缆沟、禁建地带的地块上，巧夺天工地营造出"日、月、星"交相辉映的"居住星像图"，令业内外人士惊叹不已。

百仕达花园的设计采取了人文尺度的规划和组合，通过内与外、平面与空间、功能与形式等因素互动的方式组织实施的。由于项目地块的局限，百仕达在小区的规划设计上分阶段实施，即意味着必然有相对独立的板块，可以分别开发，风格上可以各有破立，相辅相成，但必须协调。

百仕达花园的整个一期配套建设的最初几个方案中，住宅、会所和幼儿园一直处于场地的几何中心。后来发现公共建筑放在此处有一种过重的"统摄"或"中心"的意味，地形的突出及中心的位置自然会造成观念性的误解，有喧宾夺主之嫌，因为住宅小区并非文化公园。让出这个位于一组环形围合的点状住宅中间的台地，用于绿化和人文景观的设置，这样，既避免了"文化公园"的嫌疑又使住宅小区形成"日"状的中心组团。

如果说百仕达花园一期是以非围合式的共享空间（A区）和大头岭公园、深圳水库（B区）为主题，凸现现代主义风格的建筑，那么，百仕达花园二期就是以"水"为主题，透过翠湖、清泉、流水以及中西园林景致的绝美结合，糅合了希腊及中欧风格的新古典主义建筑。在百仕达二期里，建筑物畔水而生，优雅怡然。被人工湖错落有致分隔的中心组团更显"日"状，周围的楼房布局尤如"新月"升起，在湖光山色的映衬之下，显得娇媚动人。布置在小区周围的楼房像"星星"一样分布，零落有趣。百仕达花园"日"状的中心组团时而被群"星"簇拥，时而伴"月"增辉。从百仕达花园的一期到二期，赋予"宇宙"般神奇的小区布局艺术，使居者在大地之上感受到了"日、月、星辰"之气，贯入吉祥和永恒的居住意象。

百仕达花园的高低楼层排列错落有致，"日、月、星辰"相铺相成，形散神不散。百仕达花园一期占地面积12.7公顷，这个地块可以说是整个百仕达花园占地32万平方米开发中最不规则、最不平整的一块地。发展商在山丘、冲沟、电缆沟、禁建地带也抹上了浪漫的联想并美梦成真。百仕达二期以"水"为媒的园林式建筑，占地6.2万平方米的住宅，其水面达10000平方米，14万平方米的建筑，946户人家共居一个"水上世界"。

小区形式美的创造手法有等级之分，最高的创造是空间或体积的创造，空间美使百仕达花园成为最有说服力的住宅小区。因为空间美才凸出"日、月、星"的形体艺术，从而走出欧陆风的缺陷，用本质的创造去代替风格的简单嫁接。设计师们用最简单的处理手法把百仕达花园塑造成"日、月、星辰"交相辉映的花园，暗合天象。

空间设计

“墙倒尾不塌”，道出了我国传统的由梁、柱组合而成的木构架结构的原理。

该构架作为承重结构，同围护结构是完全分开的。而百仕达花园的房间无梁无柱，建筑物构架的承重结构和围护结构相互交融，相互承载。

百仕达首期A区也是有梁有柱的。有梁，给房间装修带来很多麻烦。室内的柱子又常常会影响空间的利用和美观，比如家具摆放不方便等。于是百仕达的发展商为方便业主，想方设法把房间设计成盒子一样，即在百仕达的内部采用无梁无柱的结构。所谓无柱，是指采用异形柱的工艺，这在国内还没有具体的建筑规范，百仕达探索性把柱改成墙一样厚，截面积不变，从而把柱隐藏起来（柱和剪力墙用组合钢模浇铸）；所谓无梁，是指大板结构代替了原来的有梁板，百仕达的天花板一次性浇铸成型，把板的厚度加厚，然后再采取吊装的形式施工安装。由于面积很大，其天花板被国内同行称为“中国第一板”。

其实，剪力墙大板结构的“无梁无柱”思想是工业化住宅建筑体系很成熟的技术。这种体系的特点是既有利于防水又有利于防震，同时增大了房间的实用率，而且可以使内部平面布置灵活。工程人员计算过，由于百仕达房间无梁无柱，一个单位至少增加了1个平方米左右的实用面积！另外，无梁无柱的房间装修方便得多。室内吊顶为的是遮盖，百仕达的住宅屋顶是整块板，没必要多此一举；而没有柱子的房间，变得更加简单，便于家具的合理摆放。

无梁无柱的单位造价较高。以大板结构为例，每平方米至少需200元的成本。可见，百仕达采用“无梁无柱”的技术不存在技术上的困难，关键要看发展商是否舍得花这笔钱。而百仕达花园的开发商义无反顾，他们表示花这笔钱绝对值！

果然，无梁无柱的房间使百仕达的业主心满意足，发展商的品牌声誉也得以进一步提升。

发展商认为，人的一生80％的时间生活在住宅里，住宅是人的“庇护所”，从“以人为本”的角度出发，建造无梁无柱的房间顺应了住宅产业化的趋势。房间建筑设计是否合理实用，已成为购房者的重要选择依据之一。

住宅的功能决定了住宅必须为人设想，为人服务。为人服务的第一点就是实用性。百仕达无梁无柱的房间，是实用性内涵的最佳体现。

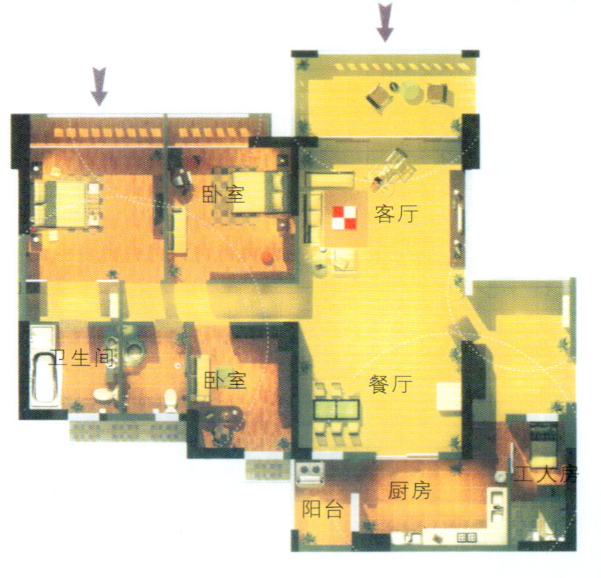

小高层设计

深圳小高层的兴起，对深圳住宅小区的更新换代起到了不可忽视的作用。以百仕达为例，百仕达一期小高层的设计方案，在1995年8月敲定，整个小区19栋住宅物业全部定位为9～11层一梯二房的小高层物业。当时，深圳的类似物业只有4家，即华侨城的桂花苑、银湖的金湖花园、罗湖的新华花园和当时在建的宝泉庄。这4家小高层物业规模较小，投建速度都有2～3年的跨度。

1996年，百仕达花园在深圳悄然兴起小高层住宅，一时蔚然成风，深受发展商的追捧和消费者的青睐。而后，小高层建筑如雨后春笋，深圳80%的明星楼盘是小高层，如万科城市花园、天健花园、东海花园、金地海景花园、欧风一条街等。

百仕达花园的小高层住宅较好地迎合了消费者的置业倾向。对消费者而言，小高层是个“稀缺资源”，未来将会越来越少。因为带电梯，可以享受和高层住宅一样的好处，生活快捷，比多层干净卫生，视野良好，且有较大的规模和占地，同时在楼宇样式设计和个性方面又有特别的表现。

百仕达花园在设计之初就进行了全方位的考察论证，以让消费者选择最佳的建筑楼型。有关专家认为，高层住宅以单体建筑和联体建筑居多，在闹市中超然兀立，难以营造出住宅小区的融洽气氛，每梯户数较多容易造成电梯拥挤，住户也难免心有怨言。

相对于高层的缺点，百仕达小高层做了恰到好处的弥补。随着城市楼房越盖越高，多层看到太阳的机会越来越少，小高层上下楼方便、采光好、空气好、离污染源较远、受噪音影响较少等优点显得更具有竞争力。

当然，小高层住宅虽存在上述优势，但又存在一些缺点：即管理费用相对较高，实用率相对低。对于追求经济实用的消费者而言，显得不够划算。但小高层总体上利大于弊。殊不知，正是所谓“弊”让小高层的户主享受着电梯的快捷、大堂的豪华。

按照国家规定，楼层在8层以下可以不设电梯。但是百仕达考虑业主生活的实际需要，8层以下的住宅里也安装了电梯，以满足业主上下楼的需要。另外，小高层的一梯两户格局，使业主在享受电梯便利的同时，也不会产生一般高层住宅每层十几户人家共享一梯所带来的嘈杂和不便，真正使业主住得舒服、惬意。

至于价格，百仕达花园的小高层介于高层和多层两者之间。有关专家认为，小高层住宅既有利于居住，又有利于投资，是深圳商品住宅的一个热销板块。

百仕达花园拒绝平庸，拒绝照抄照搬欧陆风格，以新古典主义和后现代主义的建筑风格交相辉映，力图在建筑风格和小区环境方面用足功夫，更注重环境、低密度和细部表现。同时，其立面造型讲究开放性，不乏为一种有市场眼光的尝试，其销售一贯呈火爆势头也就成了必然。

百仕达花园小高层住宅非传统的小高层楼盘的联排式，以符合人性化布局的围合式创新，小区的居住空间顺而不穿，畅而不空，使住户既有邻里认同感，又保证私密性。

屋顶设计

高层住宅与多层住宅施工不同，施工单位通常愿意做高层，不愿做多层。百仕达多层区的屋顶是四坡屋顶，有高有矮，有长有短，屋顶之间还要相互交接，设计和施工难度大。

百仕达花园二期中部分楼盘呈现联体状，其屋顶形状变化多端，有如中国园林中带凉亭的长廊。用钢筋混凝土浇铸这样的形态施工难度之大，可想而知。设计与施工人员反复尝试，终于克服了难关，完美地再现了设计师的设计意念。

百仕达二期建筑全部采用剪力墙大板结构，东南区的四层住宅亦然。一般四层住宅都不会用钢筋混凝土，只用砖混结构。因为各层的结构不一样，因此就没有标准层，施工时每层都要看清楚图纸。

一般住宅的施工通常四天可以做一层，而百仕达花园做一个四坡屋顶却要花费一个月时间。由于施工单位原来没有接触过四坡屋顶，工人制造不了这种模板。于是发展商专门请了对园林建筑比较熟悉的工人，并由技术人员在现场指导制作。光一个模板就用了半个月时间。

四坡屋顶的钢筋板轧也不同寻常，不是按照图纸尺寸而是要到现场量好，然后又在地面上加工好才能拿到上面施工。如果预先把钢筋板轧好，极易出差错，这样费功夫的做法又花了10来天时间。

另外，由于四坡屋顶是斜坡的，使得倒混凝土也有了相当大的难度，但经过巧匠们一丝不苟地努力，终于做出了细活。但四坡屋顶的最后一道工序挂瓦也是有难度的。四坡屋顶的高度约3米，屋顶底部长度将近4米，一般大面积的屋顶好挂瓦，而百仕达花园的四坡屋顶坡度大、屋顶小，像四轮坠体。瓦从屋顶上面尖一点的地方，一直挂到下面，越来越大，这样还必须剖瓦，瓦的损耗程度高。施工中的操作难度更不用说，施工人员不好站，还要搭个脚手架。

百仕达花园的四坡屋顶，虽是欧式的，用的却是中国园林长廊式的建筑方式。看起来富有层次感。这漂亮的百仕达层顶，殊不知建造起来花费了许多心血。屋顶“远近高低各不同”，增加了施工单位的难度，施工单位的一位负责人说：“在百仕达干活，既是机会，又是一种挑战”。

人们常说，建筑工程是遗憾的艺术，百仕达花园却没有把一丝遗憾留下来。

天花板设计

精益求精的精神在深圳的开发商里无处不在，几乎所有的开发商都在建筑结构的探索方面有所创意，百仕达就是一例。百仕达的天花板一次浇铸成形，然后再采取吊装的形式施工，由于面积很大，称得上是“中国第一板”。

百仕达的这种大板结构使房间整齐，无梁无柱，方正实用，视觉上没有遮挡，二次装修格外方便，仿佛就像一张白纸，想画什么就画什么。而且屋顶吊装的是一块整板，可以不用再吊顶，如果吊顶，不过是遮盖而已。内部平面的布置显得灵活多了。而大板结构本身既有利于防水，又利于防震。

设计人员说，百仕达住宅的受力情况超过住宅标准。为了得到力学理论论证，百仕达的工程师专门拜访了北京建设局，诚恳地向相关专家作了咨询。

楼板联体，对设计环节而言是一个挑战，整个小区要互相连接，转变部位的一点一滴都要考虑周全。施工单位同样面临挑战，付出了很多心血。楼层的板又厚，工程造价比较大。实际上，大板结构在国内已经是很成熟的技术，只是以往一般多用于公共建筑，百仕达较早地把大板结构用于住宅建筑，简直就是“豆腐花了肉价钱”，但是这样做，也是为了满足广大业主的更高层次的需求。

东南区的几幢4层住宅，一般用砖混结构的，却一样用钢筋混凝土，用大板结构代替了有梁板。百仕达的大板结构每平方米至少需200元的成本，发展商也真舍得花这笔钱。

一般地，只有在相当长的时期内（例如5~10年）有比较稳定的住宅建造量，采用大板结构才比较适合。百仕达花园总占地面积30万平方米，总建筑面积90万平方米，分三期建设，时间跨度较长，如此规模的住宅区，当然为采用大板结构提供了良好的条件。

发展商说，大板结构虽然投资成本提高了，但建筑质量也有着大幅提高，不断地追求高质量，使业主得到了更多的实惠，住宅更加实用，真可谓物有所值。

Supporting Facilities
社区配套

花草

配电箱、消防栓等都是住宅小区不可缺少的设备，如果完全遮闭，势将违反供电、消防部门的有关规定；如果完全裸露，又影响环境美观度。许多发展商都期望能够完美解决这一难题。

百仕达花园在这些细节上做足了文章。他们称，再机械的设备，在景观设计中都可以用花草树木来隐藏或淡化。难度较大的，比如消防栓按照规定是不允许遮挡的，这时候不妨从设备本身的色彩、体量上做一些尝试，或许会变为美化环境的一种装饰物。百仕达花园对火红的消防栓的处理，就是通过太湖石的映衬，让二者相互融合，使之成为一抹点缀花园的亮丽色彩。

设备融入花草之中，不得不说是一种巧妙的思维。百仕达花园的一些机械与自然的有机结合，起到画龙点睛的作用。原本与自然环境格格不入的配电箱是用无数个鸟笼来遮掩的，现在已成为小鸟的天堂；而匍匐在花丛中听室外音响，给人带来天籁之声；隐藏在草坪里的花洒喷头，不时探出头来下一场人工雨；黑色亚光漆的草地灯，夜间照明时更显其神采……发展商称，在百仕达，就连椅凳的摆放、标语牌的用料都要有融入自然的考究。

当然，如果一些设备在融入环境中，显得不到位、不精巧、不细致，就会对环境起到破坏作用，弄巧成拙。某个住宅区对垃圾筒的设计方案，提出“与环境的融合，方便实用”的要求，数十个列兵式的垃圾筒被一些灌木遮挡得严严实实，确定能达到遮人眼线的目的。然而时隔不久，小区的管理人员发现小区内行人丢放垃圾比较随意，问及原因，业主们反而掉头埋怨小区里没有垃圾筒。所以融入花草中的设备也要掌握分寸。

各个住宅小区的环境各不相同，因地制宜，才能让融入花草中的设备更显得亲切、自然。而百仕达花园在小区设备与自然的有机结合方面的做法，值得借鉴。

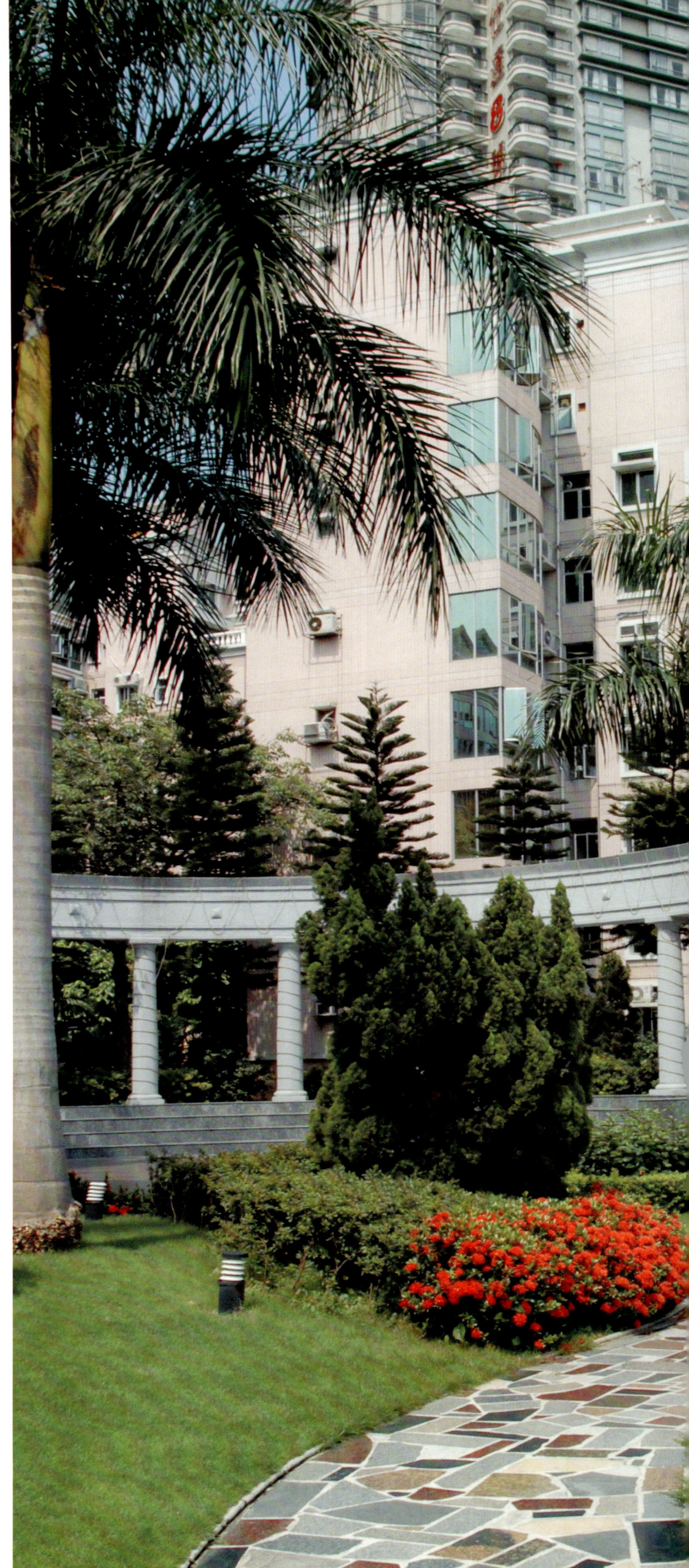

电梯

百仕达的一招一式总是那么非夷所思，独具创意，引来一群又一群的效仿者：9层小高层全部装备电梯，为韩国品牌LG出品，单价50万元／部。一期装备38部，二期53部，共91部，耗资4550万元。

电梯的运行状况主要由电梯的品牌选择、安装、维护保养三个环节来保证。电梯在投入运行之后则主要依靠电梯的日常维护保养来保证。

百仕达拒用低品质电梯。百仕达花园并不因首开在9层、10层的小高层里装配电梯的先例超过国家标准而沾沾自喜。发展商道明：百仕达花园要用就用高质量的进口电梯。

初选期，有工程师建议9层、7层就用国产电梯已经不错了，既超前也符合甚至超过国家标准，对发展商来说还可节约资金。后来这个建议未被采用。百仕达花园进口电梯采购进行招标，一下子来了近三十家国外电梯生产商，经层层技术筛选，韩国LG的电梯中标。

为何选用LG电梯?

深圳人选用较好的进口电梯品牌主要有三菱、奥的斯等，大多数用在写字楼，而住宅小区的小高层使用的电梯却质量一般。当时LG电梯在深圳尚不多见，但在香港和国内的北方市场占有率较大。该种电梯的产品更新快，机房小，运行平稳，具有技术优势，特别适合住宅使用。

百仕达对电梯的精心维护保养就是要“把故障消灭于萌芽之前”，甚至能弥补电梯设计、制造、安装等遗留下来的某些不足。

目前许多用户及厂商都是等电梯出现故障才要维修人员“头痛医头，脚痛医脚”，把故障排除了便算了事，没有从根本上消除隐患便投入运行，根本没做到定时定人对电梯的维护保养。而百仕达使用的LG电梯，日常的维护保养不但杜绝了电梯故障，而且使电梯的原件免受损坏，保证电梯质量和功能得以延长，使业主们的安全也得到了保障。

百仕达在选用LG电梯之初，就重点考虑了他们的售后服务。由于百仕达花园一期用了38台LG电梯，二期规划中又有53台，LG电梯公司便在百仕达专门建立了一个维修站，另常备6个工作人员，为百仕达花园实行专门化的服务。

此外，百仕达花园的物业公司为了养护电梯，在已入伙的一期花园专门配备两个维修工负责电梯的养护，制定了一整套规范的《养护手册》。

国家规定楼高8层以上必须设有电梯，由于造价原因，一般8层以下的楼房均无电梯，难能可贵的是百仕达考虑业主未来生活的实际需要，8层以下的住宅同样配备精良电梯，小高层一梯两户，深得买家青睐。

● 窗

窗也是一种文化。

如果把建筑群比喻成一篇华美的乐章，那么窗就是乐章里具有浪漫情调的音符。倘若住宅忽视了窗户的布局、几何造型和装饰，建筑就会丧失灵气。百仕达窗户的造型、色彩和采光，充分体现了现代建筑物的言语和表情。百仕达的凸透落地窗、大开窗、威卢克斯窗各具特色又相互映衬，含蓄外露并收，尤如A大调或E小调的钢琴奏鸣曲，其内涵只可意会，不能言传。

百仕达花园把窗引入住宅的外饰面，与小区的整体有效搭配，衬托出物业不同凡响的格调。百仕达花园的窗户在建筑设计上采用凸透落地大开窗的风格，与其整个小区的园林景色配置相得益彰。

百仕达的住宅客厅采用皮尔金顿阳光镀膜落地窗，其余部分采用高级绿色铝合金窗框配绿色或深绿色玻璃。

顶楼斜面屋顶的威卢克斯窗更是深圳独景。威卢克斯窗（VELUX）是一种来自北欧丹麦的原装泊来品，专门用来装置在斜面屋顶的窗户。威卢克斯窗高1.5米，纯名贵原木制作不容易变形。威卢克斯窗不仅采光效果特别好，而且美观大方。 威卢克斯窗突破传统老虎窗仅供采光而缺乏美化屋顶的缺陷，在深圳率先创造了明亮宜人的斜屋顶空间。威卢克斯窗配有一个自动窗帘，窗帘和窗户保持平行斜度，窗帘的颜色可以选择各种各样的，有沙漠色、大海色等等。百仕达花园顶楼的复式住宅，有了威卢克斯窗，使样板房看上去格外醒目，具有识别性，引起了许多人都要争着购买这套样板房。

丹麦是安徒生童话的故乡。生活在百仕达花园，拥有来自丹麦威卢克斯窗的顶楼业主，白天收集着阳光、蓝天、白云，晚上拥揽着星星和月亮，不经意中多了几分遐想，多了几分梦幻。

百仕达的铝合金窗全部选用1.66毫米的铝材制成，非常牢固。在房间的静区，书房、卧室，则采用镶嵌中空双层玻璃窗户，沿街的楼房亦然，能有效隔绝尘嚣。

百仕达的住宅动区即核心空间客厅，其面积大，开间宽敞，采用落地窗外加透气栏杆，采光充足，通风顺畅。

请打开百仕达之窗，把大头岭公园葱郁的自然风光和人工湖、小区园林景色引入室内，让湖光山色尽收眼底。

窗，是不是一种文化?

中国斜屋顶的空间设计及构造，至今已经有50多年的经验了。国内传统的做法就是花几百元钱，在斜屋顶上做个老虎窗，既简单又省钱，还可达到采光的目的。

随着人们审美意识的提升，人们对斜屋顶的空间设计提出了更新、更高的要求。名牌物业百仕达花园为了创造明亮宜人的斜屋顶空间，在深圳率先选择了时下还鲜为人知的威卢克斯窗，从而突破了老虎窗仅供采光、不能美化屋顶的固有缺陷。

百仕达花园的发展商在一开始并不知道威卢克斯窗，但坚决反对在斜屋顶上安装传统的老虎窗。发展商认为老虎窗既笨拙又难看，与属高尚物

业的百仕达建筑群根本不般配，所以迫切想找到一种漂亮新颖、并适合装在顶楼复式房斜屋顶上的窗户。

功夫不负有心人，百仕达发展商终于通过设计院了解到这种威卢克斯窗，并找到了该进口产品的国内代理商。经过多方了解，发展商发现在深圳斜屋顶使用威卢克斯窗的还非常少，相比较而言北方用得较多，且一般仅用在高档别墅物业。威卢克斯窗的价格相当昂贵，单装一个威卢克斯窗就要至少花费5000元人民币，像百仕达花园这样小高层建筑群内的斜屋顶全部使用威卢克斯窗，代价之高昂在国内确实是较为罕见的。

当时，威卢克斯窗还没有在深圳的市场上销售，要买就得到北京。百仕达花园的发展商千里迢迢，硬是把威卢克斯窗从北京“搬”了回来，光百仕达花园一期就用了50个窗户，耗资25万元。据施工人员介绍说，威卢克斯窗安装在斜屋顶上比老虎窗的施工难度大得多，角度和力度必须配合好，严丝合缝。

威卢克斯窗还配了一个自动窗帘，窗帘和窗户保持平行斜度，窗帘的颜色可以有很多选择，比如沙漠色、大海色，都是自然、明快的色彩。百仕达花园顶楼的复式住宅，有了威卢克斯窗，房间里凭添了一道靓丽风景。

百仕达花园的威卢克斯窗不仅创造了明亮宜人的斜屋顶空间，更可贵的是它送给居住者每一天的美好生活。

● 门

住宅的门是一个家的”门面”，直接影响到家的形象。中国人十分重视门的作用，把它作为确保安全与私密的手段、显示尊贵和品位的标志。因此，也舍得在门的牢固规格、造型和装修方面下大功夫。

百仕达花园对门的要求很高。发展商强调所有的门都必须要有品位，能般配业主的尊贵身份，既要漂亮，又要有人情味。真正要满足发展商的要求，最好用木质门，但是木质门又不能防盗防火。为了寻找理想中的门，百仕达花园物资部采购人员不辞辛劳，经常奔走于各个市场中，发现门要能防盗防火，大多数选用的材料不是钢就是铁，看起来既生硬又难看。他们把希望寄托在生产厂家，一连考察了深圳的六家木制防火门厂，除了某集团下的木制防火门厂感觉上可以信任，其他几家都不行。

这是一家快要倒闭的国有门厂，正发愁无米下锅，听说百仕达花园这么大的项目急需高档门，大喜过望。尽管百仕达要求特别苛刻，仍“拍胸脯打保票”，把活揽了下来。门厂昼夜不停设计图纸，做了个式样送到百仕达花园。他们把门做成三层，里面一层用防火绵防火，中间一层用夹钢板防盗，外面一层用木头。样品门开始设计的式样比较老套，百仕达发展商特别对木头雕花提出了许多修改的要求，力求精益求精，而厂家也都一一照办，最终交出了一份满意的答卷。

这家门厂因为给百仕达花园做了这么漂亮的门，声誉鹊起，一跃成为深圳销路最好的门厂，效益也由最差变成最好。

百仕达一期的B区中心组团采用的是意大利进口的安全门，外木内铜，天地门锁。该家门厂捕捉消息后，立刻前来观摩。他们发现从意大利进口的安全门才是中国独一无二的门，可能会有很好的发展前途。门厂觉得以前他们为百仕达设计的第一代门需要更新，于是通过百仕达发展商的热情帮助，从意大利进口几扇样品门剖析研究。

出品了第二代门的这家门厂，紧接着推陈出新发明了市场上没有的“装甲”。百仕达花园的住宅采用了装甲门，有位业主幽默地说：“装了装甲门，钥匙丢了，只有在墙上打个洞了。”第一代门的价格每扇4000元，装甲门从意大利进口每扇至少要10000多元，该门厂生产的装甲门质量相同，但每扇仅需7000～8000元。后来该门厂将百仕达花园的研究成果，拿到湖北试销，一鸣惊人，引起轰动，连用于展示的样品门也被抢购。现在，这家企业发展蓬勃，与客户洽谈时总忘不了得意地附上一句：“百仕达花园用的就是我们的门！”

对门的精心苛求体现了百仕达追求住宅细部完美的一贯作风。一般住宅小区用的门多是单扇的，单扇便宜，而发展商也不愿多花钱。百仕达花园为追求尽善尽美，不惜多花钱，选择了高2.1米、宽1.4米的“子母门”。发展商称，百仕达的户型大，配装子母门气派。

考虑观感，百仕达一期门用的是暖色调的榉木，二期也差不多，部分采用从新加坡进口的欧洲白榉。第一期门框用樟木门框，装甲门用钢制门框。所有的门，都经过消防及保安部门的严格验收。

百仕达的门救活了一个企业，深圳其他当初被百仕达列为合作对象的几家门厂，未能抓住百仕达花园这个大客户，追悔莫及。

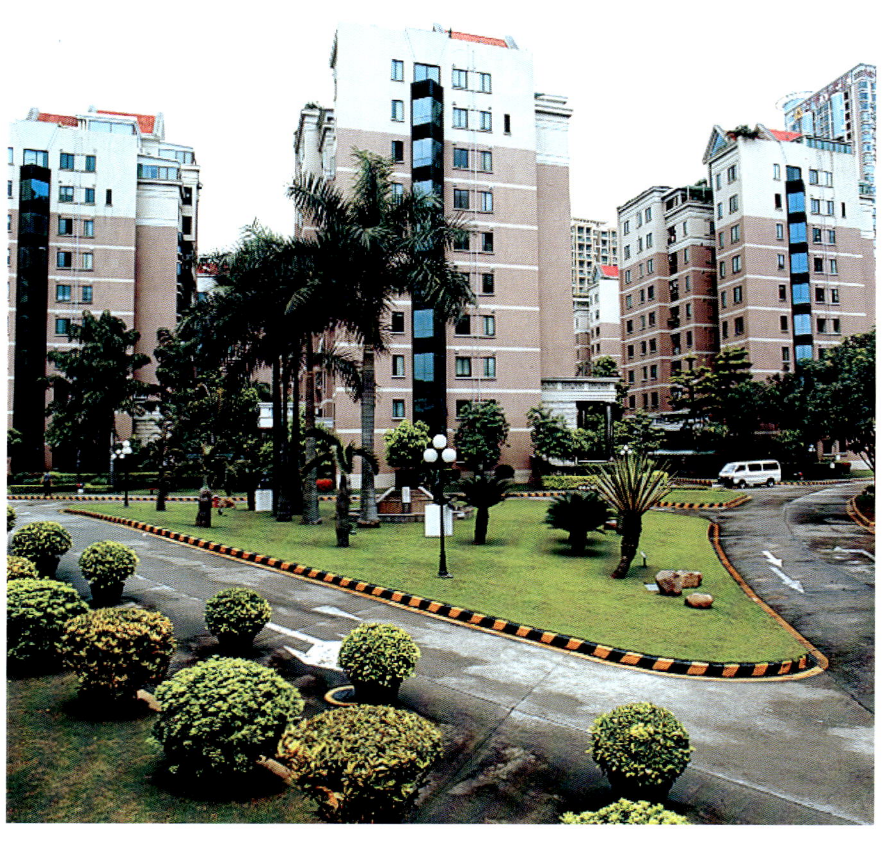

屋顶

屋顶是建筑的“第五立面”，设计时不仅要注重造型语言和立面变化，色彩亦不容忽视。百仕达一期选择红色屋顶，主动引导了社会的审美，超出“欧陆风格”的某些误区，凭着本质的创造替代了风格的低级模仿。

虽然外界一度把百仕达花园一期描绘为欧陆风格的古典主义，但实际更像典雅的现代主义作品，红色屋顶映衬的暖色调的建筑风格无疑最有说服力。现在看起来材料质感鲜明、立面色彩精美的红色屋顶，在诞生百仕达一期以前却经历了好一番“好事多磨”。百仕达的发展商说：“一期的屋顶，刚开始没有什么经验，在深圳也找不到可供借鉴的屋顶，纯粹依赖于自己摸着石头过河。”

百仕达一期的屋顶，选用的材料特别。古代国外的高尚建筑一般都用铜材料做屋顶，百仕达却选用了永不褪色的亚型钢板，从而避免了铜屋顶随着时间的推移氧化成绿色的尴尬。

百仕达一期为什么不用瓦作顶？他们认为，百仕达一期屋顶的面积不是很大，屋顶的立面造型较似别墅屋顶，担心将来瓦块如果断裂，补救起来有难度，对业主也不公平。百仕达一期用亚型钢板做成“瓦屋面”，可以说是对屋顶的一次创新性探索。

确认了别具特色的屋顶材料，百仕达对一期屋顶的色彩又发生了激烈争议。发展商为此邀请了许多专家召开了多次会议，从香港找来许多图片，经过多次比较才初步选定了红、灰、蓝三种颜色，最后由建筑设计师决定。百仕达一期屋顶选用了红色，不仅符合一期现代主义建筑风格的暖色调，而且传统颜色也容易被市场接受。

突如其来地在深圳出现的红色屋顶，不由使许多发展商和消费者为之一振。百仕达一期的屋顶还通过单坡与双坡的结合、倾面与直面的结合，把暖色调的“红”烘托得尤为醒目。一般人第一眼都不肯接受百仕达的红

色屋顶，看两眼后慢慢就有了认同感，反复看过以后不仅接受，还觉得它有特别的魅力。百仕达一期用亚型钢板做建筑物屋顶的做法，现在已经被许多建筑所模仿。

法国现代城市规划大师K·林奇在《城市意象》中写道："一个有效的建筑意象，首先其对象必须具有识别性，这指的是它能有别于其他东西，可以作为一个独立的实体而被认知。"百仕达一期正是以红色屋顶赋予了建筑个性，从而创造了与众不同的美。无疑，红色屋顶的重要性不容忽视，特别是在居住区建筑风格及景观环境中的作用。

红色屋顶成了百仕达花园1997年的重要卖点，不少业主冲着红色屋顶才来买房子。有位香港业主如此评价百仕达一期的红色屋顶："红色屋顶不仅是鸿（红）运高照的意思，也象征了大富大贵。"

原汁原味的百仕达花园一期红色屋顶具有强烈的识别性。红色屋顶体现了现代主义；而百仕达花园二期的蓝绿色屋顶更注重环境和建筑细部，立面造型（如弧型屋顶）讲究开放性。

百仕达花园二期的蓝绿色屋顶，曾一度受到建筑设计界的非议。有的人认为屋顶用红色最保险，是中国人的传统。但由于百仕达首期已经是红色屋顶，二期如果沿用红色，显得千篇一律，过于单调。况且深圳又比较炎热，不宜总是选择暖色调。

作为屋顶的设计者，加拿大的设计师们却对蓝绿色屋顶充满自信，这种自信几乎到了"偏执狂"的程度。设计者认为：百仕达花园的整体建筑具有欧陆风格，蓝绿色在欧洲大陆、北美、加拿大是高贵的颜色，具有古典美，不是一般建筑所能随便使用的颜色，只有宫邸的顶部才用蓝绿色；蓝绿色的屋顶也是高尚住宅的象征，是经典欧陆风格的重要标志，缺少蓝绿色的"欧陆风格"是一种遗憾。因此，他们理所当然赋予百仕达二期以"黄墙绿瓦"的完美陪衬。

"欧陆"建筑在深圳风行至今，然而敢于真正大胆使用蓝绿色屋顶的又有多少呢？为了不破坏建筑的整体感觉，保证建筑师的风格完全贯彻，发展商决定保留原方案。

如今，蓝绿色屋顶已经成了百仕达花园二期的一大特色。就连当初竭力反对的人也说，蓝绿色屋顶在统一中求变化，既多样又协调，具有古典美，并使整个小区环境呈现出更加生动、活泼的气氛。如果百仕达二期屋顶不顾自身和环境的整体协调，以"简单沿袭"代替原汁原味，以局部移植来代替十全十美，那么所谓的"欧陆"风格只能是肤浅的，流于表面的。

所以说，美的标准不是绝对的。

经典是美。建筑设计思想的经典性有别于简单沿袭。

重要的是，人们的观念是否跟得上审美的潮流。

外墙

百仕达的外墙不但光洁，历久长新，而且看不到管道的痕迹。凡来百仕达取经的人，无不为百仕达花园外立面视觉效果而折服。在百仕达花园，上下水管道、空调冷凝管、煤气管等都被神秘地隐藏。然而，百仕达是怎样解决外观效果与政府规定、成本控制之间的矛盾呢?

建筑工程师们习惯于受建筑形体景观的约束，通过居住区总体设计的手段、方法，从景观构成的角度对建筑风格、色彩、轮廓空间组合等方面加以控制。居住区开发过程中，简单考虑住宅的功能需要，往往破坏建筑物的个性及特色。譬如各种管道密布的外墙，自然会影响建筑的整体美观，这是当前住宅建筑不容忽视的难题。

深圳地产商一直梦寐以求的无管道外墙，直到今天才在百仕达花园得以“梦想成真”。刚开始，百仕达在首期A区对管道布置还没有什么特别好的经验，按照常规，上下水管、煤气管等都布置在外墙。工程上虽然简单方便，但大大影响了外墙的效果，无法真正体现百仕达花园的高尚住宅，以及建筑物的识别性。怎样才能使外墙的立面没有管道，或者把管道处理得隐蔽一点呢?

百仕达的工程人员研究发现，自来水管（上水管）和排水管（下水管）这两种管可以隐蔽：只要在外墙里吸收一点面积做个管道井即可。上下水管从管道井通向各家各户，从而避免了对外墙的影响。

煤气管道是住宅的必需管道，由于面临安全问题，深圳市政府明文规定：禁止煤气管道暗埋，只能安装在墙的外表面。百仕达的工程人员又想出一个折衷的好点子：尽量把煤气管道安排在建筑物的一些边边角角。为了减少煤气管对外墙立面的影响，他们还把煤气管道和外墙涂成一样的颜色。

住宅的外墙还会遇到其他的管道问题，百仕达花园都力求做到尽善尽美。为了使住户的空调冷煤管也能暗埋在墙体内，发展商暗埋了PVC管，并在每家每户凸窗内的窗台上预留了一个口，把冷煤管插入口中即可达到理想效果。至于立体花池排水的问题，如果直接在花池底部做一个管道通向外墙，对外墙影响很大。于是发展商单独建了管道井，截面约0.4～0.8平方米，较好地解决了视觉美观与排水的矛盾。首期B区工程的排油烟机，油烟管直接从每家每户伸出墙外，油烟不仅污染了外墙，还污染了地面。此后，百仕达各区的工程特别在室内做了一个烟道，有效地解决了油烟污染与外立面美观的冲突。

由于百仕达的建筑外墙没有管道，所有外立面非常漂亮，发展商因此付出了很大代价。单以管道井为例，就增加了不少投资，使用墙板把管道井围起来，每平方米的墙板至少4～5元。为排油烟机的油烟管做的烟道，成本上也相应增高。据百仕达工程人员讲，在外墙上加个洞连同烟道本身的成本，每米增加150元以上。由此可见，发展商为了使外墙赏心悦目可谓殚精竭虑，不惜投入了大量的人力、物力和财力。

看不到管道的外墙，已经成为百仕达花园的一大特色。一经业主的口碑传播，慕名前来参观的人群接踵而至。

内墙

百仕达花园外墙无管道，百仕达的室内照样见不到下水管道。

住宅的浴室、厕所里，用于排水和防臭的呈弯曲状的下水管必不可少。本来房子结构方方正正，无可挑剔，就因为冒出这么多管子，给室内装修带来了困难，且影响美观，是不是很令人遗憾?

房屋的给排水系统同卫生设备、厨房设备等一样，反映了生活的文明程度。百仕达的发展商认为，厨房和卫生间是住宅中活动频繁的场所，两者合在一起就是“住宅的左右肾脏”。现代厨卫设备的发展日趋成套化和定型化，管线的合理埋设，是保证“住宅左右肾脏”顺畅的重要前提。

浴室、厕所经常用水，弃污排废，是供排水的集中空间。百仕达花园充分考虑到了住户的家庭结构和生活规律，使家庭使用功能细化，功能区分明显，把厨房、浴室、厕所划为“污区”。为充分利用“污区”每个平方米的面积，百仕达的工程设计尽可能合理地安排户内管道，以减少有效面积的损失。布置和暗藏浴室的下水管道，预留有足够的墙面操作长度，方便了业主的装修和成套设备的摆放。

百仕达花园在设计之初就有先见之明，独具匠心地让下水管道在墙内顺着特定角度下倾，从而在室内找不到下水管道。

但要真正达到“不暴露”的效果却非易事。施工队不仅要考虑墙面下倾的角度，而且要绝对保证所暗埋的管道不能堵塞，相当麻烦，是细活。暗埋好厕所、浴室的下水管道，对施工质量的要求非常高。发展商的态度是：即便是增加成本、提高费用也要把暗藏工作做好。施工单位的负责人说，配合百仕达久了，知道发展商的秉性“固执”，所以他们施工时岂敢拿施工资格开玩笑，一点一滴都不敢疏忽。

暗藏下水管道之后，“污区”不污。

发展商不惜代价地在“下水管道”这些易忽视的细部做文章，无疑是想给业主一个尽善尽美的家。百仕达不仅对室内的浴室、厕所的下水管道进行处理，就连外墙也看不见管道，诸如空调的冷媒管等无一不恰到好处地进行暗藏，甚至连煤气管道也在不违反政府“严禁暗埋”的规定条件下隐蔽到不易发现的部位。

室内无下水管道，创意从百仕达花园开始。

游泳池

夏日的午后，百仕达花园居民三三两两来到中心组团的游泳池。

花红草绿环抱着的宽大泳池，在阳光的照耀下波光粼粼。游泳者们或嬉水，或歇息，或聊天，呈现出一派喧闹愉悦的景象。

几年前，罗湖区的一家高层物业，因为多建了一个泳池，价格就比别处每平方米高出1000多元。时至今日，泳池在住宅小区里已算不上是新鲜事了。

百仕达泳池建造得很有特色。百仕达花园一期开发时，为了避免地块本身的限制，干脆把游泳池建在A区的中心组团。发展商认为，倘若把住宅会所建于场地的几何中心，必然会出现过重的“统摄”或“中心”意味，地形的突出及中心的位置无意中会产生观念性的误解，以为是“文化公园”。而以游泳池为核心，亭廊、小桥、雕塑、四季花卉、绿草无疑营造了一个非围合式的共享空间。

百仕达泳池的开放式设计匠心独运。泳池与假山、瀑布、小桥巧妙融合，浑然一体。泳池采用蓝、白、粉黄彩色磁砖镶贴，组成一幅活泼多彩的图案。一架精雕细琢的石拱桥横跨泳池，逼真的假山与泳池相连成山水景观，瀑布从假山顶上倾泻而下。游泳池的四周种植了花草和热带椰林，与色彩斑澜的游泳池、山、桥、瀑布相互衬托，绘织成一幅优美生动的南国风光。

百仕达泳池不仅看得悦目，而且玩得放心。在使用循环水处理技术的同时，每个月至少要换两次新鲜水。处理过的水比自来水还干净，pH值含氯气完全达标。为保证“纯粹为业主服务”的承诺，百仕达的泳池拒绝外来人员，并且限定泳者人流量，最高容量一般在30～50人之间，每天的人流量控制在100人左右。

每年5～10月，百仕达泳池正式对业主开放。开放时间为每天下午16～21时30分，周日、周六提前到中午开放，门票仅收10元。物业管理公司的负责人表示，百仕达泳池遵循“水质优良、安全服务”的前提，不以盈利为目的，一年下来盈亏扯平即可，业主满意即是最大收获。

空调位

不美观的住宅空调位，有时会影响外立面的整体形像。

深圳的住宅安装空调是生活必需。家用窗式、分体空调日益普及，悬挂在住宅的外墙上，容易造成外立面的凌乱。就好像在一件高档时装上打了若干补丁，令人大倒胃口。

如何设计建造空调位，一直找不到完美的解决方案，这让建筑设计师和房地产商们头疼不已。

为了外立面的美观，百仕达花园的发展商做了许多积极的探索。刚开始，百仕达花园的首期A区，是把空调位统一固定在外墙的某个位置。为减少空调对建筑外立面的影响，特意悬挂了百叶窗帘作为遮挡。从正面一看，百叶窗帘确实减少了空调对外立面的影响，然而侧面由于遮挡不到，仍然显得很难看。另外，这样处理还会产生另一个问题：滴水严重。

通过A区的实践，百仕达在B区对空调位进行了改进。结合住宅的凸窗效果和外墙的玻璃幕墙，他们想出了一个主意：用一半窗户，一半百叶窗帘把空调很好地掩藏在建筑物里。空调排水实行暗埋管，通过墙体排水系统，解决了空调滴水问题。这样可以使外墙的效果美观，使用起来也很方便。

然而，后来B区的空调位又碰见了新问题即空调的安装、日后的维修极不方便，且空调是装在窗户上的，不加保护措施很危险。发展商为保证对业主的承诺，解决空调安装的困难，以及保证安装后的空调不会出现任何危险，免费为业主提供了脚手架，反而多花了不少钱。

到了百仕达二期的时候，发展商针对空调位又想了许多办法，最后决定预留空调位。 即在窗内的窗台做了一个暗洞，上面装有活动板，从室内便可安装和维修空调。不仅不影响建筑物的外立面，而且解决了装修的困难。但缺憾仍然存在：百仕达住宅使用的是低窗台，空调的冷媒管要从窗台底部伸到屋顶的天花，对业主的室内装修会带来影响。

现在好了，百仕达的发展商对空调位进行了进一步改良，干脆在墙里预埋了一段PVC管，完全实行冷媒管隐藏式，从墙内走。为了保证效果，预防新问题，发展商做了许多次实验，直到感觉满意为止。

俗话说，“只要功夫深，铁杵也能磨成针”。百仕达花园对空调位的反复摸索，不成功绝不罢休的态度，体现了其契而不舍的专业精神。百仕达花园的发展商真正替业主着想，实心实意为业主营造了一个完美的家。

在百仕达花园，由于空调位的合理布局，人们看到的外立面光洁和谐，赏心悦目。

会所

巨额投资的百仕达花园会所，恬静俊雅，规模空前，康乐设施豪华卓越，体现了珠江三角洲地产行业的经典风范。主体建筑投入1500万元，装修耗资1800万元，配置器材200万元，总共投入3000多万元。会所营业面积3000平方米，另有两块1000多平方米的网球场和800平方米的室外游泳池。目前，百仕达会所可以说是深圳最大的会所之一。

百仕达会所的服务项目很多，包括：网球场、游泳池、健康房、桌球室、乒乓球、棋牌室、阅览室、多功能会议厅、卡拉OK、游戏机、儿童娱乐、美容美发、洗衣店、咖啡厅、露天茶座、茶艺、商务中心等18个娱乐、休闲板块。

深圳很多的明星楼盘都拥有高尚住宅会所，但真正形成规模的，莫过于百仕达花园会所、东海花园会所、金地海景花园会所、庐山花园会所等几家。百仕达花园会所的所有项目多以高档为主，软硬件优良，投资、项目、服务档次首屈一指，所以定价上相对较高。以网球场为例，收费标准为每小时100元，嘉宾会员打九折优惠，业主会员打六折。

百仕达花园会所实行严格的会员制模式，所有设施仅为会员及会员的嘉宾提供服务。

百仕达花园会所现有会员五六百人，99%是业主会员。会所由百仕达花园旗下的管理公司经营，14名会所服务人员以酒店式服务为会员及来宾提供，周到细致。

百仕达花园会所于2000年7月19日正式开业，迄今来这里参观和取经的团体平均每天都有一拨。

楼车

1998年6月底，百仕达花园一下子冒出了五部高尔夫车，发展商买回这5部车是要别出心裁推出“高尔夫车看楼”的活动，一改过去徒步看楼的老皇历。

用高尔夫车看楼，百仕达花园是深圳的第一家。针对百仕达花园特殊地貌，大家统一了认识，认为高尔夫车看楼有利于促销，也体现了百仕达良好的服务精神。

那时，正逢百仕达花园一期全面入伙和二期正式开售，有了高尔夫车既可以参观一期，又能促销二期。一期占地面积有12.7万平方米，第二期有9万多平方米，客户倘若步行，要全部看完一、二期，显然比较累。一般看楼时间超过15～20分钟以后，客户的兴趣就会变得淡薄，陪同的销售人员同样会感到耗时、耗力、耗神。而有了高尔夫车作为看楼的交通工具，客户和销售人员都方便多了，同时也不会把时间都浪费在路上，且高尔夫电瓶车有利于环保。坐在车上，视野开阔，不像面包车有局限性，视线常受到阻碍。

总占地32万平方米的百仕达花园，包括中海苑有四个组团，地块内集中了山丘、冲沟、电缆沟、禁建地带等。位于场地中央的绝对标高竟有50多米，其地面冲沟的绝对标高也有10余米，其余部分平均高差在20～30米之间。百仕达花园因势而建，蜿蜒起伏，花草树木营造了郁郁葱葱的植物生态圈景观，与原有的自然风貌、地形特征巧夺天工地融为一体。高尔夫车悠然地行驶在花园里，或转弯，或爬坡，让人有一种畅游在高尔夫球场的感觉。百仕达花园还有一块4万平方米的高尔夫练习场，有34个击球台可供健身、娱乐。

用高尔夫车看楼，刚一传开就吸引了许多人，甚至有许多看楼者指明要用高尔夫车看楼。百仕达一共买了5部高尔夫车，都是6个座位，每部价值10万元左右。现在，客户可以在很短的时间内就能了解百仕达，反映普遍良好。事实上，能够提供高尔夫车看楼，是因为百仕达的小区足够大，且依山傍湖而建，蜿蜒起伏。因此，有关人士认为“用高尔夫车看楼，体现了百仕达花园细致、宁静、环保、人文的精神。”

垃圾桶

物业管理水平如何？垃圾桶上见真功。

垃圾桶又脏又臭，一听到垃圾桶人们自然产生一种排斥心理。但是垃圾桶虽然惹人讨厌，但人们每天又都离不开它。

一般地，露天的垃圾桶很难保持清洁卫生，桶口蚊蝇飞舞，散发出臭味。百仕达花园却不存在这种缺憾。错落有致的垃圾桶停放在既隐蔽、又容易找到的地方，外观与周围环境融为一体，如同花园里随意摆放的小品。无怪乎一位来参观的政府官员发出感叹：百仕达的垃圾桶既解决了小区的清洁卫生问题，又起到了美化环境的作用。

印像中，垃圾桶大多是深绿色的铁皮制作，或方形、或圆形。百仕达花园没有简单地生搬硬套传统垃圾桶的制作方式，他们提出了自己的设计要求：与环境相融合、方便实用、有利环保。

为了花园里不为人注意的垃圾桶，三位才华横溢的设计师，精心提供了风格各异的三个设计方案。法国一位著名设计师设计了精致考究的垃圾桶；加拿大的著名设计师设计了活泼、开放的垃圾桶；百仕达自己的设计师设计了简单、实用的垃圾桶。三个垃圾桶方案是三个个性突出、创意十足的作品。

百仕达按照三个设计方案分别做了三个样品。法国设计师设计的垃圾桶用塑料制造，体现出浓厚的贵族气，有人说看上去像“肯德基”餐厅里的垃圾桶；加拿大设计师设计的垃圾桶用水泥制成，外面用清水石装饰，灰色调，显出自然特色；百仕达设计师设计的垃圾桶采用不锈钢材料制作，简单、实用。

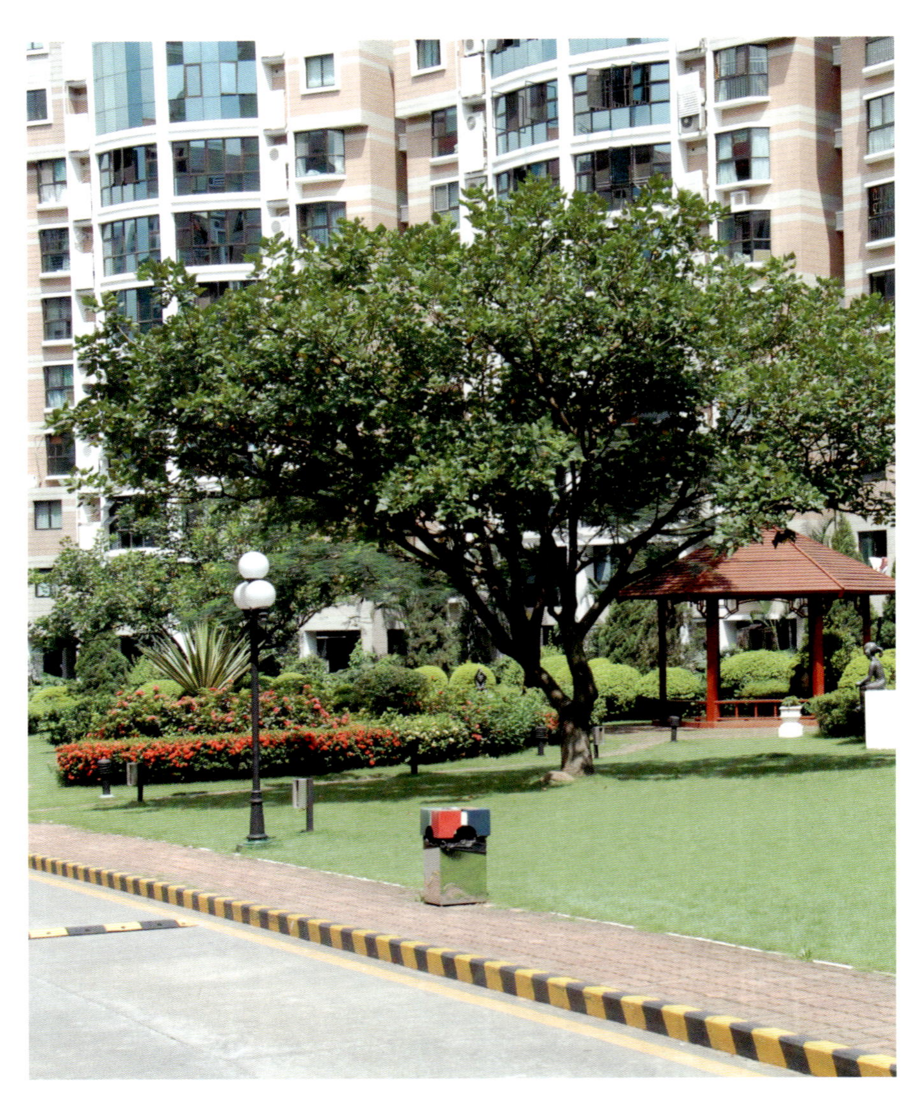

经过多次会议讨论，大多数与会者主张用百仕达设计师的作品。他们认为该设计不仅符合中国人的审美习惯，也符合百仕达的设计要求，而且它带有方便的烟灰缸。另外，不锈钢材质光洁明亮，映景效果好，放在任何环境都极容易融汇成一色。在花草树木或建筑物边放置这种垃圾桶会倍显自然、亲切。

据称，百仕达的一个垃圾桶造价约1000元左右，除去500元左右的材料费，其余的都花费在手工上面。而一般设在建筑大堂的公共垃圾桶，用铝合金材料制作也不过500元左右一个。为顺应国际环保潮流，百仕达的开发商又订下新的目标，向可分类垃圾桶方向努力。

百仕达的垃圾桶，可以不夸张地说件件都是工艺品。

● 井盖

井盖是典型的“老大难”：无盖之井危及安全，制造粗陋的井盖又会影响美观。井盖与井口一般都很难密实吻合，一但受到外来冲击就会发出很响的碰撞声。车轮轧过，发出“当、当”的声音；夜深人静，酣然入睡的居民常常被井盖的“当”声无情惊扰。每当台风、暴雨等恶劣天气来临时，行人被无盖井吞噬，导致人身伤亡的事件常有发生。

在百仕达花园，所有问题都荡然无存。因为所有井盖都做了防噪声处理，且大部分都被放置在不起眼的地方。百仕达有一个巧妙发明：他们买来自行车外胎，将其边角修剪得整整齐齐，垫在井口与井盖之间。从此，百仕达再也听不到刺耳可怕的“当、当”声了。

与此同时，百仕达花园还有圆形污水井、雨水井，有方形的弱电井、强电井，加起来至少几百个。发展商从一开始，便提出“将设备融入花草之中”，就是因为井盖多了不处理好，就像一张俊俏的脸上布满雀斑，再漂亮的景观也会变得惨不忍睹。

百仕达花园尽量地把所有的井盖隐蔽起来，不能够隐蔽的井盖进行适当的细部处理：把路面上的井盖刷成黑色，草坪上的井盖刷成绿色，生硬的井盖和路面、草坪的色调融为一体，视觉效果自然好了许多。在景观区，有些井盖不能够隐蔽，设计师们便想出一个好主意：用黄蜡石很随意地放在井盖周边，种上一些树和花草。百仕达花园里经过隐藏和淡化的井盖 ，巧夺天工地融入了景观，点缀了花园。

有位前来百仕达花园参观的客人十分惊讶地说：“百仕达花园怎么看不到下水道井盖 ？”

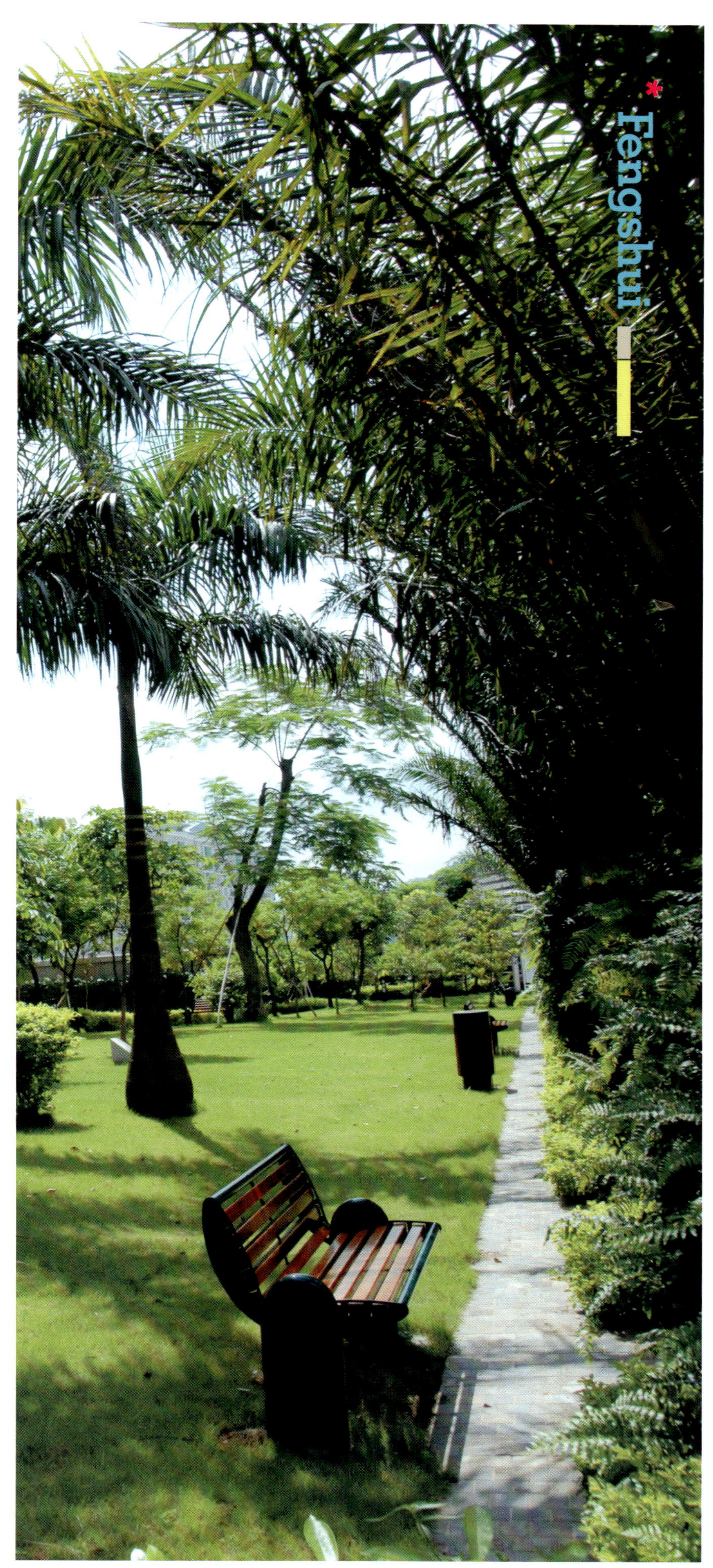

The First Phase 百仕达花园一期简介

- **总建筑面积：**约17万平方米
- **单位面积：**105~340平方米
- **栋　　数：**38栋
- **住宅层数：**10层
- **总 户 数：**1232户
- **入伙时间：**1997年3月28日首批入伙，1998年6月6日全部入伙

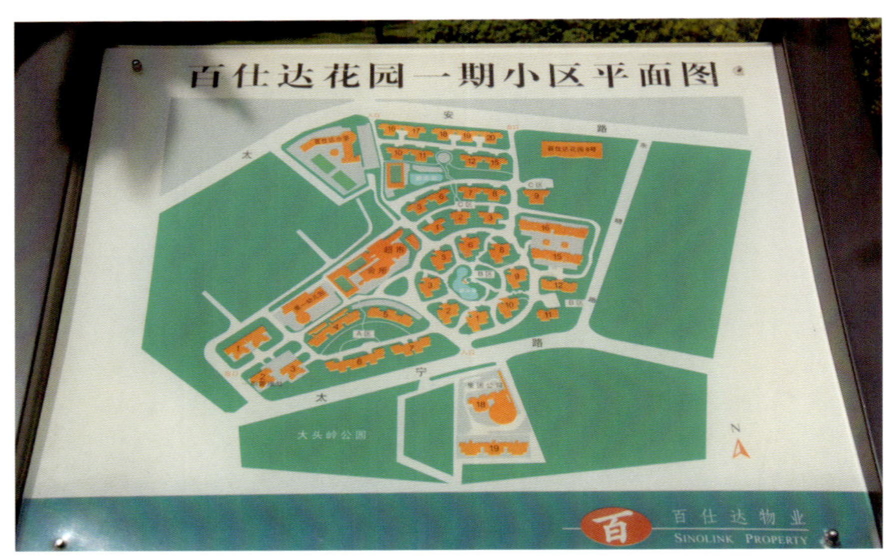

百仕达花园一期，糅合现代与古典主义建筑风格，其新颖的多层带电梯设计，实用美观的无梁无柱设计，看不见管道的房间，独特的植物生态圈绿化体系，精心建造的遮雨长廊、亭台、雕塑、水景，使人仿佛置身于如诗如画的“世外桃源”之中。

百仕达花园一期属于典型欧陆风格的现代主义建筑群，在深圳首家使用架空层概念，小区红色屋顶映衬，花园内绿草如茵、四季花开，配有背景音乐、园林雕塑、庭园小品等，充分展示高品位住宅的浓郁文化氛围。

The Second Phase
百仕达花园二期简介

- **总建筑面积：** 约13万平方米
- **单位面积：** 72~760平方米
- **栋　　数：** 20栋
- **住宅层数：** 4~18层
- **总 户 数：** 1069户
- **入伙时间：** 1999年3月28日首批入伙，2000年11月18日全部入伙

百仕达花园二期，整体设计以自然风格为主，尽量保留了原地形地貌，小区东南区利用原坡地高差，建成高低错落的多层斜屋顶建筑群，充满了别墅区的风格，十分别致。在小区的西南区、北区设立了主题花园，同时在楼宇之间巧妙地设置了亭台楼阁、小桥流水，小区还建有一个当时全深圳独一无二的5000平方米的人工湖。湖中莲花盛开，放养了10000多条锦鲤等名贵观赏鱼，吸引着业主前来散步、喂鱼，营造了人与大自然亲近和谐的画面。

百仕达花园二期以“水”为主题，临湖而建。5000平方米精心设计的人工湖泊、溪流、瀑布，与中西合璧的园林景观完美结合，令园内湖碧林青、昆虫和鸣，呈现出一派自然、舒适的田园生活气息。

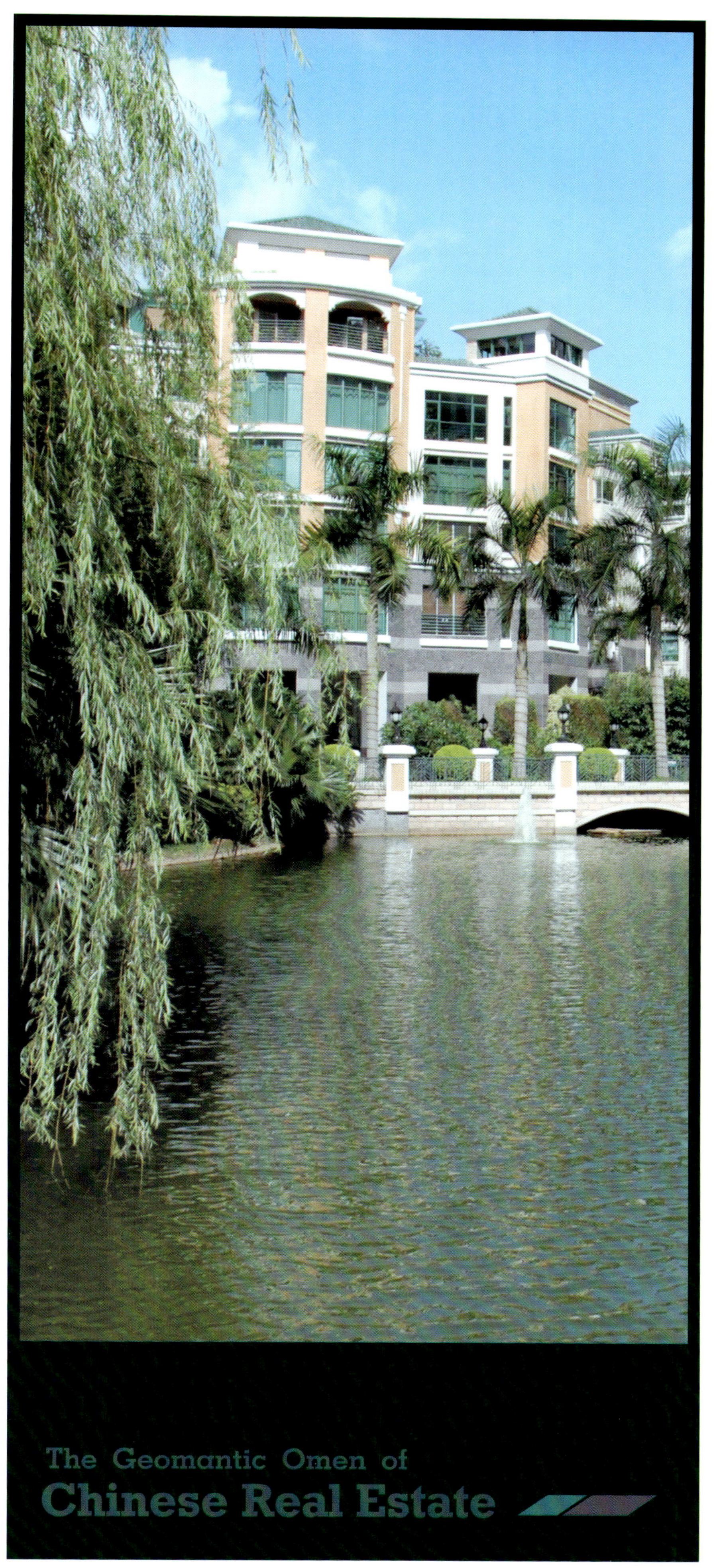

The Third Phase 百仕达花园三期·君逸华府简介

- 占地面积：35万平方米
- 总建筑面积：约100万平方米
- 单位面积：45~99平方米
- 栋　　数：7栋
- 住宅层数：32层
- 总 户 数：1297户
- 入伙时间：2002年11月18日全部入伙

三期君逸华府突破了常规屋苑的框框，率先开创“糅合运动”及“尊贵生活”主题，提倡运动、健康的人生，体现出时尚与尊贵。7幢32层高住宅雄踞半山山畔，线条流畅，气度不凡。建筑外型简洁明快，现代感极强。首层全部架空，形成了一个巨大的空中平台，营造出动静有别的公共空间。由香港名师设计的平台花园，将周边多元化运动设施及园林景观融为一体。

君逸华府是深圳市独一无二的以健康、运动为主题的大型豪苑，包括标准草地足球场、标准灯光篮球场、游泳池、网球场等，40余项活动设施尽显豪宅社区的生活典范。

君逸华府依地势而建，充分利用地形抬高了楼体，学校与住宅区布局非常合理，空间宽敞，楼宇平面设计合理，并利用低窗台、凸窗设计扩大了视野。

The Fourth Phase
百仕达花园四期·东郡简介

百仕达·东郡位于百仕达花园四期西区，地处东晓路以东，东乐路以西。它不仅可以享受百仕达花园的成熟配套，更是积淀和传承了罗湖的居住文化。在“振兴罗湖区，创建现代服务强区”理念的指导下，区域功能配套、基础教育的优势将愈发明显。

百仕达东郡汇聚诸多优质元素，延续了百仕达花园的高尚品质，开创了首家“百万平米国际优生活特区”，拥有稀缺环境优势，洪湖、东湖、郊野、翠竹四大公园美景环绕，东门、太宁商业圈与项目左邻右里，20条公交总线交汇。产品细节更是“优生活”的表现主力。户型在70~160平方米之间，豪华空中复式在180~400平方米之间，从户型设计到建筑材料均有创新突破。5.8米错层阳台、入户花园、双阳台……带来了新的户型革命。东郡引入了专业的“定户式金管家”社区物业服务，成熟完善的社区配套更是一脉相传。

- **总建筑面积：**215203.49 平方米（其中住宅建筑面积142338.07平方米、商业面积20232.29 平方米）
- **占地面积：**39803.3 平方米
- **总 户 数：**1322户
- **车 位 数：**1060个（其中住宅车位698个、商业车位350个、访客车位12个）
- **规　　模：**10栋（8栋高层、2栋小高层）
- **绿 地 率：**44.12%
- **容 积 率：**4.13
- **完工时间：**2005年9月

百万平方米的国际优生活特区

纳仙湖山水，收东来紫气，脉络厚实，五行属土，是上吉之象。

百仕达·东郡位于深圳市罗湖区东晓路以东，爱国路以西，太宁路以北及太安路东段以南，外围为太宁路、东晓路、爱国路、太安路围绕，呈有情金带环绕，地势西高东低，坐艮向坤，为深圳东部干龙兜抱，以低平为贵体，两边星峰起处，势力绵远，随梧桐龙脉行走，纳仙湖山水，收东来紫气。脉络厚实，五行属土，是上吉之象。

东 湖
百仕達·東都
百万平米国际优生活特区
JUSCO

1
2
3
会所
4
7
8
9
10
入口
游泳区
流水区

5

6

吉之岛百货

儿童游乐区

下沉式广场

地气秀丽　官商两旺

内气行则万物发生，内气聚则山川融结，故土为气之外体，水为气之外形，是以山水之势行，即气脉之行；山水之势止，即气脉之止。山水之奇秀明丽者，乃地中吉气即生气所融结。百仕达·东郡地气秀丽，土壤肥沃，有真龙护持，总体发展状态有强大的优势，令居者官商之道直上青云。

景观设计

整体景观

景观设计以仿自然山水为主题，利用现有的地势特征及建筑的高低结构层板，营造出自然环境中的山势及涓涓流水，景观设计根据传统中国园林理论作空间布局，一步一景，富有诗意。

景观效果分别有以"序"、"湖"、"峰"、"崖"、"原"、"乐"、"谷"、"岭"、"泉"、"溪"等为主题的景观空间，围绕"山"、"水"等自然界元素作为设计的灵感来源，使各主题空间一气呵成地自由串联、相互紧扣，从中带出城市绿洲的气息，创造出以人为本的氛围。

整个景观设计灵感源于自然界的各式元素，从中带出城市绿洲的气息。由小区外街景到主入口部分再延伸至中心部分的公共景观，内外相呼应，主题延伸至各私密性的住宅组团。景观布局弃用了一般小区景观随建筑结构而设计的方法，让空间及建筑功能更自由地联系。各公共及住宅组团景观的功能互相配合，为住客提供了不同性质及用途的户外空间。

公共区域景观

整个小区景观设计取材于大自然中的各个元素， 总体景观被划分为数个不同主题的景区，位于太宁路及东晓路的小区主入口以"序"为题，以一个与中心景观互相呼应的水体为主题。设计中心部分为"湖"，以小区内的热带园林式游泳池及开放式公园为主，而背后衬以"峰"及"崖"为题的景观。架空建筑平台为一系列景观建筑，把有盖柱廊延伸至"原"为主题的草原景区。"原"内植有观赏性草本植物的广阔的草坪、儿童游乐场、棕榈走廊及交谊广场，为业主提供了一个舒展身心的场所。在小区后端，主题为"乐"，区内植有各式植物，主要作为视线屏障，为居民提供了一个可供缓跑及散步的区域。

组团庭园景观

除公共景观外，各栋大楼亦备有各具特色的组团庭院。规划上的组团庭院，属半公共场所，主要为各栋的住客提供其专属的庭院空间，以促进住客的邻里交流。景观设计手法以密植的树木及茂盛的灌木丛为区隔，划分出不同功能的空间，以其达到控制视线及规划出休憩空间的作用。

小区外街景观

东晓路及太宁路上的行人道在重新规划后，除作小区的主出入广场外，更加入了一些休憩点，好让小区内外的居民能有所交流。东乐路与太宁路商场入口的街角亦设计成可供举办户外展览的广场。未来此路段将规划成一个具开放性的行人购物、休闲的地段。

建筑设计

生态与地形

由于小区外部景观资源条件良好，在总图设计中不但着重于小区内部环境的营造，同时非常注重对周边景观的充分利用。根据“西阔东窄”呈不规则长条形状的地形，小区总平面规划设计运用了“现代的模式演绎古典传统的核心轴线”的设计理念。整个小区采用了半围合式布局及楼层由南向北、由西向东渐次变化。1~6栋高层住宅塔楼由西向东一字排开，7~10栋的布局呈半围合状。夏季有利于东南风的引入，冬季阻挡西北向的冷风，形成小区内部良好的生态小气候。

交通与消防

交通系统

百仕达·东郡采用人车分流的交通组织方式。小区车流和人流出入口的合理分布及立体空间体系的布局，使复杂的人流（包括住宅人流、商场人流）、车流（住户车流、商场车流）、商场流线（物流、人流）及消防车流变得井然有序，互不干扰。

消防系统

消防车道的立体空间体系布局，使消防车道环绕小区的各栋建筑，并对消防车道做了隐蔽式的柔化环境处理。

空间与层次

北部底层7米高架空通廊使大小两个庭院景观绿化相互交汇融合，空间变化丰富。

大小庭院分别位于6米高和12米高的平台上，两个空间通过游泳池、斜坡、叠水、台阶、小溪交融，形成丰富的小区庭园空间。

6米高住宅底层架空使小区内部有了良好的通风系统。

立面设计

东郡的立面设计采用了类似“绿柱朱榱”的风格。绿色的柱子，土黄至浅黄退晕的墙面，浅绿色的玻璃，在此将“朱”改为黄色。黄色是中国色彩中最高贵的色彩，以此彰显东郡的高贵品质，同时黄色具有极强的表现力，退晕加强了构图的立体感。

在建筑形体的塑造上，通过空间的界定，用光洁的玻璃与粗糙的砖石对比，在平面和墙体上对建筑的性格作出反映。外立面上还有一系列的绿色柱子，作为空间中的形态，它的内在本质与细节无关，体现的是对“绿柱”的抽象和隐喻。

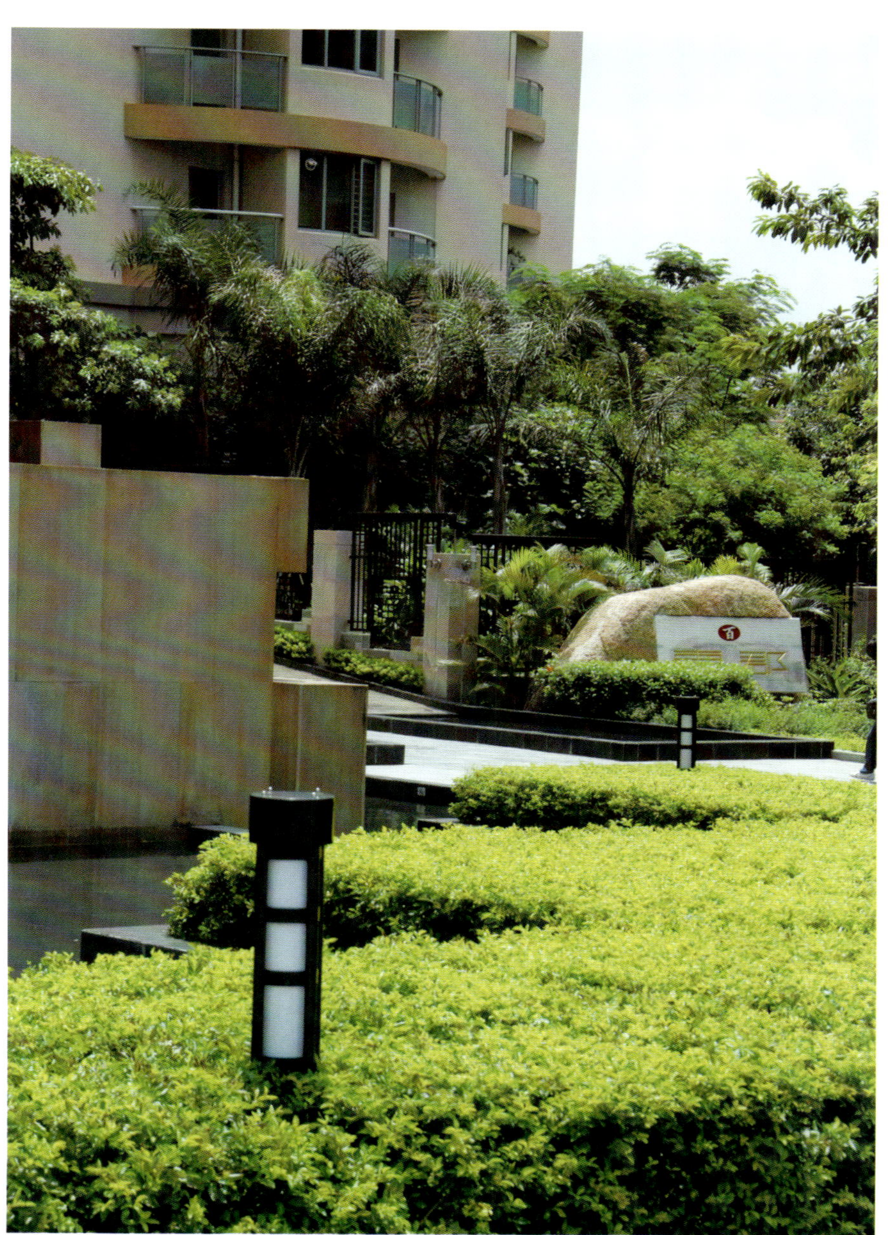

户型设计

在户型设计上，主要目标是尽量使最多的单位有着最好的景观，同时倚着南北长度比东区大的优点，将住宅楼宇组合形成中间的中央大公园。住宅平面以方正、实用为主，所有的房间都面向景观或向南，使南北对流通爽及冬暖夏凉，符合生态设计的原理。结构方面亦采用了灵活的柱梁布置，使不同大小的住宅组合能更容易地结合在一起。

· 1~6栋　9层以上户型Ⅰ

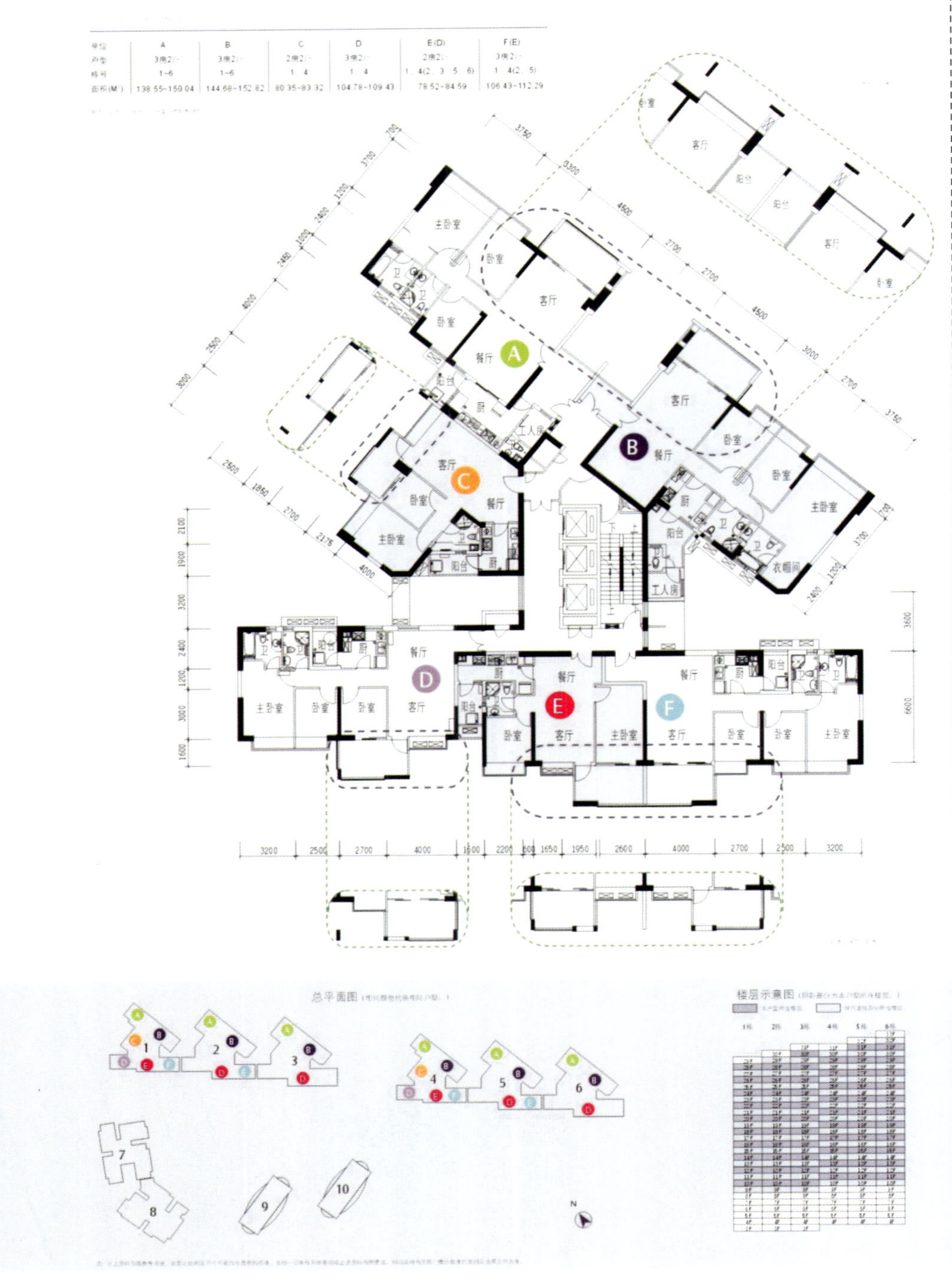

· 1~6栋　9层以上户型Ⅱ

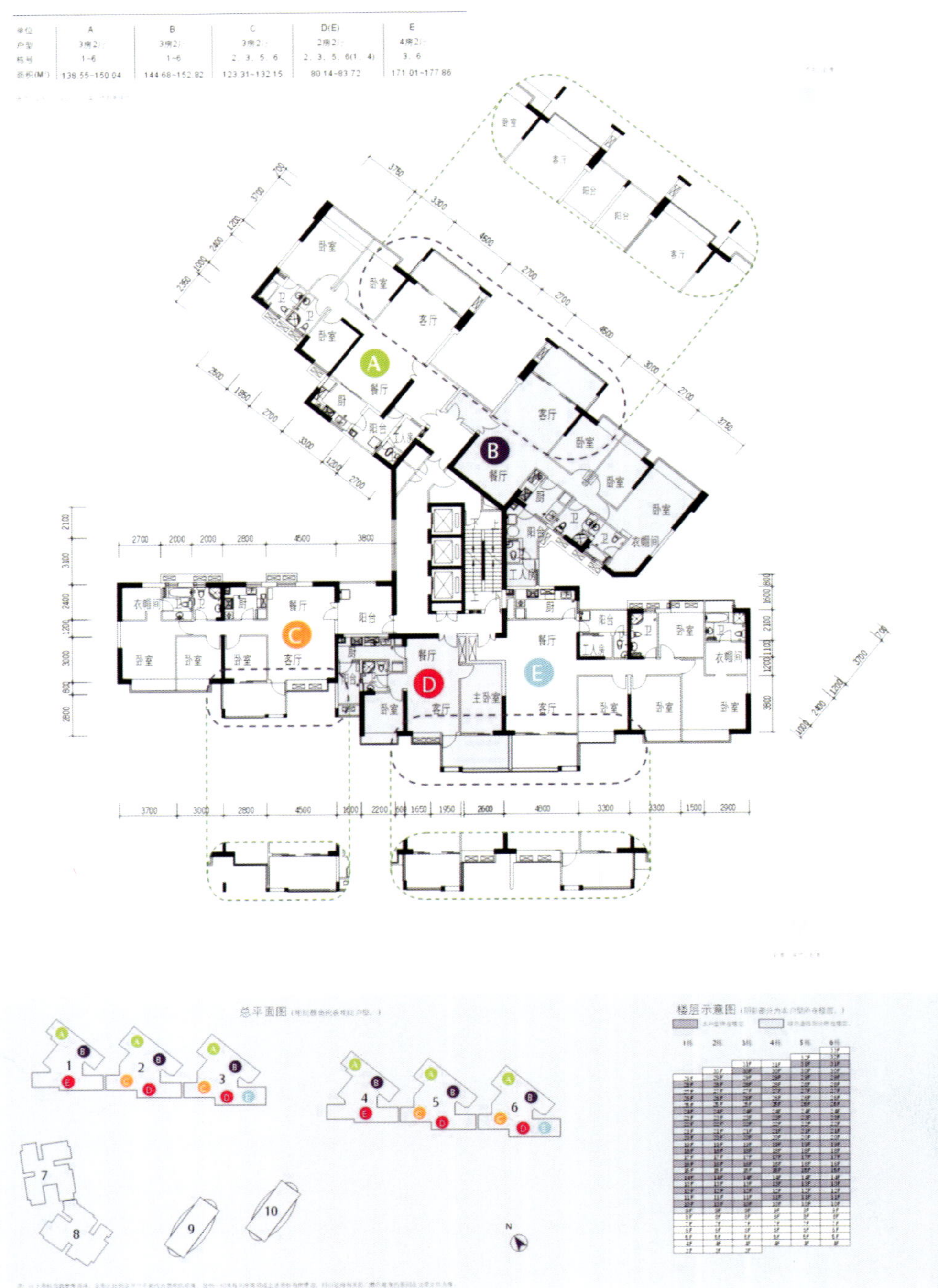

·1~6栋　9层以下户型Ⅰ

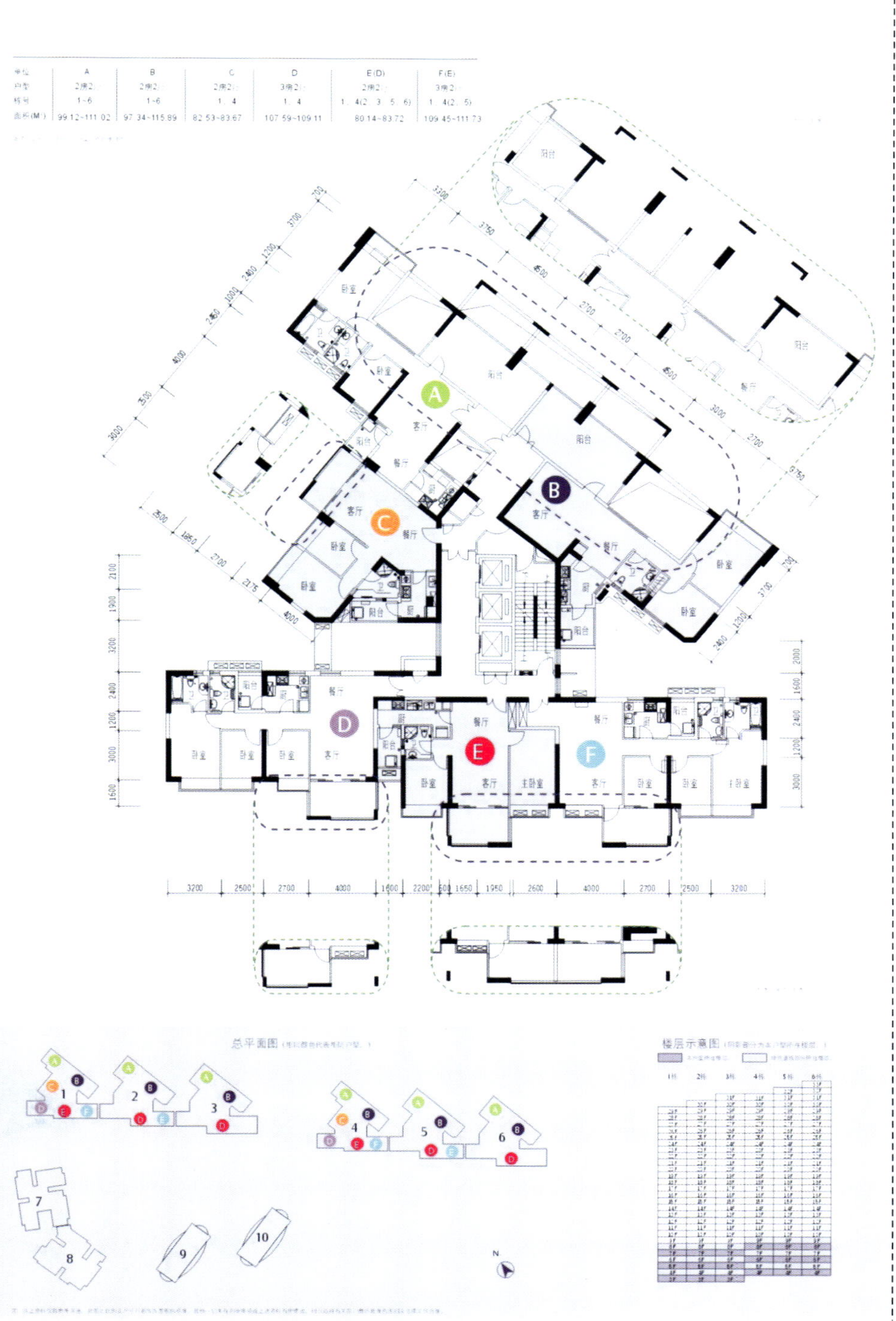

单位	A	B	C	D	E(D)	F(E)
户型	2房2厅	2房2厅	2房2厅	3房2厅	2房2厅	3房2厅
栋号	1~6	1~6	1、4	1、4	1、4(2、3、5、6)	1、4(2、5)
面积(M²)	99.12~111.02	97.34~115.89	82.53~83.67	107.59~109.11	80.14~83.72	109.45~111.73

·1~6栋　9层以下户型Ⅱ

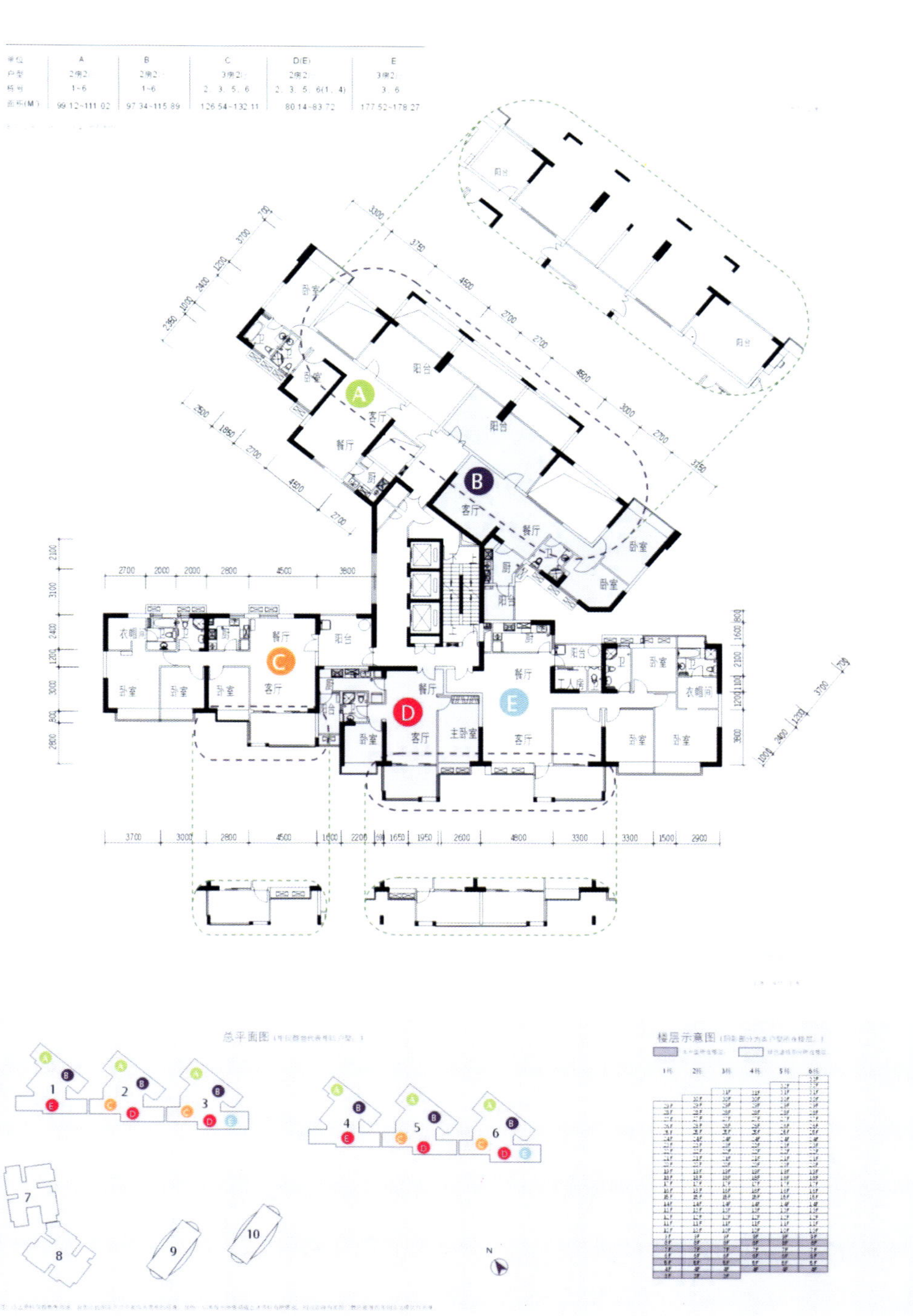

单位	A	B	C	D(E)	E
户型	2房2厅	2房2厅	3房2厅	2房2厅	3房2厅
栋号	1~6	1~6	2、3、5、6	2、3、5、6(1、4)	3、6
面积(M²)	99.12~111.02	97.34~115.89	126.54~132.11	80.14~83.72	177.52~178.27

安装设计

给水系统

系统配置：管路、阀门、龙头。

系统介绍：每户给水系统由水表间引入给水管，管材采用铜管。给水管敷设采用沿墙或沿地面暗埋，按房间的布置设置龙头或取水接口。

热水系统管道已安装完毕。每户根据户型不同在阳台或厨房设有热水器接口用户应按指定位置安装煤气热水器，热水管道连通至各卫生间的洗脸盆龙头和淋浴龙头。

排水系统

系统配置：排水管路、地漏、存水湾。

系统介绍：每户的卫生间、阳台都设有排水系统，排水管材选用UPVC排水管，卫生间采用了降板结构，排水管安装在本户卫生间地面的填充层内。污水管采用存水弯或带水封的地漏阻挡异味，设有管道清扫口，以便疏通。

按现代人生活习惯，厨房不设置地漏，防止由地漏排除的异味，防止由地漏滋生和爬出的蟑螂等。交楼时，排水管已进行了灌水、通水实验，确保管路的密封和畅通。

强电系统

系统组成：配电箱、管路、线路、插座、灯具、开关。

系统介绍：电井内引电源到住户配电箱，通过配电箱对屋内电力进行分配，按用电负荷的性质和大小分回路供电，箱内标注了每个回路的用途，若需要检修某回路线路，可只分断该回路开关，而别的回路可以照常工作，配电箱内配有漏电保护开关，一旦插座发生漏电事故，漏电开关立即跳闸，保护用户和设备安全。

从配电箱到各个用电点的线路沿墙、天花板或地板暗敷，由PVC管全程保护。

用电点分照明和插座两部分，照明回路连接灯具和开关，利用开关对灯具进行控制，插座根据家庭需要确定功能。

弱电智能化系统

系统组成：包括电视系统、电话系统、宽频网络系统、可视对讲及家庭报警系统、闭路监控及红外线报警系统、背景音乐系统、IC卡门禁一卡通系统、停车场系统、保安巡更系统、信息发布系统、燃气报警系统等。

电视系统：本项目接入深圳有线电视网，在客厅和卧室安装电视插座。

电话系统：每户分别在客厅、卧室各设电话插座一个。

宽频网络系统：每户在电话插座旁设置宽频网络插座一个，向物业管理部门申请开通后，只要将电脑网线插入即可使用。

可视对讲及家庭报警系统：在小区主入口设门口主机，可直接与业主、控制中心对讲联系。每栋楼大堂门口设立造型新颖美观的彩色可视对讲机操作台，可直接与业主、控制中心对讲联系。每户室内设置彩色可视对讲机一台，每户室内在客厅、主卧室和主卫生间都设置紧急报警按钮。预留门磁，用户可根据自身要求自行布线安装。

闭路监控及红外线报警系统：系统设置各类摄像机，分别安装在小区出入口、车库及小区围墙、周边各位置和人员集中位置，系统的设置完全可以令业主享受充分的安全感。

背景音乐系统：背景音乐系统在小区的管理中心设置一套高档的放音设备，在小区的花园内、每栋楼架空层大堂、住宅楼的电梯内设置扬声器。业主在小区内散步或是坐电梯回家时，都将听到清雅、悠闲的音乐声。

IC卡门禁一卡通系统及停车场系统：停车场系统包括磁力线圈、道闸、摄像机、管理软件；门禁系统包括IC卡、读卡机、电动门磁、写卡器。本系统实行集中控制与管理，系统具有车辆出入收费记录功能、车位容量显示功能等，车辆进入小区只需拿出IC卡在停车场入口感应器上轻轻感应一下，系统就会识别该卡是否有效。门禁系统主要安装在小区人行出入口，住宅楼首层主出入口等处，小区人行出入口设置人行道闸门禁系统。

本系统也使用了非接触式IC卡管理。业主、物管人员以及其他授权人员可持IC卡开启小区人行出入口、住宅楼首层主出入口等公共出入口的大门，方便了业主的进出。

小区的停车场和门禁系统可实现一卡通管理。即业主、物管人员以及其他授权人员，可通过物业管理部门对卡进行使用授权后，实现小区停车管理、各门禁出入管理一张IC卡即可通行。

保安巡更系统：在小区内设置保安巡更系统，使用更有效、先进的方法对保安员进行监督和考勤，来保障业主的人身和财产安全。本系统主要在小区每栋楼、地下车库以及小区花园内设置巡更点，保安员通过设定的巡更路线巡逻。

信息发布系统：在小区会所安装液晶显示屏，管理中心将各类通知、公告、收费通知等资料在显示屏上滚动播出。

煤气系统

系统主要配置：燃气表、减压阀、燃气报警器、管道。

系统介绍：本燃气系统（目前深圳市使用的为液化石油气）采用中压入户、分户调压系统，燃气管道引至厨房内。

本燃气系统采用自动抄表系统，不但可以自动抄表，还有强大的报警功能，在燃气灶附近靠近地面处安装燃气报警器，一旦发生燃气泄漏，报警器通过本系统报警，并将信号反馈到控制中心报警，以确保住户安全。

在安装橱柜时，请注意在橱柜安装灶台的位置下方、贴近地面处开几个通气孔或安装百叶，保证燃气管通风透气，一旦有燃气泄漏，能够第一时间触发报警，而不至于使燃气泄漏时局部燃气浓度增大，遇明火发生爆炸。

消防系统

系统配置：高层、小高层住户楼层的消防系统一般包括报警系统、灭火系统和疏散逃生系统。设备包括烟感探测器、各类模块、警铃、消防广播、消火栓、正压送风、逃生指示灯、逃生楼梯。

系统介绍：本工程消防自动报警系统采用知名品牌产品，一旦发生火灾，首先由设置在楼层的烟感探头感应或由发现的人员触发手动按钮后，向消防中心报警，一旦确认，警铃立即发出响声，通知住户发生火灾，消防广播也反复播出"某层发生火灾，请逃生"等信息。

住户及消防人员可用消火栓进行灭火。

住户通过消防楼梯进行逃生(如发生火灾，电梯将停用)，正压送风机是驱散并减少电梯前室楼梯间的火灾烟雾浓度。

百仕达·东郡销售一本通

- **目录**

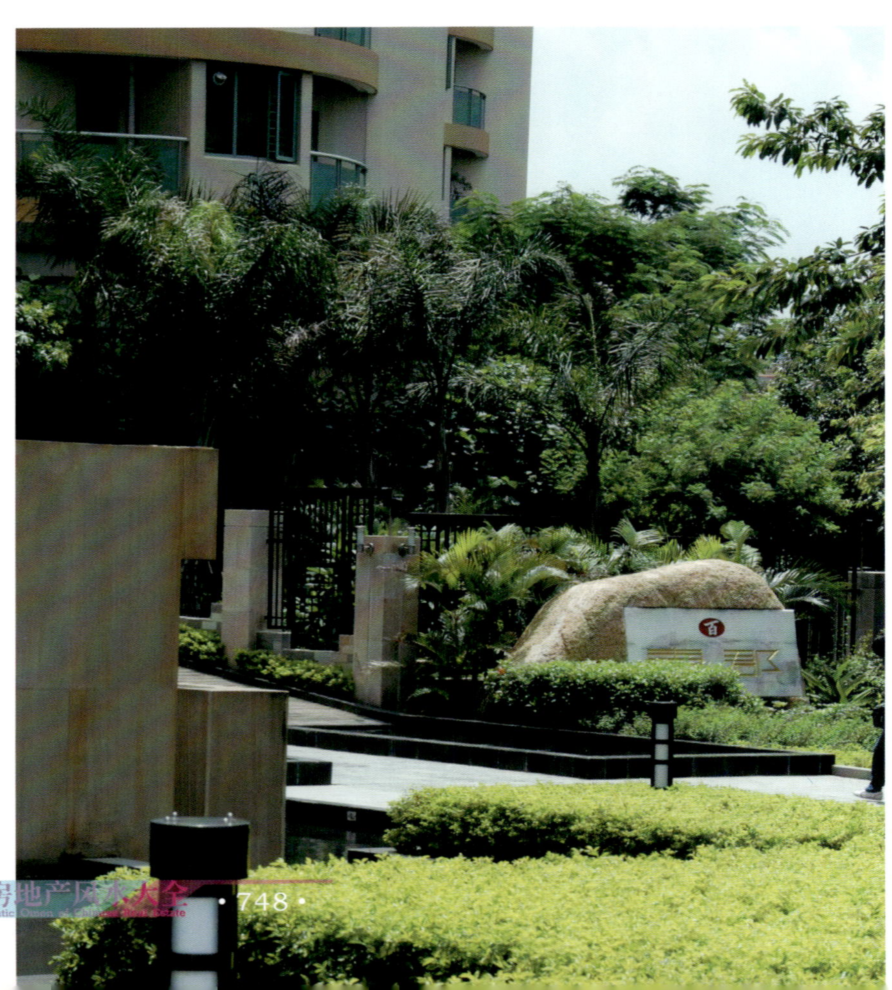

公司介绍

深圳百仕达实业有限公司成立于1993年3月16日，是百仕达有限公司和深圳市供电服务公司以8：2的出资比例共同设立的合资企业，注册资金人民币3.75亿元。其大股东百仕达有限公司系香港联交所上市公司百仕达控股有限公司（香港联交所股票：1168）的全资子公司。公司自成立以来，以全新的经营理念成功地开发了深圳大型高尚社区百仕达花园。

百仕达视质量为生命，视顾客为上帝，从勘测、规划到设计施工，从安全健康到服务管理，都力求尽善尽美，精益求精。已经建成的百仕达花园一期、二期，曾先后获得中国国家质量奖银质奖章、建设部优秀建设一等奖、全国优秀住宅社区环境特别金奖、广东省优秀住宅小区、深圳市金牌尊贵豪宅等。2000年作为深圳市参加国际花园城市评比的唯一商品住宅小区，为深圳市获得“国际花园城市”美誉作出了应有的贡献。

公司十分重视人才的作用，坚持“以人为本”的原则，着力激发全体职工的个人创造性和能动性，鼓励职员自学，使每一位职员都有极大的发展空间，并且为每一位职员提供比较系统的培训，致力将公司建设成学习型组织。

为了将“百仕达”建设成中国的知名品牌，公司将进一步扩大土地储备，有计划地在全国主要大中城市进行全方位的土地开发，树立中国房地产开发事业的典范。

客户常见问题

该发展商曾开发过什么项目？

答：公司成功开发的百仕达一、二期、三期，在深圳已奠定了豪宅形象，深圳花园城市评比挑选百仕达作为评比楼盘，如此可见发展商及百仕达之实力。

百仕达公司是否已在香港上市，编号为多少？

答：百仕达控股在香港上市，编号为1168。

百仕达控股公司的业务涉及哪些方面？

答：房地产、发电、燃气。

百仕达公司的红树湾“深圳地王”项目名称为何？

答：红树西岸。

百仕达公司从哪一年起开发百仕达花园的？

答：1996年。

百仕达花园曾荣获哪些荣誉？

◎全国优秀示范小区

◎建设部优秀设计一等奖

◎1999年、2001年深圳十大明星楼盘

◎广东省优秀住宅小区

◎深圳市优秀住宅小区

◎罗湖区优秀住宅小区

◎深圳市优秀建筑设计二等奖

◎金牌尊贵豪宅及理想环境奖

◎2000年深圳首批“环境文明小区”

◎深圳市安全文明小区标兵单位

◎2001年作为深圳唯一的住宅区，接受联合国花园城市公署官员参观

百仕达花园一期基本情况?

答：占地14万平方米，建筑面积17万平方米，总户数1232户，当时销售均价11000元/平方米。

百仕达花园二期基本情况?

答：占地63000平方米，建筑面积13万平方米，总户数1069户，销售均价9000元/平方米

百仕达三期基本情况?

答：占地35万平方米，建筑面积100万平方米，总户数1297户，销售均价7600元/平方米。

是否百仕达的业主即可加入百仕会？加入百仕会会享受何种优惠?

答：是。

1. 百仕会会员包括业主会员和非业主会员，都是需要申请才能成为会员，申请方式是填写入会申请表，并成功邮寄、传真或网上登录。

2. 会员可享受优惠：

会员可最先收到百仕达地产新推出的楼盘资料，优先安排参观销售示范单位，优先选购房产及其楼层、朝向及享受购房价格上的优惠；

所有会员均可参加会员积分活动，并按积分等级兑换不同等级的现金及物质奖励；

会员可有机会参观百仕达在其他地区或城市开发的楼盘，并参与有关的项目研讨会；会员可自由选择参加百仕会举办的各种社会活动（遇特别活动安排时，按发出邀请范围参加）；

会员可按原会员价享受百仕达花园各期会所设施；

会员可享受百仕会精选商家提供的优惠折扣；

会员可免费定期收到咨讯丰富、设计精美的百仕会会刊。

东郡的使用年限时从哪一年开始的?

答：使用年限为70年，1998年1月8日至2068年1月8日。

东郡单位的价格?

答：均价7500元/平方米，详见单位价格表。

东郡是否有升值潜力?

答：百仕达花园一期、二期、三期的二手房房价在7500元/平方米以上，而出租水平也在56元/平方米/月，回报率在6%~15%之间，相对来讲，百仕达花园一期、二期、三期是深圳二手房中出租、出售价格最高的，故此预计百仕达・东郡回报率会维持在6%~15%之间。

整体规划

百仕达片区覆盖太宁路至翠竹路一段以北，太白路以南，包括太白路、太宁路、太安路、东晓路、翠竹路等道路，大头岭及郊野公园亦包括其中，占地高达100万平方米。

一期占地面积14万平方米，建筑面积17万平方米，均价11000元/平方米，会所面积2000平方米，共1232个单位，设小学、幼儿园各一间，1998年6月6日入伙。

二期占地面积6.3万平方米，建筑面积13万平方米，均价9000元/平方米，会所面积1080平方米，共1069个单位，拥有5000平方米的人工湖，并设有幼儿园，2000年12月28日入伙。

三期君逸华府，占地面积38178平方米，总建筑面积119689.60平方米，住宅建筑面积100234.57平方米。7栋32层高层共有1288个单位，面积45~98平方米，户型有一房一厅、两房两厅、三房两厅及顶层复式住宅。

客户常见问题

百仕达・东郡的规模?

答：总占地面积39803.3平方米，住宅占地面积23383.72平方米，总建筑面积212187.27平方米，住宅建筑面积181856.4平方米。

百仕达・东郡的总户数?

答：1322户

项目的位置在哪里?

答：罗湖区东晓路以东，东乐路以西，太宁路东段以北，太安路以南。

户型面积?

答：45~305平方米，户型有1~4房及顶层复式住宅。

物业的楼体有多高？每层平面高度是多少？楼间距是多少？

答：

1. 各栋住宅自架空层地面至屋面的高度如下：1栋楼87.95米，2栋楼90.85米，3栋93.75米，4栋楼90.85米，5栋楼93.75米，6栋楼96.65米，7栋楼84.87米，8栋楼79米，9、10栋楼39.45米。

2. 各栋住宅层高：

1栋~10栋楼的架空层层高均为6.1米；

1栋楼的3~28层层高2.9米，29层3.2米，30层2.85米；

2栋楼的3~29层层高2.9米，30层3.2米，31层2.85米；

3栋楼的3~30层层高2.9米，31层3.2米，32层2.85米；

4栋楼的4~30层层高2.9米，31层3.2米，32层2.85米；

5栋楼的4~31层层高2.9米，32层3.2米，33层2.85米；

6栋楼的4~32层层高2.9米，33层3.2米，34层2.85米；

7、8栋楼全部层高均为2.9米；

9、10栋3~12层层高3米，13层层高2.95米。

3. 1~3栋楼相连，4~6栋楼相连，7栋与8栋楼相连，8栋与9栋楼相距24米，9栋与10栋楼相距16米。

项目的设计单位？

答：建筑设计为中建国际（深圳）设计顾问有限公司，具体业绩可以登录http://www.cscec-design.com查阅。

项目的施工单位？

答：江苏省华建建设股份有限公司（原江苏一建）深圳分公司，具体业绩可以登录http://www.jsyj-sz.com.cn:89查阅。

项目的建设监理单位？

答：深圳市中海建设监理有限公司，具体业绩可以登录http://www.szcob.com查阅。

小区可以人车分流吗？

答：可以。

平层单位是否可以楼上楼下打通？

答：不可以。

项目本身有无商业配套？

答：有，配套二层共计19971.6平方米的大型商场。

商业经营者是？

答：吉之岛百货公司。

住宅与商铺的距离是多少？居住会不会受商业干扰？

答：商场位于住宅下的裙房，居住不会受到干扰，因为商场入口远离住宅，卸货区位于地下室。

电梯的品牌及载客量？

电梯选用韩国进口电梯，乘坐舒适、安全。1～8栋每栋安装三台，9栋、10栋各安装一台，速度达到2.5米每秒。最大程度地减少了住户等待电梯的时间。其中每栋有一台电梯能载重1000千克，方便业主搬家使用。另外电梯配备的运行状态智能监控系统（CRT）能把电梯的运行状态和故障情况随时反映到物业管理处，保证业主安全使用。

项目的使用率有多少？窗台面积是否计入建筑面积？

答：东郡容积率为4.4，绿地率为44.12%，绿化率应该比此数值大，主要受空中立体绿化等因素的影响。使用率的概念很泛，本项目的数值平均约为77%。窗台面积不计入建筑面积。

大堂、住宅装修标准如何？

入口大堂：荷兰防腐木、黄洞石、斑马木、斯米克砖。

电梯大堂：黄洞石、斑马木、斯米克砖。

住宅装修标准（7、8栋）

窗户：外墙窗为国内知名大厂的铝合金和玻璃产品，德国进口五金把手。另配进口通风器。

地面：国产高级抛光砖配瓷质踢脚线。国产高级实木复合木地板配木质踢脚线。

内墙：国产合资品牌高级内墙涂料。

天花：高级涂料、简洁吸顶灯。

浴室：国产高级墙砖、地砖。

厨房：国产高级墙砖、地砖、国产高级橱柜配人造石台面。

阳台：仿古瓷砖。

煤气

网络

随楼附送：国产子母星盘、进口品牌碎骨机、高级微波炉、油烟机、炉具、消毒碗柜、空调（LG牌）、国产合资品牌高级座厕、高级龙头，国产合资品牌高级热水器。

（7、8栋）装修套餐费要多少钱？

答：按单位面积计算，每平方米为650元人民币。

装修标准中的木地板为何种木质？装修单的设施可否更换？或加些材料可以吗？带装修的业主如果要改动可不可以？

答：实木复合木地板。原则上不可以。

阳台、错层花园是否可以封闭?

答：不可以。

阳台是否可以封闭防盗网？可用铁栏杆还是玻璃?

答：阳台采用严格的安全监控措施，取消防盗网。

复式单位的私家花园是否可以封闭？复式的楼梯谁负责做？楼梯开口的宽度是否可以增大?

答：不可以封闭成永久建筑；由业主负责做；因规格各不相同，不能一概而论，即使空间允许，也应按上述第六条执行。

小区的车位有多少个？（地上或地下）是租还是卖，如何收费?

答：地上车位目前10个，但有增加的可能，地下车位1060个（其中供商场使用的车位为351辆），收费由物业管理决定，室内停车场250元/月，室外停车110元/月。目前车位只可以租，国土局还没有统一的规定。

园林规划

一期拥有2000平方米会所，有游泳池、健身房、乒乓球室、茶艺室、麻将室、桌球室、阅览室等设施。

二期独有5000平方米人工湖，会所面积1080平方米，包括游泳池、健身房、乒乓球室、茶艺室、麻将室、飞镖室等设施。

三期拥有20000平方米园林式平台花园加20000平方米大型体育场馆，合共40000平方米运动健康生态社区，包括一个400米标准跑道运动场、两个篮球场、高尔夫推杆场。室内会所面积565.98平方米，有健身房、棋牌室、阅览室、茶座等设施。

客户常见问题

百仕达·东郡园林有什么景观?

答：景观设计以仿自然山水为主题，利用现有地势特征及建筑的高低结构层板，营造出自然环境中的山势及涓涓流水，景观设计根据传统中国园林理论作空间布局，一步一景，富有诗意。

景观效果分别有以"序""湖""峰""崖""原""乐""谷""岭""泉""溪"等为主题的景观空间，围绕"山""水"等自然界元素作为设计的灵感来源，使各主题空间一气呵成地自由串联、相互紧扣，从中带出城市绿洲的气息，创造出以人为本的氛围。

有什么可玩的设施?

动设施：（西南侧）街角小广场、成人及儿童泳池、按摩池、叠级瀑布、儿童游乐场等。

静设施：观景平台、休息平台、景观花架、大草坪、棕榈大道、特色雕塑、盆栽树阵、下沉广场等。

园林规划单位?

答：规划设计由香港的ACLA园林景观规划设计公司进行设计，施工图设计及施工由深圳四季青景观园林公司进行。

小区园林规划何时完工?

答：根据项目总体施工进度分阶段施工，2005年4月全面完工。

购置的程序及相关费用

房产证何时办理？由谁办理?

答：按商品房买卖合同的规定，竣工后（一般指入伙）150天内办理，由开发商先向国土局提供产权登记及竣工资料。

付款方式和分期折扣方法?

答：详见付款方式。

按揭的年限，成数，由哪家银行办理?

答：由中国工商银行深圳市分行营业部、中国银行深圳市分行提供八成，三十年人民币按揭；东亚银行有限公司深圳分行、南洋银行深圳分行提供八成，二十五年港币按揭。

按揭在什么时候办理？如何办理?

答：于签定商品房买卖合同之日起30天内办完按揭手续（即时按揭），零首期的付款方式，按揭在签认购书后九个月内办理。

按揭办理要收取哪些费用?

答：办理按揭的手续费用有按揭合同公证费、买卖合同公证费、房屋保险费、抵押登记税、印花税、律师费（具体各类费用比率以杂费清单为准）。

按揭需业主提供的资料及按揭人的要求条件?

答：详见《销售培训之按揭须知》。

除房款外，客户还需交纳哪些费用?

答：办理按揭的手续费用见《销售培训之按揭须知》；办理房地产证的费用有契约税、房地产登记费、印花税等。

入伙后业主还有哪些费用需交纳?

答：管理费、水电费、本体维修基金费、有线电视开通费、管道煤气开通费等。

签定正式买卖合同之前是否可转让？如何办理?

答：可以，但需按公司转让条例办理有关手续并交纳转让费。

怎样避免购买重复再买的房号?

答：去房地产主管部门查实，及到国土局各分局窗口问询处咨询。

怎样知道楼宇的开发是合法的？该了解些什么?

答：首先要看是否有预售许可证，根据预售许可证号码再向上述管理部门查询土地使用情况及报建审批开发状况。

认购流程怎样?

答：销售小姐接待介绍——交定金签认购书——七天后交首期楼款——签买卖合同——合同公证——签抵押贷款合同——合同公证——保险——抵押登记——产权登记。

我申请了按揭，但我想提前付清楼款是否可以？利息如何计算?

答：根据深圳市农村信用合作社《楼宇按揭（抵押）贷款合同》第八条和第一款规定："借款人提前全部归还贷款本金的，必须先请还截至提前还款日止应交纳的贷款本息，罚息及当期贷款本息，然后再归还剩余贷款本金。"

购房人因故未按期到银行付款将如何处理?

答：根据《楼宇按揭（抵押）贷款合同》第七章规定：借款人如未能偿付本息，除应立即补交欠付本息外，对欠付本息按中国人民银行有关规定处罚。

风水

项目从地理位置上考虑，在风水上有何种好处?

答：百仕达·东郡位于深圳市罗湖区东晓路以东，爱国路以西，太宁路以北及太安路东段以南，外围为太宁路、东晓路、爱国路、太安路围绕，呈有情金带环绕，地势西高东低，坐艮向坤，为深圳东部干龙兜抱，以低平为贵体，两边星峰起处，势力绵远，随梧桐山龙脉行走，纳仙湖山水，收东来紫气，脉络厚实，五行属土，是上吉之像。

太宁片区东北有烟波浩渺的深圳水库，东南临洪湖公园，南方有大头岭森林公园，西南横跨洪湖，西北面向峰峦起伏的松泉山和梧桐山，正是丁财两旺之地。翠竹、太宁片区组成一个近似于扇形的区域，总面积4.7平方公里，以翠竹路为轴延伸开去有6条商街，这里既有以百仕达为代表的数十幢高级住宅，又有万佳、好又多、麦当劳等多家品牌商场和连锁店，人气越来越旺。而且，这一带已经具有较为成形的商业街区，可谓"繁华自然两相宜"之地，属于罗湖的世外桃源。

项目各种户型的风水说法?

答：百仕达·东郡不但配套成熟、交通便利，而且户型及景观设计也融入了重要的风水元素，使各建筑户型与景观互相呼应，景观宜人，格局科学，磁场均衡，细致美满，动静自如，宜商宜居，真正属于罗湖的世外桃源。

物业管理

百仕达·东郡由已通过美国贝尔公司ISO9002服务体系认证的百仕达物业管理公司负责提供完善的管理服务，确保每一位业主的家居安全。

客户常见问题

物业管理公司是谁？物业管理费为多少元?

答：物业管理公司是深圳百仕达物业管理有限公司，住宅管理费为人民币3.8元/平方米。

百仕达管理有限公司实力如何?

答：百仕达花园第三期由获得ISO9002国际认证的百仕达物业管理公司管理，管理实力毋庸置疑。

小区的管理模式?

答：百仕达是深圳第一个建立红外线预警系统和闭路电视监控系统，并不设防盗网的小区。

百仕达花园精心设计的围墙、24小时远红外线预警系统、BAS保安系统和24小时保安巡逻形成了"壁垒森严"的四道防线。

连接三期及二期的百仕达桥上设有24小时远红外线监控/摄录系统及保安巡逻。

小区有哪些智能化设施?

答：每户独立可视对讲系统，每户独立抄表系统（煤气、水、电费），每户独立宽频上网接口，每户设专用紧急呼叫系统。

小区有无户内报警系统?

答：室内主要区域均设有户内紧急报警按钮。

1. 室内采用一卡通门禁系统，可视对讲、防煤气泄露、三表远程抄表和紧急报警按钮；

2. 室外各电梯监控、小区各点监控、小区电子巡更、小区背景音乐、各车辆进出口监控、小区照明控制；

3. 给排水、变配电集中监控，小区有总智能化控制中心，有专人值班。

物业管理公司提供哪些服务?

答：配套设备的维护和保养，保安和消防，环境清洁和消杀，绿化管理，车辆管理，社区文化，业主档案和租户档案管理，开展代办服务项目，会所服务，各种有偿便捷性服务。

管理公司收取入伙费的金额由哪些费用构成?

答：管理费，水电押金，代办煤气点火，灭火器材配置费，装修押金，煤气开户费办理，有线电视开户费。

车位是否可停放货车? 汽车的停泊位是否安全?

答：可以停放，如超标则需提前申请；闭路电视监控，绝对安全。

假如失窃如何赔偿，管理公司是否承担一定的责任?

答：搞清事实责任人，如属管理公司责任可进行赔偿。

公共走道、住户楼梯是否有专职的工人清扫?

答：委托专业的清洁公司派人清扫。

楼梯防盗门、路灯、中心区灯坏了是否有人及时修复?

答：管理处可于24小时内修复。

垃圾信道的周围是否清洁，管理公司对垃圾如何处理?

答：及时清洁，有建造精美的垃圾屋，每天由垃圾车来清运。

小区的防盗措施是什么?

答：封闭式管理、BAS综合保安系统、24小时巡逻、闭路电视监控、红外线报警系统。

该采取什么样的防盗设施才比较安全?

答：闭路电视监控和红外线报警系统。

该物业小区是否有闭路监控系统监管? 电梯走廊信道中是否有装闭路电视?

答：有。

是否封闭阳台? 是否安装防盗网?

答：开放式阳台；不安装防盗网，已装有红外线报警系统。

物业管理公司可否为业主代理出租业务?

答：可以。此外，可由中原三级市场百仕达分行地铺代放租或放盘。

物业管理公司可否帮业主买菜、洗衣、清洁室内卫生、送小孩上学、照顾小孩，老人等管家服务? 收费多少?

答：可以。按钟点工收费，须提前预约。

房屋结构是否可以改动? 装修是否要押金?

答：可以局部改动，但要提交管理公司批准；预交装修押金。

配套

香港上市公司百仕达控股旗下的百仕达花园，可说是近年深圳名牌屋苑之一。自1996年以来，百仕达的品牌知名度已在深圳渐渐形成，现时第一、二、三期已落成，使屋苑配套更显成熟，渐渐成为深圳首个达到豪宅指标的高尚社区。

百仕达片区履盖范围可从太宁路至翠竹路一段以北、太白路以南为界，道路包括太白路、太宁路、太安路、东晓路、翠竹路等，而大头岭及郊野公园亦可包括在百仕达片区之内，是现时深圳罗湖最大型的高尚住宅之一。

三大会所

一期会所（2000平方米）：游泳池、桌球室、阅读室、麻将室、美容室、咖啡室、网球场、多功能会议室、健身室等。

二期会所（1080平方米）：游泳池、健身室、茶艺室、麻将室、飞镖室等。

三期会所（40000平方米平台园林会所）：拥有20000平方米园林式平台花园、20000平方米大型体育场馆，合共40000平方米健康生态社区，设备有：一个400米跑道运动场、两个篮球场、游泳池、儿童水池、会所健身区、石墙攀爬场，园林式缓跑径、高尔夫球推杆场等。

购物

泰宁百货	爱国路与太宁路交界	步行4分钟
永安南城百货	东晓路口	步行1分钟
万佳百货	翠竹路与田贝二路交界	步行4分钟
华润超市	百仕达一期花园内	步行1分钟
沃尔玛	洪湖路	步行2分钟
东门步行街	东门北路	步行4分钟

银行

中国银行	东晓路口	步行1分钟
工商银行	百仕达一期花园内	步行1分钟
建设银行	东晓路南城百货	步行1分钟
招商银行	田贝四路	步行3分钟
交通银行	万佳百货旁	步行4分钟
农业银行	水贝一路	步行3分钟

学校

百仕达小学	百仕达一期	步行1分钟
翠北小学	田贝四路	步行3分钟
水库小学	太安路	步行2分钟
深圳中学	田贝南路	步行2分钟
百仕达中学	君逸华府旁边	步行2分钟
东湖中学	百仕达一期	步行1分钟

医院

人民医院	翠竹路与东门北交界	步行2分钟
东湖医院	布心路与东晓路	步行1分钟
罗湖妇幼保健医院	东昌路	步行2分钟

饮食

万事达会所酒楼	百仕达一期对面	步行1分钟
客家王	爱国路	步行3分钟
梅州大酒店	爱国路	步行2分钟
麦当劳	万佳百货	步行2分钟
翠竹食街	翠竹路	步行2分钟

治安

泰宁派出所	百仕达二期	步行1分钟
布心派出所	东昌路	步行4分钟
翠竹街道办	水贝一路	步行2分钟

休闲

东湖公园	爱国路	步行2分钟
大头岭公园	百仕达一期对面	步行2分钟
洪湖公园	田贝路与文锦北路交界	步行3分钟
郊野公园	君逸华府对面	步行3分钟

交通配套

交通工具	路线	目的地	途径
中巴	441		
	424	火车站	春风路
	447	下梅林	泥岗路
	401		
	406		
	413		
	483		
	542		
大巴	1	火车站	东门
	23		
	320	西乡	上海宾馆

娱乐

东方魅力	太宁路	步行1分钟
大富豪夜总会	雅园立交	步行3分钟
金威啤酒城	东昌路	步行2分钟

客户常见问题

幼儿园及中小学的规模及办学模式？收费标准？竣工时间、入学时间？是否可寄宿？与国际各学校有何种联系？

答：

百仕达第一幼儿园1998年9月1日开学，聘请香港资深幼儿教育专家做顾问，并编写教材，实行双语教学。

百仕达第二幼儿园：聘请专职外籍教员，实行双语教学，采用香港教材。采取小班制（每班20余人），每班配三名教师。

百仕达第一小学1999年9月1日开学，属国有民办小学，采取小班制（每班30人）双语教学。已与美国、英国、澳大利亚、新西兰等国家和地区的学校建立了合作关系，使百仕达学校的毕业生有多种选择渠道，完成自己的学业。

中学：国际学校，聘请加拿大籍校长，双语教学。

小区菜市场在哪里？

答：东恒肉菜场位于一、二期小区内。

小区内有何种商业配套？

答：

一期会所旁有华润百货，三期小区内有华润百货。

饮食娱乐：一期会所、二期会所、三期会所、一期泳池、二期泳池、三期泳池、国际美食街、足球场。

物业外围有何配套？

答：见外围配套介绍。

周边的公交车情况？

答：见外围交通配置介绍。

小区有没有住户专车？行驶路线？乘坐地点及时间？

答：有，详情见外围交通配套介绍。

小区会所内有哪些设施？收费标准？

答：见上述百仕达会所介绍（收费见会所收费表）

百仕达·东郡的业主可否使用一、二、三期的会所？收费标准是否一样？

答：百仕达·东郡的业主可以使用一、二、三期所有会所设备，收费标准一样。

小区内的医疗保健系统如何？

答：二期小区内配套百仕达社区保健中心。

礼仪

电话规范用语？

答："您好，百仕达·东郡"。

接听电话须做的工作？

答：对项目有全面的了解；态度亲和；准备笔和客户登记本，详细记录客户需求及联络方式。

根据客户询问告知客户本项目的荣誉及强势卖点？

答：客户通过电话查询百仕达三期情况，可选择最突出卖点告之，例如：

■百仕达·东郡由香港上市公司百仕达控股公司倾力打造，公司从1996年至今，已成功发展了人所共知的豪宅百仕达花园一、二期、三期、8号。百仕达作为一个知名品牌已经深入人心。

■业主可享受三大会所，共40多项设备。

■业主子女可入读百仕达中英文教学的幼儿园、小学及中学。

■为业主开设深港直通车，由百仕达会所发出，途径皇岗、上水，直达九龙塘。

客户进门时，销售人员的反应？

答：微笑向前，主动迎接，热情周到地同客户打招呼："您好，欢迎参观百仕达·东郡，我为您介绍一下，好吗？"

遇到挑剔或不出声的客户，该如何接待？

答：亲切热情地给客户讲解本项目的独到卖点，以项目特色激发客户兴趣，从而达到沟通的目的。

每一位进入或电话咨询的客户，均须以礼相待，在整个介绍当中，除了销售人员作主导之外，须注意客户反应及取得客户同意才可进入另外一个话题。客户进入洽谈区时，销售人员须主动茶水招呼；面对无礼客户，销售人员须一笑置之或由销售主管帮手处理。销售过程当中，如遇到不懂的问题，销售人员不能乱答，须技巧性地以取物为借口问销售主管或发展商正确答案。

每完成一次介绍，须留下客户联络电话及广告来源，以便统计，而销售人员须根据客户情况跟进未成交客户，成交客户亦须在搞活动或推出相关优惠政策时跟进，并为成交客户填写成交分析。

付款指南

为了客户及时、安全地将款项转入我司账上，请将款项转入以下制定账号：

人民币户

户名：深圳百仕达实业有限公司

开户行：中国银行东乐办

账号：略

户名：深圳百仕达实业有限公司

开户行：工行百仕达支行

账号：略

户名：深圳百仕达实业有限公司

开户行：建设东湖支行

账号：略

港币户

户名：香港百仕达有限公司（SINOLINK WORLDWIDE (HK)CO.LTD）

开户行：南洋商业银行

账号：略

户名：香港百仕达有限公司（SINOLINK WORLDWIDE (HK)CO.LTD）

开户行：恒生银行

账号：略

付款注意事项：

■ 境内外人士支付现金的，请直接交与公司财务并开具收据；

■ 境内外人士通过转账方式支付楼款的，需在进账单上注明各自的姓名、楼房号、进账后财务开具收据，未注明的不予以开收据；

■ 境内外人士以支票形式交付楼款的，财务开具收据时需注明支票所属银行及号码，如有退票及时通知交款人；

■ 境内外人士以存折形式交付楼款的，由交款人直接将款项转入我司账户上并将交款单或进账单等单据交与我司财务，由财务开具房款收据；

■ 境内外人士以电汇方式支付楼款的，需注明各自的姓名及楼房号，款项到我司账上后财务开具收据，未注明的不予以开收据。

如有变动，另行通知，并以我司通知之日起为准。

深圳百仕达实业有限公司

The Geomantic Omen Analysis
风水分析

东来紫气　风水名郡

——百仕达·东郡格局特征指微

圣贤之地，多土少石；仙佛之地，多石少土。圣贤之地，清奇秀雅；仙佛之地，清奇古拙。清秀者不去土以为奇，不任石以为峭，祥如鸾凤，美若圭璋，重如鼎彝，古若图书。翰墨留香，富难敌国；清光太露，贵不当朝。道履端庄，名垂千古；慧多富少，庙食万年。清奇者如寒梅瘦影，骨格仅在　，野鹤羸形，神光独见。横如步剑，曲若之元。尖如万火烧丹，直如九天飞锡。岩空欲堕，峰缺疑倾。一尘不染，惟存江月之思；万劫皆空，不作风尘之客。清如带福，绮罗从里播元风；应若逢空，清净门中持佛戒。龟蛇不出，终滞幽关；灵鹤不来，应难羽化；此造化自然之应也。

——《青囊海角经·品

The Geomantic Omen of Chinese Real Estate

地铁开通打通地脉

深圳地铁1号线连接罗湖口岸、市中心区、宝安中心区、深圳机场；2号线连接市中心区、南山中心区及蛇口片区；3号线连接福田中心区、罗湖中心区、布吉、横岗镇、龙岗中心城；4号线连接皇岗口岸、市中心区、龙华新区和龙华镇中心；11号线改造平南铁路和平盐铁路既有通道，连接南山、龙华、坂田、横岗和盐田。地铁开通，有利于深圳打通自身气脉，令财气贯通全局。

CEPA的签订带来重大利好

内地与香港CEPA的签订是中国经济一体化战略的重要一环，是大中华经济圈的起点。所谓大中华经济圈，是指中国内地和港、澳、台地区完全实现自由贸易区，倘若把CEPA与正在进行的中国-东盟自由贸易区谈判联系起来，可以进一步看到中国区域经济一体化战略的宏伟蓝图。在中国的区域经济一体化战略中，内地以及港、澳、台地区将构成最紧密的核心层，东盟和东北亚国家则是紧密联系层。中国作为政治大国和经济大国，无论是从全球战略还是从地区战略的角度，都需要建立以自身为核心的区域经济一体化战略。

深圳的后势发展

回首过去，展望未来，根据三元玄空理论，深圳发展的大体趋势是“六运转势、七运起步、八运兴旺、九运辉煌”。1984年前为六运，深圳受改革开放政策支持，开始转势，由渔村渐变城市；1984～2003年为七运，深圳高速发展，世人瞩目；八运为2004～2023年，八白运属土，增值潜力巨大；而在2024～2043年九运期间，因深圳位于中国东南方，南龙旺火，这二十年将是深圳的鼎盛时期，其势可与香港比翼齐飞，成为最具吸引力的国际大都市。

龙脉效应和罗湖情结

罗湖由原罗湖管理区和沙头角管理区合并而成，位于深圳市东部，东起大鹏湾背仔角，与横岗、葵涌相邻；西至红岭路以东，与福田区接壤；南临罗湖桥与香港毗邻；北到特区二线公路，与龙岗区布吉镇、沙湾村相连，是深圳经济特区第一个建成区。广东省把深圳定位为广东省的经济中心城市，深圳市把罗湖定位为罗湖组团的商贸、金融、信息中心城区。罗湖中外商贾云集，有中国第一家证券交易所，中国第一家期货市场，中国第一家地方商业银行，中国最大的农贸批发市场。

人们每提深圳则必称罗湖，因为深圳人都有很深的罗湖情结，深圳从无到有的起步是从罗湖开的，所以罗湖的优势是非常明显的。深圳前15年发展的建设资金50%以上都是投在罗湖，长期的积累形成了罗湖十分优越的商业配套。罗湖是分享城市资源最有利的地方。罗湖的风水在深圳占有非常重要的地位。

深圳左明堂在罗湖区，发展前景远大，而且深圳东方正逢北玄武罗浮往东南梧桐山吐纳祥气，山有龙势兼遇明堂而蓄其气，在旁龙山势的抱环护卫之下，更利见水为财，深圳水库、南海大鹏之水，加一白飞星，巨门水入堂，确保东方和东南是水旺、财旺之格局。因此罗湖的风水对深圳的大局影响非同小可，各行各业在此最利先旺先发。

太宁片区的风水格局

太宁片区东北有烟波浩渺的深圳水库，东南临洪湖公园，南方有大头岭森林公园，西南横跨洪湖，西北面向峰峦起伏的松泉山和梧桐山，正是丁财两旺之地。翠竹、太宁片区组成一个近似于扇形的区域，总面积4.7平方千米，以翠竹路为轴延伸开去有6条商街，这里既有以百仕达为代表的数十幢高级住宅，又有万佳、好又多、麦当劳等多家品牌商场和连锁店，人气越来越旺。而且，这一带已经具有较为成形的商业街区，可谓“繁华自然两相宜”之地，属于罗湖的世外桃源。

龙脉兜抱，金带环绕

百仕达·东郡位于深圳市罗湖区东晓路以东，爱国路以西，太宁路以北及太安路东段以南，外围为太宁路、东晓路、爱国路、太安路围绕，呈有情金带环绕，地势西高东低，坐艮向坤，为深圳东部干龙兜抱，以低平为贵体，两边星峰起处，势力绵远，随梧桐山龙脉行走，纳仙湖山水，收东来紫气，脉络厚实，五行属土，是上吉之象。

地气秀丽，官商两旺

内气行则万物发生，内气聚则山川融结，故土为气之外体，水为气之外形，是以山水之势行，即气脉之行，山水之势止，即气脉之止。山水之奇秀明丽者，乃地中吉气即生气所融结。百仕达·东郡地气秀丽，土壤肥沃，有真龙护持，总体发展状态有强大的优势，令居者官商之道，直上青云。

四象齐备，五行俱全

山水乃乾坤之两大神器，百仕达·东郡临烟波浩渺的深圳水库，拥大头岭森林公园，揽彩虹横跨的洪湖，靠倚峰峦起伏的松泉山和梧桐山，在风水学上就属于左有青龙护持，右有白虎盘踞，后有玄武纳气，前有朱雀和鸣，反砂抱环，群山聚讲，明堂宽阔，形成富贵内蓄之势，可谓四象齐备、五行俱全，大主富贵。

西南气口，丁财两旺

百仕达·东郡坐东北向西南，分金坐艮向坤，气口位于西南方，为延年位，大吉。据三元玄空学推算，公元2004~2023年为下元八运，门向西南将大旺财丁20年。大门收合呈葫芦形，即内小外大，可确保财气只进不出。

藏风聚气，负阴抱阳

百仕达·东郡在罗湖的真山真水的格局中形成“负阴抱阳”之势，整体围合式规划布局错落有致、张弛有度，构成了外闭内开、藏风聚气的空间格局，可使居住者生机之气内聚而不致外泄。小区之四维四正、前后八方尺度怡人，完密而无空缺，使生气避风而凝聚，形成和谐的邻里氛围。大门内部空间外小内大，并用圆弧纳气，有利于运财入内，并且均匀分布于小区各业主。这种院落式规划的风水优势，除了最有效照顾业主私密，更能促进财丁两旺。

阳水平衡，确保富贵

百仕达·东郡在外围深圳水库和洪湖阳水极为丰富的环境之中，精心在小区内部营建优美起伏的水系与喷泉，构成风水学上的“内外阳水平衡”格局，可令富贵与平安长随业主。

东水西流，逆水为财

“山主人丁水管财”，百仕达•东郡在水系的处理方面，根据风水学的原理，更巧妙的将东郡的五条水系流向均设计成由东向西流，形成了风水学上著名的“逆水为财”格局。水系蜿蜒、流水有情，即可确保业主的财水不外流。

大运所在，风生水起

罗湖片区的楼盘风水，历来靠梧桐山系及东湖水支撑，翠竹、太宁片区组成一个扇形区域，以翠竹路为轴延伸开去六条商街，百仕达•东郡正是该处的核心位置。据九宫飞星及三元玄空原理分析，在中元七运东方利见水为财，和下元八白运属土（即1984～2023年）间，地产业更加兴旺。太宁片区是水火相济、木火通达之局，风水旺气将在此收束，因此在此置业安家，风生水起，十分理想。太宁片区是水火相济、木火通达之局，风水旺气将在此收束，因此在此置业安家，风生水起，十分理想。

户型优越，景观宜人

百仕达·东郡不但配套成熟、交通便利，而且户型及景观设计也融入了重要的风水元素，使各建筑户型与景观互相呼应，景观宜人，格局科学，磁场均衡，细致美满，动静自如，宜商宜居，真正属于罗湖的世外桃源。

附注：

水龙吟——甲申年春为百仕达花园赋

黄一真

百仕仝达神工，群贤毕至云起处。琼楼照影，罗城环绕，天门地户。山水幽深，襟怀妙远，玉堂砥柱。看百花吐秀，万卉争妍，人道是：桃源路。

又添画栋朱阁，春风绿，高吟今古。屏风走马，左辅右弼，东南净土。世宙咸和，物海包容，新猷如许。赞九州盛况，天开万象，龙腾凤舞！

The Geomantic Omen of

Chinese Real Estate

附录

一、房地产实用辞典

以下内容是对房地产知识的补充，购房者在买房之前有必要了解和熟悉这些相关的知识和名词，以便买房时做到心中有数。

房屋面积的计算

在购房的过程中主要涉及到住宅的平面图、立面图、剖面图以及透视图等。

(1)看懂房地产开发商的设计图纸

①住宅建筑平面图

住宅建筑平面图是按一定比例绘制的住宅建筑的水平剖面图，也就是将一幢住宅窗台以上部分切掉，再将切面以下部分用直线和各种图例、符号直接绘制在纸上，以直观地表示住宅在设计和使用上的基本要求和特点。住宅的建筑平面图一般比较详细，通常采用较大的比例，如1：50，并标注实际的详细尺寸。

②住宅建筑立面图

住宅建筑立面图是按照一定比例绘制的住宅建筑物的正面、背面和侧面的形状图。它表示的是住宅建筑物的外部形式，说明建筑物长、宽、高的尺寸，地面标高、屋顶的形式，阳台位置和形式，门窗洞口的位置和形式，外墙装饰的设计形式，材料及施工方法等。

③住宅建筑剖面图

住宅建筑剖面图是指按一定比例绘制的建筑物竖直(纵向)的剖视图，即用一个假想的平面将住宅建筑物沿垂直方向像劈木柴一样纵向切开，切后的部分用图线和符号来表示，如住宅楼层的数量，室内立面的布置，楼板、地面、墙身、基础等的位置和尺寸，有的还配有家具的纵剖面图示符号。

④住宅建筑透视图

住宅建筑透视图是表示建筑物内部空间或外部形体与实际所能看到的住宅建筑本身相类似的主体图像，它具有强烈的三度空间透视感，非常直观地表现了住宅的造型、空间布置、色彩和外部环境，一般都是在住宅设计和住宅销售时使用。按照不同的视线角度，透视图可分为“鸟瞰图”或“俯视图”。

(2)分清有关房屋面积的基本概念

①房屋建筑面积

房屋建筑面积是指房屋外墙（柱）脚以上各层的外围水平投影面积，包括阳台、走廊、地下室、室外楼梯等，且具备有上盖、结构牢固、层高2.20 米（含以上）的永久性建筑。房屋共有建筑面积是指产权人共同占有或共同使用的建筑面积。

当房屋以“套”或“单元”计算时，“套”或“单元”的建筑面积等于套内建筑面积与分摊的公用建筑面积之和。公式如下：

建筑面积=套内建筑面积+分摊的公用建筑面积

套内建筑面积=套内使用面积+套内墙体面积+阳台建筑面积

公用建筑面积主要由以下几部分组成：

a.电梯井、楼梯间、垃圾道、变电室、设备间、公共门厅和过道、地下室、值班警卫室以及其他功能上为整栋建筑服务的公用房和管理用房建筑面积。

b.套（单元）与公用建筑空间之间的分隔墙，外墙（包括山墙）墙体水平投影面积的一半。

②房屋使用面积

房屋使用面积是指房屋户内全部可供使用的空间面积，按房屋内墙面水平投影计算。套内使用面积是指套内全部可供使用的空间面积，即常说的地毯面积。

③房屋的产权面积

房屋的产权面积系指产权人依法拥有房屋所有权的房屋建筑面积。房屋产权面积由市、县房地产行政主管部门登记确权认定。

④房屋的开间、进深、层高和净高

住宅的开间就是住宅的宽度。1987年颁布的《住宅建筑模数协调标准》对住宅的开间在设计上有严格的规定。砖混结构住宅建筑的开间常采用下列参数：2.1米、2.4米、2.7米、3.0米、3.3米、3.6米、3.9米、4.2米。

住宅的进深就是指住宅的实际长度。《住宅建筑模数协调标准》明确规定了砖混结构住宅建筑的进深常用参数：3.0米、3.3米、3.6米、3.9米、4.2米、4.5米、4.8米、5.1米、5.4米、5.7米、6.0米。为了保证住宅具有良好的自然采光和通风条件，进深不宜过长。

住宅的层高是指下层地板面或楼板面到上层楼层面之间的距离，也就

是十层房屋的高度。《住宅建筑模数协调标准》明确规定了砖混结构住宅建筑层高采用的参数为：2.6米、2.7米、2.8米。

住宅的净高是指下层地板面或楼板上表面到上层楼板下表面之间的距离。净高和层高的关系可以用公式来表示，即净高=层高-楼板厚度。

⑶各种房屋面积的计算范围

①计算全部建筑面积的范围

永久性结构的单层房屋按一层计算建筑面积，多层房屋按各层建筑面积的总和计算。

房屋内的夹层、插层、技术层及其梯间、电梯间等高度在2.20米以上部位的计算建筑面积。楼梯间、电梯（观光梯）井、提物井、垃圾道、管道井等均按房屋自然层计算面积。依坡地建筑的房屋，利用吊脚做架空层，有围护结构的，按其高度在2.20米以上部位的外围水平面积计算。

穿过房屋的通道，房屋内的门厅、大厅均按一层计算面积。门厅、大厅内的回廊部分，层高在2.20米以上的，按其水平投影面积计算。

房屋天面上，属永久性建筑且层高在2.20米以上的楼梯间、水箱间、电梯机房及斜面结构屋顶高度在2.20米以上的部位，按其外围水平面积计算。

挑楼、全封闭的阳台，按其外围水平投影面积计算。属永久性结构、有上盖的室外楼梯，按各层水平投影面积计算。与房屋相连的有柱走廊，两房屋之间有上盖和柱的走廊，均按其柱的外围水平投影面积计算。房屋间永久性的封闭的架空通廊，按外围水平投影面积计算。

地下室、半地下室及其相应出入口，层高在2.20米以上，按其外墙（不包括采光井、防潮层及保护墙）外围水平面积计算。

有柱（不含独立柱、单排柱）或有围护结构的门廊、门斗，按其柱或围护结构的外围水平投影面积计算。

玻璃幕墙等作为房屋外墙的，按其外围水平投影面积计算。

属永久性建筑且有柱的车棚、货棚等按其柱上围水平投影面积计算。

有伸缩缝的房屋，若其与室内相通的，按伸缩缝面积计算建筑面积。

②计算一半建筑面积的范围

与房屋相连、有上盖无柱的走廊、檐廊，按其围护结构外围水平投影面积的一半计算。

独立柱、单排柱的门廊、车棚、货棚等属永久性建筑的，按其上盖水平投影面积的一半计算。

未封闭的阳台、挑廊，按其围护结构外围水平投影面积的一半计算。

无顶盖的室外楼梯按各层水平投影面积的一半计算。

有顶盖不封闭的永久性的架空通廊，按外围水平投影面积的一半计算。

③不计算房屋面积的范围

层高低于2.20米的夹层、插层、技术层和地下室、半地下室等。

突出房屋墙面的构件、配件、装饰柱、装饰性的玻璃幕墙、垛、勒脚、台阶、无柱雨篷等。

房屋之间无上盖的架空通廊。

房屋的天面、挑台以及天面上的花园、泳池。

建筑物内的操作平台、上料平台及利用建筑物的空间安置箱、罐的平台。

骑楼、骑街楼的底层用作道路街巷通行的部分。

利用引桥、高架路、高架桥、路面作为顶盖建造的房屋。

活动房屋、临时房屋、简易房屋。

独立烟囱、亭、塔、罐、池、支线。

与房屋室内不相通的房屋间的伸缩缝。

(4)自测房屋面积的步骤

①获取详细的标准层或自家所在楼层平面图

只有根据详细的住宅平面图来测量和计算才能方便而准确。平面图中应包括的住宅主要数据有：各房间的轴线尺寸（即承重墙或柱的中心线之间的尺寸）、外墙的总尺寸（即两道尺寸线）和各房间的使用面积。大部分住户都在标准层，测量和计算主要根据标准层图纸和面积。如果住宅所在楼层较为特殊，如底层、顶层，则要用所在楼层的图纸。如果只是为了测算一户面积，可以不对全楼的面积进行测算。

②测量和计算自家内部使用面积和建筑面积

使用面积的测算：对房间内部测量所得到的尺寸，是房间轴线尺寸减去墙体厚度和抹面厚度的尺寸，根据这个尺寸算出的面积并非是使用面积。使用面积是按轴线尺寸减去结构厚度尺寸的房间内部尺寸计算的。

一般来说，承重墙体是砖墙时，结构厚24厘米。寒冷地区外墙结构厚度为370厘米，混凝土墙结构厚度赤20厘米或16厘米，非承重墙厚度为12厘米、10厘米、8厘米。一般来说，轴线位于墙体的中间，中间两侧各为半个墙厚。测量出房间两个方向的内部尺寸后，相乘即得房间使用面积。非矩形房间需进行调整。门窗洞的面积不计入使用面积。

各房间（包括门厅、过道、厅、卧室、厨房、卫生间、储藏室、壁柜、阳台等非固定结构围成的空间）使用面积之和为住宅总使用面积。

住宅内建筑面积的测算：将自家住宅与别家、公共部分的相接处沿轴线分开，自家轴线之间的总面积为住宅内的总建筑面积。其计算方法有两种，一种是将总使用面积加上各段墙体的结构面积；一种是直接计算自家轴线所围成的几何图形面积。但住宅内的总建筑面积在图纸中一般不标注，没有实质意义，仅供下一步计算整套住宅建筑面积使用。

(5)防范面积误差的方法

①看对方是否有售房许可证

在选择商品房时一定要看对方是否有售房许可证。有了售房许可证的商品房，一般都接受了房管部门的初次房屋面积测量。到办理产权证第二次测量面积之前的这一段时间，如果没有设计变更，发生面积误差的几率一般很小。一些声称正在办理销售许可证的开发商，其所售商品房发生面积误差概率一般比较大。

②认真签订《商品房销售买卖合同》

要认真签订《商品房销售买卖合同》，因为无法控制开发商在施工过程中变更设计。合同中对出现的面积误差有明细条款，购房者要仔细填写，不可遗漏。对变更设计，购房者有什么要求都可以在合同中写明，出现大的误差可以要求退房、包赔一切损失。如果买卖双方同意，写在合同里对保护购房者的合法利益是非常有益的。

⑹面积出现误差的处理方法

业主在验收楼盘时如果发现实测面积与购房时的合同面积不符，该怎么办呢?首先应当按销售合同中载明合同约定面积与产权登记面积发生误差时的处理方式进行处理。若合同未作约定的，按以下原则处理：

①据实结算房价款

面积误差比在3%以内（含3%）的，据实结算房价款。

②退房

面积误差比超出3%时，买受人有权退房。买受人退房的，房地产开发企业应当在买受人提出退房之日起30日内将买受人已付房价款退还给买受人，同时支付已付房价款利息。买受人不退房的，产权登记面积大于合同约定面积时，面积误差比在3%以内(含3%)部分的房价款由买受人补足，超出3%部分的房价款由房地产开发企业承担，产权归买受人。产权登记面积小于合同约定面积时，面积误差比在3%以内(含3%)部分的房价款由房地产开发企业返还买受人，超出3%部分的房价款由房地产开发企业双倍返还买受人。

房地产名词释义

当你准备购置房产时，除了要知道房屋面积的计算之外，还得熟悉房地产的相关名词。

(1)代理销售

是指房地产开发企业委托具有房地产经纪资格的专业公司代为商品房销售的行为。

(2)包销

一般是指房地产开发企业将其开发建设的房屋交由包销人以房地产开发企业的名义销售，包销期满未销售的房屋，由包销人按照合同约定的包销价格购买的行为。

(3)维修基金（资金）

是指为保障房屋及其相关公共设施的正常维修、更新，由房地产开发企业和购房人按一定标准交纳费用，存入专户银行，专门用于房屋及其相关公共设施维修、更新的资金。

(4)规划设计变更

房地产开发企业应当按照批准的规划、设计建设商品房。但由于建设工程的复杂性，在施工过程中，原有的一些规划设计可能必须变更，但这需经规划部门的批准或设计单位的同意。如果变更导致商品房的结构形式、户型、空间尺寸、朝向变化，以及出现合同当事人约定的其他影响商品房质量或者使用功能情形的，房地产开发企业应当在变更确立之日起10日内，书面通知买受人。买受人可以选择解除合同或接受变更。

(5)二书

一般指《住宅质量保证书》《住宅使用说明书》。

(6)预测面积

又称暂测面积、合同约定面积，是指在商品房预售中，房地产开发企业或其委托的有资质的测绘部门根据设计图纸计算出来的预售商品房面积。

(7)实测面积

又可称产权登记面积，是指预售商品房竣工验收后，经有资质的测绘机构实地测量，房地产行政主管部门确认登记的房屋面积。

(8)面积误差比

是指实测面积（产权登记面积）与预测面积（合同约定面积）发生误差的比例，具体是：面积误差比＝（产权登记面积—合同约定面积）÷合同约定面积×100%

(9)套内建筑面积

成套房屋的套内建筑面积由房屋的套内使用面积、套内墙体面积、套内阳台建筑面积三部分组成。

套内使用面积包括：

①卧室、起居室、厅、过道、厨房、卫生间、厕所、储藏室、壁橱等分户门内面积的总和。

②跃层住宅中的户内楼梯按自然层数的面积总和计入使用面积。

③不包括在结构面积内的烟囱、通风道、管道井均计入使用面积。

④内墙面装修厚度计入使用面积。

套内墙体面积。新建住宅各套（单元）内使用空间周围的围护或承重墙体，有公共墙和非公共墙两种。其中，套（单元）与套（单元）、套（单元）与共有建筑空间之间的分隔墙以及外墙（包括山墙）均为公共墙。公共墙按墙体水平面积的一半计入套内墙体面积。套（单元）内的分隔墙为非公共墙。非公共墙按墙体水平面积的全部计入套内墙体面积。

套内阳台建筑面积。封闭式阳台，按其外围水平投影面积计算建筑面积；未封闭的阳台按其围护结构外围水平投影面积的一半计算建筑面积。

(10)分摊的公用建筑面积

前面已经介绍过，分摊的共有建筑面积=套内建筑面积×公用建筑面积分摊系数。公用建筑面积由以下两部分组成：

①电梯井、楼梯、垃圾道、变电室、设备层（间）、公共门厅和走道、地下设备间、值班警卫室等共有部位的面积，以及为整幢建筑服务的公共用房和管理用房的建筑面积。单独具备使用功能的独立使用空间（如车库、自行车库、会所或俱乐部、仓库、人防工程等），为多幢建筑服务的警卫室、管理用房、设备间等，均不计入公用建筑面积。

②套（单元）与公用建筑空间之间的分隔墙以及外墙（包括山墙）的墙体投影水平面积的一半。公用建筑面积分摊系数是整幢建筑的公用建筑面积除以整幢建筑各套内建筑面积之和，得到建筑物的公用建筑面积分摊系数。

(11)绿化率

是指项目规划建设用地范围内的绿化面积与规划建设用地面积之比。对购房者而言，绿化率高为好。

(12)容积率

是指项目规划建设用地范围内全部建筑面积与规划建设用地面积之比。附属建筑物也计算在内，但应注明不计算面积的附属建筑物除外。

容积率越低，居民的舒适度越高；反之则舒适度越低。

二、风水与科学

风水原本就是一门科学，数千年来更随着气象、生物、物理等科学同步发展。以下阐述的是风水的科学理论知识。

天气的作用

气是一种在所有物体上都能找到的基本能量。为了保持身体健康及心灵的平静，这种能量必须能在体内自由流通、畅行无阻。不过，恶劣的天候条件，却可能阻断这些体内的重要能量，而破坏能量恒定平稳地流动。因为恶劣的天气会影响地球的磁场与能量场，进而让维持健康的气无法在人体内平稳正常地流通。正因为如此，所以在替住宅或公司布置好风水时，首要工作就是先分析该区域的气候模式。如果气温令人不适、大雨不断，或者有强风及其他激烈的天气变化所干扰，那么想维持有益的能量会非常困难，更别提要创造一个天时地利的好风水。以下所列的外在条件可以让我们感到最舒服，可作为参考。

温度：17～27摄氏度

湿度：30%～70%

阳光：一般认为阳光具有杀菌功能，因此太阳也成为让住宅常保健康清新的重要角色。不过，太过刺眼的强烈阳光则会损伤视力，也会让房间过热过干。

天气对人体的健康有极大的影响，中医与风水理论都认为，分析天气模式是诊断疾病及处理风水问题的第一个步骤。

风：时速约0.16～8千米（0.1～5千米）

降雨：雨量适中有利于植物生长，也足以供应人类所需。然而，如果某地霪雨不断，则会让人感到沮丧不安。此外，大量降雨也会导致水灾。

早期的风水师都知道必须为住宅、村落选择吉向，才能享受良好天气所带来的好处，并让人类得以避开严苛天气的无情考验。最常见的方法通常是运用山脉或小山丘等天然屏障，来为住宅阻挡冷冽的寒风。此外，想要让住宅在夏天不会过于闷热，最好的方法是建地选在河流或溪流旁边。当夏天季风吹过水面时，自然就可带来比较清爽的空气。

其他应该考虑的天气因素，还包括：冬季、夏季的风向，以及每天日照时间的长短。由于不同国家的地形地貌差异极大，风向与日照量也会依所在区域而大有不同。在确定这些因素之后，风水师就会针对住宅坐向提出建议，让房子（或至少大门）在冬天期间不会直接受风，夏天时还能有凉爽的微风吹拂，当然适量的日照也是吉地风水的要求之一。

天气与健康

一般认为，天气情况会直接影响到身体健康。以下的表格列出了不同的天气状况下可能产生的相关疾病：

天气因素	可能引发的健康问题
高温	高血压、心脏毛病
湿度高	关节毛病
干热的强风	倦怠、精神萎靡不振
带有湿气的强风	心脏衰弱
强而冷的风	免疫能力降低
下雨	伤风、流行性感冒
烟雾弥漫	气喘、呼吸困难

二十四节气

中国农历中，一年分为四季，四季又分为二十四节气。中国农历又称黄历，内容包罗万象，主要是旧时农民的行事依据，提醒农民及其他依赖土地生存的人，何时该松土，播种、灌溉及收割。古时人们虽然以阴历记时，但二十四节气是根据太阳在黄道（即地球绕太阳公转的轨道）上的位置来划分，所以每个节气的日期以阳历来看会比较固定，如下表所列。

阳历月份	二十四节气	大自然的状态
2月初至2月中旬	立春	开始为春耕作准备
2月中旬至2月底	雨水	经常下雨
3月初至3月中旬	惊蛰	春雷响，动物开始现身
3月中旬至3月底	春分	时序进入春季
4月初至4中旬	清明	春意盎然
4月中旬至4月底	谷雨	为作物降下及时雨
5月初至5月中旬	立夏	开始为夏耕作准备
5月中旬至5月底	小满	第一季作物结穗盈满但未全熟
7月初至7月中旬	小暑	天气逐渐炎热
7月中旬至7月底	大暑	天气酷热
8月初至8月中旬	立秋	开始为秋耕作准备
8月中旬至8月底	处暑	暑气消减
9月初至9月中旬	白露	夜间变凉，露水出现
9月中旬至9月底	秋分	时序进入秋季
10月初至10月中旬	寒露	天气更凉，露水更盛
10月中旬至10月底	霜降	开始结霜
11月初至11月中旬	立冬	开始为冬耕作准备
11月中旬至11月底	小雪	偶尔下小雪
12月初至12月中旬	大雪	偶尔下大雪
12月中旬至12月底	冬至	时序进入冬季
1月初至1月中旬	小寒	天气寒冷
1月中旬至1月底	大寒	天气严寒

风水与磁场

罗盘、潮汐与天气模式之间有个共通性，那就是都受到磁场的影响。把地球想象成一根巨大无比的磁条，四周则围绕着所谓的磁场。磁场又称为磁层，从地核开始一路延伸到太空中。此外，太阳与月球本身都有磁场，两者都与地球磁场交互作用，产生一股推力与拉力，进而造成潮汐、暴风雨、地球自转以及各种自然现象。

风水的理气派（罗盘学派）认为，人体本身也有磁场，因此建议在重大行事时应该依照自身的吉向做适当安排，这正是风水东西四命系统的基础。

因为地球自转、地球与太阳之间的距离、时间、天气模式以及其他各种因素的影响，所以每个点的磁场多少有些不同。

地球磁场的流动缓慢且持续不断，是一股看不见的力量，对人体无害。不过，这并不是人类接触到的唯一一种磁性能量，一般常见的人工电磁能量来源还包括电线、收音机、电子钟、电脑、电视及微波炉等。虽然电磁波是否对人体有害目前尚无定论，但风水师还是建议小心为要。因此，风水理论并不建议让电脑、电视或其他电子设备太接近床、沙发及椅子。以下是追求好风水时应该遵循的一般摆设原则：

电脑：应该离床至少60厘米远。此外，没在电脑前工作时，椅子的位子与电脑屏幕之间至少也要有60厘米的距离。

电视：如果是19寸以下的电视，应该距离床头、书桌、沙发、椅子至少1.5米远；20寸至39寸电视，至少应该距离1.8米；如果40寸或更大的电视，至少要距离2.5米远。

收音机、音响与电子钟：这类电器至少应该距离床、书桌（办公桌）沙发与椅子60厘米远。

请注意，电磁能量可能会对婴儿、老人以及其他虚弱、生病或免疫系统受损的人更强烈的影响。

小贴士 TIPS

月潮

鸟类、蝙蝠以及某些鱼类都依赖地球磁场来导航，而磁场对人类的影响似乎不那么明显。然而，在传统观念里，人类本身也有磁场，也同样受到地球、太阳、月亮的磁场影响。人体大部分是水，而月球对人体的影响，就像对海洋潮汐的作用一样。因此，满月经常与人类行为的改变以及女性的月经连接在一起。在许多古文明当中，女性的生殖循环与阴历关系密切，例如中国人注意到，月亮运行一个循环的周期与女性的经期循环大略相同，因此才将女性每个月的经血来潮称为“月潮”。

风水与化学

许多种土壤中都混合了高比例的铁及其他元素（如钙），岩石或人类的血液也是如此。两者之间的相似性，正可用来解释风水理论认为地球与人类关系密切的看法。就像丰饶的土壤一样，如果人体所需要的各种化学元素能得到充分供应，身体技能的运作就会进入最佳状态。只要缺乏其中一种元素，都可能稍微或严重影响一个人的身心健康。在中国克山县，居民患心脏疾病比例偏高，显然是当地缺乏某些营养或元素所引起。经过调查发现，同一个村落的居民之所以心脏常出问题，可能是当地的土壤缺乏了硒元素。根据美国的研究，补充这种营养成分可以有效减低患心脏疾病或心脏病突发的风险。

元素	健康问题
缺钙	骨骼脆弱
缺碘	甲状腺肿大
缺硒	心脏疾病
缺氟	牙齿不健康

工业产生的化学物质是风水师关注的另一种环境危害。市区、郊区或农村等地区，重工业、轻工业或农业所使用的化学物质，通过各种途径进入供水系统与土壤中，导致了人类的过敏症、皮肤病及癌症等疾病。风水师因此建议，搬家之前应该先行了解该地区的疾病罹患率。如果罹患某种疾病的患者特别多，可能代表该地土壤或水源里有些东西不太对劲。

风水与地质学

从建筑物的配置、河流形状、道路方向到山岳度等，从风水来看，所以物质都会散发能量。中国的老祖先对于大自然的地标特别在意，也立下了详尽的规则。不论是建住宅、寺庙、坟墓还是其他建筑物，都希望能在精神层面上与周遭环境取得平衡。以先人坟茔为例，若能达到这种和谐状态，那么先人的灵魂就会庇佑后代的子子孙孙。

对土壤的处理原则也一样，土壤在风水中同样占有一席之地。的确，肥沃、养分充足、排水良好、日照与湿度均衡的土壤，是全世界人类所向往长住久安的理想住所。如果土壤本身就不健康，就不可能是安居乐业的地区，土质的强度也不足以支撑建筑物。从新石器时代到现代，人们一直都认为，许多地区性疾病通常都与土地贫瘠脱不了关系，例如：土壤中缺乏铁质可能会造成贫血；缺乏碘可能会导致甲状腺肿大；硒元素不足是造成心脏疾病的元凶等。 此外，土壤里还会寄生细菌、病毒及其他微生物，这些都可能会导致居民的身体产生病痛。

要确认土壤是否健康，有一种相当简单易行的方法：先挖起一铲土，过后再轻轻铺回原处，不必压实。如果第二天早晨土壤微微隆起，表示该处的土壤蕴含正面的能量；如果土壤陷落且周围还有烂泥，那就代表该处的土壤藏着负面的能量。这种土壤测试对风水来说十分重要，因此有人就称风水学为“堪舆”或“看地理”。

风水与地理学

地理学与风水原理息息相关，风水学的形式学派，就是奠基于对特定区域的研究，例如该区域的天然地标、天气模式、地理上的优点与缺点等。最初该学派以研究住宅、村落、公共建筑、坟墓与山丘、植被、水体等地理学元素的关系为主，后来这些元素就成为几世纪来分水师的基本指导方针。透过分析当地自然地形与人工建物之间的关系，可以让风水师为一栋建筑物选择好的座向，以吸收健康的气，并进一步选择适合的建筑文化造型、材质、颜色与造景等。运用得当的话，某个地区的地理环境也是一种天然屏障，可以用来避开恶劣天候，如果是天险还具有御敌的功能。因此，中国历朝的首都多选在内陆地区。

风水与生物学

生物学是一门探讨有机体与其生命过程的科学。风水对于生物也同样关注。事实上，对费心寻觅吉地的风水师来说，勘察动植物的生态也是堪舆的一部分。古人在研究某一特定地点的能量时，最主要的考量因素就是植被生长的情形。不论是草、灌木、青苔或其他植物，理想的植被应该是蓊郁茂密且生机盎然。健康的植被代表该地的地利丰饶，蕴含丰富的气场，可以防止珍贵土壤被外力侵蚀；还有一种说法认为，植物可以聚集有利的能量，因此健康的植被对整个地区的气有促进作用。此外，如果是长满了耐寒植被的地区，就表示这个环境栖息着大量的鸟类、哺乳类、爬行类与鱼类等各种生物，生命力自然旺盛。

相较于过去，现代人似乎与大自然的关系越来越疏远，但生物学上的证据却指出人类与土地无法割舍的关系。风水师认为，人类与大自然之间最明显的关联就是人类的五种感官。对有意购置公寓、住宅或度假别墅的人来说，阳光都是影响他们购屋意愿的重要因素；大自然的声音，不论是鸟叫、浪涛或潺潺的流水声，都比汽车喇叭、警报器或汽车引擎等人工噪音悦耳得多；花卉、药草、青草及清新的空气，也比许多化学香水以及污浊、陈腐的气味还要宜人；含人工色素、人工香料与化学防腐剂的包装食品，在营养价值上还不如有机水果、蔬菜及谷类，更对健康有明显的危害；研究显示抚摸宠物的皮毛可以降低人类的血压，这也部分说明人类为何钟情于柔软触感佳的纺织品，而不爱人造纤维制品了。

风水与中医的关系

风水与中医都源自道家思想，两者之间有相似之处，包括对气、阴阳以及五行元素的应用等。不过，风水与中医最大的相似处应该是：应用平衡理论（不论是自然界或在人体内）来创造人类的福祉。

虽然中国古代的巫师已经熟知草药的运用与能量的作用，但中医的正式诞生应该要从五千多年前的经典著作《黄帝内经》问世之时算起。《黄帝内经》是最早也最著名的中医经典，相传为黄帝在西元前3000年所撰写。除了一般理论之外，这部医经还提及天然药物、强身运动及一些小手术。

出现在《黄帝内经》里的许多概念，后来成为现代中医的坚实基础，其中最核心的概念就是平衡之道。理想状态下，人体应该维持完美的均衡状态，例如活动量与休息量相配合，所摄取的食物也应该与所消耗的卡路里相当等等。平衡是中医理论的磐石，因为疾病通常是受到激烈的情绪、活动、温度或其他不良影响而导致阴阳失调所引发。要想治愈疾病，就必须先找出失衡的症结所在。不过，因为身体器官与系统之间彼此交互关联，加上阴阳是相对而非绝对的说法，所以要确切诊断出何处失衡并不简单。举例来说，中医认为肝为阴脏（根据阴阳理论，以动物来说，腹为阴，背为阳，脏为阴。腹为阳），但肝气主升，可以促进能量流通，因此又具有阳性特质。

针灸、草药、气功及阴阳养生（性行为和谐）等等，都是中医维持健康、平衡体内阴阳之气的方法。不论风水或中医，都一再强调只要阴阳调和，就可降低生病几率，并可增进幸福与活力。

望闻问切指的是观察气色、诊听气息、询问症状及把脉，这是传统中医诊断疾病的四种基本方法。道家有关人类、地球与宇宙之间的平衡哲学，正是风水及中医的中心思想。

食物的阴阳属性

中国文明刚启蒙的阶段，凡是地球上能吃的东西都拿来当作食物，从来不会考虑到是否有毒，因此很快就有人生病，甚至死亡。学到教训之后，传说中的神农氏开始教导人民如何寻找并种植没有毒性的植物。期间，中国人找出了100种可以食用、100种可以入药以及100种又能使用又能入药的植物（例如山楂果在中国既是食物又是治疗心脏疾病的药，而枣子既是平常食用的水果，也是补血药方）。同样的分类法到现在仍为中医所沿用。

中医一直相信“药食同源”的道理，并认为以食物入药，其疗效更胜于人工炼制的药物。不同于一般药物只能对症下药（只用以治疗某种特定的症状，因此对身体的功用有限），具有疗效的食物不仅疗效较佳、副作用少，同时又具有滋补的作用。

通常所有食物的属性可分为阴性与阳性两大类，吃了阴性的食物可以平衡体内或周遭环境的阳性症状；而吃了阳性食物则可平衡体内或周遭环境的阴性症状。

阴性食物：甜瓜类、绿色蔬菜、叶菜类、果汁、奶制品、薏仁、大麦、豆腐、水分较多的食物、绿茶等。

阳性食物：香蕉、坚果类、种子、豆科植物、油、多脂肪或富含脂肪的食物、红茶、刺激性食物、巧克力、咖啡等。

三、四灵运用

“风水中的四神砂结构，就是以左为青龙，右为白虎，前为朱雀，后为玄武，多数都城城门的格局就是如此，尤以称北面的玄武门和南面的朱雀门最为常见。”（刘沛林《风水，中国人的环境观》）

“凡宅左有流水，谓之青龙；右有长道，谓之白虎；前有污池，谓之朱雀；后有丘陵，谓之玄武，为最贵地。”（《阳宅十书》）

“宅东流水势无穷，宅西大道主亨通。”（《阳宅十书》）

“右边白虎北联山，左有青龙绿水潺。”（《阳宅十书》）

四灵的应用，最早实物见于五千年前的陕西黄陵县的黄帝陵。被认为中华民族“人文始祖”的轩辕氏——黄帝，是炎黄子孙的人文始祖，龙的化身。《史记》所载的“黄帝崩，葬桥山”。在桥山脚下通过一条大河沮水河。在沮水河 S 形弯转通过的两侧，南岸的印台山，北岸的盘龙冈，形成天然的八卦太极图上的两个阴阳鱼的鱼眼。黄帝陵墓恰选在水北阳位的盘龙冈上。周围山峦以“四灵”之形定名：龙、虎、龟、凤。这是最早的典型风水格局，东青龙，西白虎，南朱雀，北玄武。

四、五行运用

建筑五行及其“五行”的形色宜忌表

五形　（五行）	圆形(金)	尖形(火)	高直形(木)	方正形(金)	波浪形(金)
不宜色	红	灰、黑	白	绿	黄
宜色	黄、白	绿、红	灰、黑、绿	红、黄	白、灰、黑

植物五行与人体、建筑关系表

植物五行	金	木	水	火	土
植物名称	九里香、白兰、白莲、冷水花、柠檬桉、白杨	绿月季、绿牡丹、松、曲柳	蒲桃、竹柏、凉粉草、旱莲草	木棉、火石榴、红桑、红铁、红草、红背桂、枫红花	灵霄花、鸡蛋花、金桂、黄钟花、黄素馨、黄蝉
色彩	白	绿	黑	红	黄
宜人体	肺	肝	肾	心目	脾胃
合建筑	圆形 方正形	高大且直 波浪形	波浪形 圆形	尖形 高大且直	方正形 尖形

城市风水规划中，在色彩上如果红白相间，红不宜过多，白宜为主。在“车水马龙”人流多的地段，黄色不宜过多。黄为“土”，对“水”不利。人流如水，尖为火，火水矛盾不相容。人流多的地段，建筑物墙角、花坛转角、栏杆等不宜尖锐。

建筑应避免形、色相克，如高大尖顶的楼房属“火”形，应避免灰色、黑色的“水”性；圆形楼房属“金”，亦免用“火”性的红色；方正平顶楼房五行形象属“木”，一般不应直接单纯用色彩属“金”的白色，如果用白，楼的头部或基座应补调增加波曲形象的变化，以“水”助“木”，以抵“金”的色克。此外，亦可在白色楼立面上加设红色的局部点缀，借助“火”来削弱一下“金”克“木”的锋芒锐气。

“风水家按天上五星对山川五行，认为地上的山形，陡者属木，尖者属火，方者属土，圆者属金，长者属水。”(刘沛林《风水，中国人的环境观》)

“金星形体净而圆，弓起浑如月半边。秀丽笃生忠义士，高雄威武掌兵权。木星身耸万人惊，倒地人看一树横。有水令人身显贵，欹斜不正反遭刑。涨天水星浪交加，或落平洋曲似蛇。智巧聪明多度量，荡然无制败人家。火星作祖似莲花，贪巨相承宰相家。只有开红堪作穴，亦须平地出萌芽。土星高大厚且端，牛背屏风总一般。若在后龙兼照穴，兄弟父子并为官。火南水北木居东，西有金星土在中。此谓五星来聚构，天壤正气福无穷。”(刘基《堪舆漫兴》)

“南门之楼，宜用水星，又不可太高，如太高，或作木星，则主民奢而防火；西门之楼，宜作土星，亦不可太高，高则属金，主民俗凶悍而多浮荡；惟东门之楼必作木星，又要比西、南高些；至于北门则必要作土星，又要高大，盖北门为迎气门，不独要接得小水，又必要迎得生气入城，故此门楼要高要大，可以枕为乐，以就其势，方为全吉。”(《阳宅会心集》)

五、八卦方位

“慎辨物，使物以群分；慎居方，使方以类聚，则分定不乱。”（来知德《来瞿唐先生易注》）

“雍也可使南面。”（《论语·雍也》）

“天子负南向而立。”（《礼记》）

“商家门不宜南向，家门不宜北向。”（《图宅术》）

“辨物居方，令物各当其所。”（王弼《周易注》）

“凡宅居滋润光泽阳气者，吉。”（《阳宅十书》）

“东北开门，多招怪异。”（《阳宅十书》）

“八卦定吉凶，吉凶生大业。”（《易经》）

“君子以慎辨物居方。”（《周易·未济卦·象传》）

“利西南，不利东北。”（《周易·蹇卦》）

“主利，西南得朋，东北丧朋。”（《周易·坤卦》）

“圣人南面而听天下，向明而治。”（《周易·说卦》）

“面南而居。”

中国风水认为，西南方向为人门，东北方向为鬼门。在风水中，西北的乾方为天门，东南的巽方为地户，水的最佳流向应该从西北的天门流入，从东南的地户流出。

日本《相家》一书中，采用的是八个方位，及四圣和四隅，也就是中国所称的四正和四维。东南西北为四圣，四个角称四隅。四圣中，北为休门，东为疾门，南为景门，西为惊门；四隅中，东北为鬼门，东南为风门，西南为病门，西北为天门。东北——西南方向线为凶线，西北——东南方向线为吉线。

西要有山，以遮挡西面而来的“罡风”；西北要有山，以遮挡西北方而来的“折风”；北要有山，以遮挡北面而来的“大刚风”；东北要有山，以遮挡东北方而来的“凶风”。中国风水学有：“气遇风则散。”这种使气散的风便是折风、刚风、大纲风、凶风。中国风水学有：“风为送气之媒。”这种聚气之风指的是：东方来的“婴儿风”，东南方来的“弱风”，南方来的“大弱风”。

六、主命文昌位对照表

出生年命	文昌位	出生年命	文昌位	出生年命	文昌位
1921	辛酉子	1934	甲戌巳	1947	丁亥酉
1922	壬戌寅	1935	乙亥午	1948	戊子申
1923	癸亥卯	1936	丙子申	1949	己丑酉
1924	甲子巳	1937	丁丑酉	1950	庚寅亥
1925	乙丑午	1938	戊寅申	1951	辛卯子
1926	丙寅申	1939	己卯酉	1952	壬辰寅
1927	丁卯酉	1940	庚辰亥	1953	癸巳卯
1928	戊辰申	1941	辛巳子	1954	甲午巳
1929	己巳酉	1942	壬午寅	1955	乙未午
1930	庚午亥	1943	癸未卯	1956	丙申申
1931	辛未子	1944	甲申巳	1957	丁酉酉
1932	壬申寅	1945	乙酉午	1958	戊戌申
1933	癸酉卯	1946	丙戌申	1959	己亥酉

出生年命	文昌位	出生年命	文昌位	出生年命	文昌位
1960	庚子亥	1976	丙辰申	1992	壬申寅
1961	辛丑子	1977	丁巳酉	1993	癸酉卯
1962	壬寅寅	1978	戊午申	1994	甲戌巳
1963	癸卯卯	1979	己未酉	1995	乙亥午
1964	甲辰巳	1980	庚申亥	1996	丙子申
1965	乙巳午	1981	辛酉子	1997	丁丑酉
1966	丙午申	1982	壬戌寅	1998	戊寅申
1967	丁未酉	1983	癸亥卯	1999	己卯酉
1968	丙午申	1984	甲子巳	2000	艮辰亥
1969	己酉酉	1985	乙丑午	2001	辛巳子
1970	庚戌亥	1986	丙寅申	2002	壬午寅
1971	辛亥子	1987	丁卯酉	2003	癸未卯
1972	壬子寅	1988	戊辰申	2004	甲申己
1973	癸丑卯	1989	己巳酉	2005	乙酉午
1974	甲寅巳	1990	庚午亥	2006	丙戌申
1975	乙卯午	1991	辛未子	2007	丁亥酉

七、男女命卦表

出生年	命卦
1901年，辛丑年	男卦属离，女卦属乾。
1902年，壬寅年	男卦属艮，女卦属兑。
1903年，癸卯年	男卦属兑，女卦属艮。
1904年，甲辰年	男卦属乾，女卦属离。
1905年，乙巳年	男卦属坤，女卦属坎。
1906年，丙午年	男卦属巽，女卦属坤。
1907年，丁未年	男卦属震，女卦属震。
1908年，戊申年	男卦属坤，女卦属巽。
1909年，己酉年	男卦属坎，女卦属艮。
1910年，庚戌年	男卦属离，女卦属乾。
1911年，辛亥年	男卦属艮，女卦属兑。
1912年，壬子年	男卦属兑，女卦属艮。
1913年，癸丑年	男卦属乾，女卦属离。
1914年，甲寅年	男卦属坤，女卦属坎。
1915年，乙卯年	男卦属巽，女卦属坤。
1916年，丙辰年	男卦属震，女卦属震。
1917年，丁巳年	男卦属坤，女卦属巽。
1918年，戊午年	男卦属坎，女卦属艮。
1919年，己未年	男卦属离，女卦属乾。
1920年，庚申年	男卦属艮，女卦属兑。
1921年，辛酉年	男卦属兑，女卦属艮。
1922年，壬戌年	男卦属乾，女卦属离。
1923年，癸亥年	男卦属坤，女卦属坎。
1924年，甲子年	男卦属巽，女卦属坤。
1925年，乙丑年	男卦属震，女卦属震。

出生年	命卦
1926年，丙寅年	男卦属坤，女卦属巽。
1927年，丁卯年	男卦属坎，女卦属艮。
1928年，戊辰年	男卦属离，女卦属乾。
1929年，已巳年	男卦属艮，女卦属兑。
1930年，庚午年	男卦属兑，女卦属艮。
1931年，辛未年	男卦属乾，女卦属离。
1932年，壬申年	男卦属坤，女卦属坎。
1933年，癸酉年	男卦属巽，女卦属坤。
1934年，甲戌年	男卦属震，女卦属震。
1935年，乙亥年	男卦属坤，女卦属巽。
1936年，丙子年	男卦属坎，女卦属艮。
1937年，丁丑年	男卦属离，女卦属乾。
1938年，戊寅年	男卦属艮，女卦属兑。
1939年，己卯年	男卦属坎，女卦属艮。
1940年，庚辰年	男卦属乾，女卦属离。
1941年，辛巳年	男卦属坤，女卦属坎。
1942年，壬午年	男卦属巽，女卦属坤。
1943年，癸未年	男卦属震，女卦属震。
1944年，甲申年	男卦属坤，女卦属巽。
1945年，乙酉年	男卦属坎，女卦属艮。
1946年，丙戌年	男卦属离，女卦属乾。
1947年，丁亥年	男卦属艮，女卦属兑。
1948年，戊子年	男卦属兑，女卦属艮。
1949年，己丑年	男卦属乾，女卦属离。
1950年，庚寅年	男卦属坤，女卦属坎。

出生年	命卦
1951年，辛卯年	男卦属巽，女卦属坤。
1952年，壬辰年	男卦属震，女卦属震。
1953年，癸巳年	男卦属坤，女卦属巽。
1954年，甲午年	男卦属坎，女卦属艮。
1955年，乙未年	男卦属离，女卦属乾。
1956年，丙申年	男卦属艮，女卦属兑。
1957年，丁酉年	男卦属兑，女卦属艮。
1958年，戊戌年	男卦属乾，女卦属离。
1959年，己亥年	男卦属坤，女卦属坎。
1960年，庚子年	男卦属巽，女卦属坤。
1961年，辛丑年	男卦属震，女卦属震。
1962年，壬寅年	男卦属坤，女卦属巽。
1963年，癸卯年	男卦属坎，女卦属艮。
1964年，甲辰年	男卦属离，女卦属乾。
1965年，乙巳年	男卦属艮，女卦属兑。
1966年，丙午年	男卦属兑，女卦属艮。
1967年，丁未年	男卦属乾，女卦属离。
1968年，戊申年	男卦属坤，女卦属坎。
1969年，己酉年	男卦属巽，女卦属坤。
1970年，庚戌年	男卦属震，女卦属震。
1971年，辛亥年	男卦属坤，女卦属巽。
1972年，壬子年	男卦属坎，女卦属艮。
1973年，癸丑年	男卦属离，女卦属乾。
1974年，甲寅年	男卦属艮，女卦属乾。
1975年，乙卯年	男卦属兑，女卦属艮。
1976年，丙辰年	男卦属乾，女卦属离。
1977年，丁巳年	男卦属坤，女卦属坎。

出生年	命卦
1978年，戊午年	男卦属巽，女卦属坤。
1979年，己未年	男卦属震，女卦属震。
1980年，庚申年	男卦属坤，女卦属巽。
1981年，辛酉年	男卦属坎，女卦属艮。
1982年，壬戌年	男卦属离，女卦属乾。
1983年，癸亥年	男卦属艮，女卦属兑。
1984年，甲子年	男卦属兑，女卦属艮。
1985年，乙丑年	男卦属乾，女卦属离。
1986年，丙寅年	男卦属坤，女卦属坎。
1987年，丁卯年	男卦属巽，女卦属坤。
1988年，戊辰年	男卦属震，女卦属震。
1989年，己巳年	男卦属坤，女卦属巽。
1990年，庚午年	男卦属坎，女卦属艮。
1991年，辛未年	男卦属离，女卦属乾。
1992年，壬申年	男卦属艮，女卦属兑。
1993年，癸酉年	男卦属兑，女卦属艮。
1994年，甲戌年	男卦属乾，女卦属离。
1995年，乙亥年	男卦属坤，女卦属坎。
1996年，丙子年	男卦属巽，女卦属坤。
1997年，丁丑年	男卦属震，女卦属震。
1998年，戊寅年	男卦属坤，女卦属巽。
1999年，己卯年	男卦属坎，女卦属艮。
2000年，庚辰年	男卦属离，女卦属乾。

八、八星的吉凶

生气，为贪狼星，乃大吉之星曜。

延年，为武曲星，乃中吉之星曜。

天医，为巨门星，乃次吉之星曜。

伏位，为左辅星，乃小凶之星曜。

祸害，为文曲星，乃小凶之星曜。

六煞，为文曲星，乃次凶之星曜。

五鬼，为廉贞星，乃大凶之星曜。

绝命，为破军星，乃至凶之星曜。

九、命卦与八星的关系

离命	生气在东方，天医在东南方，延年在北方，伏位在南方。祸害在东北方，六煞在西南方，五鬼在西方，绝命在西北方。
坎命	生气在东南方，天医东方，延年在南方，伏位在北方。祸害在西方，六煞在西北方，五鬼在东北方，绝命在西南方。
震命	生气在南方，天医在北方，延年在东南方，伏位在东方。祸害在西南方，六煞在东北方，五鬼在西北方，绝命在西方。
巽命	生气在北方，天医在南方，延年在东方，伏位在东南方。祸害在西北方，六煞在西方，五鬼在西南方，绝命在东北方。
乾命	生气在西方，天医在东北方，延年在西南方，伏位在西北方。祸害在东南方，六煞在北方，五鬼在东方，绝命在南方。
坤命	生气在东北方，天医在西方，延年在西北方，伏位在西南方。祸害在东方，六煞在南方，五鬼在东南方，绝命在北方。
兑命	生气在东北方，天医在西南方，延年在西北主，伏位在西南方。祸害在北方，六煞在东南方，五鬼在南方，绝命在东方。
艮命	生气在西南方，天医在西北方，延年在西方，伏位在东北方。祸害在南方，六煞在东方，五鬼在北方，绝命在东南方。

十、八宅风水的基础知识

八宅风水学主要研究命卦与方位的关系，以保留吉、更改凶来保家庭、平安吉祥。

◎八宅风水分别为东南西北及其夹角位。这些方位有的很吉利，有的不吉利。需要研究个人命卦而定。

◎八宅有八种卦象，从北方顺时针依次为坎、艮、震、巽、离、坤、兑、乾。

◎家宅坐向决定卦象。面向着大门，则所面向的方位便是“向”，与向相对的方向便是“坐”。坐东方的家宅是震宅，大门向西；坐南方的家宅是离宅，大门向北。其他的同理。

◎命卦与宅卦是否配合。知道了宅卦，还需要知道自己的命卦和宅卦是否配合。计算一个人的命卦，必须从《后天洛书》说起分别是坎一、坤二、震三、巽四、乾六、兑七、艮八、离九，五居中。

◎命卦计算公式。

男命：(100−出生年/9)

女命：(出生年−4/9)

余数做为命卦，如果无余数，那余数视为9。

例如：1940年出生的女性：(40−4/9)商数为4，余数视为9，9为离，故命卦为离卦。

◎以户主命卦为主。

◎东四宅和西四宅。东四命居住东四宅，西四命居住西四宅。

十一、乔迁新居应注意什么

新居入伙时要处理些什么？换句话说，应举行怎样的仪式才算适合？不可置否要择好时日，但程序是怎样，不同地方具有不同的处理方法。假如是没有拜神的信仰，就不用理会那么多，只要选择风和日丽的日子，遵循便利搬运的原则即可。

依照一般的习惯，择良辰吉日后，先在四水归堂的厅中、四角上香奉拜祭，俗称拜四方神。然后在厅的中央拜祭一次，之后安奉门口土地，拜当天，再而安奉祖先神位，如此手续便完成了！其他的物品依照风水先生指定摆设，多数大件的东西应早就搬定位置。入伙的那天，只将随身东西和一些小摆设，或者一些轻便物品，顺便带到新居即可。说到风水的好坏，一个有经验的风水先生，踏脚入屋片刻，心里总有概略。对于有了信仰的人士来说，既然已由风水家早就卜算好，那么怎样陈设都可说得一清二楚。入伙的仪式除了好日子外，先拜四方神是为首要。水火相济的原则下，入伙时安奉好神位，燃上香烛参拜后，随即升火，水是必要的。

如果一个家水火不济，那么什么风水也没用。在命理中水火缺乏的也难言好命，忧恐“数有不幸，母适他家”之悲。

但每个地方有每个地方的民风乡俗，如有的地方搬家时所需准备的物品如下：

①米：用米桶，装八分满。

②红包：放于米桶上面。

③畚箕和新扫帚一对，上面需绑上红布条。

④水：用水桶装三分满。

⑤碗筷：双数较好，放在水桶中。

⑥火炉。

搬家时必须先把以上物品放进厨房，其他的东西才可搬进屋子，另外有些人还带些泥土过去，可以避免水土不服。

在搬完家后，当天黄昏可祭拜地基主，传说中地基主个子较矮，拜的时候要在厨房门口，摆供品的桌子不可太高。而准备的物品如下：

①便菜饭（家常饭），即一菜、一肉、一汤、饭一碗。

②酒三杯。

③红烛一对。

④香三柱。

⑤寿金、土地公金。

⑥在香点燃三分之一后，开始在大门旁边烧纸钱，纸钱烧完后即算祭拜完成了。（注：一般移新居祭拜时忌用银纸，现在搬家一般只需备齐柴、米、油、盐、扫帚就行了，然后择吉日吉时进新房。进新房时，要主人先进入，其他人方可依次进入新房，再在吉时之内点火燃灶煮些东西吃，然后就可以放心地慢慢搬其他家什了。）

一般来说，信奉神灵的必须要先安神，拜神。不太信奉神灵的，新居入火只要择好日子，先按时把炉灶、床搬进屋就算完事，其他东西可以慢慢搬，但搬家时应注意以下几个方面：

如果家中有怀孕的女人，搬家时要特别留意，严防动了胎神，同时尽量不搬家，万一非搬不可，要让孕妇离开现场，而且在旧地方每搬动一物，先用新扫把扫一扫，如此亦可避免惊动胎神。其他禁忌：

①搬家当天，不可骂小孩，不可生气。

②搬家当天，尽量说些吉利的话。

③搬家时不可和别人打招呼。

④搬家当天不可在新宅午睡，否则以后容易生病。

⑤当天晚上，睡下五分钟后，还要起来工作一下，表示睡下还要起来，身体健康之意，在民俗中小孩睡新床也是如此，躺一下再起来，否则容易生病。

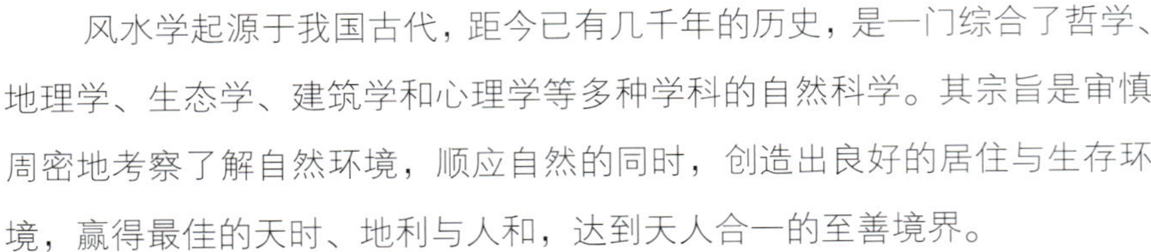

十二、买楼十八看

风水学起源于我国古代，距今已有几千年的历史，是一门综合了哲学、地理学、生态学、建筑学和心理学等多种学科的自然科学。其宗旨是审慎周密地考察了解自然环境，顺应自然的同时，创造出良好的居住与生存环境，赢得最佳的天时、地利与人和，达到天人合一的至善境界。

第一看　水

居向秀水可发财

杨公云，未看山，先看水，有山无水休寻地。意思是山水要配合，方可堪舆其道。廖公又云，寻龙点穴需仔细，先要观水势，也指山水要配合。至于水法，虽分吉凶两类，实则种类繁多。这里从简便处着手，把一般常遇到的问题一一列出，好让观众在购买楼宇时作为参考。

水法一般把河流分为五种类型：

"金形"水——半圆形或远形，半圆形以形环抱者为上吉，主财旺。

"木形"水——如一条横线般在面前经过者，为不聚财。

"水形"水——波浪形，旺财。

"火形"水——三角形，破财连连。

"土形"水——四方形或长方形（长方形太长，则属木形），若如半个方形或长方形以形如怀抱者为吉，否则凶。吉主旺财，凶主破财。

虽然把水法分作五类，但却未算精细。好则为秀水，坏则为恶水。

秀水

①水质清澈（清净水），主循正当手段赚取金钱，财运顺畅。

②气味清新，指有些泉水略带有甘甜香味，为上吉，主聚财。

③流水平静或有声（声比较细），主可以舒适地赚取金钱，财来自有方。

④状若有情（有情水）流水或半圆形或半个方形围缠前方，主聚财。

⑤水要当运（指零神水），主财运好立即好转。

恶水

①水质污浊（污浊水），主破财或用不法手段赚取金钱。

②气味腥臭（臭腥水），主身体不健康，财帛不聚，如明渠之水。

③流水怒吼（怒啸水），流水之声太大，主常常破财，家宅不宁。

④型状若无情水（无情水），流水反弓、三角形等，主财帛不聚。

⑤水忌失运，主财运节节败退。

假如，你现在所住的住宅非常利于财运，符合风水，那么从什么时候开始旺财呢，今年、明年或者是十年，所以，向水的方向是非常重要的。

经云，正神正位装，拨水入零堂。堂者明堂也，也就是大厦前方的位置；零者，零神位。大厦若得零神水，主大利财运。零神是指正吉零神，照神为催吉照神。

在推算零神和照神在什么方位时，首先要注意以下两点：第一，无论零神和照神在什么方位，每二十年他都要改变方位。第二，大厦向前如果是零神，再遇上真水，比如说江、河、湖、海、游泳池、小溪、浴场等，主财运比较大，而且发得比较久远。如果不是零神，而是照神，主财运较小，但来得快，容易聚集。正神见水，反主破财。如果大厦前方是正神方，切勿见水，否则会破耗连连。

第二看　山

后靠明山当掌权

简单而论，可把山形分为五类。

金形山——山形比较圆，如半球形。

木形山——山形比较高，比较瘦。

水形山——是三个或以上的金形山连在一起，远看有如波浪纹，亦如几个圆球排在一起。

火形山——山顶很尖，很多时在同一座山，有几个尖峰。

土形山——山顶比较平，比较横。

古以金形山、木形山、水形山、土形山为吉论，火形山为凶论。

在考察靠山的好坏时，首先要知道的是哪一方是大厦的后方。一般而论，大厦的入口处就是前方。如果大厦有几个出入口，就以住户经常使用的出入频率最高的为前方。那么，一座大厦背后有山，名为靠山，坐后有靠，有不少好处：一是自己容易拥有权力，二是别人容易接受自己的意见，三是容易得到上司的支持和提拔。

如果大厦靠穷山，有以下缺点：一是身边很多敌人与自己为难，二上司对自己有所顾忌或诸多为难，三家人身体容易发病，尤其是皮肤、胃肠等。如果不是窗门面对穷山，而是大厦背靠着，问题不大。

第三看　左右

左右有楼是护持

一座楼宇，能够背山面海，山明水秀，水得零神，是最佳精选。但是，这只是观察了大厦的前方及后方，而左方及右方并未谈及。这篇所写的，便是大厦的左方及右方了。

对于“前朱雀”、“后玄武”、“左青龙”、“右白虎”这等名称，相信大家都不会陌生，因为在电视某些剧集或某些电影，都会在对白上用上这些名词。

后要有靠山，即是玄武方要有山。

前要向真水，即是朱雀方要有水。

至于左方青龙，右方白虎，究竟适宜见山抑或适宜逢水呢?

最理想是大厦的左方及右方都有山，但这些山，要矮过靠山，小过靠山，否则，仍未算是理想的风水。

另一种情况，大厦左右方均没有小山，在风水学上称为缺“青龙砂”、“白虎砂”，但是，大厦的左右方有楼宇，仍以吉论。

在风水学上，最喜是龙强过虎。

龙即青龙，指左方，又称为左辅方、左砂手，简称左手。

虎即白虎，指右方，又称为右弼方、右砂手，简称右手。

龙强过虎，有以下四类：

龙长虎伏——大厦左方的小山或楼宇较高，而右方之小山或楼宇较低。

龙长虎短——大厦左方的小山或楼宇较为长阔，右方的小山或楼宇较为短窄。

龙近虎远——大厦左方的小山或楼宇较为接近自己，右方的小山或楼宇距离却远了些。

龙盛虎衰——大厦左方的小山或楼宇特别多，而右方的小山或楼宇却特别少。

如果一排只有两栋楼，选左还是选右呢?女士选的话就选左搂，男士选的话就选右楼。何谓左右?就是身靠大楼门，分出左右手即可。什么叫做女士选或者男士选?这就是占主导地位的购买者的性别了。

如果女士选左边的楼，她的右边还有一栋楼，男左女右，所以加强了女性的力量；男性选择右楼也是同样的道理。

第四看　实与空

坐实朝空风水好

大厦的入口是前方，前方的要求是空旷的。在风水学上，前方为明堂，最适宜有水聚于此处，是为向水。若果面前不是河流，而是马路，也算是向着水的。

经云：“高一寸兮即是山，低一寸兮即是水。”

马路通常是略低的，所以算是虚水，虽然大厦向着“虚水” ，财运不及向着“真水”的好，但也算不错了。

向着马路的，最要紧是马路不呈现反弓或是枪煞形状，便没有什么大问题。

除了向着马路外，还有一种情况，是属于吉利的，便是明堂宽广。因为明堂宽广，前方来气毫无阻塞，大厦门便能够吸收当运的气。

在环境学上，前方宽阔，居者自觉心旷神怡，若果前方挤迫，自有一股压力感，居者容易患上神经紧张等毛病。

当然，风水上属于气学，一是纳大自然的气，但此气要合元运，又或是要纳水，所以向上虽不见水，但能向空，亦有一番格局。

而大厦的后方称为背或坐。买楼要诀中，最宜坐实朝空。顾名思意，大厦坐方要“实”的，才算吉利。

实者，实质也!

大厦背后有山，当然属于坐实。

若果大厦后方没有山，便要从以下几点着手观察了：

①大厦后方，若有一座楼宇是较本身高大广阔的，便属于“坐后有靠”了，亦属于“坐实”之格局。

②大厦后方，有几座楼宇高度与本身大厦相同，因为几座楼宇群集在一起，力量亦汇集起来，足够支撑本大厦，亦属于“坐后有靠”之格局，即是“坐实”也!

③大厦后方，有一座小山丘，但高度却很低，本大厦比它高出了很多。本是属于“靠山无力”之格，但由于此山是天然的，所以亦可以作为靠山，因为天然的环境，对风水之影响力很大。这座大厦亦于“坐后有靠”，亦是“坐实”之格。

④大厦后方虽然有楼宇，但却比原厦矮了一大截的话，则属于“靠山无力”之格了。

坐实“坐后有靠”的格局，主工作方面，容易得到上司赏识，得到他人的帮助，所以做事能够事半功倍。

若果“坐后无靠”，变成坐空之局，这些大厦则不宜购买，因为代表工作很难会得到上司欣赏，得不到别人帮助，所以做事会事倍功半。

其实，把大厦分为面背，还有其它的方法，可惜太繁杂，故本书把那些方法剔去。

背山面海的大厦是最好的，但坐实朝空的大厦也不错。若果能够当运，催福之力很强。

坐实朝空的楼宇，属于风水好的楼宇，但必须当运及合命卦的才好?”

“坐实朝空是峦头学，即是环境学。而当运或合命卦的方法，属于方式学，即是理气学。峦头学，影响事业成就。理气学，影响每段时期的运气。两种方法要并用，才能够发挥理想效果。”

第五看 大厦门

此门要纳来路气

在挑选的大厦的时候，有一条总的原则：大厦一开中门为吉，但很多楼宇的入口是开在前左方或前右方，并且大门向着马路，这种大厦，究竟何以为吉呢？关于这个问题，以下介绍四个要诀：

①大厦入口在前方中央（朱雀门），不用理会汽车的行走方向，以吉论之，最好在入口前方，有一平地或水池、公园等，上吉之论，主旺财；

②大厦前方，车辆由右方向左方行驶（由白虎方向青龙方驶去），则大厦前方靠左开门（青龙门）为吉；

③大厦前方，车辆由左方向右方行驶（由青龙方向白虎方驶去），则大厦于前方靠右开门（白虎门）为吉；

④大厦入口前方，并非马路，全是平台，便以开前方中门及前左方开门的大厦为吉论。

第六看 楼宇要当运

若能当运事业兴

在玄空大卦风水学里，每20年为一小运，而每60年为一元，上元主一运、二运、三运，共计60年。中元四运、五运、六运，共计60年。下元主七运、八运、九运，共计60年。每个数位，除代表星宿 亦有方位所属。

三元九运表

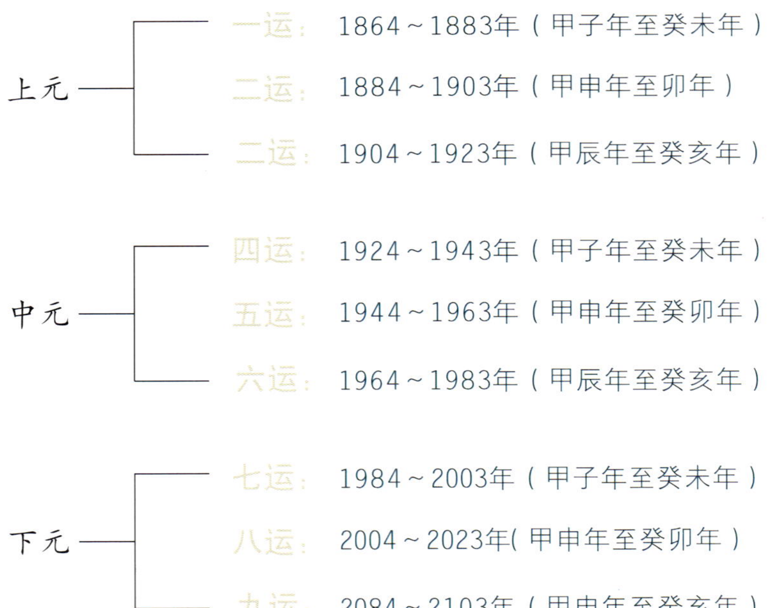

上元
一运：1864～1883年（甲子年至癸未年）
二运：1884～1903年（甲申年至卯年）
三运：1904～1923年（甲辰年至癸亥年）
中元
四运：1924～1943年（甲子年至癸未年）
五运：1944～1963年（甲申年至癸卯年）
六运：1964～1983年（甲辰年至癸亥年）
下元
七运：1984～2003年（甲子年至癸未年）
八运：2004～2023年(甲申年至癸卯年）
九运：2084～2103年（甲申年至癸亥年）

余下的年份，依此类推。

最重要的是，楼宇要向着正神旺气、生气、进气则吉利。

正神旺气——上吉，主事业和财运有所进展和发展。

生气——中吉，主财运和事业稳步上扬。

进气——小吉，主财运和事业有所发展。

下面例举一表，显示正神旺气、生气、进气的方位。

气数图表

	正神旺气	生气	进气
一运	一数（北方）	二数（西南）	三数（东方）
二运	二数（西南）	三数（东方）	四数（西南）
三运	三数（东方）	四数（西南）	五数（中央）
四运	四数（东南）	五数（中央）	六数（西北）
五运	五数（中央）	六数（西北）	七数（西方）
六运	六数（西北）	七数（西方）	八数（东北）
七运	七数（西方）	八数（东北）	九数（南方）
八运	八数（东北）	九数（南方）	一数（北方）
九运	九数（南方）	一数（北方）	二数（西南）

天三经有云，明得零神与正神，指日入青云，向前要取零神水，得正神旺气为上吉，得生气和进气为次吉。这样的风水，无论是在财运和事业皆得心应手。

七运——七数属西方，为正神旺气。

八数属东北，为生气。

九数属南方，为进气。

阳宅着重纳气，如果大厦入口是向西（坐东向西）为得正神旺气，属于旺气线。

大厦入口向东北（坐西南向东北）为得生气，属于生气线。

大厦入口向南（坐北向南）为得进气，属于进气线。

所以，坐东向西、坐西南向东北、坐北向南的大厦都属于好的风水。

八运——八数属东北（左辅星），为旺气。

九数属南方（右弼星），为生气。

一数属北方（贪狼星），为进气。

大厦入口是向东北（指坐西南向东北）为得正神旺气，属于旺气线。坐北向南为生气线。大厦入口向南（指坐南向北）为进气线。

第七看　看宅门

宅门生旺家道荣

阳宅风水中，由门口带来的影响非常大，它可以影响一间住宅的兴盛与衰退。

一般人选购楼宇单位，会留意该单位的门口，是否当旺。前面已提及，风水中的玄空大卦，是讲求纳气或者纳水，意指住宅之门宜吸纳吉气才好。那么什么才算是吉气？在前面已说过，能够得到旺、生气、进气，便是得到吉气。大家或者会有疑问，觉得这篇学理，与上篇大同小异。事实上，表面是大同小异，但实质上是有区别的。在上一看里我们讲了楼宇要当运，注重的是方向，而这一篇讲的是方位。

方向是指一座大厦无论门工在前中方、前左方抑或前右方，都是一个方向。而方位是指以屋的中心作为轴心，然后把房屋划分八个方位，即是东、东南、南、西南、西、西北、北、东北。这种类别，称为方位。

前面介绍了数字的当运和失运，为了方便大家更好地理解，这里将讲讲星曜，其实数字是星曜的简略，现在再详细写出来。

一数——白星，又名贪狼星。
二数——二黑星，又名巨门星。
三数——三碧星，又名禄存星。
四数——四绿星，又名文曲星。
五数——五黄星，又名廉贞星。
六数——六白星，又名武曲星。
七数——七赤星，又名破军星。
八数——八白星，又名左辅星。
九数——九紫星，又名右弼星。

这些要诀，说来说去，只重一点，门是否得旺气、生气、进气等吉气，是则以吉论之。

另外一点，大家要留意，若果房屋不是整齐的方形或长方形的话，又怎样推算中心点？

如果楼宇是脱角，便假设把其填补，然后再用来决定屋的中心点。如果楼宇是凸角的，便假设把其除去，然后再决定屋的中心点。

第八看　观宅主命

东西四命须配宅

前面已说过，在中国较为流行的风水有“玄空风水”及“八宅风水”，而后一种是最简单的一种，但也是最多人用的一种，“八宅风水”又称为易卦风水。这里就简单介绍一下八宅风水。在八宅风水里，把人的出生年份变成年命，年命又称卦命，分为东四命及西四命。列表如下：

卦命表

东四命

震卦	东命（属阳木）
巽卦	东南命（属阴木）
离卦	南命（属火）
坎卦	北命（属水）

西四命

乾卦	西北命（属阳金）
坤卦	西南命（属阴土）
艮卦	东北命（属阳土）
兑卦	西命（属阴金）

不同的出生年份有不同的年命，如1900～1999年出生的简易计算方法如下：

男命是100减出生年再除以9，得出的数则是年命，如1965年出生的男命，即是100减65为35，再除以9得8，8为艮，所以为艮命；女命则是出生年减4再除以9，如1965年出生的女命，65减4得61再除以9得7，7为兑，所以是兑命。

如果想知道自己是东四命还是西四命，查一下下面的表格就清楚了。

年号与卦命对照表

东西命：东南、东、南、北

西四命：西北、西南、东北、西

年号	男	女
1933癸酉	东南	西南
1934甲戌	东	东
1935乙亥	西南	东南
1936丙子	北	东北
1937子丑	南	西北
1938戊寅	东北	西
1939己卯	西	东北
1940庚辰	西北	南
1941辛巳	西南	北
1942壬午	东南	西南
1943癸未	东	东
1944甲申	西南	东南
1945乙酉	北	东北
1946丙戌	南	西北
1947丁亥	东北	西
1948戊子	西	东北
1949己丑	西北	南
1950庚寅	西南	北
1951辛卯	东南	西南
1952壬辰	东	东
1953癸巳	西南	东南
1954甲午	北	东北
1955乙未	南	西北
1956丙申	东北	西

年号	男	女
1957丁酉	西	东北
1958戊戌	西北	南
1959己亥	西南	北
1960庚子	东南	西南
1961辛丑	东	东
1962壬寅	西南	东南
1963癸卯	北	东北
1964甲辰	南	西北
1965乙巳	东北	西
1966丙午	西	东北
1967丁未	西北	南
1968戊申	西南	北
1969己酉	东南	西南
1970庚戌	东	东
1971辛亥	西南	东南
1972壬子	北	东北
1973癸丑	南	西北
1974甲寅	东北	西
1975乙卯	西	东北
1976丙辰	西北	南
1977丁巳	西南	北
1978戊午	东南	西南
1979己未	东	东
1979己未	东	东
1980庚申	西南	东南
1981辛酉	北	东北
1982壬戌	南	西北

年号	男	女
1983癸亥	东北	西
1984甲子	西	东北
1985乙丑	西北	南
1986丙寅	西南	北
1987丁卯	东南	西南
1988戊辰	东	东
1989己巳	西南	东南
1990庚午	北	东北
1991辛未	南	西北
1992壬申	东北	西
1993癸酉	西	东北
1994甲戌	西北	南
1995乙亥	西南	北
1996丙子	东南	西南
1997子丑	东	东
1998戊寅	西南	定南
1999己卯	北	东北
2000庚辰	南	西北
2001辛巳	东北	西
2002壬午	西	东北
2003癸未	西北	南
2004甲申	西南	北
2005乙酉	东南	西南
2006丙戌	东	东
2007丁亥	西南	东南
2008戊子	北	东北
2009己丑	南	西北

年号	男	女
2010庚寅	东北	西
2011辛卯	西	东北
2012壬辰	西北	南
2013癸巳	西南	北
2014甲午	东南	西南
2015乙未	东	东
2016丙申	西南	东南
2017丁酉	北	东北
2018戊戌	南	西北
2019己亥	东北	西
2020庚子	西	东北

卦数的配合如下：坎1、坤2、震3、巽4、乾6、兑7、艮8、离9。男命5视为“坤”，女命5视为“艮”。

东四命宜住东四宅，西四命宜住西四宅。

东四宅：震宅（坐东向西）、巽宅（坐东南向西北）、坎宅（坐北向南）、离宅（坐南向北）

西四宅：乾宅（坐西北向东南）、坤宅（坐西南向东北）、兑宅（坐西向东）、艮宅（坐东北向西南）

第九看　星煞

要纳吉气避凶煞

在买楼时，一定要辨别住宅门的方向，看看吉凶如何。下面列出四吉星和四凶星的排列。

八星吉凶对照表

第一吉星	生气	第一凶星	绝命
第二吉星	延年	第二凶星	五鬼
第三吉星	天衣	第三凶星	六煞
第四吉星	伏位	第四凶星	祸害

八星吉凶特性表

四吉星

生气	财运大好、身体健康、活力充沛
延年	财运很好、延年益寿、身体健康
天衣	财运不错、疾病痊愈、贵人相助
伏位	财运小吉、运气中等、健康如常

四凶星

绝命	财运极差、多病损寿、凶则死亡
五鬼	破财连连、健康甚差、容易招鬼
六煞	财运不好、祸灾连连，身体多病
祸害	财难积聚、官灾是非，争执被骗

以下为宅命图

东门，得伏位，小吉，家人运气中等。

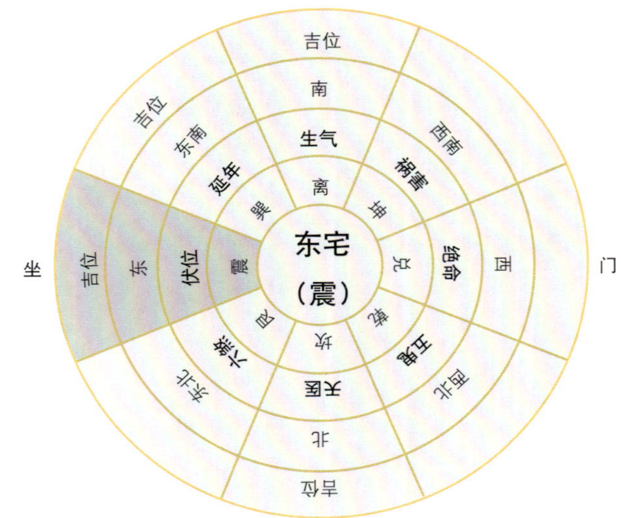

东南门，得延年，家人长寿，有财运。

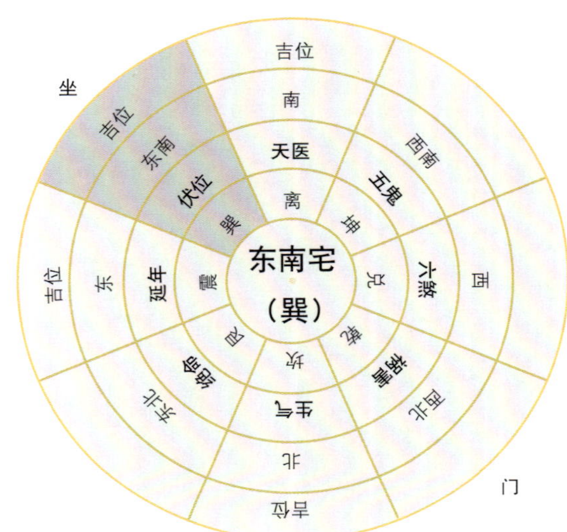

南门，得生气，家人运气好。

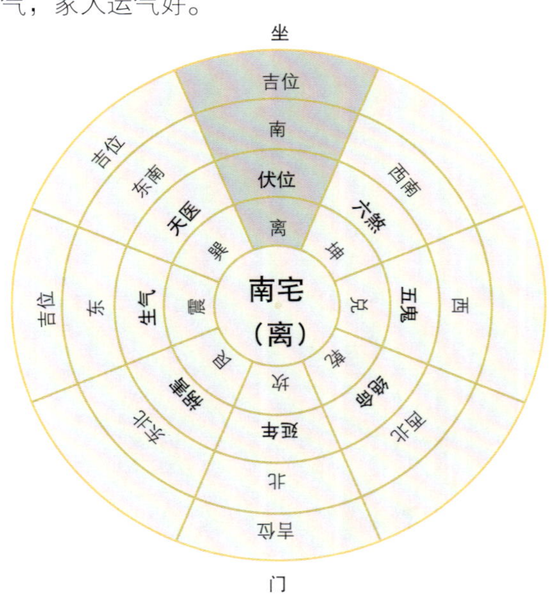

西南门，得祸害，多官灾是非。

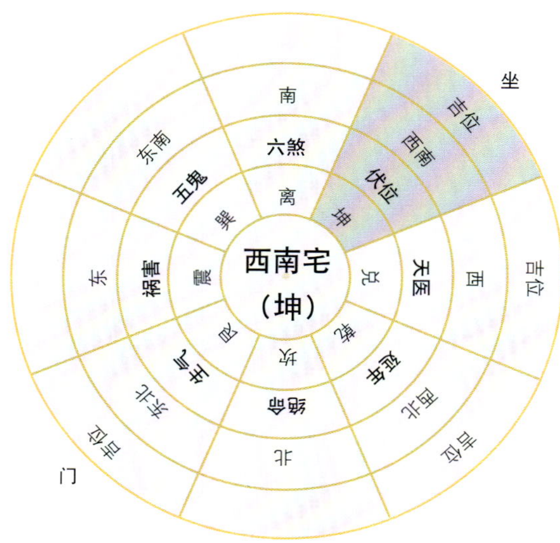

西门，得绝命，家人短寿，多病。

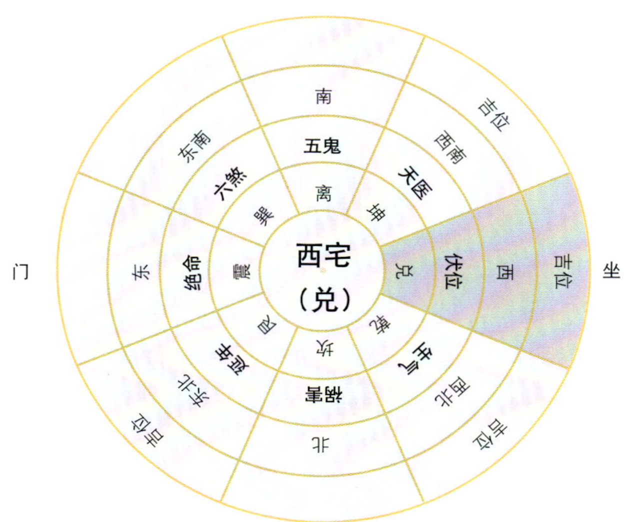

西北门，得五鬼，家人运滞。

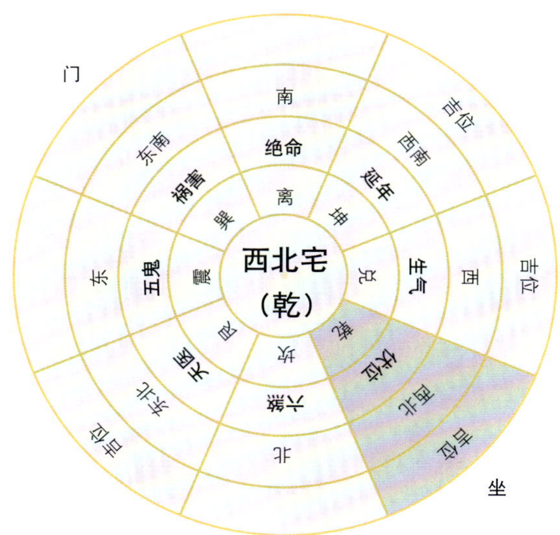

北方门，得天医，家人有病则很快痊愈，有贵人扶助。

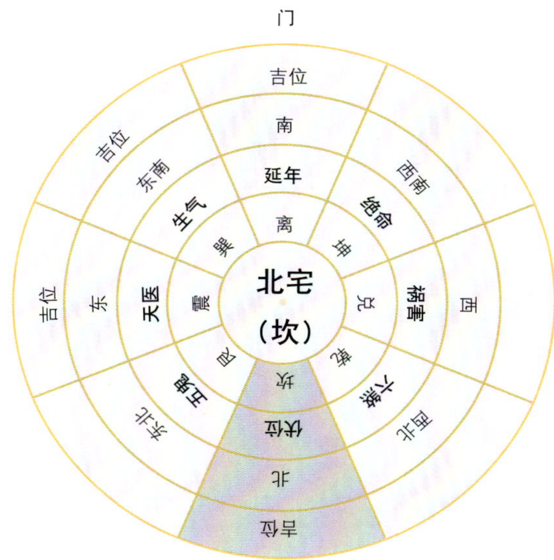

东北门，得六煞，破财多灾。

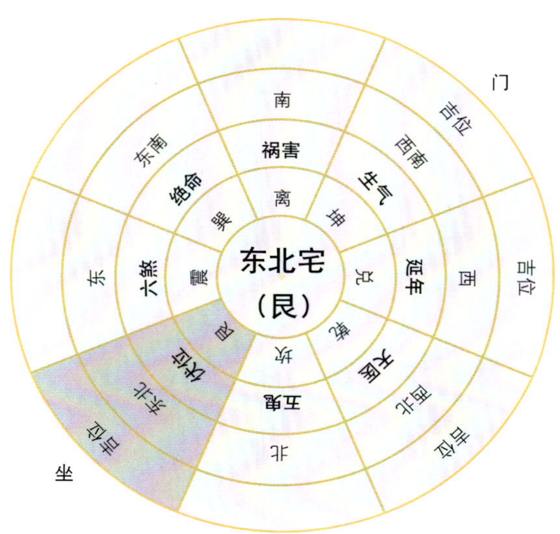

第十看　楼层

合得吉气家荣昌

原来，每一层楼，都属于不同的五行，金、木、水、火、土。但大家可知道，每年都有五行所属？在未讲述五行之前，先来研究河图。

河图口诀：

“一六”共宗，为‘水”，居北

“二七”同道，为“火”，居南

“三八”为朋，为“木”，居东

“四九”作友，为“金”，居西

“五十”居中，为“土”，居中

每层楼的五行，是根据其本身层数而决定的，在地面的一层，属于第一层，河图口诀为“一、六”共宗，为“水”，所以知道第一层是属水。除此之外，第六层楼、第十一层、第十六层、第二十一层等皆属水。

而第二层楼、第七层、第十二层、第十七层、第二十七层等皆属火，因为在河图之口诀指出“二、七” 的数目属火。

至于第三层楼、第八层楼、第十三层、第十八层、第二十三层楼等等，都属木，因为河图口诀指出“三、八”的数目属木。

河图口诀又指出“四、九”属金，故第四层楼、第九层、第十四层、第十九层、第二十四层等金。

最后一句口诀便是指出“五、十”的数目属土，故第五层、第十层、第十五层、第二十层、第二十五层等都属土。

大家知道每层楼的五行后，还要知道每层楼在那段时期是最兴旺的，这样，在买楼时，便知道自己应该选择那一层。

在流年运数内，有五子运：

第一个子运，名为甲子运，因为它排“第一”，所以在这十二年的流年，便属于“水运”，原因是在河图里，一数属于水。

甲子年、乙丑年、丙寅年、丁卯年、戊辰年、己巳年、庚午年、辛未年、壬申年、癸酉年、甲戌年、乙亥年。

第二个子运，名为丙子运，因为它排“第二”，所以在这十二年的流年，便是属于“火运”，原因是在河图里，二数属于火。

丙子年、丁丑年、戊寅年、己卯年、庚辰年、辛巳年、壬午年、癸未年、甲申年、乙酉年、丙戌年、丁亥年。

第三个子运，名为戊子运，因为它排“第三”，所以在这十二年的流年，便是属于“木运”，原因河图里，三数属于木。

戊子年、己丑年、庚寅年、辛卯年、壬辰年、癸巳年、甲午年、乙未年、丙申年、戊戌年、己亥年。

第四个子运，名为庚子运，因为它排“第四”，所以在这十二年的流年，便是属于“金运”，原因是在河图里，四数属于金。

庚子年、辛丑年、壬寅年、癸卯年、甲辰年、乙巳年、丙午年、丁未年、戊申年、己酉年、庚戌年、辛亥年。

第五个子运，名为壬子运，因为它排“第五”，所以在这十二年的流年，便是属于“土运”，原因是在河图里，五数属于土。

壬子年、癸丑年、甲寅年、乙卯年、丙辰年、丁巳年、戊午年、己未年、庚申年、辛酉年、壬戌年、癸亥年。

运的五行生楼层五行、助楼层五行，吉论；克楼层五行、泄楼层五行，凶论。而楼层的五行克运的五行，中等论。

五行的相生相克

金生水（水泄金），金克木，金助金；
水生木（木泄水），水克火，水助水；
木生火（火木），木克土，木助木；
火生土（土泄火），火克金，火助火；
土生金（金泄土），土克水，土助土。

另外，有一点大家要留意，如果所购买的楼层不能合运，也不用惧怕，只要能够配命，亦属好的风水。如果两者能够配合，当以大吉论之。

中国每一个人都有一个生肖，而每一个生肖又都有一个五行。以下列出各生肖的五行所属，方便大家参考。

十二生肖与五行对应表

鼠为水，喜金、水，宜住1、6、4、9、11、16等
牛为土，喜火，土，宜住2、7、5、10、12、17等
虎为木，喜木，水，宜住1、6、3、8、11、16等
兔为木，喜木，水，宜住1、6、3、8、11、16等
龙为土，喜土，火，宜住2、7、5、10、12、17等
蛇为火，喜火，木，宜住3、8、2、7、13、18等
马为火，喜火，木，宜住3、8、2、7、13、18等
羊为土，喜土，火，宜住2、7、5、10、12、17等
猴为金，喜金，土，宜住5、10、4、9、15、20等
鸡为金，喜金，土，宜住5、10、4、9、15、20等
狗为土，喜土，火，宜住2、7、5、10、12、17等
猪为水，喜水，金，宜住1、6、4、9、11、16等

第十一看　楼形

形状方整运稳平

现在的高楼大厦风格各异，各种楼宇的形状也有五行之分，那么如何来识别楼宇的形状呢？下面来介绍金、木、水、火、土这五行所代表的不同形状。

金形	半圆形、全圆形
木形	长方形、L形
水形	有几个圆形处于一块地方内
火形	三角形、尖形物
土形	四方形、井字形

在风水学理上，以形状方整的大厦为吉论，主大厦内的居客，运气平稳。方整的大厦有两类形：

土形——四方形大厦，中心空了的大厦（井字形），如香港的汇丰银行总行、恒生银行总行、皆属土形。一些屋村的井字大厦亦属土形。

木形——长方形大厦，如九龙的海运大厦，便是属于木形。

土形及木形楼宇，属于方整之形，无论作为住宅、商业用途，皆为不错，有着平稳渐进的灵动力，地灵之气平和，对于财运及健康，都有一定的良好影响力。

金形——圆形或是半圆形的大厦，如香港的合和中心、华兰中心、九龙的太空馆。

金形不够方整，但金形有催富的灵动力，虽然不适宜居住，但作为工商业的用途，反以吉论。又因为金形的设计，在风水学上，缺乏持久力。所以大厦的人口非常重要，若是当运，大厦会甚为兴旺，但若失运，情形便相反了。

水形——几座半圆形或弧形的大厦建筑在一起。如海港城某些座楼宇。

水性流动，水形大厦，成败很快见效，合运则风水很好，不合运则事业衰退得很快，财帛破耗。

金形或水形因为不够平整，宅主属于大起大落，持久性不及四方形及长方形，所以，倘内在格局稍有差池，便很容易带来坏的影响力。

火形——三角形的大厦，如九龙塘尾道附近的几座楼宇，香港利舞台后方的某座楼宇；尖射形大厦，如中国银行的上半截。

火性向上、浮动，不宜作为居住大厦，主宅运不稳，事业财运亦常变动，身体健康时好时坏。若果作为工商业运作的地方，只要当运反主吉论。很快便能在金钱上有一定的得益。若是失运，则危矣！不但财帛损耗甚巨，连带健康亦会发生很多问题！

此外，一些不规则形状的楼宇，亦可以分出五行，如："Y"形楼宇，本属火形，但一座大厦居客的数量甚多，住宅单位亦很多。"Y"形由三个长方形组合，计算起来，仍是属木。"十"字形，两座长方形交接一起，属木。"L"字形，属木，两长方形交接。

第十二看　阴阳调和

光线充沛添吉祥

经云："无极生太极，太极生两夷。"两夷者，阴阳也，亦即是相对论。

中国之学理，喜取中庸之道，不喜太过，不可不及。所以有阴阳配合，互得调和之理。人的阳气要与宅配合，那么怎样才算是配合呢？

人属于阳，房屋属于阴，要两者适当配合，才是阴阳调和。

阴者——静物、黑暗、树林、房屋、山丘。

阳者——动物、光亮、人、电灯。

屋大人少或屋小人多为之不配。

屋大人少——阴多阳少，主暗病纠缠，阴灵寄居。

屋小人多——阳多阴少，主脾气暴燥、官灾是非。

最理想的配合，是每人平均占20～30平方米的实用面积。大家在购买楼宇时，应先计算有多少人居住才购买多大的面积。只要依以上的比例配合，便能够达到阴阳调和之道。

还有一种情况，各位在购买楼宇时亦应留意。有些楼宇，由于太接近山坡，未入大厦的时候，已感其特别阴暗（这当然是指日间而然），此亦为阴多阳少，这一类大厦，亦不宜购买居住。从科学观点而沦，阳光（阳气）包含有紫外线。紫外线有射杀细菌的功能。地球上每一角落，皆有病菌存在，只要身体抵抗力较弱。病菌便有机可乘。但阳光所到之处，其紫外线便清除一定数量之病菌，对健康有利。

选购住宅单位，最好是拣一些窗门较多的住宅，阳气便会较为充盛，但是，大家仍要留意，人数与楼宇的面积要相衬（每人平均占有一百尺至二百尺的面积）。就算有差距，亦不应距离这个比例太远。

另外还有一种情况。位于郊区的房屋，若单独一座而附近没有房屋的话，亦属阴多阳少的格局。如果有几座房屋互相接近，则没有问题。如大埔之康乐园、元朗之锦绣花园。虽说位在郊区，但平房林立，不少人居住，所以还未算阴多阳少。

第十三看　忌犯孤阳煞

孤阳相射血祸生

犯孤阳煞，会带来以下坏的影响：

第一，容易脾气不好，

第二，皮肤有擦伤或有外伤。

第三，进煞者容易有血光之灾或者开刀住院。

第四，容易招惹火灾。

以下为常见的几种孤阳煞。

天斩煞：两座大厦非常贴近，而在两者之间，只形成一条小空隙，尤如刀剑斩焉，这种情况，便称为天斩煞。天斩煞不论在大门的前、后、左、右方出现，皆属心理暗示不如意，一般遇上天斩煞的，心理暗示；口舌是非、身体多病等不如意。

烟囱：亦称为“冲天煞”或“香煞”，尤以三根烟囱为重。似根香一样，有此煞对冲，心理暗示：身体多病，运气反复。

穿心煞：大楼盘大门前或者住宅的楼门前，有一条直柱形物体。便函称为“穿心煞”。穿心煞有阴阳之分。在门前的柱形物体是电线杆、交通路牌等，便属于阳性穿心煞。

尖角煞：窗外有尖形物件相射。如旧式的晾衣竹竿，用作装饰的三角形东西，还有大的墙角。这一类属尖角煞。有此宇门前，心理暗示“电子煞”有体肤不适等。

电力煞：有火车、经轨、变电站、高压线等经过楼宇门前，亦属于“电力煞”，心理暗示：急燥，有中舌是非。

一般有孤阳煞的楼盘，应先择在100米以外，才可考虑购买。

在先择楼宇时，一定先观察一下周围附近的山水、大厦，留意一下自己的楼盘有没有煞气。

第十四看　勿逢独阴煞

若犯家人暗病缠

所谓独阴煞，无非是楼宇周围遇上一些阴性的东西。例如，穿上煞：门前或窗前，有一颗大树正冲着，且高出很多。植物属阴性，所以称独阴煞。如果遇上，心理暗示为阴性物质多不如意。

坟场：门前或窗前向着坟场，心理暗示多恶梦，心理安全平衡打破。

树林：有些楼字挨近树林，且树林密密麻麻，心理暗示较情绪化，有暗病。

殡仪馆：门前或窗前见到殡仪馆，心理暗示运气不畅，身体不健康。

医院：门前或窗前见之，心理暗示老有疾病缠身。如果确已见到，那可以化解它。

还有一些煞气，不一定分清是阳煞还是阴煞。如警察局、监狱等等。

所以在选楼时可以参看一下周边环境是否为独阴煞。

第十五看　怕见镰刀反

天桥压反灾难测

中国很多地方，人多车多，交通繁忙，为了疏导交通，天桥与隧道是一定需要的。而疏导车辆方面，市区以天桥较多。

很多大厦，包括住宅大厦、商业楼宇、工厂大厦等，亦会得到天桥的眷顾，邻贴而经过。

在风水学上，天桥亦会对楼宇发挥一定之作用。天宝照经云：“直来反去拖刀煞。”意思是说，有一条河流或者溪涧，呈反弓现象，便称为拖刀煞。

大家有没有留意，天桥虽非河流，但其弯曲直去，远看亦似河流，在风上水，天桥属于“虚水”，水主财，所以天桥亦会影响房屋的财运。

在购买楼宇时，要对水（河、海）、马路、天桥留意，因为它会影响财运。

天桥建在大厦的附近，会出现三种情况，现在开始作出比较，天桥对大厦所造成的影响。

①天桥贴压楼层

不论天桥属那一种类形，都以凶论。主家人身体多病，运气反复。若果天桥是反弓的，情况更为严重，主家人不单身体多毛病，更主血光之灾，容易因病而须遭开刀施手术之厄。

反弓是指天桥呈弧形，有如一张“弓”　向着自己，而自己则站在箭头所指的位置。

②天桥遮盖楼宇

天桥一般可分为“环抱”、“反弓”、“直路”三类。如果天桥是直的，它把楼宇遮盖，那层楼字内的居客，身体容易发生暗病，运气中等，属于小凶格，情况还不算太坏。

若果天桥是“环抱”形式，因为在这一层是被天桥遮盖，看不见桥面，未算“环抱”格，所以不能以吉论，但其坏处，较天桥是直的为轻。

天桥是反弓的，大凶，这层楼宇，属于犯煞，称“镰刀煞”，因为天桥有如一把半日形的镰刀，向自己劈来。犯此煞主血光之灾，官祸、是非纠缠，破财连连。

③大厦以天桥为虚水论：

a.天桥反弓，主大厦内的居客，财运很差、连连破耗、天桥的主要不

中国房地产风水大全

The Geomantic Omen of Chinese Real Estate

地产开发商、地产销售商、建筑师、园林规划师、购房置业者、图书馆、经典名著收藏者——必备

推介书

当代著名建筑风水大师 黄一真 主编

山东电子音像出版社 定价：1080.00元（碟+书）

风水大师 黄一真

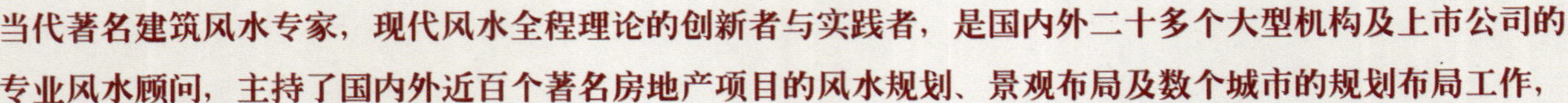

当代著名建筑风水专家，现代风水全程理论的创新者与实践者，是国内外二十多个大型机构及上市公司的专业风水顾问，主持了国内外近百个著名房地产项目的风水规划、景观布局及数个城市的规划布局工作，理论著作风行世界各地。近期国内著名项目有中海·香蜜湖1号、百仕达·红树西岸、万科·双城水岸、百仕达花园、金地·香蜜山、金地·格林小城、金地·梅陇镇等。

黄一真先生主要著作有《现代住宅风水》《现代办公风水》《色彩风水学》《最佳商业风水》《楼盘风水布局》《富贵家居风水布局》《办公风水要素》《人居环境设计》《健康家居》《舒适空间设计》《多元素设计》《阳光空间设计》《风水养鱼大全》等。

招商银行"金葵花"大讲坛演讲嘉宾/香港凤凰卫视中文台《锵锵三人行》特邀嘉宾/香港迎请佛指舍利瞻礼大会特邀贵宾/2002年3月应邀赴加拿大交流讲学/2004年7月应邀赴英国交流讲学

◉《中国房地产风水大全》——地产风水百科全书

地产开发商必读

揭示中国顶级楼盘风水布局要诀，帮助开发商打造富贵名盘，助力项目升值。

地产销售商必读

特别附赠的百仕达花园"销售一本通"，为地产销售商提供营销蓝本。

建筑师、园林规划师必读

全程披露楼盘建筑风水规划之法，指导建筑师、园林规划师打造最具吉相的旺宅内外环境。

∷ 风水爱好者、购房置业者必读

最具权威的家居环境实用风水指南，既是风水爱好者的典藏珍品和日常风水操作的实用手册，又是购房置业者最具价值的参考资料。

∷ 图书馆、经典名著收藏者必读

经典地产风水传世之作，史无前例的名家巨著，极具收藏价值。

◉《中国房地产风水大全》五宗“最”

∷ 最权威——大师倾力打造，更具指导意义

风水界泰斗黄一真大师最新力作。

∷ 最全面——传世风水巨著，业界开山扛鼎之作

当代中国最大规模的“房地产风水工程”，是最全面的地产类风水作品。

∷ 最顶级——明星楼盘案例，大师亲自点评

收录了大师亲自主持的七大国内顶级明星楼盘——香蜜湖1号、红树西岸、金地·香蜜山、金地·梅陇镇、金地·格林小城、金地·翠堤湾、百仕达花园风水案例，对每个案例进行了风水点评。

∷ 最丰富——超大容量知识体系，传授风水精髓

深入挖掘房地产项目的风水格局特点，整合规划、景观、户型布局等，来提高楼盘的吸引力及知名度，增加项目的附加值，提升项目的市场销售力。

∷ 最实用——提供营销范本，指点风水实操

附赠经典房地产项目的风水实操与营销方案相结合的“销售一本通”。

◉ 本书内容简介

《中国房地产风水大全》分为三部分。每一部分都构成一个独立的知识体系，向读者教授风水精髓。

第一部分为“**基础理论体系**”。以风水基础理论为起点，大篇幅研判建地、居住环境、整体规划、建筑风水、配套、户型、室内空间、园林景观、楼盘命名、楼盘风水养鱼、楼盘风水吉祥物等房地产各项要素的风水利弊之处，为读者做“由表及里”的阐释，教人们如何利用风水使自己和家人趋吉避凶。

第二部分为“**经典案例体系**”。与读者全面分享作者亲自主持过的中国最顶级的房地产项目，对房地产开发商、销售商、建筑师、园林规划师、购房置业者以及风水爱好者等来说都具有重大的现实意义。

第三部分为“**风水答疑体系**”。主要针对读者在日常居家生活中遇到的一些风水问题，给予科学解答，帮助广大读者改善居家风水，扭转颓势，带来好运。

《中国房地产风水大全》致力倡导现代全程风水理念，以中国传统的风水理论，贯彻于现代房地产项目全程开发的每一个环节，为房地产项目的全程开发、建设、营销，提供项目全程状况专业调研及布局建议。从规划气口选定到地气、日影测定；从楼盘风格风水定位到流年排龙；从交通组织、噪音解决方案建议到地块所在区域的风水地位策略；从整体规划布局风水建议到立面构造、单体平面布局策略；从园林环境设计到卖场、样板房室内外的风水策略；从项目风水卖点的提炼到针对销售人员做项目风水卖点培训与解疑等多角度，深入挖掘房地产项目的风水格局特点，整合规划、景观、户型布局等，来提高楼盘的吸引力及知名度，增加项目的附加值，提升项目的市场销售力，使之取得良好的社会和经济效益，打造并且升华传世房地产项目的核心价值。

《中国房地产风水大全》是黄一真大师十多年来在中国房地产风水领域的研究实践和经验的总结，定能对广大读者有所帮助和启发。

◉ 七大经典案例全面揭晓旺地之秘

最著名楼盘，最顶级风水评测，最具价值参考依据，轻松掌握地产风水知识，做地产风水“专业人员”。

∷ 单套8千万，福布斯天价豪宅典范——香蜜湖1号

大师为香蜜湖1号加入了怎样的风水学概念？如何指导房地产开发、规划与营销等？书中为您详述天价豪宅香蜜湖1号价高过人的“来龙去脉”。

:: 年销售额32亿元的传世建筑——红树西岸

以人民币7.8亿元竞夺得的最优质地块，如何以风水演绎“地王之王”的美名？大师为您揭秘红树西岸“地王至尊”的销售奇迹。

:: 以山为权，王者贵胄——金地·香蜜山

面对典型的风水宝地，大师如何结合山之特点，利用风水学助力项目开发、建筑规划、景观设计等？大师为您洞悉金地·香蜜山“非富即贵”的缘由。

:: 地脉通达创奇迹——金地·梅陇镇

“龙睛凤项”之地，金声玉振之盘，且看大师如何从现代建筑风水学的角度破解金地·梅陇镇成就“都市T台”的风水迷局。

:: 南中国的最佳生活领地——金地·格林小城

风水吉地，锦绣名盘，如何通过风水学引入“新城市主义”，构筑了这个“南中国的最佳生活领地”？书中大师为您解读金地·格林小城风生水起的个中奥秘。

:: 海景豪宅专家——金地·翠堤湾

与大自然的天作之合，大师是如何做到的？书中告诉您金地·翠堤湾成功演绎“吉龙吸水”的生财传说。

:: 过程精品，开发百科——百仕达花园

得天独厚的自然资源，如何利用风水再添锦绣？大师带您领略百仕达花园“天人合一”的终极和谐。

◉ 延伸阅读——《中国房地产风水大全》目录

目录

附录

本书特配图文同步光碟，方便您阅读与使用！

欢迎合作

◉ 联络方式

订货总码洋	折扣
实洋	付款方式
订货方	到站
订货单位	发货方式
单位地址	联系电话
联系人	

供货方：深圳市金版文化发展有限公司（武汉市金版图书有限公司）

办公地址：深圳市天安数码城数码时代大厦B座708室　**邮编：**518040　**网址：**http://www.ch-jinban.com

传真：0755—83475911　E-mail:szjinban@163.com

储运地址：广州市白云区庆槎路67号白云仓库首层　**邮编：**510407

储运联系人：陈天增（13016008029）　**储运电话：**020-81796412 81790699（兼传真）

◉ 业务联系人

:: 公司发行

联系人	职位	手机	电话	传真	业务范围
唐海燕	总经理助理	13318806580	020-81790699	020-81790699	
郭梦华	发行部经理	13510084220	0755-83474596	0755-83475911	
郭　建	业务经理	13823191740	0755-83476190	0755-83475911	京、津、东北三省
毋存磊	业务经理	13823149758	0755-83475909	0755-83475911	西南、西北
蓝　天	业务经理	13510001048	0755-83476882	0755-83475911	湘、鄂、豫、冀、桂、苏
杨　琴	业务经理	15999692375	0755-83476120	0755-83475911	闽、赣、浙、皖

:: 驻外发行（新华书店系统）

联系人	职位	手机	电话	传真	业务范围
胡　凌	业务主办	13651833715	021-66129270	021-66129270	沪、浙
赵云燕	业务主办	15810039896	010-63521011	010-63521011	京、津
漆松停	业务主办	15895982011			苏、皖

业务查询电话：0755-83476180　业务查询传真：0755-83475911

风水为房地产创造了奇迹

单套8千万，福布斯天价豪宅典范——香蜜湖1号何以价高过人？
年销售额32亿元的传世建筑——红树西岸如何成就“地王至尊”？
以山为权，王者贵胄——金地·香蜜山因何而贵？
过程精品，开发百科——百仕达花园怎样成功演绎“天人合一”的终极和谐？
……

以上楼盘可以说是地产开发商成千上万作品中耀眼的明星，
而在这些光环背后，风水——这一伟大的学说又扮演着什么样的角色？大师会在书中为您一一揭秘！

风水正带给现代人前所未有的影响

如今，无论是在中国，还是国外，没有一家房地产在做规划时，不进行风水设计与调整的。
那么，房地产商在进行项目风水规划时，必须了解哪些风水内容？掌握哪些风水原则？规避哪些不利因素？
地产销售人员又必须了解哪些风水知识？怎样运用风水来加快房地产的销售？
购房置业者在选择楼盘时又该从哪些方面来考察楼盘风水的好坏？怎样判断周围环境是否对自己有利？
……

以上疑惑，大师将在书中为您一一解答。

良影响是在财运方面的。虽然天桥仍是“镰刀煞”，但杀伤力较低，所以影响身体问题亦较低，只是主家人身体容易染上小毛病。

b.天桥是直的，古称为“木形水”，因为长的直的属木。它主大厦内的居客，财运聚散无常、东来西去，即是俗称左手来，右手去。

c.天桥是怀抱的，或者有人不明白它怀抱时是什么形状，“怀抱”与“反弓”是相反的，虽然天桥仍是弧形的，但却是围绕着大厦而建，古称“玉带环腰”。它是弧向内方，而“反弓”是弧向外方。

天桥怀抱，大厦的居客，财运会很好，因为水主财，天桥为虚水，故会影响财运，当然它的影响力不及河流，但对楼宇，已可以构成一定的良好影响力。

第十六看　是否缺角

看缺角论吉凶

在风水学上，住宅单位以四方形或者长方形为吉。但是，现在房屋大都是缺角的，所以问题不太严重的话，便可以购买来居住。

买楼时，有两点大家要留意：

一是现代的房屋，在购买时，能够选择方整，当然上吉，但现时大部分单位都是缺角，这时便要留意缺角的方位所在。

二是楼宇缺角，只是对某类人发生不良影响，只要家中没有这类人，则缺角不会发生不良影响。

方位所主人物表

方位	卦位	人物
东	震	长男（31~45）岁男性
东南	巽	长女（31~45）岁女性
南	离	中女（16~30）岁女性
西南	坤	母亲（女性老年人）
西	兑	少女（15岁以下女孩）
西北	乾	父亲（男性老年人）
北	坎	中男（16~30岁男性）
东北	艮	少男（15岁以下男孩）

除了缺角外，还有一种情况名为“凸角”，它的情形与“缺角”相反。“凸角”亦是不利所属那个方位的人物，例如凸角在东南方，东南主长女，故不利长女。

凸角的影响属于显性的，它不利长女，若果家中有长女居住，她则会脾气暴躁、容易扭伤撞瘀、损伤流血。

缺角的影响属于德性的，它不利长女，若果家中有长女居住，她则会常染疾病，尤其暗病之类，贫血体虚。

所以观凸角绝不困难，只要了解缺角便会明白，然后再分“凸”为显性，“缺”为隐性，则一理通，百理明矣！

第十七看　孤峰与低凹

一楼独高人孤傲

所谓“一楼独高人孤傲”，是指一座楼宇的前后左右都没有靠山或大厦。古书云：“风吹头，子孙愁。”凡犯孤峰煞都得不到朋友的扶助，子女不孝顺或远走他乡或移居外地等。

化解方法是只要在吉位或旺气位安放明咒葫芦和铜葫芦便可。

现在便解释在什么情况下才有这种格局。

一是大峦头（自然环境）。一个山峰假如是特别高的，即使与附近的群山相比，它都高出了一大截，此山已经属于孤峰耸立了。此种楼宇不宜购买。

二是小峦头（后天环境）。一座非常高的大厦虽然巍峨耸立，但附近群楼却比它矮了半截，远看这座楼宇，固然有鹤立鸡群的感觉，事实上，它的风水不算很好。因为楼宇后方无靠山，左右方的楼宇又不能把它包围着。这正是风水里所说的孤峰独耸之象。因此，这类楼宇不宜购买，尤其是高层的楼层，更为不利。

第十八看　二手楼宇有讲究

风水轮流转，今年到我家

买二手楼时要注意以下问题：

一要看此楼有无发生过火灾等；二要看曾经住在此楼的人有没有中年夭折等现象。

十三、风水名词解释

风水学涉及的内容极其丰富，而且比较繁杂。为了方便大家理解，下面列出一些与阳宅风水有关的主要的风水名词并作简要的释义。

● 九宫

也称为九宫飞星、飞星、紫白飞宫、紫白飞星及紫白九星等。九宫指的是大熊星座（北斗七星），再加上两颗隐性的左辅右弼伴星。九宫系统被用来推算人类及建筑于特定期间内的吉凶时刻。

● 八卦

八角造型，四周安置了《易经》里的八个卦象，分别代表罗盘上的八个方向。有一种八卦中间嵌了镜子或阴阳两种图案，通常用作厌胜物（辟邪物）。另一种八卦则用来推算人的吉向、凶向与吉位、凶位。

与西方惯用的格里高利阳历不同，农历在本质上是一种阴阳历，

● 中国农历

兼具阴历及阳历的特质，因为中国农民援引为农事的参考，所以称为农历。中国农历以月相变化周期作为一个月的长度，大月30天，小月29天，全年总天数为354天，比回归年的365天少11天，因此每三年就有一个闰年，闰年共有13个月。农历新年通常介于西历的一月中旬与二月中旬之间，即东至与春分两个节气之间。

● 五行

又称为五相，也就是火、土、金、水、木五种元素。每种元素都含有特定能量，以不同的方式组合时，元素之间可能被此相生也可能相克。

● 孔子

公元前五六世纪时中国著名的哲人，被尊称为孔夫子或至圣先师。他强调理（合宜的行为）、仁（同理心）及孝（祖先崇拜），这些教义迄今仍为现代的中国人所推崇。风水与儒教之间的关系不如道教密切。

● 伏羲

伏羲为中国上古三皇之一，又称为庖牺或宓牺。传说伏羲仰观星象于天，俯察法理于地。旁观鸟兽之纹及地理山川之宜，创作出先天八卦。许多学者也认为，伏羲是《易经》早期版本的作者。

● 老子

本名李耳，又称李老君，是公元前500年后期的哲学家，他将洞察世事之后的种种思想加以记录，辑为《道德经》，道教尊为道教始祖。

艮卦

八卦中的一卦，由一阳爻（实线）在顶、两阴爻（虚线）在下组成，象征可靠、稳固、直觉的气。艮卦位于东北方，象征么子以及晚冬。

西四命

东西四命系统中的一项元素，又称为西四宅，源自于八卦上的四个方向，分别是乾、坤、艮、兑。

佛教

公元6世纪由印度人释迦牟尼所创立的宗教，后来被尊为佛祖（顿悟者）佛教的宗派繁多，在中国则以禅宗较普遍。

兑卦

八卦中的一卦，由上方一阴爻（虚线）与下方两阳爻（实线）组成，代表快乐，令人满意的气。兑卦位于西方，象征么女与秋季。

坎卦

八卦中的一卦，有两阴爻（虚线）中间夹着一阳爻（实线）所组成，代表野心勃勃、急迫及勤勉的气。坎卦位于西方，象征次子，所代表的季节则是冬季。

形式学派

又称为形法，风水学派的一种，主要应用在墓地吉向的选择。后来依据周遭地理、水文与天候等条件，将风水应用在阳宅吉向的选择上。形式学派是一套直观式的理论，运用分析、常识及认知来创造吉利布局。此派发源于江西省，大约创始于晋朝（公元300年），是最古老的风水系统。

卦象

八卦包括乾卦、兑卦、坤卦、震卦、巽卦、坎卦、艮卦及离卦八种卦象，每一卦都由三条或虚或实的线条组成。实线代表阳，虚线代表阴。每个卦象各具不同象征及意义。

《周易》

成书与周朝时代（公元前1122～前225年间）的古籍，后来成为《易经》。

坤卦

八卦中的一卦，由三阴爻（虚线）所组成，象征养育、包容的气。坤卦位于西南方，象征母亲，代表的季节是晚夏。

《易经》

为中国风水学的理论基础，是解释阴阳的最古老典籍。

东四命

东西四命系统中的一项元素，又称为东四宅。东四宅源于八卦上的四个方向，也就是离、坎、震、巽。

东西四命系统

一套运用八卦、以个人喜忌方位来分类的系统，依照人生辰不同，分为东四命（东四宅）或西四命（西四宅）两大类。

河图

“河图洛书”一名最早见于东周时代的《尚书·顾命》，是中国传说中数千年前的神秘图腾，河图是指出黄河龙马的一种符号。相传伏羲获得河图后始画出八卦。

毒箭

即中文所说的煞，是一种可能会带来厄运的负面能量。毒箭通常沿着直线方向行进，因此只要有任何形式的直线或尖角指向住宅，就会形成毒箭。

洛书

由安排在方阵里的一串数字所组成，因此又被称为三阶魔方阵，不论从阵中的水平、垂直或对角方向加总，都能得出一样的总和。相传原始的洛书是大禹治水时在龟背上发现的，稍后则应用洛书来决定

相生循环

也称为生成循环，是一种正向、生成的五行循环过程，其中火、土、金、水、木每种元素都能协助创造出紧随其后的另一种元素，例如金生水、水生木。相生循环过程中的平衡状态，象征着和谐与创造。

相复循环

一种疗愈循环，用来导正五行元素相乘循环所造成的失衡状态。实务上所谓的相复循环，举例来说，可能是指某人某种元素太盛（假设是水元素），此时只要加入木元素就能抵消水元素带来的效应。

相乘循环

相乘循环是一种五行元素失衡的混乱循环，会削弱及耗尽气，中国人认为，相乘循环会导致环境失衡（如全球增温现象）与各种人类疾病（如免疫系统衰退）。

风水

在古代中国，所谓风水就是指风与水，这项古老的学问主要用意在于平衡居住与工作空间里的能量。

气

存在于一切有生命或无生命物体中的宇宙生命力或能量，气有吉、凶之分。

气功

源自早期道家思想的一种健身方法，利用一种能量作用的形式来帮助人体吸引及控制体内的能量。

乾卦

八卦中的一卦，由三阳爻（实线）组成，代表强烈而持续的能量。乾卦位于西北方，象征父亲、丈夫或公司董事长等，所象征的季节介于晚秋与早冬之间。